ANTHOLOGIE
DE LA POESIE FRANÇAISE
DU XVIe SIECLE

◨◨
ROOKWOOD TEXTS

SERIES EDITOR
David Lee Rubin

PRODUCTION EDITOR
Cara Welch

PRODUCTION ASSISTANT
Anastasia Townsend

COVER DESIGN
Dallas Pasco

ANTHOLOGIE DE LA POESIE FRANÇAISE DU XVIe SIECLE

Edition de Floyd Gray

UNIVERSITE DE MICHIGAN

ROOKWOOD PRESS
Charlottesville, Virginia

© 1999 by ROOKWOOD PRESS, INC.
520 Rookwood Place
Charlottesville, Virginia 22903-4734, USA
All rights reserved. Published 1999
Printed in the United States of America.
03 02 01 00 99   5 4 3 2 1

This book is printed on acid-free paper.

Gray, Floyd
Anthologie de la poésie française du XVIe siècle
2nd edition
ISBN 1-886365-12-1 (paperback)
LC 841'.4--dc21

TABLE DES MATIERES

saisons, et aages finissantz, 142. Quand Mort aura, apres long endurer, 142. Honneste ardeur en un tressainct desir, 142. Voulant je veulx, que mon si hault vouloir, 142. Respect du lieu, soulacieux esbat, 143. Bien que raison soit nourrice de l'ame, 143. Rien, ou bien peu, faudroit pour me dissoudre, 143. Flamme si saincte en son cler durera, 144.

PERNETTE DU GUILLET (1520?-1545)   145

RYMES: Le hault pouvoir des astres a permis, 146. La nuict estoit pour moy si tresobscure, 146. Ce grand renom de ton meslé sçavoir, 146. Esprit celeste et des Dieux transformé, 146. Puisqu'il t'a pleu de me faire congnoistre, 147. Par ce dizain clerement je m'accuse, 147. R au dizain toute seule soubmise, 147. Jà n'est besoing que plus je me soucie, 148. Plus je desire, et la fortune adverse, 148. Si tu ne veulx l'anneau tant estimer, 148. Comme le corps ne permect point de veoir, 148. Je te promis au soir, que pour ce jour, 149. Sçais tu pourquoy de te veoir j'euz envie?, 149. Je puis avoir failly par ignorance, 149. A qui plus est un Amant obligé, 149. Or qui en a, ou en veult avoir deux, 150. *Parfaicte Amytié*, 150. *Elegie*: Combien de foy ay je en moi souhaicté, 151. Je suis la Journee, 152.

LOUISE LABE (1525?-1566)   154

Elegie I (Au tems qu'Amour, d'hommes et Dieus vainqueur), *Elegie II*, (D'un tel vouloir le serf point ne desire), 158. *Elegie III* (Quand vous lirez, ô Dames Lionnoises), 160. SONNETS: O beaux yeux bruns, ô regars destournez, 163. O longs desirs! O esperances vaines, 163. Depuis qu'amour cruel empoisonna, 164. Clere Venus, qui erres par les Cieus, 164. Deus ou trois fois bienheureus le retour, 165. On voit mourir toute chose animee, 165. Je vis, je meurs: je me brule et me noye, 165. Tout aussi tot que je commence à prendre, 166. Quand j'aperçoy ton blond chef, couronné, 166. O dous regars, o yeus pleins de beauté, 167. Lut, compagnon de ma calamité, 167. Oh si j'estois en ce beau sein ravie, 168. Tant que mes yeus pourront larmes espandre, 168. Pour le retour du Soleil honorer, 169. Apres qu'un tems la gresle et le tonnerre, 169. Je fuis la vile, et temples, et tous lieus, 170. Baise m'encor, rebaise moy et baise, 170. Diane estant en l'espesseur d'un bois, 170. Predit me fut, que devoit fermement, 171. Quelle grandeur rend l'homme venerable?, 171. Luisant Soleil, que tu es bien heureus, 172. Las! que me sert que si parfaitement, 172. Ne reprenez, Dames, si j'ay aymé, 173.

PONTUS DE TYARD (1521-1605)   174

ERREURS AMOUREUSES: *Vœu*, 175. En ma pensée en ses discours lassée, 175. Quand le desir de ma haute pensée, 176. Donques par toy, mere d'inimitié, 176. Au long penser de mes douloureux jours, 176. Le fil des ans, la distance lointaine, 177. En la froideur de ton cristal gelé, 178. Mon œil peu caut beuvant alterément, 178. Mon esprit ha heureusement porté, 179. *SONNETS D'AMOUR*: Pere du doux repos, Sommeil pere du songe, 179. Si celle Deité qui m'a promis sa grace, 180.

sinon à rapporter, 317. EME, que j'ayme tant, monstre moy par pitié, 317.

V. LES POETES BAROQUES

PREFACE

De nombreuses anthologies de la poésie française du XVIᵉ siècle sont possibles. Celle-ci a pour but de donner, dans un seul volume, un nombre maximum de textes. Il m'a semblé préférable d'être plus compréhensif que d'imposer une fois pour toutes un choix si limité qu'il ne laisse aucune place pour un autre choix. Cependant une anthologie implique un choix—qu'il soit exhaustif ou sélectif—ce qui demande une justification.

En vue de ce recueil, j'ai relevé les poèmes qui m'ont frappé comme étant (a) des morceaux particulièrement bien réussis, (b) ou qui illustrent des aspects de la vie de l'auteur et de son temps, (c) ou qui proposent une variation sur un thème ou un *topoi* de la Renaissance. Comme j'avais l'intention d'inclure seulement des textes intégraux, la longueur est devenue un critère qui rendait des exclusions inévitables et, dans certains cas, regrettables. J'ai, par exemple, hésité longtemps devant Héroet, Du Bartas et D'Aubigné avant de décider quel "Livre" de la *Parfaicte Amye*, quel "Jour" de la *Semaine* et quel "Livre" des *Tragiques* il fallait chosir. Malherbe est inclus parce que, par sa date de naissance et ses premiers poèmes, il appartient nettement au XVIᵉ siècle, et parce que sa présence, à la fin du siècle, représente un moment de transition au même titre que celle des Rhétoriqueurs au début du siècle.

Les cinq sections dans lesquelles la présente anthologie est divisée sont avant tout chronologiques. Je les ai adoptées surtout pour des raisons d'économie et sans qu'elles soient fondées uniquement sur des principes de classification ou de catégorisation. Il est vrai qu'Olivier de Magny, Jacques Grévin, Etienne de la Boétie n'ont jamais été intégrés officiellement aux poètes de la Pléiade, mais je les ai placés sous cette rubrique parce qu'ils appartiennent à cette génération par leurs dates et leur poétique. De même, bien que Desportes soit plus proche de Ronsard à bien des égards que de D'Aubigné, je l'ai situé parmi les poètes baroques, car sa poésie annonce certaines transformations importantes dans l'esthétique de la Pléiade.

Comme une anthologie n'est pas une édition critique et ne peut pas être considérée comme telle, j'ai limité mon commentaire à de brèves notices d'ordre historique et les notes à des explications d'un mot ou d'une allusion. Le texte que je reproduis est celui des différentes éditions indiquées, sauf que je me suis permis de substituer *v* pour *u*, *j* pour *i* et *et* pour &. Je n'ai jugé utile de donner les variantes que pour Ronsard et pour les raisons que j'explique dans mon introduction à ce poète. J'ai établi par contre des bibliographies, espérant encourager et inspirer des lectures supplémentaires relatives à une des périodes les plus pleines et les plus surprenantes de la poésie française.

        J'ai choisi les poèmes de cette anthologie il y a plus de trente ans. Si j'avais à le refaire aujourd'hui, j'en ajouterais plus que je n'en retrancherais. Ceci pour dire que, malgré l'élément de hasard et de subjectivité inévitables dans ce choix, il présente néanmoins une vue d'ensemble cohérente de la poésie du XVIe siècle en France.

INTRODUCTION

La poésie lyrique du XVIe siècle, tout en restant assez conventionnelle, est d'une étonnante variété: naturelle et spontanée, ou précieuse et étudiée; gratuite ou porteuse d'un message; empruntant aux littératures étrangères ou assurant son autonomie; rigoureuse ou serrée—comme le dizain de Scève, le sonnet de Ronsard—ou abondante et facile—comme l'épître de Marot le discours de Ronsard. C'est un siècle qui cherche, qui veut créer à tout prix et qui prend son bien où il le trouve. De là une production immense et forcément inégale. Les poètes n'ont pas toujours un sens critique très sûr, qui les obligerait à contrôler leur invention. Ils s'essaient dans leurs œuvres et donnent sans hésitation les produits de leur inspiration.

Pendant un demi-siècle, du *Testament* de Villon au *Temple de Cupido* de Marot, les Rhétoriqueurs mettent à la mode une poésie érudite et complexe. Georges Chastellain, Jean Meschinot et Jean Molinet s'efforcent, aux environs de 1450, de créer une "Seconde Rhétorique," c'est-à-dire un ensemble de règles et de préceptes capables d'élever la poésie au niveau de l'éloquence discursive. Comme leurs prédécesseurs immédiats, les Rhétoriqueurs sont des poètes de cour. Leur art est souvent un art de société, car ils écrivent pour un public qu'il faut à la fois impressionner et guider: les grands seigneurs, dont ils sont les historiographes et les poètes à gages. Ils ont créé des poèmes dont la beauté est le résultat du seul travail de la forme et qui nous séduisent plus par leurs acrobaties verbales que par leur contenu. Le très grand mérite des Rhétoriqueurs, c'est d'avoir rehaussé la dignité du poète et de son métier, d'avoir rendu à la poésie sa part de musique.

Les poètes de la génération de François Ier, fils des Rhétoriqueurs, abandonnent les recherches verbales et sonores de la Seconde Rhétorique pour composer des pièces légères, subtiles et précieuses. Marot et Saint-Gelais, poètes de la cour de France, se montrent plus mondains, plus spirituels que Molinet ou Jean Lemaire de Belges, poètes de cour des pays limitrophes, la Bourgogne, la Flandre, la Bretagne et la Normandie. Ils produisent une poésie plus spontanée, plus parlée que celle des Rhétoriqueurs, plus accessible, mais aussi d'une technique plus facile. Au contact de la littérature italienne, ils s'attachent à une prosodie élégante et à des thèmes sur lesquels leurs successeurs feront d'innombrables variations. Grâce à eux, la poésie française gagne en souplesse. Mais ce sont les poètes de Lyon—surtout Maurice Scève et Pontus de Tyard—qui lui donneront de nouvelles dimensions, plus de profondeur et d'intensité.

Les leçons des Rhétoriqueurs sont reprises par les poètes de Lyon pour traduire difficilement leurs pensées difficiles. Après avoir été un jeu de cour et de société, la poésie devient un art qui capte dans des vers denses et ardents les antithèses de l'amour platonique et pétrarquiste. Cette poésie souvent hermétique deviendra plus ouverte et aérée chez les poètes de la Pléiade.

Inspirés par un manifeste dont les intentions sont dramatiques autant que doctrinaires, les jeunes de 1550 s'emparent de la scène poétique. Ils prétendent démolir toute poésie antérieure pour ériger sur ses ruines une nouvelle poésie qui prend cependant les Anciens pour modèles. Ces poètes s'efforcent d'assurer à la France une poésie aussi belle, aussi riche, aussi savante que celle de la Grèce, de Rome et de l'Italie. Par leurs efforts et leurs conquêtes, ils réussissent à étendre d'une façon définitive les frontières de la poésie nationale. Ils créent une poésie détachée des événements du temps et dont les sources sont livresques, mais qui reste néanmoins extrêmement fraîche et lumineuse.

Cette poésie gratuite ne pouvait exister que dans une époque de calme et de prospérité. Quand les guerres civiles bouleversent le pays, les poètes traitent, dans un langage vigoureux, des thèmes actuels; les conflits politiques et religieux se substituent aux conflits de l'amour. La poésie de la Réforme et de la Contre-Réforme, que certains critiques ont appelée baroque, se distingue par sa force d'expression plutôt que par la recherche de la perfection de la forme. La poésie abandonne la cour pour le camp, devient l'arme d'une conviction et d'une confession personnelles.

Les poètes du XVIe siècle ont voulu rompre avec la tradition du Moyen Age pour créer une poésie variée et abondante, humaniste et érudite. Ils passent du ton le plus simple et direct au lyrisme le plus complexe, de la satire la plus réaliste aux jeux poétiques les plus fantaisistes. Lorsque Malherbe inaugure le lyrisme officiel, il abolit en même temps—et pour deux cents ans— l'enthousiasme créateur et la poésie dense, délestée de prose, si caractéristique des poètes de la Renaissance en France.

OUVRAGES A CONSULTER:

Cynthia J. Brown, *Poets, Patrons, and Printers: Crisis of Authority in Late Medieval France*, Cornell University Press, 1995.

Grahame Castor, *Pléiade Poetics: A Study in Sixteenth-Century Thought and Terminology*, Cambridge University Press, 1964.

Henri Chamard, *Histoire de la Pléiade*, Paris, 1939-1941, 4 vol.

—, *Les Origines de la poésie française de la Renaissance*, Paris, 1920.

Robert J. Clements, *Critical Theory and Practice of the Pléiade*, Harvard University Press, Cambridge, 1942.

François Cornillat, *"Or ne mens": Couleurs de l'éloge et du blâme chez les "Grands Rhétoriqueurs"*, Paris, 1994.

Jean Festugière, *La Philosophie de l'Amour de Marsile Ficin et son influence sur la littérature française du XVIe siècle*, Paris, 1941.

Michio P. Hagiwara, *French Epic Poetry in the Sixteenth Century*, The Hague, 1972.

Fernand Hallyn, *Le sens des formes: études sur la Renaissance*, Genève, 1994.

Helmut Hatzfeld, *Die französische Renaissancelyrik*, München, 1924.

Lawrence D. Kritzman, *The Rhetoric of Sexuality and the Literature of the French Renaissance*, Cambridge University Press, 1991.

Raymond Lebègue, *La Poésie française de 1560 à 1630*, Paris, 1947, 2 vol.

Gisèle Mathieu-Castellani, *Les Thèmes amoureux dans la poésie française 1570-1600*, Paris, 1975.

—, *Mythes de l'éros baroque*, Paris, 1981.

Robert V. Merrill with Robert J. Clements, *Platonism in French Renaissance Poetry*, New York University Press, 1957.

Ann Moss, *Poetry and Fable: Studies in Mythological Narrative in Sixteenth-Century France*, Cambridge University Press, 1984.

Odette de Mourgues, *Metaphysical, Baroque and Précieux Poetry*, Oxford, 1953.

Isabelle Pantin, *La Poésie du ciel en France dans la seconde moitié du seizième siècle*, Genève, 1995.

Marius Piéri, *Le Pétrarquisme au XVIe siècle*, Marseille, 1896.

Marcel Raymond, *Baroque et Renaissance poétique*, Paris, 1955.

—, *L'Influence de Ronsard sur la poésie française (1550-1585)*, Paris, 1927, 2 vol.

François Rigolot, *Poétique et onomastique: l'exemple de la Renaissance*, Genève, 1977.

—, *Le Texte de la Renaissance*, Genève, 1982.

François Rouget, *L'Apothéose d'Orphée: l'esthétique de l'ode en France au XVIe siècle de Sébillet à Scaliger (1548-1561)*, Genève, 1994.

Jean Rousset, *La Littérature de l'âge baroque en France*, Paris, 1953.

C.-A. Sainte-Beuve, *Tableau historique et critique de la poésie française et du théâtre français au XVIe siècle*, Paris, 1828.

Joseph Vianey, *Le Pétrarquisme en France au XVIe siècle*, Montpellier, 1909.

Henri Weber, *La Création poétique au XVIe siècle en France*, Paris, 1956, 2 vol.

Paul Zumthor, *Le Masque et la lumière: la poétique des Grands Rhétoriqueurs*, Paris, 1978.

I

LES POETES
RHETORIQUEURS

JEAN MOLINET
(1435-1507)

Molinet aux vers fleuris.
Clément Marot

     Jean Molinet naquit à Desvres, dans le Boulonnais. Il fut chanoine de l'église collégiale de Valenciennes et succéda en 1475 à Georges Chastellain dans la charge d'historiographe de la Maison de Bourgogne. Il devint ensuite bibliothécaire de Marguerite d'Autriche, gouvernante des Pays-Bas. Molinet est un des chefs de l'école des Rhétoriqueurs, si florissante à la fin du XVe siècle et au début du XVIe siècle, surtout à la cour de Bourgogne. Il se distingue, comme devaient le faire plus tard ses disciples et continuateurs, Guillaume Cretin et Jean Lemaire de Belges, par une prose toute farcie de latinismes et par des vers où dominent l'érudition et la virtuosité verbale.

     Les Rhétoriqueurs sont de prodigieux expérimentateurs du langage. Ils adoptent la notion de leurs devanciers du XIVe siècle, que la poésie est une musique naturelle analogue à la musique céleste et que les notes de cette musique sont les syllabes des mots dont chacune doit être clairement entendue. Ils compliquent la structure poétique, fabriquent des vers polyphoniques qui déclassent peu à peu la poésie du Moyen Age. Par leurs efforts, les Rhétoriqueurs créent un langage et un métier proprement poétiques; ils se montrent par là les véritables précurseurs de Maurice Scève et des poètes de la Pléiade.

     Les poètes rhétoriqueurs étant extrêmement féconds, les textes qui suivent ne prétendent illustrer que certains aspects, certaines tendances de leur art.

EDITION:

Les Faitz et Dictz de Jean Molinet, éd. Noël Dupire, Paris, Société des Anciens Textes Français, 1936-1937-1939, 3 vol.

A CONSULTER:

Pierre Champion, *Histoire poétique du XVe siècle*, Paris, 1923, 2 vol.

Jean Devaux, *Jean Molinet, indiciaire bourguignon*, Paris, 1996.

Georges Doutrepont, *La Littérature française à la cour des ducs de Bourgogne*, Paris, 1909.

Noël Dupire, *Jean Molinet, la vie, les œuvres*, Paris, 1923.

Henry Guy, *Histoire de la poésie française de la Renaissance*, t. I, *L'Ecole des Rhétoriqueurs*, Paris, 1910.

Rudolf H. Wolf, *Der Stil der Rhétoriqueurs, Grundlagen und Grundformen*, Giessener Beiträge zur romanischen Philologie, Heft XXXIX, Giessen, 1939.

Oroison sur Maria

Marie, mere merveilleuse,[1]
Marguerite mundifie,
Mere misericordieuse,
Mansion[2] moult magnifie,   4
Ma maistresse mirifie,
Mon mesfait maculeux me matte,
M'ame mordant mortifie;
Mercy m'envoye m'advocate!   8

Ardant amour, arche aornee,[3]
Ancelle annuncee, acceptable,[4]
Arbre apportant aulbe adjournee,[5]
Accroissant avoir aggreable,   12
Astriferent aigle, attraictable
Accoeul, amorti ayemant,
Azime[6] aspirant, adorable,
Ancre agüe, ames attirant.   16

Rubis raiant, rose ramee,[7]
Rais reschauffant, raiseau rorable,
Riche regente reclamee,
Resjoïssant, resconfortable,   20

[1] Des vers senés qui, malgré tout ce qu'ils ont de mécanique, ne manquent pas de grâce poétique.
[2] *Mansion*: parce qu'elle a hébergé le Christ.
[3] *Arche ornée*: par le Christ.
[4] L'ange lui a dit qu'elle serait la mère du Christ.
[5] Marie apportant (au monde) l'aube qui se lève, c'est-à-dire le Christ.
[6] *Azime*: l'hostie de la Messe.
[7] *Ramée*: pourvue d'une tige qui est le Christ.

Racine recent, respirable,
Ramolliant rigueur rebelle,
Rigle, reduisant receptable,
Repentans ruyneux rapelle.   24

Jardin joly, joie internelle,
Journ infini, incomparable,
Illustre, intacte jovencelle,
Jaspre joieux, incomprenable,   28
Innocente image inspirable,
Idolatrie interdisant,
Implore Jhesus invocable,
Juste Justice introduisant.   32

Estoille errant, encontre eureuse,
Espine esprise, exelse eschielle,
Ente eminente, eslute espeuse,
Evangelisee estincelle,   36
Elucente, entiere, eternelle,
Enchainte, enixe et efficace,
Esperance espirituelle,
Envye estains, erreur efface![8]   40

Complainte des trespassés

Arrestés vous, qui devant nous passés,
Et compassés la pitoiable histoire
Des corps humains du siecle trespassés;
Nos indignes esperis hutinés   4
Sont condennés au feu de purgatoire.
Fraude notoire, envie detractoire
Et vaine gloire ont nos ames honny:
Il n'est mesfaict qui demeure impuny.   8

Vous, gaudisseurs, avés habis divers,
Blancs, bruns, bleux, vers, chaines et grandz tresors,
Et nous avons tous les os descouvers,
Ventres ouvers, pieds et mains a revers,   12
Rongiés de vers fort puans et tres ors;

---

[8] Poème en acrostiche.

Si n'avons fors laidure et desconfors;
Nous fusmes fors et beaux comme vous estes:
Les blans chappeaux couvrent les noires testes.[9]   16

Vous reposés en lit de parement,
Nous en tourment brullés et rotilliés;
On vous endort au son de l'instrument,
Trés doucement, et nous trés durement   20
D'epantement sommes fort resveilliés,
Tous despoulliés et vous bien habilliés,
Nous traveilliés; vous en ris, nous en pleur:
Au temps present n'y a que heur et maleur.   24

Dames de court, mirés vous cy; mirés
Et amirés nostre terrible face;
Sont vos cheveux bien pignés, bien parés,
Enfin arés membres desfigurés   28
Et mal curés, quelque honneur qu'on vous face;
La mort embrasse et gorrier et gorrace,
Et quiert et trace en hault et bas estage:
Service a court n'est point vrai heritage.   32

Changiés vos mœurs, que ne tumbés en bas,
Laissiés esbas, triumphes et bebans;
Le temps s'en va, la mort qui ne dort pas
Vient pas a pas, pour rompre gens a tas;   36
Pompes, estas, tables, bancqués et bancs,
Rubis, rubans, robbes a larges pans,
Luisans que pans, ne sont que vieux juppeaux:
Contre la mort il n'y a nulz appeaux.   40

Devant vos huis, povres gens aians faim
Couchent sus fain, querans pain et lardons;
Nous ne poons ne meshuy ne demain
Tendre la main ne a frere ne a germain,   44
Pour l'inhumain brasier ou nous ardons;
Nous attendons mercy, grace et pardons
Et par vos dons estre en vray repos mis:
Au grand besoing voit on ses bons amis.   48

Vous qui avés nos biens et nostre avoir,
Pour nous avoir messes et oroisons,
Acquittiés vous brief, sans nous decepvoir;

---

[9] *Blans chappeaux*: cheveux blancs; *noires*: noircies.

Sachiés de voir, se ne faictes debvoir,   52
Vous verrés voir le fons de nos prisons;
Nous vous laissons rentes, mœubles, maisons,
Bois et buissons pour nous secourir, mes
C'est sus le tard, si vault mieux que jamés.   56

Priés pour nous, dictes De Profondis,[10]
Sept psalmes,[11] dictz et vigiles des mors;
Par vos biensfaictz serons en paradis,
Prians toudis qu'en paix soiés unis,   60
Sains et benis, sans gouter mauvais mors;
Par nos recors, Dieu tout misericors
D'ame et de corps vous donra bon guerdon:
Il n'est si belle acqueste que de don.   64

Ad laudem irundinis[12]

Gendre divin, doulce espece angelicque,
Vif exemplaire a substance mortelle,
Raiant object a foible œul organicque,
Traict magistral, passant art mecanicque,   4
Noble oiselet, o tres saincte arundelle,
Tant gente es tu de corps, de becq et d'elle
Que a bien loer ta digne corpulence
Fallent mes sens, qui riens n'ont d'excellence.   8

Tant d'orateurs, plains de philosophie,
Ont tant prisié ta vertu salutaire
Que moy simplet, qui peu te glorifie,
N'ay rien d'exquis, dont soyes assouffie,   12
Si vœul tout clore et si ne me puis taire;
Mes dictiers sont du temps du roy Clotaire
Emprés ton hault et nouvel artifice,
Mais prens en gré mon petit sacrifice.   16

Mon gros engin cognoissant ta nature
Et les haulx dons qui en toy sont reclos
Vœult desploier de sa rude closture

---

[10] Psaume dit pendant l'Office des morts.
[11] Il s'agit des sept psaumes pénitentiaux.
[12] *A la louange de l'hirondelle.*

Son chant rural, sa dissonant fracture,   20
Pour decorer ton haultain bruyt et los;
Lions rampans, poissons nagans es flos,
Aigles roiaux, volans en l'aer serain,
Ne sont vers toy que paille emprés fin grain.   24

Se ton corps propre et gratieux et gent
N'est grand et fort, mais petit et agille,
Au mains est il utile a maintes gens,
Et sy vault bien sa pesanteur d'argent   28
Cent mille fois et cent fois bien cent mille;
Tu n'as plume qui ne vaille une ville
Toute d'azur et d'or une cité,
Car tu n'es riens que preciosité.   32

Tu es la seulle aronde de renom,
Qui tout surmonte en ta legiereté,
Tu vis en l'aer, dont tu portes le nom,
Nul n'y repaist en volant se toy non,[13]   36
Qui proye y prens par singularité;
N'est oisel nul tenu en chiereté,
Tant soit bien fait, du gibbié qui te prende,
Mais n'est si grand qui a toy ne se rende.   40

Tu es sus toutz la bonne et l'outrepasse,
Clere topaze, ou gloire est compassée;
Tu passes tout, nul aultre ne te passe;
Car la mer basse on le passe et repasse,   44
En peu d'espace est par toy tost passée,
L'heure passee ou tu es trespassée,
Ou tu reviens pas a pas comme saige
En ton hostel, passant par maint passage.   48

Tu es le bruyt de qui maistre Isidore
Recommande l'armonieux resson,
Tu es la fiertre ou tout oisel adore
Le chier joiel que chascun prise et dore,   52
Le coeur de l'aer, l'esperit et le son;
Tant sage es tu que faisant ta maison
D'ongle et de becq, qui n'as ne pied ne mains,
Exedes l'art de toutz engins humains.   56

Tu es l'afficque au glorieux Ambroise,
Qui richement estoffe et pellifie

---

[13] L'hirondelle se nourrit d'insectes qu'elle chasse en volant sans arrêt.

Subject de metre en matiere de prose,
Miel, chucre, balme, encens, fruict, fleur et rose   60
D'Aristote, qui tes fais magnifie,
Il n'en pœult plus, s'il ne te glorifie:
N'est oiselet campestre ne sauvaige
Qui, synon toy, deux fois l'an ait couvaige.   64

Tu es l'image en qui Macrobius
Croit estre ung hault et miraculeux signe;
Sire Apollo, le dieu Mercurius,
Maistre Ipocras et Esculapius   68
Tu exedes en l'art de medecine;
Tu sces choisir le redolent rachine
Dont, quand les tiens arondeaux perdent yeux,
Vëoir les fais comme devant ou mieux.   72

Tu leur apprens a tenir leurs maisons
Nettes que l'or, de gente et belle taille;
Tu leur monstres des armes leurs lechons,
Pour guerroyer les furieux mouchons,[14]   76
Qui par assault leur font grosse bataille;
N'est oisel nul querant proye ou vitaille,
Aiant pooir de prendre son dismage
Le jour qu'i voit ton angelicque image.   80

Qu'esse de toy, o precieuse aronde,
Qu'esse de toy, quand bien je te contemple?
Quand j'ay trachiet tant par mer que par unde,
Je ne vois rien, vollant sus terre ronde,   84
Qui digne soit de sortir a ton temple.
Le rossignol employe gorge et temple
A bien chanter, dont il a los et bruyt,
Mais ce n'est riens au regard de ton fruict.   88

Seulle plus vault de ton fructueux ventre
La dignité de riche pierrerie
Que tout l'avoir du monde et de son centre,
Ne de la mer, ou le grand navire entre;   92
Quand tout seroit en une tresorrie,
Le lapidaire en sa lapiderie
Ne fait son bruyt, son envoy ne son monstre
Que de toy seule, ou Dieu tant de biens monstre.   96

[14] Les moucherons que l'hirondelle gobe en plein vol.

Sy convient mettre avant la celidone,
Qui en toy naist et prend son origine;
Sy grand vertus le haultain ciel luy donne
Que l'œul crevé, que tout mire abandonne,   100
Il resuscite et tout vif l'enlumine;
Encoire y a chose haulte et divine:
Qui de ton sanc prent dessoubz ta droite aelle,
Il garit l'œul de sa playe mortelle.   104

Sainct oiselet, ce n'est point sans mistere
Que Dieu transmet en toy faveur celeste:
Il y gist sens de moralle matere,
Non pas pour cerf, pour linx ne pour panthere,   108
Ne pour corpz nulz aërin ne terrestre,
Mais pour splendeur ou tout homme s'arreste,
Le createur, qui son sang espandit,
Quand en la croix lumiere nous rendit.   112

Ceste arondelle est le curieux mire
Qui ses enfans aveugliés de pechiés
Eslumina d'ung rainseau qu'on admire,
La saincte croix, ou tout bon cœur se mire,   116
Dont infer fut rompus et despechiés;
Sathan aussy tantos est despechiés:
Lorsqu'il le voit, il s'esconse et umbroye,
Ce jour, ne pœult amasser quelque proye.   120

C'est l'arondelle, emperice de grace,
Qui des haulx cieux sus terre est avollée,
Celle de qui debvons sieuvyr le trache,
Qui nous nourrit et soustient et embrace,   124
De qui nostre ame est du tout escollée,
Qui pour nous tous rechut mainte collée
Et qui paya la pierre precieuse,
Pour nous ravoir de prison tenebreuse.   128

O puissant ray, estoille tresmontaigne,
Noble arondelle, a qui Dieu s'acompare,
Tu es tant claire et luisant et haultaine
Que nulle chose exquise ne longtaine   132
N'approche a toy, mais fuyant se separe:
Cil est benoict qui de beaux dictz te pare,
L'œul qui te voit, le cœur qui a toy pense,
De l'abitacle, ou tu prens ta despence.   136

La blance fleur de ton purain fourment
M'a donné soing de maulre ma farine,
A pouvre vent, mais soubtil quelquement;
Je l'ay molut tellement quellement,   140
Sans y huchier ne parin ne marine;
Se paille y a trop sentant la marine,
Jettés au feu et, se l'ouvrage est net,
C'est le gros grain d'ung rude molinet.[15]   144

Ballade

Souffle, Trithon, en ta buse argentine,
Muse en musant en ta doulce musette,
Donne louenge et gloire celestine
Au dieu Phebus, a la barbe roussette.   4
Car ou vergier ou croist mainte noisette,
Ou fleurs de lys issent par millions,
Accompaigné de mes petis lyons,
Ay combatu l'universel yraigne,   8
Qui m'a trouvé, par ses rebellions,
Lyon rampant en croppe de montaigne.[16]

Le cerf vollant, qui m'a fait ceste attine,
Fut recuelly en nostre maisonnette,   12
Souef nourry sans poison serpentine;
Par nous porte sa noble couronnette,
Mais maintenant nous point de sa cornette;
Ce sont povres remuneracions   16
Mais Dieu, voiant mes operations,
M'a faict avoir victoire en la champaigne,
Et veult que soye, sans point d'oppressions,
Lyon rampant en croppe de montaigne.   20

Louenge a toy, glorieuse virgine,
Dame Pallas, qui regis mon aubette,
Quant ou vergier, ou j'ay prins origine,
Ay extirpé la venimeuse herbette,   24
Tant qu'il n'y a homme qui plus barbette,

---

[15] Ce genre de jeu est cher à Molinet ainsi qu'à tous les autres poètes rhétoriqueurs.
[16] *Universel yraigne*: Louis XI de France; *Lyon*: Charles le Téméraire; *cerf vollant*: nom symbolique du roi de France.

Sans excepter roy, ne roc, ne pions;
Comme ung Hector ou ung des Scipïons
Ou comme Arthus en la grande Bretaigne,   28
Suis demeuré, entre mes champions,
Lyon rampant en croppe de montaigne.

Tremblez doncques, Liegeois par legions,[17]
Car vous verrez, se je vueil ou je daigne,   32
Comme je suis, en franches mansions,
Lyon rampant en croppe de montaigne.

Sept Rondeaux sur un rondeau

Sept rondeaux en ce rondeau
Sont tissus et cordellés,
Il ne fault claux ne cordeaux,
Mettés sus, se rondellés.   4

Souffrons a point,	soions bons,	Bourguinons,
Bourgeois loiaux,	serviteurs,	de noblesse;
Barons em point,	prosperons,	besongnons,
Souffrons a point,	soions bons,	Bourguinons,	8
Oindons s'on point,	Conquerons,	esparnons;
Franchois sont faux,	soions seurs,	s'on nous blesse,
Souffrons a point,	soions bons	Bourguinons,
Bourgeois leaux.	serviteurs.	de noblesse.[18]	12

[17] La ville de Liège s'était révoltée en 1468, avec la complicité de Louis XI.
[18] Ce poème peut être lu de sept façons différentes: 1. tel qu'il est écrit; 2. chacune des trois colonnes de haut en bas; 3. chacune des trois colonnes de bas en haut.

GUILLAUME CRETIN
(14?-1525)

Le chef et monarque de la rhétorique françoyse.
Jean Lemaire de Belges

Né à Paris au XVe siècle. Il était chanoine, chantre de la Sainte-Chapelle, trésorier de la Chapelle de Vincennes et chroniqueur du roi. Ami des principaux écrivains de la génération de François Ier, il a joui, comme poète, d'une renommée considérable. On peut relever chez lui, comme chez tous les poètes de l'époque, une tendance à compliquer la forme, la langue et le rythme. A la versification déjà très savante de leurs prédécesseurs, les Rhétoriqueurs ont ajouté de nouvelles entraves par la création de formes rythmiques à la fois rigides et très raffinées et par la recherche de rimes difficiles et compliquées (*rimes batelées, couronnées, fratrisées, équivoquées, vers-rimes,* etc.). Cretin reste le meilleur témoin, avec Molinet, d'une poésie brillante, particulièrement en faveur au commencement du XVIe siècle.

EDITION:

Œuvres poétiques, éd. Kathleen Chesney, Paris, 1932.

A CONSULTER:

Henry Guy, "Un souverain poète français, maître G. Cretin," *RHL*, X (1903), 553-589.
Pierre Champion, *Histoire poétique du XVe siècle*, Paris, 1923, 2 vol.

Chant royal

L'altitonant supreme plasmateur,
Monarque et chef en l'art d'architecture,
Avant qu'il fut des siecles formateur
Fist ung pourtraict de nouvelle structure,
Pour repparer l'offense et forfaicture   5
Du pere Adam. Et lors la Trinité,
Du grant conseil d'immense eternité
Preordonna ça bas ung ediffice,
Ou decreta le Filz en Deité
Y desdier en sa solempnité   10
Temple construict par divin artiffice.

Le Paraclit,[1] de l'œuvre conducteur,
Tel fondement y assit, et closture,
Que le maling serpent, faulx seducteur,
Ne sceust jamais y congnoistre fracture.   15
De droict compas en juste quadrature
Fut erigé, en telle summité
Que le renom, richesse et dignité
Du temple ou feist Salomon sacrifice
Mout exceda. Lors sacree unité   20
De Dieu et homme eust en sublimité
Temple construict par divin artiffice.

D'or pur et net le portail, nef et chœur,
Murs, pavement, pillers et couverture
Furent bastis du magnifique aucteur,   25
Ouvrant sur tous a l'antique sculpture,
Tresbien gardant perspective paincture:
Autour du chœur paignant humilité,
Foy, esperance, avecques charité;
Et en la nef, attrempance, justice,   30
Prudence et force, au surplus verité
Pour tiltre y meist l'escript d'auctorité:
Temple construict par divin artiffice.

[1] *Paraclit*: Consolateur, nom affecté au Saint-Esprit.

Sy playsant fut ce temple au Createur,
Qu'en luy voulut se faire creature: 35
C'est le saint corps ou nostre Redempteur
Fut incarné, et print sa nourriture:
C'est la sacree et digne geniture
De Anne,[2] conceue au terme limyté,
Dont le concept en toute immunité   40
Dieu preserva du crime et malefice
Originel. Aussi Divinité
Avoit esleu pour prendre humanité
Temple construict par divin artiffice.

Mainct lache ouvrier, du temple detracteur,   45
Le veult renger soubz la loy de nature;
Trop arrogant se monstre de estre acteur
Sur faulx rapport d'erronee escripture:
Se Deité, entrant sans ouverture
Au corps Marie, avec virginité   50
Peust corcorder nom de maternité,
Elle a bien peu luy donner beneffice
De necte, pure et sainct integrité,
Et la former sans quelque obscurité
Temple construict par divin artiffice.   55

ENVOY
Prince, pour mieulx domter l'austerité
Des medisans et leur posterité,
Faictes chanter quant on dira l'office
Qu'en son concept la Vierge a merité
Estre nommee en toute purité   60
Temple construict par divin artiffice.

Dudict Cretin audict Charbonnier[3]

Filz, par escriptz j'ay veu qu'un jour a Han[4]
Feiz pareilz cris que homme qui souffre ahan,
Portant le fes de guerre et ses alarmes.

[2] *Anne*: mère de la Sainte Vierge.
[3] François Charbonnier, valet de chambre du roi François Ier. Poème en vers olorimes.
[4] Han: village en Picardie, sur la Somme.

Pourtant le fais qu'elle provocques a larmes.
Tes doulx yeux secz, et sur eux l'eau tost rend,   5
Telz douze exces, plus souldain que torrent,
Laisse courir: son cours prandroit tes forces.
Les secourir est requis que t'efforces.
Quel signe avray de veoir cueurs contrictz, tant
Que es si navré, et te vas contristant?   10
Comme si avant l'effroy ne sceusse pas
Que homme scavant deubt souffrir sur ce pas.
Souffrir, helas! Quant feu ou soufre iroit
Se offrir es lacz, l'eau claire en souffriroit.
Soubz franc courage, en souffreté souffrons: 15
Souffrans que orage au nez nous blesse, ou froncz;
L'ire des roys faict or dedans ce livre
Lire desroys, et tour de dance livre
Si oultrageux, que du hault jusque a baz
Si outre a jeux on ne mect jus cabas,⁵   20
Doubter deubt on que ne soyons d'an seurs
De ouster du ton la dance et les danseurs.
Tournay en tour sa folle oultrecuidance,
Tournoye en tour, se affolle oultre qui dance.
Dye au lyepart⁶ le syen retour nyant   25
"Dyaule y ayt part que es droit chi tournyant."
En telz combatz Dame Venus te fache⁷
Enter cons baz, et par venuste fache⁸
Se l'on combat, telz exploictz daignes foire,⁹
Selon qu'on bat, que tant ouaignes le foire.   30
A m'en complet respondront ces cannonnes.
Amen. Complect tant a Primes que a Nonnes.¹⁰
Pour resjouir que Calais renouvelle,
Pourray je ouyr du cas claire nouvelle,
Si en Neptune actancte sur mer j'ay?   35
Si en ayt une, et tost soit submergé
Ce badinant, qui comme ces faictz myne,
Se bat disnant, et du tout s'effemine.
A quelle fin la baz tarde sa voye?
Ha, qu'il est fin! La Bastarde Savoye   40
L'affinera: elle en scet l'achoison.
La finera ce nice et lache oyson,
Lors sec sera, sortant mal a ply, quant

---

⁵ *Mettre bas*: se débarrasser de; *cabas*: troubles, difficultés.
⁶ *Lyepart*: allusion aux Anglais dont l'emblème était le léopard.
⁷ *Fache*: fasse (faire).
⁸ *Fache*: contrariété.
⁹ *Foire*: faire.
¹⁰ *Primes*, *Nonnes*: heures canoniales.

Lor cessera; la dame a l'appliquant
Repucera donner chair fresche et de os: 45
Repeu sera d'un beau nichil-au-doz.[11]
Laissons aller ces tours de guerre estranges:
Les sons a l'air ne semblent guere estre anges
Mais trenchans sons, dont hullent pour plus ton
Mectre en chançons, Cerberus et Pluton.   50
Filz chier, entends ce mot, et t'esjouy
Fischer en temps moyen, dont t'ay je ouy;
Exite[12] vains appetiz d'endurer,
Et si te vaincz a petit temps durer,
Pour ralyer baz culz a santé, paix   55
Pourra lyer Bachus a Sainct Espes.
Par long sesjour fuz tu mal egrotant:
Parlons ce jour, sens tu mal aigre autant
Que allant envers de foire en foire fuz,
Callant en vers du faire, en faictz reffuz?   60
Per omnia secula[13] ce dicton,
"Personne y a de bon bruyt," ce dit on:
De sa mamelle a les Françoys nourris.
De ça m'en mesle a raffreschir noz ris.
Amy, regarde en ce recit d'yver   65
A mire garde, et que recidiver
Ja ne te face, en sorte qu'on charroye
Jeunete face. L'homme ne couche a roye
Que au tracasser n'ait tant au front la goucte,
Que aultre a casser motes, ou ne voit goutte.   70
Main te salue affin que *in hac valle*
Mainte ça leue epistre en soit. *Valle.*[14]

Dudict Cretin au roy François Premier et present, pour ce que l'on luy avoit dit qu'il estoit cassé de ses gaiges

Quiconques veult l'estœuf d'argent toucher
Au jeu royal, doibt de main ou raqueste,

[11] *Nichil-au-doz*: déception.
[12] Sortez.
[13] Par tous les siècles.
[14] *In hac valle*: dans cette vallée; *Valle*: adieu.

S'il peult, ses copz bas et roide coucher,
Soit que le jeu seul joue, ou qu'il naquette;
Mais s'entre bont et volee il n'aqueste   5
Le sort eureux, n'y preigne trop d'esbat;
Et si malheur cause sur luy debat,
Use tousjours de gracieux langaiges,
Et dye aux dieux, "Si de faulte on me bat,
A tout le moins que je garde les gages."   10

     Et ce tripot fault de bon pied marcher,
Avoir main seure, avec œil d'eschauguette:
Car a la fin faulx bond ou mesmarcher
Donne le sault a qui bien ne s'en guette;
Pour bien jouer n'est besoing qu'on caquette: 15
Souventesfoys tel peut faire ung sabbat
Que aux coups donner de luy mesmes s'abbat.
Or suis je abbaz, dont affiert que allegue eages,
En suppliant, puis que chascun s'esbat,
A tout le moins que je garde les gages.   20

     Le principal se tire au descocher,
Et les despens, s'il advient qu'on banquette;
Qui perd, il paye, en trouvant l'escot cher
Quant fault laisser pourpoinct, robbe et jaquette;
Si ne pretendz sonner a la cliquette   25
Ce qu'ay perdu d'ampaulmer, dont le bast
Me blesse fort, et qu'il n'y destourbast
L'escript present, en troussant mes bagages,
Voluntiers deisse, ains que le sort tumbast,
A tout le moins que je garde les gages.   30

ENVOY

     Sire on m'a mys en blancs draps au grabat
De votre estat, ce goust mon cueur abbat,
Plus que l'aigreur d'herbes et fruictz bocages;
Si bien ne sers a plain vol ou rabbat,
A tout le moins que je garde les gages.   35
       Mieulx que pis.[15]

---

[15] Devise de Cretin.

Invective contre la Mort, faicte par ledict Cretin

O Mort cruelle! Estrange et malheureuse,
Plus que ennuyeuse, afflicte et douloureuse
Est la pensee en amer souvenir
Que aux lourdz exploitz ne peult contrevenir
De tes fiers dartz, soubdains et pestiferes,   5
Dont corps humains occire ne differes.
Souventesfoys par assaulx inhumains
Ruynes tours, clochiers et chasteaulx mains;
D'ung aguillon fort picquant esperonnes
Tous nobles cueurs, quant septres et couronnes   10
Faiz succomber: dont griefz vomissemens
De pleurs, regretz, souspirs, gemissemens
De criz piteux causent larmes espandre,
Et le plaisir d'heureux espoir suspendre.
La potion des tiens mortelz venins   15
Vefves contristes et jeunes orphelins
Tient opprimez en serville tutelle.
Horrible Mort! or voions que es tu telle
Soubdaine, austere et fiere autant que onc fuz,
Qui tant de gens rendz dolens et confutz,   20
Riens fors bien faict apres toy ne demeure.
Puis donc que ainsi fault que le monde meure,
Et riens ne peut apres toy demourer,
Le temps passé convient rememorer,
Considerer le present, et futures   25
Choses prevoir: lors males adventures
Chascun pourra, suyvant le chemin seur,
Bien eviter, et se trouver asseur.
A tant l'ouye a l'escout s'appareille,
Et que ces motz ne mette en sourde oreille: 30
Car ja soit, Mort, que donnent tes faulx bondz
Crainte aux maulvais, si es tu joye aux bons,
Et se homme avoit ses voluntez egalles
Aux trois vertus, qu'on nomme theologalles,
Foy, Esperance et bonne Charité,   35
En cueur seroit et de bouche herité

A Dieu aymer, et son prochain, pour reste
De parvenir au royaulme celeste.
Pour ce pensons noz œuvres adresser
A Celluy seul qui les scavra dresser,   40
Affin que par sa vertu et conduicte
La nostre vie a bonne fin reduicte,
Fruition du bien puissions avoir,
Mys en reserve au divin prescavoir.
           Mieulx que pis.

JEAN LEMAIRE DE BELGES
(1473-1524?)

Bien diray-je que Jan le Maire de Belges me semble avoir premier illustré et les Gaules et la Langue Françoyse, luy donnant beaucoup de motz et manieres de parler poëtiques, qui ont bien servy mesmes aux plus excellens de notre tens.

Joachim du Bellay

Il naquit à Bavai, faussement latinisé *Belgis*, d'où il tira son nom. Sa première éducation fut confiée à son parrain, Jean Molinet, qui ne manqua pas de l'initier aux secrets de la Rhétorique. On connaît peu sa vie personnelle, et les étapes de sa vie de poète se confondent avec les événements officiels des cours dont il était le chantre. Accueilli par Marguerite d'Autriche, duchesse de Savoie, il reste à son service pendant huit ans, de 1504 à 1512. A la mort de son mari Philibert, il compose sa *Couronne Margaritique*, énorme gerbe funéraire savamment et froidement tressée, qu'il fait suivre, en 1505, de sa première *Epître de l'Amant Vert*, poème spirituel, d'une grande fraîcheur, destiné à égayer le cœur de la jeune veuve. De toute la production poétique des Rhétoriqueurs, c'est sans doute cette épître—qui annonce par bien des côtés le talent de Clément Marot—qui se lit aujourd'hui avec le plus de plaisir. A tout prendre, ce qu'il y a chez lui de plus remarquable, c'est l'effort qu'il a fait pour se dégager de la rhétorique, c'est son progrès constant dans le sens du naturel et de la simplicité. C'est à la cour d'Anne de Bretagne, où il passe en 1511, qu'il compose son chef-d'œuvre de prose poétique, *Les Illustrations de Gaule et Singularitez de Troye*. La *Concorde des deux langages* (1511), sorte de temple des gloires littéraires de la France et de l'Italie, date de la même époque.

EDITIONS:

Œuvres de Jean Lemaire de Belges, éd. J. Stecher, Louvain, 1882-1891, 4 vol.
Les Epîtres de l'Amant Vert, éd. Jean Frappier, Genève, 1948.

A CONSULTER:

Ph. Aug. Becker, *Jean Lemaire, der erste humanistiche Dichter Frankreichs*,
    Strassburg, 1893.
Henri Chamard, *Les Origines de la poésie française de la Renaissance*, 1920.
Georges Doutrepont, *Jean Lemaire de Belges et la Renaissance*, Bruxelles, 1934.
Michael F. O. Jenkins, *Artful Eloquence: Jean Lemaire de Belges and the
    Rhetorical Tradition*, University of North Carolina Press, 1980.
Paul Spaak, *Jean Lemaire de Belges, sa vie, son œuvre et ses meilleures pages*,
    Paris, 1926.

La Premiere Epistre de l'Amant Vert

S'il est ainsi, fille au hault Empereur,[1]
Fille à Cesar, ce puissant conquereur,
S'il est ainsi que autrefois par semblant
Ayes aymé ce povre corps tremblant,   4
Qui de tes mains ne prendra plus substance,
Las! seuffre ung peu ta haultesse et prestance
Ses beaux yeulx clers (pour ung hault benefice)
Prester lecture à ce derrain office.   8
Derrain diz je, quant à moy qui t'escripz,
Car, mettant fin à mes chantz et mes criz,
Je delibere et sans faincte propose   12
A mes briefz jours mettre certaine pose.
Car, et comment pourroit ung cueur si gros,
En corpz si foible et si petit enclos,
Passer le jour que de moy te depars,
Sans se crever et pourfendre en deux pars?   16
O demydieux, o satires agrestes,
Nymphes de bois et fontaines proprettes,
Escoutez moy ma plaincte demener!
Et tu, Echo, qui faiz l'air resonner   20
Et les rochiers de voix repercussives,
Vueilles doubler mes douleurs excessives!
Vous sçavez bien que les dieux, qui tout voyent,
Tel bien mondain, tel heur donné m'avoient   24
Que de plus grand ne jouïst oncques ame.
Vous cognoissez que pour maistresse et dame
J'avoie acquis (par dessus mes merites)
La fleur des fleurs, le chois des marguerites.   28

---

[1] Marguerite était la fille de Maximilien Ier, empereur germanique de 1493 à 1519.

Las! double helas! pourquoy doncques la pers je?

Pourquoy peut tant Infortune[2] et sa verge,

Qui maintesfois celle dame greva?

Elle s'en va, helas! elle s'en va,   32

Et je demeure icy sans compaignie.

Elle va veoir la noble Germanie,

Elle va veoir le roy romain son pere,[3]

Et l'autre roy, son seul frere prospere,[4]   36

Et tout sans moy. Helas! que ay je meffaict?

T'ay je despleu, o chief d'euvre parfait?

Ai je noncé chose qui face à taire?

A riens meffait ton humble secretaire,   40

Qui plus a sceu de ton privé secret

Que autre vivant, tant soit saige ou discret?

Helas! nenny. Mais Fortune ennemie

Me grieve ainsi, ma maistresse et m'amye,   44

Et faulx espoir (que j'avoye d'user

Mes jours o toy) m'a voulu abuser.

Or doy je bien haÿr ma triste vie,

Veu que tant t'ay par terre et mer suivie,   48

Par bois, par champs, par montaigne et valée,

Et que je t'ay maintesfois consolée

En tes dangiers, nauffraiges et perilz,[5]

Esquelz sans moy n'avois joye ne riz,   52

Et maintenant tu laisses ton amant.

O cueur plus dur que acier ou dyamant!

Jusques à or je ne t'ay faict offense,

Mais plus ne puis mettre obstacle ou deffense   56

Que de righeur je n'use en mon epistre,

Là où ma langue oncques mal ne sceut tistre.

Certes, tu es (diray je ce dur mot?)

(Mais pourquoy non, quand nul que toy ne m'ot?)   60

Tu es cruelle, ou au moins trop severe,

Veu que ton œil, qui en dueil persevere,

N'ayme couleur, sy non noire et obscure,

Et n'a de vert ne de gayeté cure.   64

Or pleust aux dieux que mon corpz assez beau

---

[2] Allusion à la devise adoptée par Marguerite à la mort de son mari, FORTUNE INFORTUNE FORT UNE, et qu'elle a fait inscrire un peu partout dans son église de Brou.

[3] Marguerite était partie du château de Point d'Ain en 1505 pour aller retrouver son père en Allemagne.

[4] Philippe de Bourgogne, roi de Castille.

[5] Allusion à la tempête au cours de laquelle Marguerite faillit mourir, alors qu'en 1497 elle se rendait en Espagne pour rejoindre l'infant don Juan de Castille, qu'elle venait d'épouser par procuration.

Fust transformé, pour ceste heure, en corbeau,
Et mon colier vermeil et purpurin
Fust aussi brun que ung More ou Barbarin!   68
Lors te plairoye, et ma triste laideur
Me vauldroit mieulx que ma belle verdeur.
Lors me seroit mon dommaige et ma perte
Tournée en gaing et recouvrance aperte.   72
Viengne quelque ung, qui de noir attrament
Taigne mon corpz et mon acoustrement!
Mais se impossible estoit que ma vesture
Peust recepvoir nulle noire taincture,   76
Las! viengne aucun, au moins, qui à ton œil
Face apparoir de vert que ce soit dueil!
Mon cueur se deult, combien que d'un vert gay
Soit mon habit, comme d'un papegay.   80
Et fault il doncq, se ne m'est delivrée,
De par Nature une noire livrée,
Que haÿ soye, et que frustré me voye
De ton regart, qui prent or autre voye?   84
O dur regret, qui me vient courir sus!
Seray je doncq ung autre Narcissus,
Ou Ypolite, ausquelz leur beauté propre,
Par grand meschief, causa mort et opprobre?[6]   88
Je voy que ouÿ, et que mon propre chant
M'est ung couteau mortellement trenchant.
Las! se je parle et ciffle et me degoise,
Et qu'en chantant je maine doulce noise,   92
Ce n'est pour moy, mais pour toy resjouÿr.
Je me tairay, s'on ne me veult ouÿr.
Ains qu'on me laisse en ce lieu solitaire,
A moy moleste et à nul salutaire.   96
Las! je voy bien que trop me nuyt mon plet,
Veu que plaisir et joye te desplet.
Si seray dit (quand trop je m'esvertue)
Le pellican, qui de son bec se tue.[7]   100
Bien peu s'en fault que celui ne maudie
Qui me donna tel grace et melodie
Par trop m'apprendre et dictiers et chansons,
Dont autrefois tu aymois les doulx sons;   104
Et me baisois, et disois: "Mon amy."

---

[6] Narcisse s'éprend de sa propre image en se regardant dans les eaux d'une fontaine, au
fond de laquelle il se précipite; la beauté d'Hippolyte, qui inspira l'amour de Phèdre,
causa sa mort.
[7] Le pélican, disait-on, s'ouvre les flancs de son bec pour nourrir ses petits de son
sang.

Si cuidoie estre ung dieu plus que à demy.
Et bien souvent de ta bouche gentille
M'estoit donné repas noble et fertile.   108
Que diray je d'aultres grandz privaultéz,
Par quoy j'ay veu tes parfaictes beautés,
Et ton gent corpz, plus poly que fine ambre,
Trop plus que nul autre varlet de chambre,   112
Nu, demy nu, sans atour et sans guimple,
Demy vestu en belle cotte simple,
Tresser ton chief, tant cler et tant doré,
Par tout le monde aymé et honnouré?   116
Quel autre amant, quel autre serviteur
Surpassa oncq ce hault bien et cest heur?
Quel autre aussi eut oncq en fantasie
Plus grand raison d'entrer en jalousie,   120
Quand maintes fois, pour mon cueur affoler,
Tes deux mariz je t'ay veu accoller?
Car tu scéz bien que ung amant gracïeux
De sa dame est jaloux et soucïeux.   124
Et nonobstant aucun mot n'en sonnoie,
Mais à par moy grand joye demenoie
En devisant et faisant noise et bruit,
Pour n'empescher de ton plaisir le fruit.   128
Bien me plaisoit te veoir tant estre aymée
De deux seigneurs de haulte renommée:
L'un fut d'Espaigne,[8] et l'autre de Savoie,[9]
Que plus bel homme au monde ne sçavoie.   132
Bien me plaisoit te veoir chanter et rire,
Dancer, jouer, tant bien lire et escripre,
Paindre et pourtraire, accorder monocordes,
Dont bien tu scéz faire bruire les cordes.   136
Mais maintenant tout cela tu reboutes
Et ne faiz fors espandre pleurs et gouttes
De tes beaux yeulx, qui jamais n'en sont las,
Sans plus querir ne plaisir ne soulas,   140
Par quoy je suis de toy mis en oubly.
O mon las cueur, d'amour trop ennobly,
Pourras tu bien endurer en toy mesmes
De perdre ainsi la princesse des femmes,   144
D'estre privé désormais de la veue
De celle qui d'honneur est tant pourveue?
Vivras tu bien tout seul en ceste tour

---

[8] Don Juan de Castille.
[9] Philibert le Beau, duc de Savoie.

En attendant son desiré retour?   148
Non pas tout seul, car aussi du païs
Duquel je suis, demeurent esbahiz
Avecques moy le quin et la marmotte,
Dont la tristeur desja leur mort denotte.   152
Prisonniers sont, leur lïesse est perdue,
Et sont lïéz par grand righeur non deue.
Ja ne vivront, absentz de leur maistresse,
Ainçois mourront de langueur et tristresse.   156
Aussi fera Brouticque leur compaigne,
Fille à Brutus, dont parle encoire Espaigne.[10]
Elle de dueil, ses enfans nouveaux néz
Après sa mort seront tantost finéz.   160
O povres nous! O trestous miserables,
Jugéz à mort, non jamais secourables!
Mourons acop, puis que nostre princesse
De nous s'esloingne et de nous aymer cesse!   164
Bien vont o elle ung tas d'oiseaux rapteurs,
Et chiens mordans, pervers et latrateurs;
Et nous, helas! innocens, et qui sommes
Fort approchant la nature des hommes,   168
Elle nous laisse en pays estrangier,
Qui de sa main soulions prendre à mengier,
De sa main propre, et blanche et deliccate.
Ha! Marguerite (à peu diray je ingratte),   172
Je te puis bien faire ores mes reproches,
Puis que de mort je sens ja les approches.
Longtemps ton serf, long temps ton amy chier,
A ton lever, à ton noble couchier,   176
Depuis Zelande en Grenade,[11] et par tout,
Suis je venu de mon service à bout
En ce lieu cy mortifere et funeste,
Où va volant ung ange deshonneste,   180
De punaisie et de vermine immonde,
Où j'ay perdu la fleur de tout le monde,
Le duc mon maistre, et la duchesse après,
Dont le remors me touche de trop près.   184
Est ce desserte? Ay je cecy mery?
Ha! le Pont d'Ains,[12] que fusses tu pery,
Lieu execrable, anathematisé,

[10] Une levrette appelée Broutique, fille de Brutus, un lévrier.
[11] Pour rejoindre son mari don Juan de Castille, Marguerite est partie de Flesingue en Zélande.
[12] Ce château était la résidence habituelle de Marguerite et de Philibert le Beau.

Mal feu puist estre en tes tours attisé!   188
Au moins, Princesse, (en extreme guerdon)
Je te requiers et te supplie ung don:
C'est que mon corpz n'y soit ensevely,
Ains le me metz en quelque lieu joly,   192
Bien tapissé de diverses flourettes,
Où pastoureaux devisent d'amourettes,
Où les oiseaux jargonnent et flajollent,
Et papillons bien coulouréz y volent,   196
Près d'un ruisseau ayant l'unde argentine,
Autour duquel les arbres font courtine
De fueille vert, de jolyz englentiers
Et d'aubespins flairans par les sentiers.   200
Bien me peuz faire honneur de sepulture,
Veu que ung corbeau de mains noble nature
Fut honnouré et eut obseque humain,
Ou temps jadis, par le peuple rommain.[13]   204
Mon tumbel doncq ainsi mis en grand pompe,
Pourveu que espoir ne me deçoive et trompe,
S'il advient lors que pelerins passans,
Cerchans umbraige et les lieux verdissans,   208
Près de ma tumbe en esté se reposent,
Et que dessus la pierre marcher n'osent
(Vue que sacrée à Venus sera elle),
Vers eulx viendra quelque gente pucelle,   212
Gardant brebis par les prëaux herbuz,
Qui pour fouÿr l'ardeur du cler Phebus
Par aventure auprès de la fontaine
Se vouldra seoir, et pour chose certaine,   216
Après avoir estanché sa soif sesche,
En devisant dessus l'herbette fresche,
Leur comptera tout le cours de ma vie
Et de ma mort (dont je prens or envie),   220
Et leur dira:

LA PUCELLE DIT AUX PASSANS

"Seigneurs, se Dieu vous gard,
Soubz ce noir marbre, où vous gettez regart,
Gist l'Amant Vert, de penséë loyalle,
Lequel servit une dame royalle,   224
Sans que jamais il lui fist quelque faulte.

---

[13] Allusion aux obsèques accordées par le peuple romain, sous Tibère, à un corbeau (Pline l'Ancien, *Hist. Nat.*, X.121-25).

Natif estoit d'Ethïope la haulte,
Passa la mer tant fiere et tant diverse
Où il souffrit mainte grand controverse,   228
Habandonnant son pays et ses gens,
Pour venir cy par exploitz diligentz;
Laissa Egypte et le fleuve du Nil,
Espris d'amours en ung cueur juvenil,   232
Quand le renom de sa tresclere dame
Lui eut esmeu tout le couraige et l'ame;
Si vint cercher ceste regïon froide,
Où court la bise impetueuse et roide,   236
Pour veoir sa face illustre, clere et belle,
Qu'il perdit puis par Fortune rebelle,
Et pour avoir l'acoinctance amoureuse
De son desir. Sa langue malheureuse   240
Laboura tant à son futur dommaige
Qu'elle oublia son langaige ramaige
Pour sçavoir faire ou sermon ou harengue,
Tant en françois comme en langue flamengue,[14]   244
En castillan et en latin aussi,
Dont à l'aprendre il souffrit maint soucy.
Or estoit il ung parfaict truchemant,
Et ne restoit fors sçavoir l'alemant,   248
En quoy gisoit son esperance seure,
Se grief rebout ne lui eust couru seure.
Mais laissé fut en ung trop dur sejour,
Dont il morut de dueil ce propre jour,   252
Et lui fut fait ce monument et tumbe,
Dessus lequel pluye et rouséë tumbe;
Si aura il (par faveur supernelle)
Louenge et bruit en memoire eternelle."   256

                    L'AMANT VERT

Ainsi dira la bergiere au corpz gent
Aux pelerins et à mainte autre gent,
Qui voulentiers la mienne histoire orront
Et de pitié, peut estre, ploureront,   260
Et semeront des branches verdelettes,
Sur mon tumbel, et fleurs et vïolettes,
Puis s'en iront comptant par mainte terre
Comment Amours m'ont fait cruelle guerre,   264
Par quoy sera mon bruit trop plus ouvert

---

[14] *flamengue*: flamande.

Que du Vert Conte ou du Chevalier Vert;[15]
Et sera dit l'Amant Vert noble et preux,
Quand il morut vray martyr amoureux.   268
Et oultreplus, à ma tumbe, de nuyt,
Quand tout repose et que la lune luyt,
Viendront Silvan, Pan et les demydieux
Des bois prouchains et circonvoisins lieux,   272
Et avec eulx les féës et nymphettes,
Tout alentour faisans joyeuses festes,
Menans deduit en danses et caroles
Et en chansons d'amoureuses parolles.   276
Ce seul soulas auray je après ma mort,
Dont le desir desja me point et mord.
N'as tu point veu (o dame specïeuse!)
Que quand ta bouche amye et gratïeuse   280
A dit adieu à moy povre esperdu,
Ung tout seul mot je ne t'ay respondu?
(Aussi, comment eust il esté possible
Que je parlasse en ce dueil indicible?)   284
Mais seullement tout morne, triste et sombre,
Comme desja sentant mortel encombre,
Ta noble main doulcement ay baisée,
Congié prenant de ta haulteur prisée.   288
Et maintenant à la mort me prepare,
Puis que je voy l'heure qui nous separe.
Helas! comment me pourray je donner
La mort acop, sans guieres sejourner?   292
Je n'ay poison, je n'ay dague n'espée
Dont estre puist ma poictrine frapée.
Mais quoy? Cela ne m'en doibt retarder:
Qui mourir veult, nul ne l'en peut garder.   296
Quand Portïa, plaine de grandz vertuz,
Voulut mourir pour son mary Brutus,
Nonobstant ce que ses gens eussent soing
Qu'avoir ne peust venin ne fer ou poing,   300
Elle neantmoins pour fournir son devis
Se fit mourir mengeant de charbons vifz.
Par ainsi doncq à ung cueur hault et fièr
On ne sçauroit son propos empeschier: 304
Car moins griefve est la mort tost finissant
Que n'est la vie amere et languissant.
Ha! dieux haultains, de bon cueur vous mercie,

---

[15] Le *Vert Comte* désigne Amédée VI, comte de Savoie; le *Chevalier Vert* est un héros de roman anglais de la seconde moitié du XIVe siècle.

Car de mourir bien brief ne me soucie: 308
J'ay ja trouvé, sans aler loing dix pas,
Le seul moyen de mon hastif trepas.
Je voy ung chien, je voy ung viel mastin,
Qui ne mangea depuis hier au matin,   312
A qui on peut nombrer toutes les costes,
Tant est haÿ des bouchiers et des hostes.
Il a grant fain, et ja ses dens aguise
Pour m'engloutir et manger à sa guise.   316
Il me souhaitte et desire pour proye,
Par quoy à lui je me donne et ottroye.
Si seray dit ung Actëon naïf,
Qui par ses chiens fut estranglé tout vif.   320
Attens ung peu, vilaine creature,
Tu jouÿras d'une noble pasture;
Attens ung peu que ceste epistre seulle
J'aye achevée, ains me mettre en ta gheulle;   324
Si saouleray ton gosier mesgre et glout,
Et tu donras à mon dueil pause et bout.
Mais se tu metz triste fin à mes plainctz,
D'autres assez en feras de dueil plains,   328
Et en la fin seras triste et dolent
D'avoir commis ung cas si vïolent,
Car point n'auras si tost ma mort forgée
Qu'encor plus tost elle ne soit vengée.   332
Dont je te prie, o ma princesse et dame,
Que quand mon corpz verras n'avoir plus d'ame,
Et qu'à tes yeulx, pour nouvelle dolente,
On monstrera toute sanguinolente   336
De ton ami la despouille piteuse,
Et que ma mort si laide et si honteuse
Te causera dueil et compassïon,
N'en prens pourtant ire ne passïon,   340
N'en vueille point ta personne empirer
Par larmoyer et par trop souspirer,
Car assez as d'autres maulx plus patentz,
Dont maintes gens se treuvent malcontens;   344
Mais souffira, sans plus, que tu mauldie
La ville beste, oultrageuse et hardie,
Qui mon gent corpz (du tien enamouré)
Aura ainsi deffaict et dessiré,   348
Lequel neantmoins, sans autre desespoir,
Veult de son gré telle mort recepvoir,
Pour le pas clore à tous tes infortunes

De tant de mortz cruelles, importunes.   352
Quant à l'esprit, saiches que sans mensonge
Il t'aperra[16] assez de fois en songe,
Et te suivra par hayes et buissons,
Sollicitant que les tant joyeux sons   356
Des oiseletz en tous lieux te convoyent
Et par les bois doulcement te resjoyent,
Ainsi que celle à qui doibvent hommaige
Tous beaux oiseaux de quelconcque plumaige.   360
Aussi diray je au graci̇eux Zephire
Que desormais lui seul vente et souspire
Bien souëfment à tout sa doulce alaine,
Et que Flora, qui de tous biens est plaine,   364
Voist tapissant de flourettes meslées
Les champz, les préz, les montz et les valées,
Tant que sembler il puisse que tout rie,
Par où ira ta noble Seignourie.   368
Or adieu doncq, royne de toutes femmes,
La fleur des fleurs, le paragon des gemmes;[17]
Adieu, ma dame et ma maistresse chiere,
Pour qui la Mort me vient monstrer sa chiere.   372
Mais ne m'en chault, mais que saulve tu soye
Et que jamais n'ayes riens fors que joye.
Fay moy graver sur ma lame marbrine
Ces quatre vers, au moins se j'en suis digne: 376

L'EPITAPHE DE L'AMANT VERT

Soubz ce tumbel, qui est ung dur conclave,
Git l'Amant Vert et le tresnoble esclave,
Dont le hault cueur, de vraye amour pure yvre,
Ne peut souffrir perdre sa dame, et vivre.   380
DE PEU ASSEZ[18]

---

[16] *aperra*: apparaîtra.
[17] Double sens du mot Marguerite: perle et fleur.
[18] Devise de Jean Lemaire de Belges.

II

*LES POETES
DE LA GENERATION
DE FRANÇOIS PREMIER*

CLÉMENT MAROT
(1496-1544)

*Il avoit une veine grandement fluide, un vers non affecté, un
sens fort bon, et encore qu'il ne fust accompagné de bonnes
lettres, ainsi que ceux qui vinrent après lui, si n'estoit-il si
desgarni qu'il ne les mist souvent en œuvre fort à propos.*

Estienne Pasquier

Fils du rhétoriqueur Jean Marot de Caen, Clément naquit à
Cahors. Venu en France avec son père en 1506, il fut élevé dans le voisinage de la
cour qu'il ne quittera plus sauf pour l'exil. Il rappelle dans l'*Enfer* cet événement si
important pour son avenir de poète:

> A bref parler, c'est Cahors en Quercy,
> Que je laissay pour venir querre icy
> Mille malheurs, auxquelz ma destinée
> M'avoit submis. Car une matinée,
> N'ayant dix ans, en France fuz mené
> Là où depuis me suis tant pourmené
> Que j'oubliay ma langue maternelle,
> Et grossement apprins la paternelle
> Langue françoyse ès grands cours estimée.

La cour, sa "maistresse d'escolle," était à cette époque trop
ambulante pour que Marot pût acquérir une solide culture humaniste et on le lui a
reproché. Du Bellay, par exemple, dit de lui qu'il ne possédait pas ce savoir qui est "le
commencement de bien écrire."

Secrétaire de la duchesse d'Alençon de 1519 à 1527, il devient à
la mort de son père, en 1527, valet de chambre de François Ier. L'*Adolescence
clémentine*, son premier recueil collectif, date de 1532. Une lecture de ses épîtres nous
permet de retracer les étapes principales d'une vie mouvementée et parfois dangereuse,
semblable à bien des égards à celle de Villon. Marot prête une oreille attentive aux
évangélistes qui fréquentaient alors la cour du Louvre et se trouve visé par les
condamnations de la Sorbonne. Impliqué en octobre 1534 dans l'Affaire des Placards
et accusé de Luthérisme, il se réfugie à la cour de Renée de France à Ferrare. Il abjure en

1536 et revient à Paris. En 1541 paraît sa version française de trente psaumes qui est accueillie avec enthousiasme aussi bien par la cour que par les Calvinistes. Il publie ensuite l'*Enfer* chez Etienne Dolet. Condamné de nouveau par la Sorbonne, il s'exile à Genève où il continue sa traduction des psaumes. Il quitte cette ville en 1543 et meurt vers la fin de l'été de 1544 à Turin.

Né au moment de la plus grande vogue des Rhétoriqueurs, Marot a réussi néanmoins à s'en détacher partiellement, grâce surtout à l'influence de la cour. Il est le porte-parole de la génération de François Ier et sa poésie reflète ses doutes, ses contradictions et ses enthousiasmes. L'"élégant badinage" dont parle Boileau à propos de la poésie de Marot a été injustement appliqué à sa personnalité. Mais son retour d'exil, son abjuration, son deuxième exil, son départ de Genève, tout semble indiquer que la vie le fascinait beaucoup plus que le martyre. Il ose critiquer et satiriser, mais "jusques au feu *exclusive*." A cet égard il ressemble à d'autres écrivains de sa génération, à Rabelais, à Des Périers, qui dissimulent leur angoisse sous le rire.

EDITIONS:

Œuvres complètes de Clément Marot, éd. Abel Grenier, Paris, s.d., 2 vol.
Œuvres de Clément Marot, éd. Georges Guiffrey, Paris, 1875-1931, 5 vol.
Les Epîtres, éd. C. A. Mayer, London, 1958.
Œuvres satiriques, éd. C. A. Mayer, London, 1962.
Œuvres lyriques, éd. C. A. Mayer, London, 1964.
L'Adolescence clémentine, éd. Frank Lestringant, Paris, 1987.
Œuvres poétiques, éd. Gérard Defaux, Paris, tome I, 1990; II, 1993.

A CONSULTER:

Ph. A. Becker, *Clément Marot, sein Leben und seine Dichtung*, München, 1926.
Gérard Defaux, *Marot, Rabelais, Montaigne: l'écriture comme présence*, Paris, 1987.
Gérard Defaux et Michel Simonin, *Clément Marot "Prince des poëtes françois" 1496-1996*, Paris, 1997.
Jean-Luc Déjean, *Clément Marot*, Paris, 1990.
Robert Griffin, *Clément Marot and the Inflections of Poetic Voice*, University of California Press, 1974.
Henry Guy, *Histoire de la poésie française de la Renaissance*, t. II, *Clément Marot et son école*, Paris, 1926.
Pierre Jourda, *Marot, l'homme et l'œuvre*, Paris, 1950.
Charles E. Kinch, *La Poésie satirique de Clément Marot*, Paris, 1940.
P. Leblanc, *La Poésie religieuse de Clément Marot*, Paris, 1955.
Jean Plattard, *Marot, sa carrière poétique, son œuvre*, Paris, 1938.
Pauline M. Smith, *Clément Marot: Poet of the French Renaissance*, London, 1970.

Petite Epistre au Roy (1518-1519)

En m'esbatant je faiz Rondeaux en rime,
Et en rimant bien souvent je m'enrime;
Brief, c'est pitié d'entre nous Rimailleurs,
Car vous trouvez assez de rime ailleurs,   4
Et quand vous plaist, mieulx que moy rimassez,
Des biens avez et de la rime assez.
Mais moy, à tout ma rime et ma rimaille,
Je ne soustiens (dont je suis marry) maille.   8
   Or, ce me dist (ung jour) quelque Rimart:
Viença, Marot, trouves tu en rime art
Qui serve aux gens, toy qui as rimassé?
Ouy vrayement (respondz je) Henri Macé.[1]   12
Car voys tu bien, la personne rimante,
Qui au Jardin de son sens la rime ente,
Si elle n'a des biens en rimoyant,
Elle prendra plaisir en rime oyant;   16
Et m'est advis que, si je ne rimoys,
Mon pauvre coprs ne seroit nourry moys,
Ne demy jour. Car la moindre rimette,
C'est le plaisir où fault que mon rys mette.   20
   Si vous supply qu'à ce jeune Rimeur
Faciez avoir ung jour par sa rime heur,
Affin qu'on die, en prose ou en rimant:
Ce Rimailleur, qui s'alloit enrimant,   24
Tant rimassa, rima et rimonna,
Qu'il a congneu quel bien par rime on a.

Marot à Monsieur Bouchart,[2] *docteur en theologie* (1526)

Donne response à mon present affaire,
Docte Docteur. Qui t'a induict à faire
Emprisonner, depuis six jours en ça,
Ung tien amy, qui onc ne t'offensa?   4
Et vouloir mettre en luy crainte et terreur
D'aigre justice, en disant que l'erreur
Tiens de Luther? Point ne suis Lutheriste
Ne Zvinglien, et moins Anabatiste: 8

---

[1] Probablement nom forgé pour la rime.
[2] On ignore presque tout de ce personnage.

Je suis de Dieu par son filz Jesuchrist.
    Je suis celluy qui ay faict maint escript,
Dont ung seul vers on n'en sçauroit extraire
Qui à la Loy divine soit contraire.   12
Je suis celluy qui prends plaisir et peine
A louer Christ et sa Mere tant pleine
De grace infuse; et pour bien l'esprouver,
On le pourra par mes escriptz trouver.   16
Brief, celluy suis qui croit, honnore et prise
La saincte, vraye et catholique Eglise;
Aultre doctrine en moy ne veulx bouter;
Ma Loy est bonne. Et si ne fault doubter   20
Qu'à mon pouvoir ne la prise et exaulse,
Veu qu'ung Payen prise la sienne faulse.
Que quiers tu donc, o Docteur catholique?
Que quiers tu donc? As tu aulcune picque   24
Encontre moy? Ou si tu prends saveur
A me trister desoubz aultruy faveur?[3]
    Je croy que non; mais quelcque faulx entendre
T'a faict sur moy telle rigueur estendre.   28
Doncques, refrains de ton couraige l'ire.
Que pleust à Dieu qu'ores tu peusses lire
Dedans ce corps, de franchise interdict:
Le cueur verrois aultre qu'on ne t'a dit.   32
    A tant me tais, cher Seigneur nostre Maistre,
Te suppliant à ce coup amy m'estre.
Et si pour moy à raison tu n'est mis,
Fais quelcque chose au moins pour mes amys,   36
Et me rendant par une horsboutée
La liberté, laquelle m'as ostée.

Epistre à son amy Lyon[4] (1526)

    Je ne t'escry de l'amour vaine et folle,
Tu voys assez s'elle sert ou affolle;
Je ne t'escry ne d'Armes ne de Guerre,
Tu voys qui peult bien ou mal y acquerre;   4
Je ne t'escry de Fortune puissante,
Tu voys assez s'elle est ferme ou glissante,
Je ne t'escry d'abus trop abusant,
Tu en sçais prou et si n'en vas usant;   8

---

[3] Desoubz aultruy faveur: pour faire plaisir à quelqu'un d'autre.
[4] Lyon Jamet, un des meilleurs amis de Marot.

Je ne t'escry de Dieu ne sa puissance,
C'est à luy seul t'en donner congnoissance;
Je ne t'escry des Dames de Paris,
Tu en sçais plus que leurs propres Maris;   12
Je ne t'escry qui est rude ou affable,
Mais je te veulx dire une belle Fable,
C'est assavoir du Lyon et du Rat.
  Cestuy Lyon, plus fort qu'ung vieulx Verrat,   16
Veit une fois que le Rat ne sçavoit
Sortir d'ung lieu, pour autant qu'il avoit
Mangé le lard et la chair toute crue;
Mais ce Lyon (qui jamais ne fut Grue)   20
Trouva moyen et maniere et matiere,
D'ongles et dentz, de rompre la ratiere,
Dont maistre Rat eschappe vistement,
Puis mist à terre ung genoul gentement,   24
Et, en ostant son bonnet de la teste,
A mercié mille foys la grand Beste,
Jurant le Dieu des Souriz et des Ratz
Qu'il luy rendroit. Maintenant tu verras   28
Le bon du compte. Il advint d'aventure
Que le Lyon, pour chercher sa pasture,
Saillit dehors sa caverne et son siege,
Dont (par malheur) se trouva pris au piege,   32
Et fut lié contre ung ferme posteau.
  Adonc le Rat, sans serpe ne cousteau,
Y arriva joyeulx et esbaudy,
Et du Lyon (pour vray) ne s'est gaudy,   36
Mais despita Chatz, Chates et Chatons,
Et prisa fort Ratz, Rates et Ratons,
Dont il avoit trouvé temps favorable
Pour secourir le Lyon secourable,   40
Auquel a dit: tays toy, Lyon lié,
Par moy seras maintenant deslié:
Tu le vaulx bien, car le cueur joly as;
Bien y parut, quand tu me deslias.   44
Secouru m'as fort Lyonneusement;
Ors secouru seras Rateusement.
  Lors le Lyon ses deux grands yeux vestit,[5]
Et vers le Rat les tourna ung petit,   48
En luy disant: ô pauvre vermyniere,
Tu n'as sur toy instrument ne maniere,
Tu n'as cousteau, serpe ne serpillon

---

[5] *Vestit*: baissa les paupières; couvrit de ses paupières.

Qui sceust coupper corde ne cordillon,   52
Pour me getter de ceste estroicte voye.
Va te cacher, que le Chat ne te voye.

     Sire Lyon (dit le filz de Souris),
De ton propos (certes) je me soubris;   56
J'ay des cousteaulx assez, ne te soucie,
De bel os blanc, plus tranchant qu'une Cye;
Leur gaine, c'est ma gencive et ma bouche;
Bien coupperont la corde qui te touche   60
De si trespres, car j'y mettray bon ordre.

     Lors sire Rat va commencer à mordre
Ce gros lien; vray est qu'il y songea
Assez long temps; mais il le vous rongea   64
Souvent et tant qu'à la parfin tout rompt;
Et le Lyon de s'en aller fut prompt,
Disant en soy: nul plaisir (en effect)
Ne se perdt point, quelcque part où soit faict.   68
Voyla le compte en termes rimassez:
Il est bien long, mais il est vieil assez,
Tesmoing Esope et plus d'ung million.

     Or viens me veoir pour faire le Lyon;   72
Et je mettray peine, sens et estude
D'estre le Rat, exempt d'ingratitude;
J'entends, si Dieu te donne autant d'affaire
Qu'au grand Lyon, ce qu'il ne vueille faire.   76

Marot, prisonnier, escript au Roy pour sa delivrance (1527)

     Roy des Françoys, plein de toutes bontez,
Quinze jours a (je les ay bien comptez),
Et des demain seront justement seize,
Que je fus faict Confrere au Diocese   4
De sainct Marry, en l'Eglise sainct Pris;[6]
Si vous diray comment je fus surpris,
Et me desplaist qu'il fault que je le dye.

     Trois grands Pendars vindrent à l'estourdie,   8
En ce Palais, me dire en desarroy:

---

[6] *Sainct Marry,* paroisse de Paris. Jeu de mots—être marri: être déconfit. *Sainct Pris,* localité de Paris. Jeu de mots—être de Sainct pris: être arrêté.

Nous vous faisons Prisonnier par le Roy.
Incontinent, qui fut bien estonné?
Ce fut Marot, plus que s'il eust tonné.   12
Puis m'ont monstré ung Parchemin escrit,
Où n'y avoit seul mot de Jesuchrist;
Il ne parloit tout que de playderie,
De Conseilliers et d'emprisonnerie.   16
    Vous souvient il (ce me dirent ilz lors)
Que vous estiez l'aultre jour là dehors,
Qu'on recourut ung certain Prisonnier
Entre noz mains? Et moy de le nyer,   20
Car soyez seur, si j'eusse dict ouy,
Que le plus sourd d'entre eulx m'eust bien ouy.
Et d'aultre part, j'eusse publicquement
Esté menteur. Car pourquoy et comment   24
Eussé je peu ung aultre recourir,
Quand je n'ay sceu moymesmes secourir?
Pour faire court, je ne sceu tant prescher
Que ces Paillards me voulsissent lascher.   28
Sur mes deux bras ilz ont la main posée,
Et m'ont mené ainsi que une Espousée;
Non pas ainsi, mais plus roide ung petit.
Et toutesfois j'ay plus grand appetit   32
De pardonner à leur folle fureur
Qu'à celle là de mon beau Procureur.
Que male Mort les deux Jambes luy casse!
Il a bien prins de moy une Becasse,   36
Une Perdrix, et ung Levrault aussi:
Et toutesfoys je suis encor icy.
Encor je croy, si j'en envoioys plus,
Qu'il le prendroit, car ilz ont tant de glus   40
Dedans leurs mains, ces faiseurs de pipée,
Que toute chose où touchent est grippée.
    Mais pour venir au poinct de ma sortie:
Tant doulcement j'ay chanté ma partie,   44
Que nous avons bien accordé ensemble,
Si que n'ay plus affaire, ce me semble,
Sinon à vous. La partie est bien forte;
Mais le droit poinct où je me reconforte: 48
Vous n'entendez Proces non plus que moy;
Ne plaidons point; ce n'est que tout esmoy.
Je vous en croy si je vous ay mesfaict.
Encor posé le cas que l'eusse faict,   52
Au pis aller n'escherroit que une Amende.

Prenez le cas que je la vous demande;
Je prens le cas que vous me la donnez;
Et si Plaideurs furent onc estonnez   56
Mieulx que ceulx cy, je veulx qu'on me delivre,
Et que soubdain en ma place on les livre.
　　　Si vous supply (Sire) mander par Lettre
Qu'en liberté vos gens me vueillent mettre;   60
Et si j'en sors, j'espere qu'à grand peine
M'y reverront, si on ne m'y rameine.
　　　Treshumblement requerant vostre grace
De pardonner à ma trop grand audace   64
D'avoir empris ce sot Escript vous faire;
Et m'excusez si pour le mien affaire
Je ne suis point vers vous allé parler.
Je n'ay pas eu le loysir d'y aller.

Au Roy, pour avoir esté desrobé (1531)

　　　On dit bien vray, la maulvaise Fortune
Ne vient jamais, qu'elle n'en apporte une
Ou deux ou trois avecques elle (Sire).
Vostre cueur noble en sçauroit bien que dire;   4
Et moy, chetif, qui ne suis Roy ne rien,
L'ay esprouvé. Et vous compteray bien,
Si vous voulez, comment vint la besongne.
　　　J'avois ung jour ung Valet de Gascongne,   8
Gourmant, Yvroigne, et asseuré Menteur,
Pipeur, Larron, Jureur, Blasphemateur,
Sentant la Hart de cent pas à la ronde,
Au demeurant, le meilleur filz du Monde,   12
Prisé, loué, fort estimé des Filles
Par les Bourdeaux, et beau Joueur de Quilles.[7]
　　　Ce venerable Hillot fut adverty
De quelcque argent que m'aviez departy,   16
Et que ma Bourse avoit grosse apostume;
Si se leva plustost que de coustume,
Et me va prendre en tapinoys icelle,
Puis la vous mist tresbien soubz son Esselle   20
Argent et tout (cela se doit entendre).

---

[7] Equivoque obscène.

Et ne croy point que ce fust pour la rendre,
Car oncques puis n'en ay ouy parler.
   Brief, le Villain ne s'en voulut aller   24
Pour si petit; mais encor il me happe
Saye et Bonnet, Chausses, Pourpoinct et Cappe;
De mes Habitz (en effect) il pilla
Tous les plus beaux, et puis s'en habilla   28
Si justement, qu'à le veoir ainsi estre,
Vous l'eussiez prins (en plein jour) pour son Maistre.
   Finablement, de ma Chambre il s'en va
Droit à l'Estable, où deux Chevaulx trouva;   32
Laisse le pire, et sur le meilleur monte,
Picque et s'en va. Pour abreger le compte,
Soiez certain qu'au partir dudict lieu
N'oublya rien, fors à me dire Adieu.   36
   Ainsi s'en va, chastoilleux de la gorge,
Ledict Valet, monté comme ung sainct George,
Et vous laissa Monsieur dormir son saoul,
Qui au resveil n'eust sceu finer d'un soul.   40
Ce Monsieur là (sire) c'estoit moymesme,
Qui, sans mentir, fuz au Matin bien blesme,
Quand je me vy sans honneste vesture,
Et fort fasché de perdre ma monture;   44
Mais de l'argent que vous m'aviez donné,
Je ne fuz point de le perdre estonné;
Car vostre argent (tresdebonnaire Prince)
Sans point de faulte est subject à la pince.   48
   Bien tost apres ceste fortune là,
Une aultre pire encores se mesla
De m'assaillir, et chascun jour me assault,
Me menassant de me donner le sault,   52
Et de ce sault m'envoyer à l'envers
Rymer soubz terre et y faire des Vers.
   C'est une lourde et longue maladie
De troys bons moys, qui m'a toute eslourdie   56
La pauvre teste, et ne veult terminer,
Ains me contrainct d'apprendre à cheminer,
Tant affoibly m'a d'estrange maniere;
Et si m'a faict la cuisse heronniere,[8]   60
L'estomac sec, le Ventre plat et vague;
Quant tout est dit, aussi maulvaise bague
(Ou peu s'en fault) que femme de Paris,
Saulve l'honneur d'elles et leurs Maris.   64

[8] *Cuisse heronniere*: maigre comme celle d'un héron.

Que diray plus? Au miserable corps
(Dont je vous parle) il n'est demouré fors
Le pauvre esprit, qui lamente et souspire,
Et en pleurant tasche à vous faire rire.   68

    Et pour aultant (Sire) que suis à vous,
De troys jours l'ung viennent taster mon poulx
Messieurs Braillon, le Coq, Akaquia,[9]
Pour me garder d'aller jusque à quia.[10]   72

    Tout consulté, ont remis au Printemps
Ma guerison; mais, à ce que j'entends,
Si je ne puis au Printemps arriver,
Je suis taillé de mourir en Yver,   76
Et en danger (si en Yver je meurs)
De ne veoir pas les premiers Raisins meurs.

    Voila comment, depuis neuf moys en ça,
Je suis traicté. Or, ce que me laissa   80
Mon Larronneau (long temps a) l'ay vendu,
Et en Sirops et Julez despendu;
Ce neantmoins, ce que je vous en mande,
N'est pour vous faire ou requeste ou demande: 84
Je ne veulx point tant de gens ressembler
Qui n'ont soucy aultre que d'assembler;
Tant qu'ilz vivront, ilz demanderont, eulx;
Mais je commence à devenir honteux,   88
Et ne veulx plus à voz dons m'arrester.

    Je ne dy pas, si voulez rien prester,
Que ne le preigne. Il n'est point de Presteur
(S'il veult prester) qui ne fasse ung Debteur.   92
Et sçavez vous (Sire) comment je paye?
Nul ne le sçait, si premier ne l'essaye.
Vous me debvrez (si je puis) de retour,
Et vous feray encores ung bon tour;   96
A celle fin qu'il n'y ayt faulte nulle,
Je vous feray une belle Cedulle,[11]
A vous payer (sans usure il s'entend)
Quand on verra tout le Monde content: 100
Ou (si voulez) à payer ce sera,
Quand vostre Loz et Renom cessera.

    Et si sentez que soys foible de reins
Pour vous payer, les deux Princes Lorrains[12]   104
Me plegeront. Je les pense si fermes

---

[9] Ces trois médecins étaient effectivement les médecins du roi.
[10] *Jusque à quia*: à la dernière extrémité.
[11] *Cedulle*: promesse de paiement.
[12] Claude de Lorraine, duc de Guise, et Jean, Cardinal de Lorraine.

Qu'ilz ne fauldront pour moy à l'ung des termes.
Je sçay assez que vous n'avez pas peur
Que je m'enfuie ou que je soys trompeur;   108
Mais il faict bon asseurer ce qu'on preste.
Brief, vostre paye (ainsi que je l'arreste)
Est aussi seure, advenant mon trepas,
Comme advenant que je ne meure pas.   112
     Advisez donc si vous avez desir
De rien prester: vous me ferez plaisir,
Car puis ung peu j'ay basti à Clement,
Là où j'ay faict ung grand desboursement,   116
Et à Marot, qui est ung peu plus loing:
Tout tumbera, qui n'en aura le soing.
     Voila le poinct principal de ma Lettre;
Vous sçavez tout, il n'y fault plus rien mettre.   120
Rien mettre? Las! Certes, et si feray,
Et ce faisant, mon stile j'enfleray,
Disant; O Roy amoureux des neufz Muses,
Roy en qui sont leurs sciences infuses,   124
Roy plus que Mars d'honneur environné,
Roy le plus Roy qui fut oncq couronné,
Dieu tout puissant te doint (pour t'estrener)
Les quatre Coings du Monde gouverner,   128
Tant pour le bien de la ronde Machine,
Que pour aultant que sur tous en es digne.

Epistre au Roy, du temps de son exil
à Ferrare (1535)

     Je pense bien que ta magnificence,
Souverain Roy, croyra que mon absence
Vient par sentir la coulpe qui me poingt
D'aulcun mesfaict, mais ce n'est pas le poinct.   4
     Je ne me sens du nombre des coulpables;
Mais je sçay tant de Juges corrumpables
Dedans Paris, que, par pecune prise,
Ou par amys, ou par leur entreprise,   8
Ou en faveur et charité piteuse
De quelcque belle humble solliciteuse,

Ilz saulveront la vie orde et immonde
Du plus meschant et criminel du monde;   12
Et au rebours, par faulte de pecune,
Ou de support, ou par quelcque rancune,
Aux innocents ilz sont tant inhumains
Que content suys ne tomber en leurs mains.   16
Non pas que touts je les mette en ung compte,
Mais la grand' part la meilleure surmonte.
Et tel merite y estre authorisé,
Dont le conseil n'est ouy ne prisé   20
Suyvant propos, trop me sont ennemys,
Pour leur Enfer, que par escript j'ay mys,
Où quelcque peu de leurs tours je descœuvre:
Là me veult on grand mal pour petite œuvre.   24
Mais je leur suys encor plus odieux
Dont je l'osay lire devant les yeulx
Tant clairvoyants de ta magesté haulte,
Qui a pouvoir de refformer leur faulte.   28
        Brief, par effect, voyre par foys diverses,
Ont declairé leurs vouluntés perverses
Encontre moy: mesmes ung jour ilz vindrent
A moy mallade, et prisonnier me tindrent,   32
Faisant arrest sus ung homme arresté
Au lict de mort, et m'eussent pis traicté,
Si ce ne fust ta grand' bonté, qui à ce
Donna bon ordre avant que t'en priasse,   36
Leur commandant de laisser choses telles,
Dont je te rends les graces immortelles.
        Aultant comme eulx, sans cause qui soyt bonne,
Me veult de mal l'ignorante Sorbonne: 40
Bien ignorante elle est d'estre ennemye
De la trilingue et noble Academie[13]
Qu'as erigée. Il est tout manifeste
Que là dedans, contre ton vueil celeste,   44
Est defendu qu'on ne voise allegant
Hebrieu ny Grec, ne Latin elegant,
Disant que c'est langaige d'heretiques.
O pauvres gens, de sçavoir touts ethicques!   48
Bien faictes vray ce proverbe courant:
Science n'a hayneux que l'ignorant.
        Certes, ô Roy, si le profond des cueurs

---

[13] Le Collège royal, fondé en 1530.

On veult sonder de ces Sorboniqueurs,   52
Trouvé sera que de toy ilz se deulent.[14]
Comment, douloir? Mais que grand mal te veulent
Dont tu as faict les lettres et les artz
Plus reluysants que du temps des Cesars;   56
Car leurs abus voit on en façon telle.
C'est toy qui as allumé la chandelle
Par qui mainct œil voit maincte verité
Qui soubs espesse et noire obscurité   60
A faict tant d'ans icy bas demeurance;
Et qu'est il rien plus obscur qu'ignorance?
　　　Eulx et leur court, en absence et en face
Par plusieurs foys m'ont usé de menace,   64
Dont la plus doulce estoit en criminel
M'executer. Que pleust à l'Eternel,
Pour le grand bien du peuple desolé,
Que leur desir de mon sang fust saoulé,   68
Et tant d'abus dont ilz se sont munys
Fussent à clair descouvertz et pugnys!
O quatre foys et cinq fois bien heureuse
La mort, tant soit cruelle et rigoreuse,   72
Qui feroyt seulle ung million de vies
Soubz telz abus n'estre plus asservyes!
　　　Or à ce coup il est bien evident
Que dessus moy ont une vieille dent,   76
Quand, ne pouvant crime sur moy prouver,
Ont tresbien quis, et tresbien sceu trouver,
Pour me fascher, briefve expedition,
En te donnant maulvaise impression   80
De moy, ton serf, pour apres à leur ayse
Mieulx mettre à fin leur voulunté maulvaise;
Et, pour ce faire, ilz n'ont certes heu honte
Faire courir de moy vers toy mainct compte,   84
Avecques bruyt plein de propos menteurs,
Desquelz ilz sont les premiers inventeurs.
De Lutheriste ilz m'ont donné le nom:
Qu'à droict ce soit, je leur respondz que non.   88
Luther pour moy des cieulx n'est descendu,
Luther en croix n'a poinct esté pendu
Pour mes pechés, et, tout bien advisé
Au nom de luy ne suys point baptizé: 92

---

[14] *Se deulent*: se plaignent.

Baptizé suys au nom qui tant bien sonne
Qu'au son de luy le Pere eternel donne
Ce que l'on quiert: le seul nom soubz les cieulx.
En et par qui ce monde vicieux   96
Peult estre sauf; le nom tant fort puissant
Qu'il a rendu tout genoil fleschissant,
Soit infernal, soit celeste ou humain;
Le nom par qui du seigneur Dieu la main   100
M'a preservé de ces grandz loups rabis
Qui m'espioient dessoubz peaulx de brebis.
      O seigneur dieu, permettez moy de croire
Que reservé m'avez à vostre gloire.   104
Serpentz tortus et monstres contrefaictz,
Certes, sont bien à vostre gloire faictz.
Puis que n'avez voulu doncq' condescendre
Que ma chair ville ayt esté mise en cendre,   108
Faictes au moins, tant que seray vivant,
Qu'à vostre honneur soit ma plume escripvant;
Et si ce corps avez predestiné
A estre ung jour par flarmme terminé,   112
Que ce ne soit au moins pour cause folle,
Ainçoys pour vous et pour vostre parolle;
Et vous supply, pere, que le tourment
Ne luy soit pas donné si vehement   116
Que l'ame vienne à mettre en oubliance
Vous, en qui seul gist toute sa fiance;
Si que je puysse, avant que d'assoupir,
Vous invocquer jusque au dernier souspir.   120
      Que dys je? où suys je? O noble Roy Françoys,
Pardonne moy, car ailleurs je pensoys.
      Pour revenir doncques à mon propos
Rhadamanthus[15] avecques ses suppostz,   124
Dedans Paris, combien que fusse à Bloys,
Encontre moy faict ses premiers exploicts,
En saisyssant de ses mains violentes
Toutes mes grandz richesses excellentes   128
Et beaulx tresors d'avarice delivres,
C'est assçavoir, mes papiers et mes livres
Et mes labeurs. O juge sacrilege,
Qui t'a donné ne loy ne privileige   132

---

[15] Un des trois juges des Enfers. Ce nom désigne ici Jehan Morin, lieutenant criminel de la Prévôté de Paris.

D'aller toucher et faire tes massacres
Au cabinet des sainctes Muses sacres?
Bien est il vray que livres de deffence
On y trouva; mais cela n'est offence   136
A ung poëte, à qui on doibt lascher
La bride longue, et rien ne luy cacher,
Soit d'art magicq, nygromance ou caballe;
Et n'est doctrine escripte ne verballe   140
Qu'ung vray Poëte au chef ne deust avoir
Pour faire bien d'escripre son debvoir.
      Sçavoir le mal est souvent proffitable,
Mais en user est tousjours evitable.   144
Et d'aultre part, que me nuyst de tout lire?
Le grand donneur m'a donné sens d'eslire
En ces livretz tout cela qui accorde
Aux sainctz escriptz de grace et de concorde,   148
Et de jecter tout cela qui differe
Du sacré sens, quand pres on le confere.
Car l'escripture est la touche où l'on treuve
Le plus hault or. Et qui veult faire espreuve   152
D'or quel qu'il soit, il le convient toucher
A ceste pierre, et bien pres l'approcher
De l'or exquis, qui tant se faict paroistre
Que, bas ou hault, tout aultre faict congnoistre.   156
      Le Juge doncq' affecté se monstra
En mon endroict, quand des premiers oultra
Moy qui estoys absent et loin des villes
Où certains folz feirent choses trop viles   160
Et de scandalle, helas, au grand ennuy,
Au detriment et à la mort d'aultruy.
Ce que saichant, pour me justifier,
Et ta bonté je m'osay tant fier   164
Que hors de Bloys partys pour à toy, Syre,
Me presenter. Mais quelcqu'ung me vint dire:
Si tu y vas, amys, tu n'est pas saige;
Car tu pourroys avoir maulvais visaige   168
De ton seigneur. Lors, comme le nocher
Qui pour fuyr le peril d'ung rocher
En pleine mer se destourne tout court,
Ainsi, pour vray, m'escartay de la court,   172
Craignant trouver le peril de durté
Où je n'euz oncq fors doulceur et seurté:

Puys je sçavoys, sans que de faict l'apprinsse,
Qu'à ung subgect l'œil obscur de son Prince   176
Est bien la chose en la terre habitable
La plus à craindre et la moins souhaitable.

Si m'en allay, evitant ce dangier,
Non en pays, non à Prince estrangier,   180
Non point usant de fugitif destour,
Mais pour servir l'aultre Roy à mon tour,
Mon second maistre, et ta sœur, son espouse,[16]
A qui je fuz, des ans a quatre et douze,   184
De ta main noble heureusement donné.

Puys tost après, Royal chef couronné,
Sachant plusieurs de vie trop meilleure
Que je ne suys estre bruslés à l'heure   188
Si durement que maincte nation
En est tombée en admiration,
J'abandonnay, sans avoir commys crime,
L'ingrate France, ingrate, ingratissime   192
A son Poëte, et en la delaissant,
Fort grand regret ne vint mon cueur blessant.
Tu ments, Marot: grand regret tu sentiz,
Quand tu pensas à tes enfants petiz.   196

En fin passay les grands froiddes montaignes,[17]
Et vins entrer aux Lombardes campaignes;
Puys en l'Itale, où Dieu qui me guydoit
Dressa mes pas au lieu où residoit   200
De ton clair sang une Princesse humaine,
Ta belle sœur et cousine germaine,
Fille du Roy tant crainct et renommé,
Pere du peuple aux Chroniques nommé.[18]   204

En sa Duché de Ferrare venu,
M'a retiré de grace, et retenu,
Pource que bien luy plaist mon escripture,
Et pour aultant que suys ta nourriture.   208

Parquoy, ô Syre, estant avecques elle,
Conclure puys d'ung franc cueur et vray zelle
Qu'à moy, ton serf, ne peult estre donné
Reproche aulcun que t'aye abandonné;   212
En protestant, si je perds ton service,
Qu'il vient plustost de malheur que de vice.

[16] Le roi et la reine de Navarre.
[17] Les Alpes.
[18] Renée de France, fille de Louis XII (*Père du peuple*) et d'Anne de Bretagne.

Des Enfans sans soucy (1512)

Qui sont ceulx là, qui ont si grand' envie
Dedans leur cueur, et triste marrisson,
Dont, ce pendant que nous sommes en vie,
De maistre Ennuy n'escoutons la leçon?
Ilz ont grand' tort, veu qu'en bonne façon   5
Nous consommons nostre florissant aage.
Saulter, dancer, chanter à l'advantage,
Faulx Envieulx, est-ce chose qui blesse?
Nenny (pour vray) mais toute gentillesse,
Et gay vouloir, qui nous tient en ses las.   10
Ne blasmez point doncques nostre jeunesse,
Car noble cueur ne cherche que soulas.

Nous sommes druz, chagrin ne nous suit mye.
De froit soucy ne sentons le frisson.
Mais de quoy sert une teste endormie?   15
Autant qu'un bœuf dormant près d'un buysson.
Languars picquans plus fort qu'un hérisson,
Et plus reclus qu'un vieil corbeau en cage,
Jamais d'aultruy ne tiennent bon langage,
Tousjours s'en vont songeans quelcque finesse: 20
Mais entre nous, nous vivons sans tristesse,
Sans mal penser, plus aises que prélatz.
D'en dire mal c'est doncques grand' simplesse,
Car noble cueur ne cherche que soulas.

Bon cueur, bon corps, bonne phizionomie,   25
Boire matin, fuyr noise et tanson;
Dessus le soir, pour l'amour de s'amye
Devant son huys la petite chanson;
Trancher du brave, et du mauvais garson,
Aller de nuict, sans faire aulcun oultrage: 30
Se retirer, voylà le tripotage;
Le lendemain recommencer la presse.

Conclusion, nous demandons liesse:
De la tenir jamais ne fusmes las.
Et maintenons que cela est noblesse: 35
Car noble cueur ne cherche que soulas.

ENVOY

Prince d'amours, à qui debvons hommage,
Certainement c'est ung fort grand dommage,
Que nous n'avons en ce monde largesse
Des grands trésors de Juno la déesse   40
Pour Venus suyvre, et que dame Pallas
Nous vint après resjouyr en viellesse,
Car noble cueur ne cherche que soulas.

D'ung qu'on appelloit Frere Lubin[19]
(1532)

Pour courir en poste à la ville
Vingt foys, cent foys, ne sçay combien:
Pour faire quelcque chose vile,
Frere Lubin le fera bien.
Mais d'avoir honneste entretien   5
Ou mener vie salutaire,
C'est à faire à ung bon chrestien.
Frere Lubin ne le peult faire.

Pour mettre (comme ung homme habile)
Le bien d'aultruy avec le sien,   10
Et vous laisser sans croix ne pile,
Frere Lubin le fera bien.
On a beau dire: "je le tien,"
Et le presser de satisfaire,
Jamais ne vous en rendra rien.   15
Frere Lubin ne le peult faire.

Pour desbaucher par ung doulx stile
Quelcque fille de bon maintien,
Point ne fault de vieille subtile,

---

[19] Sobriquet de l'époque pour désigner les moines niais. Voir Rabelais, "Prologue de l'auteur," *Gargantua*.

Frere Lubin le fera bien. 20
Il presche en theologien,
Mais pour boire de belle eau claire,
Faictes-la boire à vostre chien,
Frere Lubin ne le peult faire.

ENVOY
Pour faire plus tost mal que bien, 25
Frere Lubin le fera bien:
Et si c'est quelcque bon affaire,
Frere Lubin ne le peult faire.

Du Jour de Noël

Or est Noël venu son petit trac,[20]
Sus donc aux champs, bergieres de respec: [21]
Prenons chascun panetiere et bissac,
Fluste, flageol, cornemeuse et rebec.
Ores n'est pas temps de clorre le bec, 5
Chantons, saultons, et dansons ric à ric: [22]
Puis allons veoir l'enfant au pauvre nic,[23]
Tant exalté d'Helye, aussi d'Enoc,
Et adoré de maint grant roy et duc.
S'on nous dit nac, il fauldra dire noc: [24] 10
Chantons Noël, tant au soir qu'au desjuc.[25]

Colin, Georget, et toy Margot du Clac,
Escoute ung peu, et ne dors plus illec.[26]
N'a pas long temps, sommeillant près d'ung lac,
Me fut advis, qu'en ce grand chemin sec 15
Ung jeune enfant se combatoit avec
Ung grand serpent, et dangereux aspic:
Mais l'enfanteau, en moins de dire pic,[27]
D'une grant croix luy donna si grant choc,

[20] *Trac*: train. Poème en rimes rauques.
[21] *Respec*: respect.
[22] *Ric à ric*: en mesure.
[23] *Nic*: nid
[24] *Dit nac…dire noc*: répondre du tac au tac.
[25] *Desjucher*: se lever; *desjuc*: le lever.
[26] *Illec*: là.
[27] *Pic*: en moins de temps qu'il n'en faut pour dire ce petit mot.

Qu'il l'abbatit, et luy cassa le suc.[28]   20
Garde n'avoit de dire en ce défroc: [29]
Chantons Noël tant au soir qu'au desjuc.

Quand je l'ouy frapper et tic et tac,
Et luy donner si merveilleux eschec,
L'ange me dist, d'ung joyeulx estomac: 25
"Chante Noël, en françoys ou en grec,
Et de chagrin ne donne plus ung zec,[30]
Car le serpent a esté prins au bric." [31]
Lors m'esveillay, et comme fantastic
Tous mes trouppeaulx je laissay près ung roc.   30
Si m'en allay plus fier qu'un archeduc
En Bethleem. Robin, Gaultier et Roch,
Chantons Noël tant au soir qu'au desjuc.

ENVOY
Prince devot, souverain catholic,
Sa maison n'est de pierre ne de bric.   35
Car tous les ventz y soufflent à grant floc: [32]
Et qu'ainsi soit, demandez à sainct Luc.
Sus donc avant, pendons soucy au croc,[33]
Chantons Noël tant au soir qu'au desjuc.

De Caresme

Cessez, acteurs, d'escrire en eloquence
D'armes, d'amours, de fables et sornettes:
Venez dicter soubz piteuse loquence
Livres plainctifz de tristes chansonnettes.
N'escripvez d'or, mais de couleurs brunettes,   5
A celle fin que tout dueil y abonde.
Car Jesuchrist, l'Aigneau tout pur et munde,
Pour nous tirer des Enfers detestables
Endura mort horrible et furibunde
En ces sainctz jours piteux et lamentables.   10

[28] *Suc*: dos.
[29] *Défroc*: déroute.
[30] *Zec*: zeste; rien.
[31] *Bric*: piège.
[32] *Floc*: à grand flots; largement.
[33] *Pendons soucy au croc*: laissons de côté.

Romps tes flageolz, dieu Pan, par violence,
Et va gemir en champestres logettes.
Laissez les boys, vous, nymphes d'excellence,
Et vous rendez en cavernes subjectes.[34]
Ne chantez plus, refrenez vos gorgettes,   15
Tous oyselletz. Trouble-toy, la claire unde.
Ciel, noyrci-toy. Et d'angoisse profonde,
Bestes des champs, par cris espouventables
Faictes trembler toute la terre ronde
En ces sainctz jours piteux et lamentables.   20

Riches habitz de noble preference
Vueillez changer, dames et pucellettes,
Aux ornemens de dolente apparence,
Et resserrez voz blanches mammellettes.
En temps d'esté florissent violettes,   25
Et en yver seichent par tout le monde:
Donc puisqu'en vous joye et soulas redonde
Durant les jours à rire convenables,
Pleurez au moins, autant noire que blonde,
En ces sainctz jours piteux et lamentables.   30

ENVOY

Prince chrestien, sans que nul te confonde,
Presche chascun qu'à jeusner il se fonde,
Non seulement de mectz bien delectables,
Mais de peché et vice trop immunde,
En ces sainctz jours piteux et lamentables.   35

ELEGIES

Elegie VII (1525)

Qu'ay je mesfaict, dictes, ma chere Amye?
Vostre Amour semble estre toute endormye.
Je n'ay de vous plus lettres ne langage;
Je n'ay de vous ung seul petit message;   4
Plus ne vous voy aux lieux acoustumez.

---

[34] *Subjectes*: souterraines.

Sont ja estainctz voz desirs allumez,
Qui avec moy d'un mesme feu ardoient?
     Ou sont ces yeulx lesquelz me regardoient   8
Souvent en ris, souvent avecques larmes?
Où sont les motz qui tant m'ont faict d'alarmes?
Où est la bouche aussi qui m'appaisoit
Quand tant de foys et si bien me baisoit?   12
Où est le cueur qu'irrevocablement
M'avez donné? Où est semblablement
La blanche main qui bien fort m'arrestoit
Quand de partir de vous besoing m'estoit?   16
     Helas (Amans) helas, se peult il faire
Qu'Amour si grand se puisse ainsi deffaire?
Je penseroys plustost que les Ruisseaux
Feroient aller encontre mont leurs eaux,   20
Considerant que de faict ne pensée
Ne l'ay encor (que je sache) offensée.
     Doncques, Amour, qui couves soubz tes aesles
Journellement les cueurs des Damoyselles,   24
Ne laisse pas trop refroydir celluy
De celle là pour qui j'ay tant d'ennuy,
Ou trompe moy, en me faisant entendre
Qu'elle a le cueur bien ferme, et fust il tendre.[35]   28

Elegie XV (1527)

Ton gentil cueur si haultement assis,
Ton sens discret à merveille rassis,
Ton noble port, ton maintien asseuré,
Ton chant si doulx, ton parler mesuré,   4
Ton propre habit, qui tant bien se conforme
Au naturel de ta tresbelle forme,
Brief, tous les dons et graces et vertus
Dont tes espritz sont ornez et vestus   8
Ne m'ont induict à t'offrir le service
De mon las cueur plein d'amour sans malice.
Ce fut (pour vray) le doulx traict de tes yeux,
Et de ta bouche aucuns motz gracieux,   12

---

[35] *Et fust il tendre*: et même tendre.

Qui de bien loing me vindrent faire entendre
Secretement qu'à m'aymer vouloys tendre.
       Lors, tout ravy, pource que je pensay
Que tu m'aymoys, à t'aymer commençay: 16
Et, pour certain, aymer je n'eusse sceu
Si de l'amour ne me fusse apperceu;
Car tout ainsi que flamme engendre flamme,
Fault que m'amour par autre amour s'enflamme.   20
       Et qui diroit que tu as faict la faincte
Pour me donner d'amour aucune estraincte,
Je dy que non, croyant que mocquerie
En si bon lieu ne peult estre cherie.   24
Ton cueur est droict, quoy qu'il soit rigoreux,
Et du mien (las) seroit tout amoureux
Si ce n'estoit fascheuse deffiance
Qui à grand tort me pourchasse oubliance.   28
Tu crains (pour vray) que mon affection
Soit composée avecques fiction.
Esprouve moy! Quand m'auras esprouvé,
J'ay bon espoir qu'autre seray trouvé.   32
Commande moy jusques a mon Cueur fendre,
Mais de t'aymer ne me vien point deffendre.
Plustost sera Montaigne sans Vallée,
Plustost la Mer on verra dessalée,   36
Et plustost Seine en contremont ira,
Que mon amour de toy se partira.
       Ha, Cueur ingrat! Amour, qui vainq les Princes,
T'a dict cent foys que pour Amy me prinses;   40
Mais quand il vient à cela t'inspirer,
Tu prens alors peine à t'en retirer;
Ainsi Amour par toy est combatu,
Mais garde bien d'irriter sa vertu;   44
Et si m'en croys, fay ce qu'il te commande.
Car si sur toy de cholere il desbande,
Il te fera par adventure aymer
Quelque homme sot, desloyal et amer,   48
Qui te fera mauldire la journée
De ce qu'à moy n'auras t'amour donnée.
       Pour fuyr donc tous ces futurs ennuys,
Ne me fuy point. A quel raison me fuys?   52
Certes, tu es d'estre aymée bien digne,
Mais d'estre aymé je ne suys pas indigne.
J'ay en tresor jeunes ans et santé,

Loyalle amour et franche voulenté,   56
Obeissance et d'autres bonnes choses,
Qui ne sont pas en tous hommes encloses,
Pour te servir, quand il te plaira prendre
Le cueur qui veult si hault cas entreprendre.   60
      Et quand le bruyt courroit de l'entreprise,
Cuideroys tu en estre en rien reprise?
Certes, plustost tu en auroys louenge,
Et diroit l'on: "Puis que cestuy se renge   64
A ceste Dame, elle a beaucoup de graces,
Car long temps a qu'il fuyt en toutes places
Le train d'Amour; celle qui l'a donc pris,
Fault qu'elle soit de grand' estime et prix".   68
      Ilz diront vray. Que ne faisons nous doncques
De deux cueurs ung? Brief, nous ne fismes oncq
Œuvre si bon. Noz constellations,
Aussi l'accord de noz conditions   72
Le veult et dit. Chacun de nous ensemble
En mainte chose (en effect) se resemble.
Tous deux aymons gens pleins d'honnesteté,
Tous deux aymons honneur et netteté,   76
Tous deux aymons à d'aucun ne mesdire,
Tous deux aymons ung meilleur propos dire,
Tous deux aymons à nous trouver en lieux
Où ne sont point gens melancolieux;   80
Tous deux aymons la musique chanter,
Tous deux aymons les livres frequenter.
Que diray plus? Ce mot là dire j'ose,
Et le diray, que presque en toute chose   84
Nous ressemblons, fors que j'ay plus d'esmoy,
Et que tu as le Cueur plus dur que moy;
Plus dur (helas), plaise toy l'amollir,
Sans ton premier bon propos abolir,   88
Et en voulant en toymesmes penser
Qu'Amour se doibt d'amour recompenser.
Las! vueille moy nommer doresnavant,
Non pas Amy, mais treshumble Servant,   92
Et me permetz, allegeant ma destresse,
Que je te nomme (entre nous) ma Maistresse.
      S'il ne te plaist, ne laisseray pourtant
A bien aymer et, ma douleur portant,   96
Je demourray ferme, plein de bon zelle,
Et toy par trop ingrate Damoyselle.

Elegie XVI (1527)

Qui eust pensé que l'on peust concevoir
Tant de plaisir pour lettres recepvoir?
Qui eust cuidé le desir d'un Cueur franc
Estre caché dessoubz ung papier blanc?   4
Et comment peult ung Œil au Cueur eslire
Tant de confort par une Lettre lire?
    Certainement, Dame treshonorée,
J'ay leu des Sainctz la Legende dorée,   8
J'ay leu Alain, le tresnoble Orateur,
Et Lancelot, le tresplaisant menteur;
J'ay leu aussi le Romant de la Rose,
Maistre en amours, et Valere et Orose,   12
Comptant les faicts des antiques Romains;
Brief, en mon temps, j'ay leu des Livres maintz;
Mais en nulz d'eux n'ay trouvé le plaisir
Que j'ay bien sceu en voz lettres choysir.   16
Je y ay trouvé un langage benin,
Rien ne tenant du stile femenin;
Je y ay trouvé suite de bon propos,
Avec ung mot qui a mis en repos   20
Mon Cueur estant travaillé de tristesse,
Quand me souffrez vous nommer ma Maistresse
Dieu vous doint donc, ma Maistresse tresbelle
(Puis qu'il vous plaist qu'ainsi je vous appelle),   24
Dieu vous doint donc amoureux appetit
De bien traicter vostre Servant petit.
O moy, heureux d'avoir Maistresse au Monde,
En qui Vertu soubz grand beaulté abonde!   28
Tel est le bien qui me fut apporté
Par vostre Lettre, où me suis conforté;
Dont je maintiens la plume bien heurée
Qui escripvit lettre tant desirée;   32
Bien heureuse est la main qui la ploya,
Et qui vers moy (de grace) l'envoya;
Bien heureux est qui apporter la sceut,
Et plus heureux celuy qui la receut.   36
    Tant plus avant ceste Lettre lisoye,

Et aise grand tant plus me deduisoye;
Car mes ennuis sur le champ me laisserent,
Et mes plaisirs d'augmenter ne cesserent,   40
Tant que j'euz leu ung mot qui ordonnoit
Que ceste Lettre ardre me convenoit.
      Lors mes plaisirs d'augmenter prindrent cesse;
Pensez adonc en quelle doubte et presse   44
Mon Cueur estoit. L'obeissance grande
Que je vous doy, brusler me la commande:
Et le plaisir que j'ay de la garder
Me le deffend, et m'en vient retarder.   48
      Aucunefoys au feu je la boutoye
Pour la brusler, puis soudain l'en ostoye,
Puis l'y remis, et puis l'en recullay.
Mais à la fin (à regret) la bruslay,   52
En disant: Lettre (après l'avoir baisée),
Puisqu'il luy plaist, tu seras embrasée,
Car j'ayme mieulx dueil en obeissant
Que tout plaisir en desobeissant.   56
Voyla comment pouldre et cendre devint
L'ayse plus grand qu'à moy oncques advint.
      Mais si de vous j'ay encore quelcque Lettre,
Pour la brusler ne la fauldra que mettre   60
Pres de mon Cueur; là elle trouvera
Du feu assez, et si esprouvera
Combien ardante est l'amoureuse flamme,
Que mon las cueur pour voz vertus enflamme.   64
      Aumoins, en lieu des tourmens et ennuyz
Que vostre amour me donne jours et nuyctz,
Je vous supply de prendre (pour tous metz)
Un crystallin Miroyr que vous transmetz.   68
En le prenant, grand joye m'adviendra,
Car (comme croy) de moy vous souviendra
Quand là dedans mirerez ceste face
Qui de beaulté toutes aultres efface.   72
      Il est bien vray, et tiens pour seureté
Qu'il n'est Miroyr, ne sera, n'a esté,
Qui sceust au vif monstrer parfaictement
Vostre beaulté; mais croyez seurement,   76
Si voz yeulx, clers plus que ce Crystallin
Veissent mon cueur feal et non maling,
Ilz trouveroient là dedans imprimée
Au naturel vostre face estimée.   80
      Semblablement, avec vostre beauté,

Vous y verriez la mienne loyauté;
Et, la voyant, vostre gentil courage
Pourroit m'aymer quelcque poinct d'advantage.   84
Pleust or à Dieu doncques que puissiez veoir
Dedans ce Cueur, pour ung tel heur avoir;
C'est le seul bien où je tends et aspire.
  Et pour la fin, rien je ne vous desire,   88
Fors que cela que vous vous desirez,
Car mieulx que moy vos desirs choysirez.

RONDEAULX

De sa grande Amye (1525)

Dedans Paris, ville jolie,
Un jour, passant[36] melancolie,
Je prins alliance nouvelle
A la plus gaye damoyselle
Qui soit d'icy en Italie.   5
  D'honnesteté elle est saisie,
Et croy, selon ma fantasie,
Qu'il n'en est gueres de plus belle
   Dedans Paris.
  Je ne la vous nommeray mye,   10
Sinon que c'est ma grand' Amye,
Car l'alliance se feit telle,
Par un doulx baiser, que j'eus d'elle
Sans penser aucune infamie
   Dedans Paris.   15

De Celuy qui ne pense qu'en s'amye

Toutes les nuictz je ne pense qu'en celle,
Qui a le corps plus gent qu'une pucelle

---

[36] *Passant*: surmontant.

De quatorze ans, sur le poinct d'enrager:
Et au dedans un cueur, pour abreger,
Autant joyeux, qu'eut onques Damoyselle.   5
  Elle a beau tainct, un parler de bon zelle,
Et le Tetin rond comme une Grozelle:
N'ay je donc pas bien cause de songer
    Toutes les nuictz?
  Touchant son cueur, je l'ay en ma cordelle;   10
Et son Mary n'a sinon le corps d'elle:
Mais toutesfoys, quand il voudra changer,
Prenne le cueur: et pour le soulager
J'auray pour moy le gent corps de la belle
    Toutes les nuictz.   15

De l'Inconstance d'Ysabeau[37] (1525)

Comme inconstante et de cueur faulse et lasche,
Elle me laisse. Or, puis qu'ainsi me lasche,
A vostre advis, ne la doys je lascher!
Certes ouy; mais autrement fascher
Je ne la veulx, combien qu'elle me fasche.   5
Il luy fauldroit (au train qu'à mener tasche)
Des serviteurs à journée et à tasche;
En trop de lieux veult son cueur attacher,
  Comme inconstante.
  Or, pour couvrir son grand vice et sa tache,   10
Souvent ma plume à la louer s'attache:
Mais à cela je ne veulx plus tascher,
Car je ne puis son maulvais bruyt cacher
Si seurement qu'elle ne le descache
  Comme inconstante.   15

---

[37] Marot l'accuse de l'avoir dénoncé auprès des autorités pour avoir mangé du lard pendant le carême. Pour son identification, voir V.-L. Saulnier, *Les Elégies de Clément Marot*, Paris, 1952, pp. 128-130.

EPIGRAMMES

De Madame la duchesse d'Alençon[38]

Ma Maistresse est de si haulte valeur,
Qu'elle a le corps droict, beau, chaste et pudique;
Son cueur constant n'est pour heur, ou malheur,
Jamais trop gay, ne trop melancholique.
Elle a au chef un esprit angelique,   5
Le plus subtil qui onc aux cieulx vola.
O grand merveille! On peut veoir par cela
Que je suis serf d'un monstre fort estrange:
Monstre je dy, car, pour tout vray, elle a
Corps feminin, cueur d'homme et teste d'ange.   10

Du moys de May et d'Anne[39]

May, qui portoit robe reverdissante,
De fleur semée, un jour se mist en place,
Et quand m'amye il veit tant fleurissante,
De grand despit rougit sa verte face,
En me disant: "Tu cuydes qu'elle efface,   5
A mon advis, les fleurs qui de moy yssent";
Je luy respons: "Toutes tes fleurs perissent
Incontinent qu'yver les vient toucher;
Mais en tous temps de ma Dame fleurissent
Les grans vertus, que Mort ne peult secher."   10

---

[38] La future Marguerite de Navarre.
[39] Anne d'Alençon, nièce du duc et de la duchesse d'Alençon, des protecteurs de Marot.

Du Depart de s'amye

Elle s'en va, de moy la mieulx aymée,
Elle s'en va, certes, et si demeure
Dedans mon cueur tellement imprimée,
Qu'elle y sera jusques à ce qu'il meure.
Voyse où voudra, d'elle mon cueur s'asseure,   5
Et s'asseurant n'est melancolieux.
Mais l'œil veult mal à l'espace des lieux,
De rendre ainsi sa liesse loingtaine.
Or adieu donc le plaisir de mes yeulx,
Et de mon cueur l'asseurance certaine.   10

D'Anne qui luy jecta de la neige

Anne par jeu me jecta de la neige,
Que je cuidoys froide, certainement:
Mais c'estoit feu, l'experience en ay je,
Car embrasé je fus soudainement.
Puis que le feu loge secretement   5
Dedans la neige, où trouveray je place
Pour n'ardre point? Anne, ta seule grace
Estaindre peult le feu que je sens bien,
Non point par eau, par neige ne par glace,
Mais par sentir un feu pareil au mien.   10

Du Lieutenant criminel et de Samblançay[40]
(1527)

Lors que Maillart, juge d'Enfer, menoit
A Montfaulcon Samblançay l'ame rendre,

---

[40] Samblançay: Jacques de Beaune, surintendant des finances de François Ier, accusé de malversations, fut pendu au gibet de Montfaucon en 1527.

A vostre advis, lequel des deux tenoit
Meilleur maintien? Pour le vous faire entendre,
Maillart sembloit homme qui mort va prendre   5
Et Samblançay fut si ferme vieillart,
Que l'on cuydoit, pour vray, qu'il menast pendre
A Montfaulcon le lieutenant Maillart.

De Frere Thibaut

Frere Thibaut, pour soupper en caresme,
Fait tous les jours sa lamproye rostir,
Et puis, avec une couleur fort blesme,
En pleine chaire il nous vient advertir
Qu'il jeune bien, pour sa chair amortir,   5
Tout le caresme en grand devotion,
Et qu'autre chose il n'a, sans point mentir,
Qu'une rotie à sa collation.

Du Lieutenant criminel de B.

Un lieutenant vuydoit plus volontiers
Flascons de vin, tasses, verres, bouteilles,
Qu'il ne voyoit procès, sacs, ou papiers
De contredits, ou cautelles pareilles;
Et je luy di: "Teste digne d'oreilles   5
De pampre vert,[41] pourquoi as fantasie
Plus à t'emplir de vin et malvoysie
Qu'en bien jugeant acquerir los et gloire?"
D'espices (dist la face cramoysie)
Friand je suis, qui me causent le boyre.   10

De Soy mesme (1537)

Plus ne suis ce que j'ay esté,
Et ne le sçaurois jamais estre;

[41] Comme Bacchus.

Mon beau printemps et mon esté
Ont fait le saut par la fenestre.
Amour, tu as esté mon maistre:
Je t'ai servi sur tous les dieux,
O si je pouvois deux fois naistre,
Comme je te servirois mieulx!

     5

Response au Precedent

Ne menez plus tel desconfort:
Jeunes ans sont petites pertes;
Vostre aage est plus meur et plus fort
Que ces jeunesses mal expertes.
Boutons serrez, roses ouvertes,
Se passent trop legerement;
Mais du rosier les fueilles vertes
Durent beaucoup plus longuement.

     5

Sur le mesme propos

Pourquoi voulez-vous tant durer,
Ou renaistre en fleurissant aage?
Pour pécher et pour endurer?
Y trouvez vous tant d'avantage?
Certes, celuy n'est pas bien sage
Qui quiert deux fois estre frappé,
Et veut repasser un passage
Dont il est à peine eschappé.

     5

De Jan Jan

Tu as tout seul, Jan Jan, vignes et prez;
Tu as tout seul ton cœur et ta pecune;

Tu as tout seul deux logis diaprez,
Là où vivant ne pretend chose aucune;
Tu as tout seul le fruit de ta fortune;   5
Tu as tout seul ton boire et ton repas;
Tu as tout seul toutes choses fors une,
C'est que tout seul ta femme tu n'as pas.

De l'An 1544

Le cours du Ciel qui domine icy bas
Semble vouloir, par estime commune,
Cest an present demonstrer maints debatz
Faisant changer la couleur de la lune
Et du soleil la vertu claire et brune.   5
Il semble aussi par monstres orgueilleux
Signifier cest an fort perilleux;
Mais il devoit, faisant tousjours de mesme,
Et rendant l'an encor' plus merveilleux,
Nous envoyer eclipse de quaresme.   10

ORAISON

Oraison devant le crucifix (1530)

Las! je ne puis ne parler ne crier,
Doulx Jesuchrist: plaise toi deslier
L'estroict lien de ma langue perie,
Comme jadis feis au vieil Zacharie.
La quantité de mes vieux pechez bouche   5
Mortellement ma pecheresse bouche;
Puis l'ennemy des humains, en pechant,
Est de ma voix les conduictz empeschant,
Si que ne puis poulser dehors le crime
Qui en mon cueur par ma faulte s'imprime.   10
Quand le loup veult (sans le sceu du berger)

Ravir l'aigneau, et fuir sans danger,
De peur du cry le gosier il luy coupe:
Ainsi, quand suis au remors de ma coulpe,
Le faulx Satan fait mon parler refraindre,   15
Affin qu'à toy je ne puisse me plaindre,
Affin, mon Dieu, qu'à mes maulx et perilz
N'invoque toy ne tes sainctz Esperitz,
Et que ma langue, à mal dire apprestée,
Laquelle m'as pour confesser prestée,   20
Taise du tout mon meffaict inhumain,
Disant tousjours: Attendz jusque à demain.
Ainsi sans cesse à mal va incitant,
Par nouveaulx artz, mon cueur peu resistant.
     O mon Saulveur, trop ma veue est troublée,   25
Et de te veoir j'ay pitié redoublée,
Rememorant celle benignité
Qui te feit prendre habit d'humanité.
Voyant aussi de mon temps la grand' perte,
Ma conscience a sa puissance ouverte,   30
Pour stimuler et poindre ma pensée
De ce que j'ay ta haultesse offensée,
Et dont par trop en paresse te sers,
Mal recordant que t'amour ne dessers,
Trop mal piteulx quand voy souffrir mon proche,   35
Et à gemir plus dur que fer, ne roche.
     Donc, ô seul Dieu, qui tous noz biens accrois,
Descends, helas! de ceste haulte croix,
Jusques au bas de ce tressacré temple,
A celle fin que mieulx je te contemple.   40
     Pas n'est si longue icelle voye comme
Quand descendis du ciel pour te faire homme;
Si te supply de me prester la grace
Que tes genoulx d'affection j'embrasse,
Et que je sois de baiser advoué   45
Ce divin pied, qui sur l'autre est cloué.
     En plus hault lieu te toucher ne m'encline,
Car du plus bas je me sens trop indigne;
Mais si par foy suis digne que me voyes
Et qu'à mon cas par ta bonté pourvoies,   50
Sans me chasser comme non legitime,
De si hault bien trop heureux je m'estime:
Et s'ainsi est que, pour soy arrouser
De larmes d'œil, on te puisse appaiser,
Je veulx qu'en pleurs tout fondant on me treuve.   55

Soit le mien chef dès maintenant un fleuve;
Soient mes deux bras ruisseaux où eau s'espande,
Et ma poictrine une mer haulte et grande;
Mes jambes soient torrent qui coure roide,
Et mes deux yeulx deux fontaines d'eau froide,   60
Pour mieulx laver la coulpe de moymesmes.
Et si de pleurs et de sanglotz extresmes
Cure tu n'as, desirant qu'on te serve
A genoulz secs, dès or je me reserve,
Je suis tout prest (pour plus brefve response)   65
D'estre plus sec que de la pierre ponce.
Et, d'autre part, si humbles oraisons
Tu aymes mieulx, las! par vives raisons,
Fais que ma voix soit plus repercussive
Que celle là d'Echo, qui semble, vive,   70
Respondre aux gens et aux bestes farouches,
Et que mon corps soit tout fendu en bouches,
Pour mieulx à plein et en plus de manieres
Te rendre grace et chanter mes prieres.

    Bref, moyen n'est, qui appaiser te face,   75
Que je ne cherche, affin d'avoir ta grace;
Mais tant y a que si le mien tourment
Au gré de toy n'est assez vehement,
Certes, mon Dieu, tout ce qu'il te plaira
Je souffriray, comme cil qui sera   80
Le tien subject; car rien ne veulx souffrir
Que comme tien, qui viens à toy m'offrir,
Et à qui seul est mon ame subjecte.

    Mon prier donc ennuyeux ne rejecte,
Puis que jadis une femme ennuyante[42]   85
Ne rejectas, qui tant fut suppliante,
Et en ses dictz si fort t'importune,
Qu'à son desir ta bonté ramena,
Pour luy oster de ses pechez le numbre
Qui tant faisoient à sa vie d'encombre.   90

    L'estroicte loy que tu as prononcée
Espoventer pourroit bien ma pensée;
Mais je prens cueur en ta doulceur immense,
A qui ta loy donne lieu par clemence;
Et quoy que j'aye envers toy tant meffaict,   95
Que si aucun m'en avoit autant faict,
Je ne croy pas que pardon luy en feisse,
De toy, pourtant, j'attens salut propice,

---

[42] Probablement Marie-Madeleine.

Bien congnoissant que ta benignité
Trop plus grande est que mon iniquité.   100
       Tu sçavois bien que pecher je devoye:
M'as tu donc faict pour d'enfer tenir voye?
Non, mais affin qu'on congneust au remede
Que ta pitié toute rigueur excede.
       Veulx tu souffrir qu'en ma pensée agüe   105
De droict et loix encontre toy argüe?
       Qui d'aucun mal donne l'occasion,
Luy mesmes faict mal et abusion.
Ce nonobstant, tu as créé les femmes,
Et nous deffens d'amours suyvre les flammes,   110
Si l'on ne prend marital sacrement
Avec l'amour d'une tant seulement:
Certes, plus doulx tu es aux bestes toutes,
Quand soubz telz loix ne les contrains et boutes.
       Pourquoy as tu produict pour vieil et jeune   115
Tant de grans biens, puisque tu veulx qu'on jeusne?
Et dequoy sert pain et vin et fruictage,
Si tu ne veulx qu'on en use en tout aage,
Veu que tu fais terre fertile et grasse?
Certainement, tel' grace n'est point grace,   120
Ne celuy don n'est don d'aucune chose,
Mais plus tost dam (si ce mot dire j'ose),
Et ressemblons, parmy les biens du monde,
A Tantalus, qui meurt de soif en l'onde.
Et d'autre part, si aucun est venuste,   125
Prudent et beau, gorgias et robuste
Plus que nul autre, est ce pas bien raison,
Qu'il en soit fier, puisqu'il a la choison?
       Tu nous as faict les nuictz longues et grandes,
Et toutesfoys à veiller nous commandes.   130
Tu ne veulx pas que negligence on hante,
Et si as faict mainte chose attrayante
Le cueur des gens à oysive paresse.
Las! qu'ay je dict? Quelle fureur me presse?
Perds je le sens? Helas! mon Dieu, reffrain   135
Par ta bonté de ma bouche le frain:
Le desvoyé vueilles remettre en voye,
Et mon injure au loing de moi envoye;
Car tant sont vains mes argumentz obliques,
Qu'il ne leur fault responses ne repliques.   140
       Tu veulx que aucuns en povreté mendient,
Mais c'est affin qu'en s'excusant ne dient

Que la richesse à mal les a induictz;
Et à plusieurs les grans tresors produictz
A celle fin que de dire n'ayent garde   145
Que povreté de bien faire les garde.
     Tel est ton droict, voyre et si croy que pour ce
Tu feis Judas gouverneur de ta bourse:
Et, au regard du faulx riche inhumain,
Les biens livras en son ingrate main,   150
A celle fin qu'il n'eust faulte de rien,
Quand il vouldroit user de mal ou bien.
     Mais (ô Jesus) Roy doulx et amyable,
Dieu tresclement et juge pitoyable,
Fais qu'en mes ans ta haultesse me donne   155
Pour te servir saine pensée et bonne
Ne faire rien qu'à ton honneur et gloire,
Tes mandements ouyr, garder et croire,
Avec souspirs, regretz et repentence
De t'avoir faict par tant de foys offense.   160
     Puis, quand la vie à mort donnera lieu,
Las! tire moy, mon Redempteur et Dieu,
Là hault, où joye indicible sentit
Celuy larron qui tard se repentit,
Pour et affin qu'en laissant tout moleste,   165
Je sois remply de liesse celeste,
Et que t'amour, dedans mon cueur ancrée,
Qui m'a créé, près de toy me recrée.

PSEAUMES DE DAVID

Aux Dames de France touchant lesdicts pseaumes

Quand viendra le siecle doré
Qu'on verra Dieu seul adoré,
Loué, chanté, comme il l'ordonne,
Sans qu'ailleurs sa gloire l'on donne?
Quand n'auront plus ne cours ne lieu   5
Les chansons de ce petit Dieu[43]
A qui les painctres font des esles?

---

[43] Cupidon.

O vous, dames et damoyselles,
Que Dieu feit pour estre son temple,
Et faictes soubz mauvais exemple   10
Retentir et chambres et salles
De chansons mondaines ou salles,
Je veulx icy vous presenter
Dequoy sans offense chanter;
Et sçachant que point ne vous plaisent   15
Chansons qui de l'amour se taisent,
Celles qu'icy presenter j'ose
Ne parlent, certes, d'autre chose.
Ce n'est qu'amour: Amour luy mesme,[44]
Par sa sapience supresme,   20
Les composa, et l'homme vain
N'en a esté que l'escrivain.

        Amour, duquel parlant je voys,
A faict en vous langage et voix
Pour chanter ces haultes louenges,   25
Non point celles des dieux estranges,
Qui n'ont ne pouvoir ny aveu
De faire en vous un seul cheveu.

        L'Amour dont je veulx que chantez
Ne rendra voz cueurs tourmentez   30
Ainsi que l'autre; mais, sans doubte,
Il vous remplira l'ame toute
De ce plaisir solacieux
Que sentent les anges aux cieulx;
Car son esprit vous fera grace   35
De venir prendre en voz cueurs place,
Et les convertir et muer,
Faisant voz levres remuer,
Et voz doigtz sur les espinettes,
Pour dire sainctes chansonnettes.   40

        O bienheureux qui veoir pourra
Fleurir le temps que l'on orra
Le laboureur à sa charrue,
Le charretier parmy la rue,
Et l'artisan en sa boutique,   45
Avecques un pseaume ou cantique
En son labeur se soulager!
Heureux qui orra le berger
Et la bergere, au boys estans,
Faire que rochers et estangs   50

---

[44] Dieu.

Après eulx chantent la haulteur
Du sainct nom de leur Créateur!
    Souffrirez vous qu'à joye telle
Plus tost que vous Dieu les appelle?
Commencez, dames, commencez,   55
Le siecle doré avancez,
En chantant d'un cueur debonnaire
Dedans ce sainct cancionnaire,
A fin que du monde s'envole
Ce Dieu inconstant d'Amour fole,   60
Place faisant à l'amyable
Vray Dieu d'Amour non variable.

Pseaume IV

Cum invocarem, exaudivit me

    Quand je t'invocque, helas! escoute.
O Dieu, de ma cause et raison;
Mon cueur serré au large boute.
De ta pitié ne me reboute,
Mais exaulce mon oraison.   5
    Jusques à quand, gens inhumaines,
Ma gloire abbatre tascherez?
Jusques à quand emprises vaines
Sans fruict, et d'abusion pleines
Aymerez vous et chercherez?   10
    Sçachez, puisqu'il le convient dire,
Que Dieu pour son roy gracieux
Entre tous m'a voulu eslire;
Et si à luy crie et souspire,
Il m'entendra de ses haultz cieulx.   15
    Tremblez doncques de telle chose,
Sans plus contre son vueil pecher;
Pensez en vous ce que propose
Dessus vos lictz en chambre close,
Et cessez de plus me fascher.   20
    Puis offrez juste sacrifice
De cueur contrit bien humblement,
Pour repentance d'un tel vice,
Mettant au Seigneur Dieu propice

Voz fiances entierement.   25
     Plusieurs gens disent: Qui sera ce
Qui nous fera veoir force biens?
O Seigneur, par ta saincte grace
Vueilles la clarté de ta face
Eslever sur moy et les miens.   30
     Car plus de joye m'est donnée
Par ce moyen (ô Dieu treshault)
Que n'ont ceulx qui ont grand' année
De froment, et bonne vinée,
D'huiles, et tout ce qu'il leur fault.   35
     Si qu'en paix et en seurté bonne
Coucheray et reposeray;
Car, Seigneur, ta bonté l'ordonne,
Et elle seule espoir me donne,
Que seur et seul regnant seray.   40

Pseaume CXIV

In exitu Israel de Aegypto

Quand Israel hors d'Egypte sortit,
Et la maison de Jacob se partit
     D'entre le peuple estrange,[45]
Juda fut faict la grand' gloire de Dieu
Et Dieu se feit prince du peuple Hebrieu,   5
     Prince de grand' louange.

La mer le veit, qui s'enfuyt soudain,
Et contremont l'eau du fleuve Jourdain
     Retourner fuz contraincte.
Comme moutons montaignes ont sailly,   10
Et si en ont les costaux tressailly
     Comme aigneletz en craincte.

Qu'avois tu, mer, à t'enfuyr soudain?
Pourquoy amont l'eau du fleuve Jourdain,
     Retourner fuz contraincte?   15
Pourquoy avez, montz, en moutons sailly?

[45] Au moment de l'Exode.

Pourquoy, costaux, en avez tressailly
  Comme aigneletz en craincte?

Devant la face au Seigneur qui tout peult,
Devant le Dieu de Jacob, quand il veult,   20
  Terre tremble craintive:
Je dy le Dieu, le Dieu convertissant
La pierre en lac, et le rocher puissant
  En fontaine d'eau vive.

Pseaume CXXX

De profundis clamavi ad te, Domine

    Du fons de ma pensée
Au fons de tous ennuis,
A toy s'est adressée
Ma clameur jours et nuicts.
    Entens ma voix plaintive,   5
Seigneur, il est saison;
Ton oreille ententive
Soit à mon oraison.
    Si ta rigueur expresse
En noz pechez tu tiens,   10
Seigneur, Seigneur, qui est ce
Qui demourra des tiens?
    Or n'es tu point severe,
Mais propice à mercy:
C'est pourquoy on revere   15
Toy et ta loy aussi.
    En Dieu je me console,
Mon ame s'y attend;
En sa ferme parolle
Tout mon espoir s'estend.   20
    Mon ame à Dieu regarde
Matin et sans sejour,
Plus matin que la garde
Assise au poinct du jour.
    Qu'Israël en Dieu fonde   25
Hardiment son appuy;
Car en Dieu grace abonde,

Et secours est en luy.
    C'est celuy qui sans doubte
Israël jectera   30
Hors d'iniquité toute,
Et le rachetera.

MELLIN DE SAINT GELAIS
(1491-1558)

M. de Sainct-Gelays fut un gentil poète de son temps et ne tint rien de la barbare et antique poésie.

Brantôme

Né à Angoulême, Mellin de Saint-Gelais est le fils naturel ou le neveu du rhétoriqueur Octavien de Saint-Gelais, évêque d'Angoulême. Il fait un long séjour dans les universités italiennes où il commence à s'intéresser à la poésie. Lorsqu'il revient en France, François Ier lui fait le meilleur accueil et le comble de charges et de faveurs: il devient aumônier du dauphin François, puis, à la mort de celui-ci, du futur Henri II; abbé de Notre-Dame de Reclus et bibliothécaire du roi à Fontainebleau. Il était le poète attitré de la cour et il jouissait d'une faveur bien supérieure même à celle de Marot. C'est à lui probablement que pensait Du Bellay dans son *Poète Courtisan*. Improvisateur de beaux riens galants, sorte de Voiture avant l'heure, il tente de ruiner la gloire naissante de Ronsard, de défendre l'idéal poétique de sa génération contre l'invasion d'une poésie travaillée, hautaine, et chargée d'érudition. Ses œuvres, toutes de circonstance, sont restées longtemps manuscrites. Avec Marot, il est le meilleur représentant de la poésie de cour du début du XVIe siècle.

EDITION:

Œuvres complètes, éd. Prosper Blanchernain, Paris, 1873, 3 vol.

A CONSULTER:

H.-J. Molinier, *Mellin de Saint Gelais,* Paris, 1910.
Donald Stone Jr., *Mellin de Saint-Gelais and Literary History*, Lexington, 1983.

81

Discours amoureux

Il n'est point vray que pour aymer on meure,
Car je serois ja mort et mis en terre,
Si grand douleur en moy fait sa demeure!
     Il n'est point vray qu'un amant puisse acquerre
Bien ne repos pour peine qu'il endure,   5
Car je serois en paix et non en guerre.
     Il n'est point vray que loyauté qui dure
Se puisse veoir jamais recompensée;
Puisqu'elle m'est encore estrange et dure.
     Il n'est point vray qu'en dict et en pensée   10
On doive plus d'amie avoir fiance;
Car la mienne a sa foy trop offensée.
     Il n'est point vray qu'il soit en la puissance
De mon malheur et fortune ennemie
De m'eslongner de son obeïssance;   15
     Il n'est point vray que jamais autre amie
Puisse en mon cœur loger n'y trouver place:
Loyauté n'est en moy si endormie;
     Mais il est vray que qui a veu sa face
Ne peut avoir que de mourir l'attente.   20
Bien-heureux est qui du mal se contente;
Mais plus heureux qui a sa bonne grace!
     Faict par celuy qui voudroit encor d'aage
Plus qu'un Nestor regner ou environ,
En ta santé avoir bon aviron   25
Tant qu'Atropos tard tranche le cordage.

Sonnet

Voyant ces monts de veue ainsi lointaine,
Je les compare à mon long desplaisir:
Haut est leur chef, et haut est mon désir,
Leur pied est ferme, et ma foy est certaine.   4
     D'eux maint ruisseau coule, et mainte fontaine:

De mes deux yeux sortent pleurs à loisir;
De forts souspirs ne me puis dessaisir,
Et de grands vents leur cime est toute plaine,   8
    Mille troupeaux s'y promenent et paissent,
Autant d'Amours se couvent et renaissent
Dedans mon cœur, qui seul est leur pasture.   11
    Ils sont sans fruict, mon bien n'est qu'aparence,
Et d'eux à moy n'a qu'une difference,
Qu'en eux la neige, en moy la flamme dure.   14

Dizain

Nostre amitié est seulement
Descousue et non dechirée,
Et s'unira facilement,
Si de vous elle est désirée.
Amour qui la flèche a tirée,   5
Rhabillera ceste couture.
Et n'ayez peur qu'elle ne dure;
Car s'il est vray ce qu'on afferme,
L'acier, au lieu de sa soudure,
Est plus fort qu'ailleurs et plus ferme.   10

D'un Bouquet d'œillets gris et rouges

Ces six oeillets, meslez en ceste guise,
Vous sont par moy ce matin envoyés,
Pour vous monstrer, par ceux de couleur grise,
Que j'ay du mal plus que vous n'en voyez;   4
Vous suppliant que vous y pourvoyez.
Les rouges sont plaincte, en l'autre moitié,
Non point de vous, mais du Dieu sans pitié,
Qui de mon sang prend vie et nourriture;   8
Et tous ensemble, ayans de leur nature
Breve saison, vous portent ce message
Que la beauté est un bien qui peu dure,
Et que qui l'ha la doit mettre en usage.   12

Huitain

De moins que *rien* l'on peut à *peu* venir;
Et puis ce *peu* n'a si peu de puissance
Que bien ne fasse à l'*assez* parvenir,
Celuy qui veult avoir sa suffisance.   4
Mais si au *trop*, de malheur, il advance
Et ne reçoit d'*assez* contentement,
En danger est, par sa folle inconstance,
De retourner à son commencement.   8

Escrit dans le Psautier d'une damoiselle

Avant qu'entrer en oraison
Entendez l'ordre et la raison
Que le Dieu qui m'a tout entier,
Veut que l'on tienne en son psautier;
A l'entree est ma Passion   5
Prinse en votre obstination,
Puis de nuict me chantent matines
Vos beautés contre moy mutines;
Vos laudes[1] après sont l'office
Qui plus me donne d'exercice;   10
Car il y a de la matiere
Pour une bible toute entiere.
Des autres heures[2] peu vous chaut
Que perdre pour vous il me faut;
Et vous suffit que l'on publie   15
Que tousjours estes accomplie.
Quant à moy je ne puis tarder,
Si mieux n'y voulez regarder,
D'estre au feüillet des trespassés.
A Dieu, vous en savez assez.   20

---

[1] *Laudes:* partie de l'office divin qui suit matines.
[2] *Heures:* heures canoniales, diverses parties du bréviaire.

Mis en des Heures au-devant d'une instruction pour se confesser

N'oubliez à vous confesser
De l'homicide cruauté,
Que jamais ne fites cesser,
De tourmenter ma loyauté.   4
   Je say bien qu'ayant tout compté
Et mis vos torts en evidence,
On chargera vostre beauté
D'une bien lourde penitence   8
   Mais j'ay le moyen et science,
De vostre coulpe aneantir,
Et la prens sur ma conscience,
Si voulez vous en repentir.   12
   Amour le viendra consentir,
Et pour les maux qui vous sont deus,
Prendra ceux qu'il me fait sentir;
Car j'en ay assez pour nous deux.   16
   Aussi seroit-il mal pieux,
Qui, par penitence importune,
Voudroit troubler de vos beaux yeux
La clarté douce et opportune.   20
   Mais pour ce que par loy commune
Nul n'a du mal remission,
Qui de l'autruy tient chose aucune,
S'il n'en fait restitution.   24
   J'entens que l'usurpation,
De mon cœur qu'avez à present,
N'empesche l'absolution;
Car je vous en fay un present.   28

Du Jeu des eschecs

Puis que de vous j'ay appris les Eschez,
C'est bien raison que les miens vous sachez.

Je mets avant, en lieu de huit *Pions*,
Propos hardis ainsi que Scipions,
Sachans tirer, avec petite perte,   5
Une ennemie à guerre plus apperte.
Sur chacun flanc, de deux *Rocs* font l'office
Ma foy constante et mon loyal service,
Et mes desirs, prometteurs mensongers,
Servent de *fols* volages, et legers.   10
Les *Chevaliers* sont mes escrits, et vers,
Qui font un saut aux autres tout divers.
Pour *Dame* y est mon esperance prise,
Jamais oisive et de grande entreprise.
Enfin le cœur, qui un temps, fut à moy   15
Et or' est vostre, est le chef et le *Roy*,
Ferme en un lieu sans guère se bouger;
Car mieux ailleurs il ne sauroit loger.
D'assez de lieux il se sent desfié,
Mais il est tant de vous fortifié,   20
Que tous perdront du *mat* l'intelligence,
Aydant Dieu, vous et ma diligence.

Sonnet d'un Present de roses

Ces roses-cy par grande nouveauté
    Je vous envoye et en est bien raison;
    La Rose est fleur qui sans comparaison
    Sur toutes fleurs a la principauté.   4
Sur toutes est ainsi vostre beauté,
    Et comme, en France, en l'arriere saison,
    La rose est rose et n'en est grand foison,
    Rare est aussi ma grande loyauté.   8
Donques vous doit la rose appartenir,
    Et le present et sa signifiance
    Mieux que de moy ne vous pouvoit venir;   11
Car comme au froid elle a faict resistance,
    J'ay contre envie aussi sceu maintenir
    Mon bon vouloir, ma fol et ma constance.   14

Sonnet

Il n'est point tant de barques à Venise,
    D'huistres à Bourg, de lievres en Champaigne,
    D'ours en Savoye, et de veaux en Bretaigne,
    De cygnes blancs le long de la Tamise,   4
Ne tant d'Amours se traitant en l'eglise,
    De differents aux peuples d'Alemaigne,
    Ne tant de gloire à un seigneur d'Espagne,
    Ne tant se trouve à la Cour de feintise,   8
Ne tant y a de monsres en Afrique,
    D'opinions en une republique,
    Ne de pardons à Romme aux jours de feste,   11
Ne d'avarice aux hommes de pratique,
    Ne d'argumens en une Sorbonique,[3]
    Que m'amie a de lunes en la teste.   14

Sonnet

Je suis jaloux, je le veux confesser,
    Non d'autre Amour qui mon cœur mette en crainte,
    Mais des amis de la parolle saincte
    Pour qui j'ay vu Madame me laisser.   4
Je commençois à propos luy dresser
    Du jeune archer dont mon ame est atteinte,
    Quand s'esloignant de moy et de ma plainte
    A un prescheur elle alla s'adresser: 8
Qu'eusse je faict, fors souffrir et me taire?
    Il devisa du celeste mistere,
    De trois en un,[4] et de la passion:[5]   11
Mais je ne croy qu'elle y sceust rien comprendre,
    Quand l'union de deux ne sait apprendre,
    Ny de ma Croix avoir compassion.   14

[3] *Sorbonique*: une des trois thèses que les bacheliers étaient obligés de soutenir en personne pendant leur licence. Dans cette thèse, le répondant argumente pendant douze heures contre tout venant.
[4] La Trinité.
[5] La Passion du Christ.

Enigme

Seigneur, de qui le clair entendement,
Exercité en science profonde,
A cest honneur, par le consentement
Des plus savans, qu'il n'est chose en ce monde
Dont proprement s'il luy plaist ne responde;   5
Si serviteur jamais ne vous requist
Dont vostre ottroy l'attente ne vainquit,
Je vous suppli' dire lequel des hommes
Devant son pere et sa mere nasquit,
J'entens vivans en ce temps où nous sommes.[6]   10

Epitaphe de Louise de Savoie[7]

Quand Madame eust remis la paix en terre,
Et tous les Rois ensemble faits amis,[8]
Voyant les Dieux nous vouloir faire guerre
Et devenir des hommes ennemis,
Au gré de Mort le sien elle a submis,   5
Tenant pour vie un honoré mourir,
Et a voulu, pour revivre et fleurir,
Monter au ciel et s'approcher des Dieux;
Prenant le soin d'encor nous secourir,
Et d'accorder la terre avec les cieux.   10

Epistre à s'amie absente

On dit qu'amour, pour estre maintenue,
Doit eviter longue perte de veue,
Et qu'il n'est rien qui luy puisse amener
Plus de meschef, que le trop eslogner.

---

[6] Un enfant, né à sept mois, d'un homme et d'une femme nés à neuf.
[7] Mère de François Ier, morte en 1531.
[8] Allusion à la Paix de Cambrai (1529).

Il est bien vray que cela se peut croire 5
Des cœurs legiers, qui tant ont de memoire,
Que leur prouffit ou leur plaisir les touche,
Ou bien de ceux qui n'aiment que de bouche;
Mais un bon cœur, de longtemps essayé
En vive foy, qui point n'a forvoyé 10
Un cœur qui n'est par moitié ne quartier,
Mais, où il fault qu'il serve, tout entier;
Un cœur qui plus choisiroit la mort suivre
Qu'ailleurs aimer, n'aultre dame poursuivre,
Sur celuy-là certes n'aura pouvoir 15
Jamais l'absence ou la faulte de voir;
Ne bien ou mal qui luy puisse advenir,
De son amour ne pert le souvenir.
Or, s'ainsy est, vous qui très-bien sçavez
Quel est le mien, que de longtemps avez 20
Si près de vous pour seur et loyal gaige,
N'avez-vous pas suffisant tesmoignaige
De son vouloir, et s'il fut onc repris
De lascheté depuis que l'eustes pris?
Si avez certe, et si avez cogneu 25
Que, quand ennuy vous avez soustenu,
Il a laissé sa douleur en arriere,
Pour appaiser la vostre la premiere,
Et si a eu plus cher son desplaisir
Que d'offenser en riens vostre plaisir, 30
Ne faire chose oultre la volonté,
Ou contredit de vostre honnesteté;
Car tout son soing, son désir, son affaire
Ne fut jamais qu'obeïr et complaire
A vous sans plus, comme encor il fera; 35
Car tant qu'il vive à aultre ne sera.
Plustot en l'air voleront les poissons,
En plain hyver se feront les moissons,
Le rond sera en triangle ou carré,
Et le corbeau de blancheur bigarré, 40
Terre plustot demourra sans produire,
Ciel sans clarté, et soleil sans reluire,
Et l'eau pourra plustot en feu changer,
Que je me puisse à aultre amour ranger,
Ne que jamais mon cœur mecte en oubly 45
Celle qui m'a de vertu ennobly,
Plus que n'ont faict lettres, experience,
Art, sens, engin, doctrine ou cognoissance.

Estant muet parler m'avez rendu,
Aveugle ay veu, et de sourd entendu.   50
Si doncq tel bien vostre grace m'a quis
Que mon esprit oncques n'avoit acquis,
Serois-je pas ingrat oultre mesure
Oublier ce qui tel heur me procure?
Oüy vrayment! mais honny je puisse estre   55
Si pour ingrat je me fais recognoistre;
Car bien je sçay, quand ainsi adviendroit,
Qu'à vous aimer laissasse il conviendroit,
Que tant ou peu que j'ay de sentement
Par vous receu, perdisse entierement,   60
Et retournasse en la prison obscure
De ma première et trop grosse nature:
Ce que ne veuil; car ce seroit offrir
Peine à mon corps et mon ame souffrir.
Or ainsy donc, si loyauté s'acquitte,   65
Si ferme foy est digne de mérite,
D'entiere amour de faicts et de pensée,
En riens qu'il soit ne fut oncq offensée,
Et qu'en cela ne vous faille assurance
Aultre pour vray que vostre cognoissance;   70
Je vous supply n'estre envers moy si dure
Que d'espargner un bien peu d'escripture
A me respondre, et me faire sçavoir
Que cognoissez au moins le mien devoir,
Et qu'en ce monde à l'aultre je ne suis   75
Fors qu'à vous seule, et que jamais ne puis
Nul plus grand bien desirer ou eslire,
Si non que vostre il vous plaise me dire.
Celuy qui n'a en ce monde aultre envie
Qu'un doulx tourment soit joinct avec sa vie.   80

Epigramme à un importun

Tu te plains, ami, grandement,
Qu'en mes vers j'ay loué Clement,
Et que je n'ay rien dit de toy.
Comment veux tu que je m'amuse
A louer ny toy ny ta muse?   5
Tu le fais cent fois mieux que moy.

MARGUERITE DE NAVARRE
(1492-1549)

Corps feminin, cueur d'homme et teste d'ange.
Clément Marot

Née à Angoulême, fille de Charles d'Orléans, comte d'Angoulême, et de Louise de Savoie, elle reçoit de sa mère une bonne éducation qui la prépare à exercer une influence profonde sur les écrivains et les lettres de la génération de François Ier. Son père, héritier présomptif au trône, meurt en 1496 et tout l'espoir de Marguerite et de sa mère est porté sur François, né en 1494. En 1509 Marguerite épouse le duc d'Alençon sans l'aimer. Après l'avènement de son frère le Ier janvier 1515, elle sera, plus que Claude de France, la véritable reine de France.

Entre 1521 et 1525, elle subit l'influence de Guillaume Briçonnet, évêque de Meaux et de Lefèvre d'Etaples, traducteur de la Bible, et passe par une sorte de crise mystique. Elle s'appelle une "imparfaicte, mal ronde et toute contrefaicte perle."

Le duc d'Alençon meurt en 1525, peu après la bataille de Pavie dont il était un des "fuyards". Le roi prisonnier tombe malade à Madrid et Marguerite va le rejoindre. Elle épouse en 1527 Henri d'Albret, roi de Navarre, qu'elle aime malgré ses infidélités. Elle rêve avec son mari d'unir leur fille Jeanne d'Albret à l'Infant Philippe, fils de Charles-Quint, et de reconstituer la Navarre. François Ier s'oppose à ce dessein et exige le mariage de sa nièce avec le duc de Clèves. Marguerite a la joie de voir annuler ce mariage, mais la mort de François Ier en 1547 lui cause une douleur profonde. N'ayant plus aucune influence à la cour d'Henri II, elle se retire en Navarre et se met à composer ses dernières poésies. Elle meurt en 1549 au château d'Odos en Bigorre.

Marguerite de Navarre a laissé une œuvre abondante: le *Miroir de l'âme pécheresse*, publié en 1531, et les *Marguerites de la Marguerite des Princesses*, publiées en 1547. Ses principales œuvres n'ont été imprimées qu'après sa mort, l'*Heptaméron* en 1558-1559, et les *Dernières Poésies* en 1896.

EDITIONS:

Les Marguerites de la Marguerite des Princesses, éd. F. Frank, Paris, 1875,
    4 vol.

Dernières Poésies, éd. Abel Lefranc, Paris, 1895.

A CONSULTER:

Robert D. Cottrell, *The Grammar of Silence: A Reading of Marguerite de
    Navarre's Poetry*, Catholic University Press, 1986.
Lucien Febvre, *Autour de l'Heptaméron*, Paris, 1944.
Gary Ferguson, *Mirroring Belief: Marguerite de Navarre's Devotional Poetry*,
    Edinburgh University Press, 1992.
Pierre Jourda, *Marguerite d'Angoulême, duchesse d'Alençon, reine de Navarre*,
    Paris, 1930, 2 vol.
Paula Sommers, *Celestial Ladders: Reading in Marguerite de Navarre's Poetry of
    Spiritual Ascent*, Genève, 1989.

LES MARGUERITES DE LA MARGUERITE DES PRINCESSES

Au Lecteur

Si vous lisez ceste œuvre toute entiere,
Arrestez vous, sans plus, à la matiere,
En excusant le rhythme et le langage,
Voyant que c'est d'une femme l'ouvrage,
Qui n'a en soy science, ne sçavoir,   5
Fors un desir, que chacun puisse voir
Que fait le don de DIEU le Createur,
Quand il luy plaist justifier un cœur:
Quel est le cœur d'un homme, quant à soy,
Avant qu'il ayt receu le don de Foy,   10
Par lequel seul l'homme a la congnoissance
De la Bonté, Sapience et Puissance.
Et aussi tost qu'il congnoit Verité,
Son cœur est plein d'Amour et Charité
Ainsi bruslant, perd toute vaine crainte   15
Et fermement espere en DIEU sans feinte.
Ainsi le don que liberalement
Le Createur donne au commencement,
N'ha nul repos, qu'il n'ayt deïfié
Celuy qui s'est par Foy en DIEU fié.   20
    O l'heureux don, qui fait l'homme DIEU estre,

Et posseder son tant desirable Estre.
Helas! jamais nul ne le peult entendre,
Si par ce don n'a pleu à DIEU le prendre.
Et grand' raison ha celuy d'en douter,   25
Si DIEU au cœur ne luy a fait gouster.
  Mais vous, Lecteurs de bonne conscience,
Je vous requiers, prenez la patience
Lire du tout ceste œuvre qui n'est rien,
Et n'en prenez seulement que le bien.   30
Mais priez DIEU, plein de bonté naïve,
Qu'en vostre cœur il plante la foy vive.

CHANSONS SPIRITUELLES

Autres pensées faites un mois après *la mort du Roy,*[1] *sur le chant de:* Jouyssance vous donneray

  Las! tant malheureuse je suis,
Que mon malheur dire ne puys,
Sinon qu'il est sans esperance: 3
  Desespoir est desja à l'huys
Pour me jetter au fond du puits
Où n'a d'en saillir apparence.   6

  Tant de larmes jettent mes yeux
Qu'ilz ne voyent terre ne cieux,
Telle est de leur pleur abondance.   9
  Ma bouche se plaint en tous lieux,
De mon cœur ne peult saillir mieux
Que souspirs, sans nulle allegeance.   12

  Tristesse par ses grans efforts
A rendu si foible mon corps
Qu'il n'ha ny vertu ny puissance.   15
  Il est semblable à l'un des morts,

[1] François Ier mourut en 1547.

Tant que le voyant par dehors,
L'on perd de luy la congnoissance.   18

    Je n'ay plus que la triste voix
De laquelle crier m'en vois,
En lamentant la dure absence.   21
    Las! de celuy pour qui vivois,
Que de si bon cœur je voyois,
J'ay perdu l'heureuse presence!   24

    Seure je suis que son esprit
Regne avec son chef Jesus Christ,
Contemplant la divine essence.   27
    Combien que son corps soit prescript,
Les promesses du saint Escrit
Le font vivre au ciel sans doutance.   30

    Tandis qu'il estoit sain et fort,
La foy estoit son reconfort,
Son Dieu possedoit par creance.   33
    En ceste Foy vive il est mort,
Qui l'a conduit au tresseur port,
Où il ha de Dieu jouyssance.   36

    Mais, helas! mon corps est banny
Du sien, auquel il feut uny
Depuis le temps de nostre enfance!   39
    Mon espoir aussi est puny,
Quand il se trouve desgarny
Du sien plein de toute science.   42

    Esprit et corps de dueil sont pleins,
Tant qu'ilz sont convertiz en plains;
Seul pleurer est ma contenance.   45
    Je crie par bois et par plains,
Au ciel et terre me complains;
A rien fors à mon dueil ne pense.   48

    Mort, qui m'as fait sy mauvais tour,
D'abattre ma force et ma tour,
Tout mon refuge et ma defense,   51
    N'as sceu ruyner mon amour
Que je sens croistre nuict et jour,
Qui ma douleur croist et avance.   54

Mon mal ne se peut reveler,
Et m'est si dur à l'avaller,
Que j'en perds toute patience.   57
    Il ne m'en fault donc plus parler,
Mais penser de bien tost aller
Où Dieu l'a mis par sa clemence.   60

    O Mort, qui le frère as domté,
Vien donc par ta grande bonté
Transpercer la sœur de ta lance.   63
    Mon dueil par toy soit surmonté;
Car quand j'ay bien le tout compté
Combatre te veux à outrance.   66

    Vien doncques, ne retarde pas;
Mais cours la poste à bien grands pas,
Je t'envoye ma deffiance.   69
    Puis que mon frere est en tes laz,
Prens moy, à fin qu'un seul soulas
Donne à tous deux esjouyssance.   72

Rondeau fait au mesme temps

L'odeur de mort est de telle vigueur
Que desirer doit faire la liqueur
De ce morceau, que ne veult avaller
L'homme ignorant, lequel ne peut aller
Que par la Mort au lieu de tout honneur.   5
La Mort du Frere a changé dens la Sœur
(En grand desir de mort) la crainte et peur;
Et la rend prompte avec luy d'avaller
    L'odeur de mort.

Sa grand' douleur elle estime douceur.   10
Sachant que c'est la porte et chemin seur
Par où il fault au Createur voler,
En attendant, de la mort veult parler;
Car en a bien resuscité son cœur
    L'odeur de mort.   15

Autre chanson: Voicy nouvelle joye

La nuict pleine d'obscurité
Est passée; et voicy le jour,
Auquel marchons en seureté,
Chassans toute peur par amour,
    Sans que nul se desvoye: 5
    Voicy nouvelle joye.

L'hyver plein de froid et de pleurs
Est passé tremblant et glacé;
L'aesté plein de verdure et fleurs   10
Nous vient plus beau que l'an passé;
    Or chacun le voye:
    Voicy nouvelle joye.

L'arbre sec et facheux à voir,
Raboteux et dur à toucher,
Que nul ne desiroit avoir,   15
Maintenant povons le toucher:
    Il fleurit et verdoye,
    Voicy nouvelle joye.

Le rossignol qui s'est faché
Pour la rigueur de l'hyver froid,   20
Maintenant il n'est plus caché,
Mais sur la branche se tient droit:
    Il gergonne[2] et verboye,
    Voicy nouvelle joye.

Le Fidele dedens la Loy   25
Tout caché, tremblant, et peureux,
Par la lumiere de la Foy
Voit cler, et devient amoureux
    De Dieu, qui le convoye:
    Voicy nouvelle joye.   30

Il se congnoit tout delivré
De peché et damnation;

---

[2] *Gergonne*: jargonne, gazouille.

Il se sent de joye enyvré
Par la divine Election
    Qui tout bien luy ottroye: 35
    Voicy nouvelle joye.

    L'arbre de Croix, de peine et mort,
Que tant avoit eu en horreur,
Maintenant c'est le reconfort
Où il a attaché son cœur   40
    A fin qu'il ne desvoye:
    Voicy nouvelle joye.

    Luy qui craingnoit les gens hanter
Et cachoit par crainte sa voix,
Maintenant ne fait que hanter   45
Dessus l'espine de la Croix;
    Il fault que l'on le croye:
    Voicy nouvelle joye.

    Il est dehors d'hyver et nuict,
Il n'est plus sec, mais florissant;   50
Mort et Peché plus ne luy nuist;
Il est content dens le Puissant,
    Verité, Vie et Voye:
    Voicy nouvelle joye.

Autre chanson

Puis que Dieu par pure grace
    M'a tiré à soy,
Et qu'en tous en toute place
    Luy tout seul je voy,
Je suis remply de plaisir,   5
Veu que mon ame est s'amye,
Qu'il a d'Amour endormie:
Hé! laissez la dormir! Hé! laissez la dormir!

Allez dehors, Scrupule
    Et piquant Remord,   10

Qui trop de peur m'accumule
        Sans nul reconfort.
Vous n'engendrez que souspir,
Et peine à la conscience.
Mon ame ha en Dieu fiance: 15
Hé! laissez la dormir! Hé! laissez la dormir!

Las! cessez, Raison humaine,
        De la travailler;
Car povoir n'ha vostre peine
        De me reveiller.   20
Tout vostre sens à loisir
Ne me peult plus rien apprendre,
Qui me fait vray repos prendre:
Hé! laissez la dormir! Hé! laissez la dormir!

Or taisez vous, criart Monde,   25
        Qui tousjours taschez
De rendre mon ame immunde;
        Car vous la faschez;
Ne luy offrez à choisir
Plaisir, honneur ny richesse;   30
Pleine elle est d'autre liesse:
Hé! laissez la dormir! Hé! laissez la dormir!

Petit Dieu,[3] qui par tout vole
        Te disant vainqueur,
Finez cy vostre rolle;   35
        Rien n'avez au cœur
Qui la fin de son desir
Tourne à contempler la face,
Que par Foy mon ame embrasse.
Hé! laissez la dormir! Hé! laissez la dormir!   40

Maugré tout bruyt et tonnerre
        Elle dormira;
Et au mylieu de la guerre
        Se resjouyra,
Sans plus sentir desplaisir: 45
Mais soubs la divine tente,
Repose seure et contente.
Hé! laissez la dormir! Hé! laissez la dormir!

[3] Cupidon.

Autre chanson

Par faux Cuyder j'ay bien esté deceu,
Lequel m'a fait ignorer mon vray Estre,
Voire mon Rien sy tresfort mescognoistre,
Que tard me suis de son mal apperceu.   4

Il m'a tenu sy fort fermez les yeux,
Que je ne puys voir mon ame vivante.
Je l'estimois sy tresbelle et plaisante,
Que pour l'aymer j'en oubliois les cieux.   8

De l'union de ceste ame et du corps
Pensois tenir entierement ma vie,
Que confermer j'avois parfaite envie,
Ne voyant pas qui ma Vie estoit lors.   12

Las! qui vous a contraint en charité
D'illuminer l'aveugle de naissance,
Et luy donner parfaite congnoissance
Que c'est de luy et de la verité?   16

Quelle bonté, Seigneur, nous monstrez vous,
Nous declarant ainsi qu'un corps sans ame?
Nostre ame meurt, sans la divine flamme
De vostre feu, qui la Vie est de tous.   20

Vous estes donc la Vie d'un chacun,
Mais sans vous morts et moins que pouldre et cendre,
Et vous en nous par grace voulez rendre
Ce qui n'est Rien estre fait Tout en un.   24

En nous faisant congnoistre nostre Rien
Et vostre Tout par grace et par puissance,
Nous renonçant avons la jouyssance
De vous, Seigneur, seul bon et seul bien.   28

Dont seul aymé soyez sang SI ne MAIS,
Seul adoré de toute Creature,

Par vive Foy et de charité pure
Loué sans fin de nous à tout jamais.   32

Sonnet

L'Esprit de Vie en corps de Mort mussé,
    Jette partout maintenant sa splendeur
    Par docte main de Royale grandeur,
    En ce Thresor heureusement dressé.   4
Mon grand renom de long temps amassé,
    De mes beaux vers l'agreable rondeur,
    Et tout leur son semble à tous vain et dur
    Près de celuy qui est cy compassé.   8
Ainsi disoit Phœbus en s'esmayant,
    Et d'aise grand hautement s'esgayant,
    Voyant d'Esprit la Chair aneantir.   11
Peuple François, telles choses oyant,
    Et tout bon cœur de joye larmoyant,
    Font après luy la France retenir.   14

DERNIERES POESIES

Epistre de la Royne à Madame la Princesse[4]

Cuydant au soir en repoz sommeiller,
Amour me vient tout soudain esveiller
Disant: "Escriptz et prens la plume en main,
Sans t'excuser ny attendre à demain.
Prendre ne peult ta fille en passience   5
Ceste trop longue et facheuse sillence."
Je luy respondz quasi tout en dormant:
"J'ay tant escript que je n'ay argument

[4] A sa fille, Jeanne d'Albret.

Pour bien escrire." Il me respond: "Ne cesse
Jusques à ce que la pauvre princesse   10
Soit jointe au bien que tant elle desire;
Alors ta main reposera d'escripre.
Mais jusques là ta fille n'abandonne,
Et par escript quelques escriptz nous donne."
Je me levay estant par luy pressée,   15
Du papier pris et ma plume ay dressée,
Et en l'allée auprès de ma fenestre
Me promenay, pour plus à mon ayse estre.
Puis je m'assis et me prins à penser
Par quel endroit je pourrais commencer.   20
J'attendis peu, lorsque j'ouys ung bruict
D'un vent sortant et de feuille et de fruict,
Qui doulcement portoit à mon oreille
Ung son piteux qui me donna merveille.
Je me tournay et deçà et delà   25
Pour mieulx sçavoir le lieu d'où vient cela.
Mais je ne vis arbre, branche ny feuille,
Qui doulcement d'un accord ne se dueille.
Et à leur son les petites fontaines
Ont respondu comme esgalles en peines,   30
Avecques eulx la voix de la riviere,
Qui s'eslevoit par si doulce maniere,
Que j'ouys bien son amoureuse voix;
Mais ung seul mot entendre ne sçavois.
Mon couvre-chef je prins à destacher   35
Et mon oreille ouvrir et approcher.
Là j'entendis ung mot piteux et bas
De toutes ces voix redisant: "Helas!
Helas! Helas! or, l'avons nous perdue?
Las! dessus nous ne torne plus sa veue   40
Ceste beaulté qui nous embellissoit,
Ceste vertu qui nous resjouyssoit,
Ceste doulceur adoulcissant nos fruictz;
Or, sommes nous sans elle tous destruictz."
Si je senty de toute creature   45
Un tel helas, croyez que ma nature
Ne peust souffrir d'oyr le demourant.
Mais m'en revins en ma chambre courant,
Avecques eulx criant: "Helas! mon Dieu
Ramene tost en ce desolé lieu   50
Celle que tant ciel et terre regrette,
Et que revoir incessamment souhaitte."

Autre sur le chant: Avez poinct veu la peronnelle?

Avés poinct veu la malheureuse,
Que tous ennuis viennent chercher,
Qui de nul bien n'est desireuse,
Et ne veult de joye approcher?   4

Ne la cherchez poinct en la plaine
De propre delectation;
Elle s'en va sur la montaigne
De toutte tribulation;   8

Où [il] n'a ny homme, ny femme,
Qui veulle ce lieu habiter;
Mais elle fuit tout ce qu'elle ayme,
Pour en ce lieu sainct heriter.   12

Le rossignol, ny la callandre,
L'estourneau, la pie et le jay
Ne font poinct là leur chant entendre,
Ne aussy le doux papegay.   16

Le chat huan, oyseau nocturne,
L'orfraye et aussy le corbeau
Predisent la malle fortune
A tout passant viel et nouveau.   20

Et en lieu de doulce musique
Sont reynes et chauves souris,
Et à son pleur melancolique
Prent plus de plaisir qu'en son ris.   24

En ceste montaigne ne va vache
Beuf, brebis, chevre, ne mouton,
Mais l'animal qui l'homme fache
Repare aumonier, ce dict on.   28

La serpente et verte lesarde,
Escorpions et gros crapaulx,

De ceste montaigne ont la garde
Pour faire aux passans mille maulx, 32

Arbre n'y a, herbe ou verdure,
Ny belle fleur, ny nul bon fruict,
L'iver sans controuver y dure,
Le printemps du chault est prescript. 36

Il n'y croit ni poire ny pomme,
Ny chose qu'on puisse manger,
Sinon tout ce qui nuict à l'homme,
Dont elle n'a peur ne danger. 40

Car ne trouvant ça bas pasture,
En voyant que tout luy default,
Joieusement elle l'endure,
Esperant la manne d'en hault; 44

Ainsy que bonne pellerine,
En croiant ce qui est promis,
D'Egipte n'emporte farine,
Ny sac où nul vivre soit mis.[5] 48

Le plaisir du fol et du saige,
C'est de trouver à qui parler:
Mais il n'a en ce lieu sauvaige,
A qui se puisse declarer. 52

Il n'y a arbre ny racine,
Pour faire table ny eschetz;
Et cy sont la roche et l'espine
Trop tortes pour faire jonchetz. 56

Des ouvraiges qui donnent joye,
On n'en trouveroit tout un seul;
Il n'y croit ny fil d'or, ny soye,
Ny couton pour faire ung linceul. 60

Il n'y a temple ny esglise,
Paincture vive ny tableau,
Ny riens qui l'œil charnel ravise
De contempler le bon et beau. 64

[5] Allusion à l'Exode vers la Terre promise.

Elle n'espargne pas ses plantes
De marcher sur rocs eslevez,
Sur chardons et roses piquantes,
Car ce sont tous tappis vellus.　　　　　68

Là ne croist papier, encre ou plume,
Pour escripre ce qu'elle veult,
Ny livre, livret ny volume;
Toutesfois elle ne s'en deult.　　　　　72

Tout le passetemps et la joye
Que le monde a sceu inventer,
Elle n'en voyt rien en sa voye,
Car nul ne s'y veult presenter.　　　　　76

Chose ne void en ceste terre,
Qui plaise à son eul ny son cueur,
Mais perdre veult en ceste guerre,
Pour rendre autruy contant vaincueur.　　　　　80

Elle ne parle, ny n'escoutte,
Car ne se tay qui parle peu,
Et pour ce qu'elle ne void goutte,
S'esjouit là où pleurer deust.　　　　　84

Ainsy de roc en roc s'arappe,
Prenant repos à travailler,
Et ne luy chault qui tue ou frappe;
Rien ne la faict esmarveiller.　　　　　88

Sa pensée seulle demeure
Avec elle en tout labeur,
Souvent en l'entreprenant pleure,
Et puis rid, aymant sa douleur:　　　　　92

Mais sy Dieu tout bon la dellaisse
En ce rocher plus dur que fer,
Tristesse, qui son cueur abaisse,
Le menera jusqu'en enfer.　　　　　96

Mais par sa très seure promesse
Donne à son cueur la seureté
Qu'il est avec elle en tristesse,
Et que tousjours y a esté.　　　　　100

Par foy elle reçoit la grace
En celuy là qui la soubtient,
Et par foy elle voy la face
De l'amy dont tout bien luy vient.   104

Plaisante luy est la souffrance,
Veu qu'en sa tribulation
Est son amy et la souffrance
Dont elle a la fruition.   108

En luy retrouve pere et mere,
Enfans, cousins, parens, amis,
Parfaict amy, mary et frere,
Dont en soy seul son cueur a mis.   112

Toutte la terre et sa verdure
Elle retrouve en luy par foy;
Dans le facteur void la facture
De touttes choses et de soy.   116

Parquoy estant de Dieu remplie,
Ne treuve plus que souhaitter:
En luy sa joye est accomplye,
Là elle se veult arrester.   120

Elle ayme sa melancolie
Et ne refuze nul tourment,
Puisqu'Amour par doulceur la lye
A son vray et parfaict amant.   124

En luy trouve telle armonie,
Que d'homme et d'oyseaux fuit les chants;
Du monde veult estre bannie,
Pour estre avec luy seule aux champs.   128

Viande de ça bas ne regrette,
Mais en desprise la saveur,
Car elle a la manne secrette,
Qui d'amour accroist la ferveur.   132

Et parmy les bestes cruelles
Elle vit, sans point les ouïr;
En son amy toutes sont belles,
Puisqu'elle peut de luy jouyr.   136

Bref, il n'y a homme ni beste,
De gracieux ny cruel cueur,
Ny bien facheuse ny honneste,
Dont elle ayt desir ny paine.   140

Car eslevant au ciel la teste
En contemplant leur creature,
De l'ouvraige elle faict la feste,
Puisqu'il donne gloire future.   144

Elle ne sent travail ny peine,
Elle court à mont et à val,
Car de son amy est si pleine
Qu'elle ne peut sentir son mal.   148

La desconfortée conforte,
Et luy rend plaisans ses ennuys;
Voire resucite la morte,
Tourne en glorieux jours les nuis.   152

Il la remplit d'amour naïfve,
Il est sa force et son appuy,
Parquoy, moins en soy elle est vive,
Plus elle s'en retourne en luy.   156

Or, puis doncques qu'il vit en elle,
Elle ne peult craindre la mort,
Mais en luy la trouve si belle,
Qu'elle l'attend comme ung seul port.   160

Or est la malheureuse, heureuse,
Et son malheur, faict très heureux,
Puisqu'elle est parfaicte amoureuse
De son trespas faict amoureulx.   164

Les Adieux

Adieu l'object qui feist premierement
Tourner sur luy la force de mes yeulx,
Le doulx maintien, l'honneste acoustrement,

Armé, vestu en tous jeux et tous lieux,
Tant que nul œil ne se peult loger mieulx   5
Qu'a faict le mien. Adieu la bonne audace:
Si vous n'estiez si couvert vicieux,
Je ne vey oncq une meilleure grace.

Adieu vous dy, le regard si très doulx
Qu'onques ne fut cœur qui n'en fut attaint,   10
D'un œil tant beau et gratieux sur tous
Que de l'aymer le myen y fut contrainct.
Helas! j'ay veu trop tost son ray estainct
Et obscurcy par fureur sans raison.
Adieu doncq l'œil que je ne pensois fainct,   15
Qui trop couvrist soubz le miel le poyson.

Adieu aussi le parler gratieux,
Bien à propoz prudent et fort et saige,
A voz amys humble, et audacieux
Où il falloit monstrer aultre visage.   20
Adieu l'accent, la voix et le langaige,
Qui m'a vaincu, entendement et sens;
Or avez vous parlé vostre ramaige,
Doncq pis que mort par grand regret je sens.

Adieu la main laquelle j'ay touchée,   25
Comme la plus parfaicte en vraye foy,
Dedans laquelle ay la mienne couchée
Sans offenser d'honnesteté la loy.
Or, maintenant, estes contraire à moy,
Convertissant amour en cruaulté.   30
Adieu la main, puisque dedens n'y veoy
L'estigmate d'honneur ny loyaulté.

Adieu la plus digne d'embrasser d'estre,
Qui oncques fut, sans rien y adjouster.
Adieu le bras le plus fort et adextre   35
Que j'aye veu à frapper ou jouster:
Je vous congnois maintenant sans doubter,
Lierre embrassant, tuant l'arbre très fort:
Dur m'as esté la rudesse gouster,
Dont doulceur embrassant donne la mort.   40

Adieu vous dy le baiser juste et sainct,
Fondé du tout en Dieu et charité,

Tant gracieux, mais quoy! je le voy fainct,
Car passion a monstré verité.
Fouyr se doit baiser sans purité,   45
Adieu Judas fondant la trahison
Pour un baiser donné non merité,
Dont le regret surmonte ma raison.

Adieu l'amour dens mon cœur imprimeé,
Dont je pensois immortel le lyen,   50
Par trop avoir vostre amour estimée
Honneste et bonne, où il ne falloit rien;
Mais maintenant que, sous couleur de bien,
J'y veoy le mal que n'y eusse peu croire,
Si d'aymer moins ne treuve le moyen,   55
Bientost mourray par regret et memoire.

Adieu l'amy aymé sur tous amys,
Seul dens mon cœur lyé parfaictement,
Duquel j'avoys toute aultre amour hors mys,
Pour vous laisser le logeis seullement;   60
Gaigné aviez le lieu entierement
Que jamais nul n'avoit peu acquerir.
Adieu amy, puisque vostre cœur ment,
Desirant mal, faignant le bien querir.

Adieu l'honneur sur quoy j'avoys fondé   65
L'esbatement que je pensoys durable,
Mais quand je l'ay esprouvé et fondé,
Pour moy, sans plus, je le tiens dommageable:
C'est un honneur quant aux hommes louable,
Dont estes plein soit en guerre ou en paix.   70
Adieu l'honneur, couverture du dyable,
Qui pour honneur de douleur me repaiz.

Adieu bonté, adieu devocion,
Qui le premier propoz m'y feistes prendre,
Un jour parlant de la confession,   75
Alors qu'amour debvoir bien estre en cendre.
Vous faisiez tant semblant de bien m'entendre,
Que je me mis de propos en propos
A vous hanter, esperant bon vous rendre,
Mais j'ai failly, dont je perdz le repos.   80

Or, adieu tout ce qu'en vous j'ay aymé,
En y cuidant trouver perfection;

Assés serez d'un chascun estimé,
Qui ne veoirront cœur ny affection,
Puisque je veoy qu'amour par passion   85
Vous faict laisser conscience et honneur.
Adieu du tout ma consolation,
Vous n'entrerez jamais dedens mon cœur.

Adieu le front, le nez, les dentz, la bouche,
Jambes, piedz, mains, bras, et barbe et cheveulx;   90
Adieu le cueur qui va à l'escarmouche,
L'amour, l'honneur, les jurementz, les veuz,
Adieu la grace de beaulté, qui les nœuz
Pourront nouer d'amour en aultre lieu;
Fouyr vous fault maulgré ce que je veulx,   95
Dont par despit je meurs disant adieu.

Adieu vous dy le penser delectable,
Qui nourrissoit dens mon cœur ceste amour,
Le souvenir, la memoire semblable,
Qui bien de vous me disoit nuict et jour;   100
Ilz peuvent bien dormir de long sejour,
Sans plus de vous les louanges me dire,
Si ne vouloient ramentevoir le tour
Que m'avez faict accroissant mon martyre.

Adieu lettres, epistres et dixains,   105
Rondeaux, complectz, qui m'ont si bien servie,
Dont le revoir et relire je crainctz,
Qui à aymer encores me convie.
Adieu tout ce de quoy j'ay eu envie
D'user, pensant par cela mieulx vous plaire.   110
Adieu tout l'heur et la fin de ma vie,
Car l'importable ennuy me constrainct taire.

Encore il fault, alongeant mon tourment,
Que mes adieux ennuyeux multiplie:
Adieu vous dy le souspir vehement,   115
Partant d'un cœur qu'amour gouverne et plie;
Souvent couvert ou craincte le subplie
De s'estrangler et oultre ne passer.
Adieu souspir de faintise acomplie
Soubz un semblant quasi de trespasser.   120

Helas! adieu la lerme qu'amictié,
Ce me sembloit, faisoit saillir dehors,

Rompant un cœur trop dur par la moytié,
Pour le regret monstrer qu'aviez alors.
O doulx plourer, de quoy j'ay tel remordz   125
Que desirer me faict la sepulture.
Adieu, puisque, tant different du corps,
Du cocodril avec cœur et nature.

Adieu la paour, la crainte tant honneste,
Que je vous ay veu avoir de mesprendre,   130
Qui bien souvent vous faisoient œil et teste
Tourner du lieu ou plaisir vouliez prendre,
Faignant d'ailleurs regarder et entendre,
En contraignant l'œil en despit du cœur.
Or, puisqu'avez trop voulu entreprendre,   135
Adieu vous dy la tant louable paour.

Adieu froideur, dissimulation,
Taire secret et le puissant penser,
Qui desmentir faisiez par fiction
Ceulx qui vouloient de parler s'advancer.   140
Adieu penser qui, au lieu de dancer,
Sans dire rien, fustes si bien ouy
D'une qui trop eust pensé offencer,
Si cœur à cœur n'eust respondu ouy.

A voz vertus, à voz conditions   145
Je dis adieu, et si ne le puis dire,
Car j'ay veu tant de voz perfections
Qu'impossible me seroit de l'escripre.
Je vous ay creu tel que je vous desire,
Mais aux vertuz dont j'ay souvent escript   150
Je dis adieu, non sans que je souspire,
Car je vous croy pour moy un antechrist.

Adieu l'adieu que tant de foys me distes,
Quand loing de moy vous en falloit aller,
La loyaulté que garder me promistes,   155
Les promesses qu'eussiez bien deu celer,
Puisque je vois faintise reveller
Vostre vouloir et peu caché secret.
Adieu l'adieu souvent dit sans parler,
Dont la memoire augmente le regret.   160

Adieu le cœur, que j'estimoys si bon,
Juste, loyal, que nul estoit semblable:

D'une chose vous demande pardon,
C'est que par trop vous ay creu veritable.
Adieu le siege où amour honnorable   165
Devoit regner, mais je veoy qu'amour folle
Le conduict tant, qu'il est trop muable.

Adieu le cœur, pour la fin de mon rolle,
Donnant au mien mort irremediable,
Par ferme foy et amour perdurable: 170
Je ne puis plus escripre une parole.

ANTOINE HÉROET
(1492?-1568)

Le digne évêque de Digne
Valéry Larbaud

Héroet naquit à Paris. Sur ses premières études, nous ne savons que peu de chose. Il se consacra certainement à l'étude de la philosophie, et tout particulièrement à l'étude de Platon. Il savait le latin, mais peut-être pas le grec. En 1524 son nom est inscrit sur les registres et comptes de Marguerite de Navarre pour une pension considérable. Elle a distingué, parmi les écrivains dont sa cour était le rendez-vous, ce jeune poète qui faisait de l'amour une vertu, et de la poésie autre chose qu'un badinage. Ce qu'on a pu dire de la reine s'applique aussi au poète: tous deux ont été vraiment les "doctrinaires" de l'amour platonicien. La *Parfaicte Amye* (1542), son œuvre principale, a eu un succès énorme. Plus de vingt éditions entre 1542 et 1568 témoignent de ce succès pendant de longues années, même après le triomphe de la Pléiade. Héroet entre dans les ordres en 1543 et désormais ne compose presque plus de vers. Il est nommé évêque de Digne et meurt dans cette ville.

EDITION:

Œuvres poétiques, éd. Ferdinand Gohin, Paris, 1943.

A CONSULTER:

Jules Arnoux, *Un Précurseur de Ronsard: Antoine Héroet, néoplatonicien et poète*, Digne, 1912.
Abel Lefranc, "Le Platonisme et la littérature en France," *Grands Ecrivains français de la Renaissance*, Paris, 1914, pp. 63-137.

Le Troisieme Livre de *La Parfaicte Amye*[1]

L'Amy, duquel je suis la creature,
Disoit qu'ayant prins grand plaisir Nature
En la façon de l'homme raisonnable,
Luy enseigna de faire son semblable.
Puis prevoyant qu'au long continuer,   5
Force et vouloir pourroit diminuer,
Et tost apres quelcque fureur passée,
L'œuvre seroit ou nulle ou delaissée.
Elle, songneuse inventrice et scavante,
Et nous aymant comme propre parente,   10
Voulant ses faicts longuement conserver,
Et nous de fin soubdaine preserver,
Parmi les fleurs de nostre humanité
Entremesla certaine volupté,
Fille d'amour, à laquelle debvons   15
Scavoir bon gré de ce que nous vivons.
        Sans elle estoit facile d'oublier
La loy, qu'avions de nous multiplier,
Sans elle esoit la vie desdaignée;
Ny tout l'espoir de future lignée   20
Ny le desir grand d'immortalité,
Que l'on acquiert par la posterité,
Ne suffisoit pour faire aymer l'ouvrage
En soy remply de laydeur et d'oultrage.
        Chascun, devant que vouloir commencer,   25
Eust demandé du temps pour y penser;
Puis y pensant sa peine eust denié,
Ou octroiant luy eust tant ennuyé,
Que l'ennuy long eust faict rendre ocieux
Et puis perir ce monde precieux.   30
        Mais volupté, dont nostre terre humaine
En nous semant par nature fut pleine,
Ung naturel appetit ressuscite,

---

[1] Dans le premier livre de ce poème, la "parfaicte amye" définit les caractères de son amour; dans le second, déjà plus philosophique, elle explique les sentiments que la mort de son ami lui ferait éprouver; dans le troisième, elle montre que l'amour vrai donne le bonheur et qu'il est toujours récompensé. Héroet expose dans son poème la conception d'un amour épuré, source de progrès intellectuel et moral, qui s'élève peu à peu du plan humain au plan divin.

Et d'ung commun instinct touts nous invite
A travailler et à esvertuer   35
Pour les humains croistre et perpetuer.
    Si volupté tout le monde maintient,
Si volupté d'amour son pere vient,
Ne debvons nous à l'amour, comme autheur
De nostre vie et vray mediateur,   40
Sacrifier? et touts, femmes et hommes,
Le mercier de ce que par luy sommes?
    Dames, icy ne trouvez point estrange
Me veoir entrer en si haulte louange.
Ce seroit peu qu'il fust cause de l'estre,   45
Si ne vouliez par mes raisons congnoistre
Que c'est luy seul, qui le bien nous delivre,
Et qui nous faict touts heureusement vivre.
    Pour ce seul poinct à aulcunes prouver,
Me fault amour invocquer et trouver   50
En mon amy, affin qu'il favorise,
Et que par luy myeulx de luy je devise.
    Le bien, ainsi qu'ung sage a definy,
Est tout en Dieu le bon et infiny;
Beaulté, sagesse, et justice, et bonté   55
Sont propres noms de haulte deité,
Que nous n'osons nommer ny appeller,
Que ne debvons en noz amours mesler.
Si le voulons prendre ainsi haultement,
Le bien ça bas ne se voit nullement.   60
    Ainsi l'amour, duquel parlons, ne donne
Ny heur ny bien à aulcune personne,
Qui est raison à mon propos contraire.
    Pour y respondre, il m'est force de croyre
Que nous parlons du bien improprement,   65
Quand l'applicquons et nommons aultrement
Qu'en majesté saincte, divine et haulte.
Mais c'est l'erreur d'une commune faulte,
Et vray abuz de langage receu,
Ou chascun est par coustume deceu,   70
Pour explicquer et mieulx nous faire entendre
Ce qu'on ne peult par aultres mots comprendre.
    Or puis qu'il fault parler correctement
Et nul bien gist en terrestre element,
Quand les haults dons d'amour diffinirons,   75
Au lieu de bien, moins de mal nous dirons;
Appellerons moyns layde, au lieu de belle;

Estimerons la chose bonne, celle
Qui entre nous sera la moyns maulvaise,
Et tout plaisir, pourveu qu'il ne desplaise;   80
Puis que le plus nous reservons aux Dieux,
Disons que rien on ne veoit en ces lieux,
Qui moins de mal, moins de laydeur apporte,
Moins de malice et moins d'ennuy comporte
Que nostre amour. Et quand nous enquerons   85
De son estat, Dames, considerons
Que ce monde est voyage necessaire,
Qu'il nous convient à jour nommé parfaire.
En cheminant par dangereux sentiers,
Si quelcqu'un vient, qui s'offre vouluntiers   90
A nous guider et tenir compaignie
En touts les lieux, ou seulette il ennuye,
Si voulunté, mue de jugement,
De l'accepter donne consentement
Si pour ung temps que voyageons ensemble,   95
Nul rencontrons qui plus propice semble
Pour nous conduire et meiner au passage,
Commencement de plus heureux voyage,
Là nous fichons cueur, et vouloir, et ame.
Il n'y a plus ny serviteur ny dame: 100
Amour l'enfant, qui ne veult seigneurie,
Division double, ne menterie,
Des deux faict ung, et, se jettant parmy,
Au lieu de serf l'ung appelle l'amy,
Et l'aultre amye, et non plus sa maistresse   105
De tel accord et amoureuse addresse.
    Puis que le bien à nul qu'à Dieu convient,
Je vous diray peu de mal qui en vient;
Sans ce chemin nous voyons touts les jours
Les ungs recreus desirer les sejours,   110
Et doloreux se tenir ruinés
D'estre en si long travail encheminés;
Aultres pensants estre trop sejournés
D'heureux loisirs nous voyons destournés
Et s'engendrer nouveaulx empeschements,   115
Comme lassés de leurs contentements,
Aulcuns trop tost en descente courir
Aultre en montaigne hors d'alaine mourir;
Aux esgarés aulcuns servent d'addresse,
Aux pelerins aultre l'embusche dresse.   120
    Brief, au chemin nommé l'humaine vie

N'y a que mal, ambition, envie,
Peines, tourments. Et qui plus est en voye,
Plus longuement se perd et se forvoye.
Mais la personne estant si fort heureuse   125
Que d'estre aymée ensemble et amoureuse,
Entre vivants celle est, qui moins recoit
Des maulx susdicts, et qui moins s'appercoit
Du monde. Encore osé je dire ung poinct,
S'elle a du mal, qu'elle ne le sent poinct.   130
      Le plus grief mal qui advienne à personne,
C'est cestuy là que l'ignorance donne.
L'ignorance est celle qui plus ruine
La part de nous precieuse et divine.
Qui ayme bien, quiconque amour honore,   135
Ou rien, ou peu, moins que tout aultre ignore.
Premierement de ce qu'il veult sçavoir,
Comme de plaire et de plaisir avoir,
D'estre entendue et dextrement entendre
Les vouluntés d'une jeunesse tendre,   140
Par quelz moyens une craincte s'asseure,
Comme l'acquest d'une asseurance dure,
Le resveilleur des esprits endormys
N'en laisse rien ignorer aux amys.
      S'il n'est permis de la nommer sçavante,   145
Y aura il femme moins ignorante
Que ceste là, qui ses felicités,
Touts ses pais, et toutes ses cités
Son tout le monde a mys en une chose,
Ou son esprit travaillant se repose?   150
Si de personne ainsi d'elle estimée
Faict tant qu'elle est soingneusement aymée;
Si celle sçayt, sans trop s'en estre enquise,
Incontinent ce qu'il loue ou desprise,
Et s'accommode à toutes actions   155
Ou son amy mect ses affections;
Si d'ung soubris, d'ung signe, d'ung baiser
Sçayt ung courroux advenu rappaiser,
Ou prevoiant le garde qu'il ne vienne;
Si comme elle est tout entierement sienne,   160
Elle rend sien sans aultre recompense;
S'elle congnoist ce que son vouloir pense,
Et l'accomplist devant que luy ait dict,
A ses desirs si point ne contredict,
Si elle sçait quelle chose l'irrite,   165

Quelle façon le retarde ou l'incite;
Si de si grand' experience abonde
Qu'elle congnoisse ainsi son tout le monde,
L'oserons nous surnommer ignorante?
Est il requis qu'elle soit congnoissante   170
De tout le ciel et de son armonye?
     Pas ne seroit messeant à l'amye,
Si, ce pendant qu'elle est en ce bas lieu,
Elle sçavoit aulcuns secrets de Dieu.
Mais comme on veoit que cela ne peult estre,   175
Ainsi sachant que rien n'y peult congnoistre,
A pour le moins sçavoir et congnoissance
De son malheur et de son impuissance;
Et en cela se sent moins entachée
De l'ignorance, ou maincte est empeschée.   180
     Or puis qu'amour en ce passage addresse
Mon escripture à servir de maistresse,
Et vostre cueur nostre fureur encline
A bien semer entre vous ma doctrine,
Pour vous monstrer que moins est ignorante   185
Celle qui ayme et d'amour est contente
Que n'est nulle aultre, oyez, tenez de moy,
Que congnoissance et science de soy
En ce monde est tout le plus grand sçavoir
Que nous sçaurions desirer et avoir,   190
Et si n'avons chose tant desirable.
Celle qui peult congnoistre son semblable,
A elle pas presque la congnoissance
De soy, ayant celle de sa semblance,
Quand elle voit la perturbation,   195
Tranquillité, l'ire et affection
De son amy, et elle s'apperçoit
Si raison guide, ou voulunté deçoit,
Ce que de l'ung ou de l'aultre en advient?
Quand de l'amy considere et retient   200
Quelles faveurs, quelles occasions
Ont diverty ses persuasions,
Quand elle veoit la vertu et le vice,
Comme l'ung nuist, combien l'autre est propice,
Quand dedans luy cherche et voit de maniere   205
Qu'elle se trouve aulcunesfoys entiere,
Quand en luy est myeulx qu'en soy ne peult estre,
N'est-ce pas bien asses pour se congnoistre?
     Certes ouy. Croyez que vraye amante

N'est jamais dicte à bon droict ignorante;   210
Car l'ignorante ou sotte n'ayme point.
Elle m'a beau dire qu'amour la poinct,
Qu'elle se sent desja morte ou transye,
Que d'ung amy nuict et jour se soucye,
Qui bien l'aymoit quelque saison passée   215
Et maintenant l'a pour aultre laissée.
Quand j'oy parler de ce delaissement,
Je la condamne à peu d'entendement.
Cela ne vient que d'ignorance vile,
D'ung esperit vollage et inutile,   220
Qui ne scait pas, quand son bien est venu,
Comme estre doibt gardé et retenu
Qui ne sçait pas, apres quelcque reproche,
Comme l'amant esloigné se rapproche,
Qui n'eut jamais une doulceur requise   225
A n'estre poinct coupable de sottise.
Telle est vouée à maligne fortune,
Et ne se peult saulver d'estre commune;
Mais sans amour, et sans sçavoir, mal née,
Merite pis que d'estre abandonnée.   230
       Quant est de moy, j'ay heu telle asseurance
Et de garder si certaine science,
Que, pour vouloir mes forces esprouver,
Je desirois perdre pour retrouver.
Puis essayant s'il estoit reclamé   235
Tout aussi bien que le sentois aymé,
Craignant qu'il fust en un seul lieu fasché,
Souventesfois l'ay sus sa foy laché,
Luy promettant aultre neufve entreprinse.
Mais quand voyois la proye à demy prinse,   240
Le retiroys, prenant plaisir et gloire
De triumpher du faict de sa victoire.
Dames, amour, dont m'estois accoustrée,
Diligemment m'avoit tel art monstrée;
Et tout esprit ou seul il regnera,   245
Ou rien, ou peu, moins qu'aultre ignorera.
       Or, quant au mal d'ignorance, suffise;
Venons au corps. Y a il rien qui nuyse
A femme tant, quelcque chose qu'on die,
Que la laydeur ou que la maladie?   250
Certes nenny. Car, comme la beaulté
Est le pourtraict d'excellente bonté,
Ainsi laydeur est signe de tout vice
Et se peult dire image de malice.
Femme, qui est aymée et amoureuse,   255

Oncques ne fut layde ou malicieuse.
Il est bien vray que quelcqu'une, à tout prendre,
Ayant vouloir la proportion rendre
De la façon et couleur de ses traicts,
N'aura aux yeulx si dangereux attraicts, 260
Le tainct si cler, bouche si bien riante,
Qu'auroit une aultre en beaulté excellente,
Amour n'est pas enchanteur si divers,
Que les yeulx noyrs face devenir verds,
Qu'ung brun obscur en blancheur clere tourne, 265
Ou qu'ung traict gros du visage destourne;
Mais s'il se trouve assis en cueur gentil,
Si penetrant est son feu et subtil,
Qu'il rend le corps de femme transparent,
Et se presente au visage apparent 270
Je ne sçay quoy qu'on ne peult exprimer,
Qui se faict plus que les beaultés aymer.

     De bien vouloir, de conscience haulte,
De n'avoir point à l'amy faict de faulte,
Ung aise soit en la face luysant, 275
A ung chascun qui la voit si plaisant,
Que par la grace en grand nombre advisée
Est la laydeur non veue, ou excusée.
A ceste cy, qu'amour ayt embellie,
Si comparons une beauté polye, 280
Ou rien n'avoit la nature oublyé.
Qui n'a le cueur d'aultre chose lyé
Que d'une gloire, ayant faict entreprinse
Prendre chascun et n'estre jamais prinse:
Vous trouverez l'une tant savourée, 285
L'aultre tant fade et si peu desirée
Que jugerez, et je vous en asseure,
Qu'amour peult plus en beaulté que nature.

     Ne cherchez point les unguentz ny les eaux,
Pour maintenir voz visages tant beaulx. 290
Aymez, apres asseurément pensez
Que de beaulté les aultres avancez.
Qui n'ayme point, ne sçauroit estre belle;
Qui ayme bien, pour le moins devient telle
Qu'on ne la peult tenir pour ignorante, 295
Et du peché de laydeur est exempte,
Qui sont deux maulx à eviter et craindre.

     Je veulx bien plus entreprendre et attaindre,
Prouvant que qui à aymer se dedie

Ne sent jamais fiebvre ne maladie.   300
Les maulx du corps, comme l'on dict, mes dames,
Viennent en nous et procedent des ames.
L'ame, qui est malade et affligée,
Faict que la chair, qui luy est obligée,
Incontinent se sente du tourment.   305
Mais ung amant, qui a l'entendement
Tranquille, pur, et d'amours contenté,
Ne donne au corps que tout heur et santé.
     Et puis qu'entrer en medecine j'ose,
Il est certain que le corps se compose   310
De feu, de l'air, de l'eaue et de la terre;
Et composé si bien se forme et serre,
Qu'esgalement touts les aultres possede.
Si puis apres aulcun d'yceulx excede
Et que de l'ung la quantité s'augmente,   315
La fiebvre vient plus ou moins vehemente.
Pour maintenir ung chascun element
Et les mouvoir en nous esgalement,
Je ne voy rien plus seur ny plus propice
Qu'amour, qui faict de vray amour office.   320
De moderer les quattre il a puissance,
Comme element. Et est la quinte essence;
Duquel qui bien chascun jour useroit
En vie saine immortel se feroit.
     S'il vous souvient, à mon desavantage,   325
Que mon amy (ô fascheux tesmoignage!)
Puis peu de temps fut malade et ploré,
Qu'on me voioyt le visage esploré
Souffrir le mal que luy mesme sentoit,
Je vous responds, puis qu'en malaise estoit,   330
Qu'aulcunesfoys amour d'aymer se lasse
Et ce pendant la vie et santé passe.
Mais si du mal, ou repenser je n'ose,
Son amour las en mon endroict fut cause,
Le mien fut prest pour le sien guarentir,   335
Pour promptement sa douleur divertir.
Ne pensez pas qu'en si cruel tourment
Herbe, priere, ou aultre traictement
Ayt tant servy à luy qui se douloit,
Qu'a faict mon œil; lequel si fort vouloit   340
Sa guerison, son ayse et sa santé
Qu'en peu de temps fut son mal enchanté.
     O quel pouvoir heut sur foyble personne

L'enchantement d'une volunté bonne!
O combien peult ardente affection!   345
Tant que je puis dire sans fiction,
Apres avoir faict de la vertu preuve,
Qui dans le cueur d'une dame se treuve,
Qu'impossible est que, moy vivante, il meure.
Si nous mourons, sera une mesme heure,   350
Quand nostre vie aura finy son cours,
Que ne pourrons entredonner secours.
Assez de maulx me fussent ja venuz,
Si son amour ne les eust retenuz;
Mais si forte est une voulunté sienne,   355
Qu'il m'en guerit, avant que mal m'advienne.
        Je me desdis des faictz que je promects.
Apres sa mort, il ne mourra jamais
Que je ne sois incontinent sa morte,
Et touts amants seront de ceste sorte;   360
Ainsi vivants, nul mal n'endureront,
Et apres mort et mourant aymeront.
        Ne craignez point, comme d'aulcuns devisent,
Que ce pendant qu'amants se favorisent,
Ayant l'esprit en ung bien arresté,   365
Souffrent le mal yssu de pauvreté.
Celle qui ayme est riche à suffisance,
Elle a tousjours de son bien jouyssance;
Ambition ne la scauroit tenir,
Ny avarice aultre circonvenir.   370
Son vray Royaulme et ses possessions
Sont d'amytié les meditations,
Dont ne vouldroit avoir changé les pires
Aux Empereurs ny à touts leurs Empires;
Et s'en fault tant qu'amants, qui se contentent,   375
Le mal venant de pauvreté ne sentent,
Qu'il n'est remede au monde, ny science,
Que bien aymer pour fuyr indigence.
        Je n'escris point mille aultres malefices,
Que serviteurs pleurent en leurs services.   380
Ne recevez, Dames, aulcune craincte,
Quand vous oyez des doloreux la plaincte.
Touts les escripts et larmoyants autheurs,
Tout le Petrarcque et ses imitateurs,
Qui de souspirs et de froydes querelles   385
Remplissent l'air en parlant aux estoilles,
Ne facent point soupsonner qu'à aymer

Entre le doulx il y ayt de l'amer.
Quand vous voyez ces serviteurs qui meurent
Et en priant hors d'alaine demeurent,   390
Evitez les comme males odeurs,
Fuyez ces sots et lourds persuadeurs,
Pour vous tirer qui n'ont point d'aultre aymant
Que compter maulx, qu'ilz souffrent en aymant.
En telz fascheux et forgeurs de complainctes   395
Ne trouverez que mensonges et fainctes.
Ung vray amant en comptant ses desirs
Proposera mille nouveaulx plaisirs,
Aura tant d'ayse et d'heur à sçavoir dire
Comme il osa penser ce qu'il desire,   400
Monstrera tant de joye en bien disant
Ce qui luy est necessaire et duisant,
Qu'impossible est que dame s'en offense,
Et que bien tost apres elle ne pense,
Puis qu'il y a tant d'ayse à demander,   405
Qu'elle en auroit plus à luy commander,
Puis que plaisir a de l'ouyr compter,
Qu'elle en auroit plus à le contenter.
Ainsi, suyvant ce que j'ay recité,
Y a tousjours grande felicité.   410
       D'où viennent doncq les fables et histoires
Pleines de morts et de malheurs notoires,
Qui sont jadis pour aymer advenuz
A ceulx qu'on a loyaulx amants tenuz?
       Je vous diray. Bien peu de gens sont nés   415
A s'entreaymer: aultres infortunés
Qui n'ont vouloir, cueur, ny affection,
Par entreprinse et imitation,
Pour ce qu'on dict qu'il n'est rien qui façonne
Mieulx ne plus tost une jeune personne,   420
Sans jugement, sans veoir ou ilz se mettent,
Touts à meiner ce pauvre amour se jectent.
Le feu qui lors les transporte et consume,
Illegitime et sorty de coustume,
En jouyssant les rend non satisfaicts,   425
Les faict crainctifs et jaloux de leurs faicts,
Les faict pleurer et plaindre incessamment.
Puis, mal contents de leur contentement,
Veulent changer et quelcques foys blasmer;
Vous les voirrez nostre amour blasphemer,   430
Compter et mettre en ligne de service

Ce qu'ilz ont deu prendre pour exercice.
Ung proumener, une course de lance,
Voyages faicts en poste ou diligence,
Les desplaisants plaisirs par eulx receuz,   435
Et les faveurs de qui les a deceuz
Ils compteront à aultres damoyselles.
De là viendront les combats et querelles;
De là viendront les travaulx et les cris;
Par là seront recités et escripts   440
Les maulx d'amour, qui jamais n'y pensa,
Qui telz ne veit oncques, n'y offensa.

      Ha, nul ne peult sa deité blasmer,
Quand c'est amour luy seul, qui faict aymer
Aux esperits gentilz, que luy possede,   445
Tant à propos toute chose succede.
Qu'il veult franchir l'opinion commune,
Qui veult qu'amour soit subjette à fortune.

      Je dys qu'amour est dessoubz la nature,
Dessus fortune, et ne crainct adventure   450
N'aultre accident; mais à eulx tout commande,
Et à la fin a tout ce qu'il demande.
Je croiroys bien qu'en peu de lieux il passe,
Et qui l'a heu, l'a heu par don de grace.

      Bonté, sçavoir, aultres vertuz insignes,   455
Sont apparents presaiges et enseignes
Pour les congnoistre; et si j'avois loysir,
Vous les monstrer me seroit grand plaisir.

      Mais maintenant achevons de respondre
A ceulx qui ont, pour nostre amour confondre,   460
Dict que c'estoit passion vehemente
Sus la raison de l'homme trop puissante.
Qu'il soit nommé passion, je l'accorde.
Passion est aussi misericorde,
Et toutefoys, pour estre ainsi nommée,   465
Femme qui l'a, ne doit estre blasmée.
Nostre terre est subjette aux passions,
A ung millier de perturbations,
Dont y en a de maulvaises et bonnes.
Quand ceste là d'amour vient aux personnes,   470
Elle est si forte et a telle efficace,
Qu'affections toutes aultres efface.
Aultres pourroient estre en extremité,
Toutes ensemble, et d'une infinité
Troubler les sens de l'homme et jugement;   475

Mais si l'amour y passe seulement,
Il veult regner seul et sans compaignie.
O bon tyrant! ô doulce tyrannie!
Et c'est si mal, ô heureuse malice,
Qui ne reçoit avec elle aulcun vice!   480
Il vault trop mieulx à ce doux mal entendre,
Qui seul nous peult de touts aultres deffendre,
Puis qu'à touts maulx nostre foyblesse est née,
Qu'en demourant en simplesse obstinée,
Aux ennemys laisser la porte ouverte   485
Et nous fascher avecques nostre perte.
Cela me plaist, dira quelcque craintifve;
Mais s'il me vient de voulunté naifve
Desir d'aymer homme ailleurs engagé,
N'auray-je point le cueur descouragé?   490
N'auray-je point tourments innumerables!
Y en a il au monde de semblables?
Respondons luy que toute femme sage
De son amour prend conseil et presage,
Qu elle s'enquiere à soy mesme de soy,   495
De quelle force et constance est sa foy.
Si ung long temps luy pourroit faire injure,
Si de durer obstinément s'asseure,
Sonde son cueur; et s'il est suffisant
De soustenir ung fardeau si pesant   500
Comme est celluy de sa perseverance,
Si jamais n'eut desir d'aultre accointance,
Si touts les biens venants d'ailleurs refuse,
En s'excusant si ung souspir l'accuse,
S'elle se sent si vifvement attaincte   505
Qu'elle ayt ensemble et hardiesse et craincte,
Ne mette point en longueur son affaire;
Je ne voy point par quoy elle differe.
Ce continu desir et obstiné
Monstre l'amy luy estre destiné,   510
Qu'il ne pourroit, s'il vouloit, s'exempter
De la servir et de la contenter.
        Pour vous donner de cela certitude,
Pensez qu'amour vient de similitude
Tant d'esperits que de complexions.   515
        Si j'ay porté fermes affections
A mon amy, pource que luy ressemble,
Il fault qu'il ayt (au moyns il le me semble)
Luy ressemblant à moy quelcque semblance

Qui le contraigne à une bienvueillance.   520
     Pareille en luy, comme en moy, je la sens;
Pourroit il bien entrer en aulcun sens,
Que voulunté fust d'aulcune approchante,
Qui en seroit loingtaine et differente?
Certes nenny. Dames, je vous promets   525
Qu'il n'adviendra, et il n'advint jamais,
Que vraye amour n'ayt esté reciprocque.
     Ne craignez point, les foys qu'il vous provocque,
D'entrer en tant horrible et dur service.
Faictes à luy de voz cueurs sacrifice   530
Laissez luy en tout le gouvernement,
Et s'il ne faict bien et heureusement
Vivre chascune en ses amours contente,
Ne m'appellez jamais parfaicte amante.

III

LES POETES DE LYON

MAURICE SCÈVE
(1501?-1560?)

Quelque autre, voulant trop s'eloingner du vulgaire, est tumbé en obscurité aussi difficile à eclersir en ses ecriz aux plus scavans comme aux plus ignares.

Joachim Du Bellay

La vie de Maurice Scève comporte presque autant de mystère et de silence que sa poésie. Il naquit sans doute à Lyon. Son éducation fut soignée; il étudia probablement dans une université italienne. Il se fit connaître dans le monde des lettres par sa découverte à Avignon, en 1533, du prétendu tombeau de la Laure de Pétrarque.

Il participe au concours du blason organisé par Marot lors de son exil à la cour de Ferrare. Son *Sourcil* est couronné par Renée de France, juge du concours. Il publie en 1544 sa *Délie*, recueil amoureux consacré, semble-t-il, à la jeune poétesse Pernette du Guillet. Il publie le *Microcosme* en 1562 et meurt dans une obscurité presque complète vers 1560.

La *Délie* est le plus hermétique de tous les recueils pétrarquistes du XVIe siècle. La disposition mathématique de ses 449 dizains semble cacher une intention symbolique. Poésie de lumière et de ténèbres, d'absence et de présence, elle annonce par sa syntaxe difficile, sa pensée condensée et son vocabulaire abstrait, la poésie d'un Mallarmé ou d'un Valéry.

EDITIONS:

Délie, éd. Eugène Parturier, Paris, 1916.
Œuvres poétiques complètes, éd. B. Guégan, Paris, 1927.
The Délie of Maurice Scève, éd. I. D. McFarlane, Cambridge University Press, 1966.

A CONSULTER:

Pierre Boutang, *Commentaire sur quarante-neuf dizains de la Délie*, Paris, 1953.

Dorothy G. Coleman, *Maurice Scève, Poet of Love: Tradition and Originality*,
    Cambridge University Press, 1975.

Jerry C. Nash, *The Love Aesthetics of Maurice Scève: Poetry and Struggle*,
    Cambridge University Press, 1991.

Verdun L. Saulnier, *Maurice Scève*, Paris, 1948-1949, 2 vol.

Cynthia Skenazi, *Maurice Scève et la pensée chrétienne*, Genève, 1992.

Marcel Tetel, *Lectures scéviennes: l'emblème et les mots*, Paris, 1983.

Henri Weber, *Le Langage poétique de Maurice Scève dans la Délie*, Florence,
    1948.

DELIE OBJECT DE PLUS HAUTE VERTU

A sa Délie

Non de Venus les ardentz estincelles,
Et moins les traictz, desquelz Cupido tire:
Mais bien les mortz, qu'en moy tu renouvelles
Je t'ay voulu en cest Œuvre descrire.   4
    Je sçay asses, que tu y pourras lire
Mainte erreur, mesme en si durs Epygrammes:
Amour—pourtant—les me voyant escrire
En ta faveur, les passa par ses flammes.[1]   8

I

L'Œil trop ardent en mes jeunes erreurs
Girouettoit, mal cault, à l'impourveue:
Voicy—ô paour d'agreables terreurs!—
Mon Basilisque avec sa poingnant' veue
Perçant Corps, Cœur, et Raison despourveue,   5
Vint penetrer en l'Ame de mon Ame.
    Grand fut le coup, qui sans tranchante lame [2]

[1] Scève établit ici la distinction entre l'amour charnel d'une part (Cupidon et Vénus) et
l'amour divin ou l'amour de la beauté pure (Amour) d'autre part.
[2] Coup de foudre, donc sans blessure visible.

Fait que, vivant le corps, l'Esprit desvie,[3]
Piteuse hostie au conspect de toy, Dame,[4]
Constituée Idole de ma vie.   10

VII

Celle beaulté, qui embellit le Monde
Quand nasquit celle en qui mourant je vis,
A imprimé en ma lumiere ronde [5]
Non seulement ses lineamentz vifz;
Mais tellement tient mes espritz raviz,   5
En admirant sa mirable merveille,
Que, presque mort, sa Deité m'esveille,
En la clarté de mes desirs funebres,
Ou plus m'allume, et plus, dont m'esmerveille,
Elle m'abysme en profondes tenebres.   10

IX

Non de Paphos, delices de Cypris,
Non d'Hemonie en son Ciel temperée:
Mais de la main trop plus digne fus[6] pris,
Par qui me fut liberté esperée.
    Jà hors d'espoir de vie exasperée   5
Je nourrissois mes pensées haultaines,
Quand j'apperceus entre les Marjolaines
Rougir l'Œillet: Or, dy je, suis je seur
De veoir en toy par ces prœuves certaines
Beaulté logée en amere doulceur.   10

XVII

Plus tost seront Rhosne, et Saone desjoinctz,
Que d'avec toy mon cœur se desassemble:
Plus tost seront l'un et l'aultre Mont joinctz
Qu'avecques nous aulcun discord s'assemble:
Plus tost verrons et toy, et moy ensemble   5
Le Rhosne aller contremont lentement,
Saone monter tresviolentement,
Que ce mien feu, tant soit peu, diminue,
Ny que ma foy descroisse aulcunement.
Car ferme amour sans eulx est plus, que nue.   10

[3] *L'Esprit desvie*: l'esprit meurt, s'en va vers la dame.
[4] *Piteuse hostie au conspect de toy*: victime de ton regard.
[5] *Ma lumiere ronde*: mes yeux.
[6] 1544 et 1565: fut.

XXXIX

Par maint orage ay secouru fortune
Pour afferrer ce Port tant desiré,
Et tant me fut l'heur, et l'heure importune,
Qu'à peine j'ay jusques cy respiré.
     Parquoy, voyant que mon bien aspiré   5
Me menassoit et ruyne, et naufrage,
Je fey carene, attendant à l'umbrage
Que voile feit mon aveugle Nocher,
Qui despuis vint surgir en telle plage,
Qu'il me perdit, luy saulve, en ton rocher.   10

XLIV

Si le soir pert toutes plaisantes fleurs,
Le temps aussi toute chose mortelle,
Pourquoy veult on me mettre en plainctz et pleurs,
Disant qu'elle est encor moins, qu'immortelle?
     Qui la pensée, et l'œil mettroit sus elle,   5
Soit qu'il fut pris d'amoureuse liesse,
Soit qu'il languist d'aveuglée tristesse,
Bien la diroit descendue des Cieulx,
Tant s'en faillant qu'il ne la dist Déesse,
S'il la voyoit de l'un de mes deux yeulx.   10

XLVI

Si le desir, image de la chose
Que plus on ayme, est du cœur le miroir,
Qui tousjours fait par memoire apparoir
Celle où l'esprit de ma vie repose,
A quelle fin mon vain vouloir propose   5
De m'esloingner de ce qui plus me suyt?
     Plus fuit le Cerf, et plus on le poursuyt,
Pour mieulx le rendre aux rhetz de servitude:
Plus je m'absente et plus le mal s'ensuyt
De ce doulx bien, Dieu de l'amaritude.   10

LXXI

Si en ton lieu j'estois, ô doulce Mort,
Tu ne serois de ta faulx dessaisie.
O fol, l'esprit de ta vie est jà mort.
Comment? je voy. Ta force elle a saisie.
Je parle aumoins. Ce n'est que phrenesie.   5
Vivray je donc tousjours? non: lon termine

Ailleurs ta fin. Et où? Plus n'examine.[7]
Car tu vivras sans Cœur, sans Corps, sans Ame,
En ceste mort, plus que vie, benigne,
Puis que tel est le vouloir de ta Dame.   10

LXXIII

Fuyantz les Montz, tant soit peu, nostre veue,
Leur vert se change en couleur asurée,
Qui plus loingtaine est de nous blanche veue
Par prospective au distant mesurée.[8]
    L'affection en moy demesurée   5
Te semble à veoir une taincte verdeur,
Qui, loing de toy, esteinct en moy l'ardeur,
Dont près je suis jusqu'à la mort passible.
    Mais tu scais mieulx, qui peulx par ta grandeur
Faciliter, mesmement l'impossible.   10

LXXVII

Au Caucasus de mon souffrir lyé
Dedans l'Enfer de ma peine eternelle,
Ce grand desir de mon bien oblyé,[9]
Comme l'Aultour de ma mort immortelle,
Ronge l'esprit par une fureur telle   5
Que, consommé d'un si ardent poursuyvre,
Espoir le fait, non pour mon bien, revivre:
Mais pour au mal renaistre incessamment,
Affin qu'en moy ce mien malheureux vivre
Prometheus tourmente innocemment.   10

LXXIX

L'Aulbe estaingnoit Estoilles à foison,
Tirant le jour des regions infimes,
Quand Apollo montant sur l'Orison
Des montz cornuz doroit les haultes cymes.
Lors du profond des tenebreux Abysmes,   5
Où mon penser par ses fascheux ennuyz
Me faict souvent percer les longues nuictz,
Je revoquay à moy l'ame ravie:
Qui, dessechant mes larmoyantz conduictz,
Me feit cler veoir le Soleil de ma vie.   10

---

[7] Ce genre de dialogue est très fréquent chez les Pétrarquistes.
[8] *Par prospective au distant mesurée*: lorsque nous les voyons de loin.
[9] Comme Prométhée; *oblyé*: éloigné.

XCII

Sur nostre chef gettant Phebus ses rayz,
Faisoit bouillir de son cler jour la None:
Advis me fut de veoir en son taint frais
Celle, de qui la rencontre m'estonne,
De qui la voix si fort en l'ame tonne   5
Que ne puis d'elle un seul doulx mot ouir:
Et de qui l'œil vient ma veue esblouir,
Tant qu'aultre n'est, fors elle, à mes yeux belle.
    Me pourra donc tel Soleil resjouir,
Quand tout Mydi m'est nuict, voire eternelle?   10

XCIX

Fusse le moins de ma calamité
Souffrir, et vivre en certaine doubtance:
J'aurois au moins, soit en vain, limité
Le bout sans fin de ma vaine esperance.
    Mais tous les jours gruer soubz l'asseurance,   5
Que ceste fiebvre aura sa guerison,
Je dy, qu'espoir est la grand prurison,
Qui nous chatouille à toute chose extreme,
Et qui noz ans use en doulce prison,
Comme un Printemps soubz la maigre Caresme.   10

CVI

J'attens ma paix du repos de la nuict,
Nuict refrigere à toute aspre tristesse:
Mais s'absconsant le Soleil, qui me nuyt,
Noye avec soy ce peu de ma liesse.
    Car lors jectant ses cornes la Deesse,   5
Qui du bas Ciel esclere la nuict brune,
Renaist soubdain en moy celle aultre Lune
Luisante au centre, où l'Ame a son sejour,
Qui, m'excitant à ma peine commune,
Me fait la nuict estre un penible jour.   10

CXVIII

Le hault penser de mes frailes desirs
Me chatouilloit à plus haulte entreprise,
Me desrobant moymesme à mes plaisirs,
Pour destourner la memoire surprise
Du bien, auquel l'Ame demoura prise: 5
Dont, comme neige au Soleil, je me fondz

Et mes souspirs dès leurs centres profondz
Si haultement eslevent leurs voix vives,
Que, plongeant l'Ame, et la memoire au fondz,
Tout je m'abysme aux oblieuses rives.　　　　　　10

CXXII

De ces haultz Montz jettant sur toy ma veue,
Je voy les Cieulx avec moy larmoier:
Des Bois umbreux je sens à l'impourveue,
Comme les Bledz ma pensée undoier.
　　　　En tel espoir me fait ores ploier,　　　　　5
Duquel bien tost elle seule me prive.
Car, à tout bruyt croyant que lon arrive,
J'apperçoy cler, que promesses me fuyent.
　　　　O fol desir, qui veult, par raison vive,
Que foy habite, où les Ventz legers bruyent!　　　10

CXXVI

A l'embrunir des heures tenebreuses,
Que Somnus lent pacifie la terre,
Ensevely soubz Cortines[10] umbreuses,
Songe à moy vient, qui mon esprit desserre,
Et tout aupres de celle là le serre,
Qu'il reveroit pour son royal maintien.　　　　　5
　　　　Mais par son doulx, et privé entretien
L'attraict tant sien, que puis sans craincte aulcune
Il m'est advis, certes, que je la tien,
Mais ainsi comme Endimion la Lune.　　　　　　10

CXXIX

Le jour passé de ta doulce presence
Fust un serain[11] en hyver tenebreux,
Qui faict prouver la nuict de ton absence
A l'œil de l'ame estre un temps plus umbreux,
Que n'est au Corps ce mien vivre encombreux,　　5
Qui maintenant me fait de soy refus.
　　　　Car dès le poinct, que partie tu fus,
Comme le Lievre accroppy en son giste,
Je tendz l'oreille, oyant un bruyt confus,
Tout esperdu aux tenebres d'Egypte.[12]　　　　　10

[10] *Cortines*: rideaux de la nuit.
[11] *Serein*: soir.
[12] L'Egypte était un pays obscur et mystérieux pour les contemporains.

CXXXIV

Saincte Union[13] povoit seule accomplir
L'intention, que sa loy nous donna,
Comme toy seule aussi debvois supplir
Au bien, qu'à deux elle mesme ordonna.
  A luy et Corps et Foy abandonna: 5
A moy le Cœur et la chaste pensée.
Mais si sa part est ores dispensée
A recepvoir le bien, qu'Amour despart,
La mienne est mieulx en ce recompensée,
Que apres Amour, la Mort n'y aura part.   10

CXXXIX

Bien fortuné celuy se pouvoit dire,
Qui vint, affin qu'en voyant il vainquist:[14]
Mais plus grand heur le sort me deut ascrire,
Qui tel souhaict inesperé m'acquit,
Me submettant celle, qui me conquit,   5
A transformer son saulvage en humain.
  Non que ne soit, trop plus qu'à ce Romain,
Mon chemin aspre, aussi de plus grand' gloire,
Car en vainquant tumber dessoubz sa main,
M'a esté voye, et veue, et puis victoire.   10

CXLIII

Le souvenir, ame de ma pensée,
Me ravit tant en son illusif songe,
Que, n'en estant la memoyre offensée,
Je me nourris de si doulce mensonge.
  Or quand l'ardeur, qui pour elle me ronge,   5
Contre l'esprit sommeillant se hazarde,
Soubdainement qu'il s'en peult donner garde,
Ou qu'il se sent de ses flammes grevé,
En mon penser soubdain il te regarde,
Comme au desert son Serpent eslevé.[15]   10

CXLVIII

Voy que, l'Hyver tremblant en son sejour,
Aux champs tous nudz sont leurs arbres failliz.
Puis, le Printemps ramenant le beau jour,

---

[13] *Saincte Union*: Pernette étant mariée, le poète lui propose une union spirituelle.
[14] Jules César; son *Veni, vidi, vici* figure dans le deuxième et le dernier vers du dizain.
[15] Le serpent d'airain de Moïse guérissait les pécheurs.

Leur sont bourgeons, fueilles, fleurs, fruictz sailliz:
  Arbres, buissons, et hayes, et tailliz   5
  Se crespent lors en leur gaye verdure.
  Tant que sur moy le tien ingrat froid dure,
Mon espoir est denué de son herbe:
Puis, retournant le doulx Ver sans froidure,
Mon An se frise en son Avril superbe.   10

CLII

Je sens le noud de plus en plus estraindre
Mon ame au bien de sa beatitude,
Tant qu'il n'est mal qui la puisse constraindre
A delaisser si doulce servitude.
  Et si n'est fiebvre en son inquietude   5
Augmentant plus son alteration,
Que fait en moy la variation
De cest espoir, qui, jour et nuict, me tente.
  Quelle sera donc la delectation,
Si ainsi doulce est l'umbre de l'attente?   10

CLXIV

Comme corps mort vagant en haulte Mer,
Esbat des Ventz, et passetemps des Undes,
J'errois flottant parmy ce Gouffre amer
Où mes soucys enflent vagues profondes.
  Lors toy, Espoir, qui en ce poinct te fondes   5
Sur le confus de mes vaines merveilles,
Soubdain au nom d'elle tu te resveilles
De cest abysme, auquel je perissoys:
Et, à ce son me cornantz les oreilles,
Tout estourdy point ne me congnoissoys.   10

CLXVI

Tout jugement de celle infinité,[16]
Où tout concept se trouve superflus,
Et tout aigu de perspicuité[17]
Ne pourroyent joindre au sommet de son plus.[18]
  Car seulement l'apparent du surplus,[19]   5
Premiere neige en son blanc souveraine,
Au pur des mains delicatement saine,

---

[16] *Celle infinité*: de ses beautés ou de ses vertus.
[17] *Et tout aigu de perspicuité*: et la vue la plus perspicace.
[18] *Au sommet de son plus*: à son plut haut sommet, à l'extrême limite de ses perfections.
[19] *L'apparent du surplus*: ce qu'il y a de plus extérieur, c'est-à-dire la peau.

Ahontiroyt le nud de Bersabée,
Et le flagrant de sa suave alaine
Apouriroyt l'odorante Sabée.   10

CLXIX

Vous, Gantz heureux, fortunée prison
De liberté vouluntairement serve,
Celez le mal avec la guerison,
Comme vostre umbre en soy tousjours conserve
Et froit, et chault, selon que se reserve   5
Le libre vueil de necessaire aisance.
        Mais, tout ainsi qu'à son obeissance
Dedans vous entre, et sort sa blanche main,
Je sortiray de l'obscure nuisance,
Où me tient clos cest enfant inhumain.[20]   10

CLXXI

Parmy ces champs Automne pluvieux
Ressussitant au naistre le doulx Ver,
A son mourir ouvre le froit Hyver
Du commun bien de nature envieux.
        L'air s'obscurcit, et le Vent ennuyeux   5
Les arbres vertz de leurs fueilles denue.
Adonc en moy, peu à peu, diminue
Non celle ardeur, qui croit l'affection,
Mais la ferveur, qui detient la foy nue
Toute gelée en sa perfection.   10

CLXXVIII

Pour estre l'air tout offusqué de nues
Ne provient point du temps caligineux:
Et veoir icy tenebres continues
N'est procedé d'Autonne bruyneux.
        Mais, pour autant que tes yeulx ruyneux   5
Ont demoly le fort de tous mes aises,
Comme au Faulxbourg les fumantes fornaises
Rendent obscurs les circonvoysins lieux,
Le feu ardent de mes si grandz mesaises
Par mes souspirs obtenebre les Cieulx.   10

CLXXXV

Le Cœur surpris du froict de ta durté
S'est retiré au fons de sa fortune:

---

[20] Cupidon.

Dont à l'espoir de tes glassons hurté,
Tu verrois cheoir les fueilles une à une
    Et ne trouvant moyen, ny voye aulcune   5
Pour obvier à ton Novembre froit,
La voulenté se voit en tel destroict,
Que, delaissée et du jour, et de l'heure,
Qu'on luy debvroit ayder à son endroit,
Comme l'Année, à sa fin jà labeure.   10

CCLX

Sur fraile boys d'oultrecuydé plaisir
Nageay en Mer de ma joye aspirée,
Par un long temps, et asseuré plaisir,
Bien pres du Port de ma paix desirée.
    Ores fortune envers moy conspirée   5
M'a esveillé cest orage oultrageux,
Dont le fort vent de l'espoir courageux
Du vouloir d'elle, et du Havre me prive,
Me contraingnant soubz cest air umbrageux
Vaguer en gouffre, où n'y a fons ny ryve.   10

CCLXVI

De mon cler jour je sens l'Aulbe approcher,
Fuyant la nuict de ma pensée obscure.
Son Crepuscule à ma veue est si cher,
Que d'aultre chose elle n'a ores cure.
    Jà son venir à eschauffer procure   5
Le mortel froit, qui tout me congeloit.
    Voyez, mes yeulx, le bien que vous celoit
Sa longue absence en presence tournée:
Repaissez donc, comme le Cœur souloit,
Vous loing privez d'une telle journée.   10

CCCX

Tu te verras ton yvoire cresper
Par l'oultrageuse, et tardifve Vieillesse.
Lors sans povoir en rien participer
D'aulcune joye, et humaine liesse,
Je n'auray eu de ta verte jeunesse,   5
Que la pitié n'a sceu à soy ployer,
Ne du travail, qu'on m'a veu employer
A soustenir mes peines ephimeres,
Comme Apollo, pour merité loyer,
Sinon rameaulx, et fueilles tresameres.[21]   10

[21] Daphné fut changée en laurier au moment où Apollon allait l'atteindre.

CCCXXX

Au centre heureux, au cœur impenetrable
A cest enfant sur tous les Dieux puissant,[22]
Ma vie entra en tel heur miserable
Que, pour jamais, de moy se bannissant,
Sur son Printemps librement fleurissant   5
Constitua en ce sainct lieu de vivre,
Sans aultrement sa liberté poursuyvre
Où se nourrit de pensementz funebres:
Et plus ne veult le jour, mais la nuict suyvre,
Car sa lumiere est tousjours en tenebres.   10

CCCXXXI

L'humidité, Hydraule de mes yeulx,
Vuyde[23] tousjours par l'impie en l'oblique,[24]
L'y attrayant, pour air des vuydes lieux,
Ces miens souspirs, qu'à suyvre elle s'applique.
    Ainsi tous temps descent, monte, et replique,   5
Pour abrever mes flammes appaisées.
    Doncques me sont mes larmes si aisées
A tant pleurer, que sans cesser distillent?
Las! du plus hault goutte à goutte elles filent,
Tombant aux sains, dont elles sont puysées.   10

CCCXLII

Quand quelquefoys d'elle à elle me plaings,
Et que son tort je luy fais recongnoistre,
De ses yeulx clers d'honneste courroux plains
Sortant rosée en pluye vient à croistre.
    Mais, comme on voit le Soleil apparoistre   5
Sur le Printemps parmy l'air pluvieux,
Le Rossignol à chanter curieux
S'esgaye lors, ses plumes arousant.
    Ainsi Amour aux larmes de ses yeulx
Ses aeles baigne, à gré se reposant.   10

CCCLV

L'Aulbe venant pour nous rendre apparent
Ce que l'obscur des Tenebres nous cele,
Le feu de nuict, en mon corps transparent,

---

[22] Cupidon.
[23] *Vuyde*: coule.
[24] *L'impie en l'oblique*: l'impie, c'est Délie, car elle est sans pitié; *en l'oblique*, en mouvement circulaire.

Rentre en mon cœur couvrant mainte estincelle,
    Et quand Vesper sur terre universelle   5
Estendre vient son voile tenebreux,
Ma flamme sort de son creux funebreux,
Où est l'abysme à mon cler jour nuisant,
Et derechef reluit le soir umbreux,
Accompaignant le Vermisseau luisant.   10

CCCLXIII

Estant ainsi vefve de sa presence,
Je l'ay si vive en mon intention,
Que je la voy toute telle en absence,
Qu'elle est au lieu de sa detention.
Par divers acte, et mainte invention   5
Je la contemple en pensée rassise.
Cy elle alloit, là elle estoit assise:
Icy tremblant luy feis mes doleances:
En ceste part une sienne devise
Me reverdit mes mortes esperances.   10

CCCLXXII

Tu m'es le Cedre encontre le venin
De ce Serpent en moy continuel[25]
Comme ton œil cruellement benin
Me vivifie au feu perpetuel,
Alors qu'Amour par effect mutuel   5
T'ouvre la bouche, et en tire à voix plaine
Celle doulceur celestement humaine,
Qui m'est souvent peu moins que rigoureuse,
Dont spire—ô Dieux!—trop plus suave alaine,
Que n'est Zephire en l'Arabie heureuse.   10

CCCLXXVIII

La blanche Aurore à peine finyssoit
D'orner son chef d'or luisant, et de roses,
Quand mon Esprit, qui du tout perissoit
Au fons confus de tant diverses choses,
Revint à moy soubz les Custodes closes   5
Pour plus me rendre envers Mort invincible.
    Mais toy qui as—toy seule—le possible
De donner heur à ma fatalité,
Tu me seras la Myrrhe incorruptible
Contre les vers de ma mortalité.   10

---

[25] Délie est le mal et le remède, le serpent et le cèdre, dont l'odeur met en fuite les serpents.

CCCCVII

En moy saisons, et aages finissantz
De jour en jour descouvrent leur fallace
Tournant les Jours, et Moys, et ans glissantz,
Rides arantz defformeront ta face.
     Mais ta vertu, qui par temps ne s'esface,   5
Comme la Bise en allant acquiert force,
Incessamment de plus en plus s'esforce
A illustrer tes yeulx par mort terniz.
     Parquoy, vivant soubz verdoyante escorce,
S'esgallera aux Siecles infiniz.   10

CCCCVIII

Quand Mort aura, apres long endurer,
De ma triste ame estendu le corps vuyde,
Je ne veulz point pour en Siecles durer,
Un Mausolée ou une piramide.
     Mais bien me soit, Dame, pour tumbe humide—   5
Si digne en suis—ton sein delicieux,
     Car si, vivant sur Terre, et soubz les Cieulx,
Tu m'as tousjours esté guerre implacable,
Après la mort en ce lieu precieux
Tu me seras, du moins, paix amyable.   10

CCCCXIII

Honneste ardeur en un tressainct desir,
Desir honneste en une saincte ardeur
En chaste esbat, et pudique plaisir
M'ont plus donné et de fortune, et d'heur,
Que l'esperance avec faincte grandeur   5
Ne m'a ravy de liesse assouvie.
     Car, desirant par ceste ardente envie
De meriter d'estre au seul bien compris,
Raison au faict me rend souffle à la vie,
Vertu au sens, et vigueur aux espritz.   10

CCCCXXI

Voulant je veulx, que mon si hault vouloir
De son bas vol s'estende à la vollée,
Où ce mien vueil ne peult en rien valoir,
Ne la pensée, ainsi comme avolée,
Craingnant qu'en fin Fortune l'esvolée   5

Avec Amour pareillement volage
Vueillent voler le sens, et le fol aage,
Qui, s'envolantz avec ma destinée,
Ne soubstrairont l'espoir, qui me soulage
Ma volenté sainctement obstinée.   10

CCCCXXIII

Respect du lieu, soulacieux esbat
A toute vie austerement humaine,
Nourrit en moy l'intrinseque debat,
Qui de douleur à joye me pourmaine:
Y frequentantz, comme en propre domeine,   5
Le Cœur sans reigle, et le Corps par compas.
      Car soit devant, ou apres le repas,
Tousjours le long de ses rives prochaines
Lieux escartez, lentement pas à pas
Vois mesurant et les champs, et mes peines.   10

CCCCXXXIX

Bien que raison soit nourrice de l'ame,
Alimenté est le sens du doulx songe
De vain plaisir, qui en tous lieux m'entame,
Me penetrant, comme l'eau en l'esponge,
Dedans lequel il m'abysme, et me plonge,   5
Me suffocquant toute vigueur intime.
      Dont pour excuse, et cause legitime
Je ne me doibs grandement esbahir,
Si ma tressaincte et sage Dyotime[26]
Tousjours m'enseigne à aymer, et hair.   10

CCCCXLVI

Rien, ou bien peu, faudroit pour me dissoudre
D'avec son vif ce caducque mortel:
A quoy l'Esprit se veult tresbien resouldre,
Jà prevoyant son corps par la Mort tel,
Qu'avecques luy se fera immortel,   5
Et qu'il ne peult que pour un temps perir.
      Doncques, pour paix à ma guerre acquerir,
Craindray renaistre à vie plus commode?
Quand sur la nuict le jour vient à mourir,
Le soir d'icy est Aulbe à l'Antipode.   10

---

[26] *Dyotime*: prêtresse de Mantinée à qui Platon, dans le *Banquet*, attribue les théories développées par Socrate sur l'amour et la beauté.

CCCCXLIX

Flamme si saincte en son cler durera,
Tousjours luysante en publicque apparence,
Tant que ce Monde en soy demeurera,
Et qu'on aura Amour en reverence.
    Aussi je voy bien peu de difference   5
Entre l'ardeur, qui noz cœurs poursuyvra,
Et la vertu, qui vive nous suyvra
Oultre le Ciel amplement long, et large.
    Nostre Genevre[27] ainsi doncques vivra
Non offensé d'aulcun mortel Letharge.[28]   10
    FIN
    Souffrir non souffrir

[27] *Genevre*: le genévrier, toujours vert, symbole d'immortalité.
[28] *Letharge*: oubli.

PERNETTE DU GUILLET
(1520?-1545)

L'heureuse cendre aultres fois composee
En un corps chaste où Vertu reposa,
Est en ce lieu par les graces posee
Parmy ses os que Beaulté composa.
Maurice Scève

       Pernette du Guillet naquit à Lyon en 1520 environ. Femme cultivée, que Scève aima et qu'il influença dans ses vers. Ses *Rymes* paraissent en 1545, après sa mort, avec une préface qui donne des détails intéressants sur elle-même. On y apprend que Pernette "estoit parfaitement asseurée en tous instruments musiquaulx, soit au Luth, Espinette ou aultres, lesquels de soy requierent une bien longue vye à se y rendre parfaicts, comme elle estoit, et tellement que la promptitude qu'elle y avoit, donnoit cause d'esbahissement aux plus experimentez." Moins connue que les deux autres poètes de la trinité lyonnaise, Pernette s'exprime dans des vers aussi denses parfois, mais toujours moins obscurs que ceux de Scève; aussi personnels, mais moins brûlants que ceux de Louise Labé.

EDITIONS:

Poésies de Pernette du Guillet, Lyonnaise, Louis Perrin imprimeur, Lyon, 1830.
Rymes, éd. Victor E. Graham, Genève, 1968.

A CONSULTER:

Joseph Aynard, *Les Poëtes lyonnais, précurseurs de la Pléiade*, Paris, 1924.
Ann Rosalind Jones, *The Currency of Eros: Woman's Love Lyric in Europe,*
    1540-1620, Indiana University Press, 1990.
V.-L. Saulnier, "Etude sur Pernette du Guillet," *Bibliothèque d'Humanisme et*
    Renaissance, IV (1944), 7-119.

Rymes de Gentile et Vertueuse Dame D. Pernette du Guillet, Lyonnoise

Le hault pouvoir des astres a permis—
Quand je nasquis—d'estre heureuse et servie:
Dont congnoissant celuy qui m'est promis,
Restee suis sans sentyment de vie,
Fors le sentir du mal, qui me convie   5
A regraver ma dure impression
D'amour cruelle et doulce passion,
Où s'apparut celle divinité,
Qui me cause l'imagination
A contempler si haulte qualité.   10

La nuict estoit pour moy si tresobscure
Que Terre et Ciel elle m'obscurcissoit,
Tant qu'à Midy de discerner figure
N'avois pouvoir—qui fort me marrissoit:
     Mais quand je vis que l'aulbe apparoissoit   5
En couleurs mille et diverse et seraine,
Je me trouvay de liesse si pleine—
Voyant desjà la clarté à la ronde—
Que commençay louer à voix haultaine
Celuy qui feit pour moy ce Jour au Monde.   10

Ce grand renom de ton meslé sçavoir[1]
Demonstre bien que tu es l'excellence
De toute grace exquise, pour avoir
Tous dons des Cieulx en pleine jouyssance.
     Peu de sçavoir, que tu fais grand' nuysance   5
A mon esprit, qui n'a la promptitude
De mercier les Cieulx pour l'habitude
De celuy là, où les trois Graces prinses
Contentes sont de telle servitude
Par les vertus, qui en luy sont comprinses!   10

Esprit celeste et des Dieux transformé
En corps mortel transmis en ce bas Monde,

---

[1] Elle pense constamment à l'exemple de Scève dans ses poésies.

A Apollo peulx estre conformé
Pour la vertu, dont es la source, et l'onde.
Ton eloquence avecques ta faconde,   5
Et hault sçavoir, auquel tu es appris,
Demonstre assez le bien en toy compris:
Car en doulceur ta plume tant fluante
A merité d'emporter gloire, et prys,
Voyant ta veine en hault stille affluante.   10

Puis qu'il t'a pleu de me faire congnoistre,
Et par ta main, le VICE A SE MUER,[2]
Je tascheray faire en moy ce bien croistre,
Qui seul en toy me pourra transmuer:
C'est à sçavoir de tant m'esvertuer   5
Que congnoistras, que par esgal office
Je fuiray loing d'ignorance le vice,
Puis que desir de me transmuer as
De noire en blanche, et par si hault service
En mon erreur CE VICE MUERAS.   10

Par ce dizain clerement je m'accuse
De ne sçavoir tes vertus honnorer,
Fors du vouloir, qui est bien maigre excuse:
Mais qui pourrait par escript decorer
Ce qui de soy se peult faire adorer?   5
    Je ne dy pas, si j'avois ton pouvoir,
Qu'à m'acquicter ne feisse mon debvoir,
A tout le moins du bien que tu m'advoues.
    Preste moy donc ton eloquent sçavoir
Pour te louer ainsi, que tu me loues.   10

R au dizain toute seule soubmise[3]
M'a à bon droict en grand doubtance mise
De mal ou bien, que par R on peult prendre.
Car, pour errer, R se peult comprendre,
Signifiant que le loz, qu'on me preste   5
Soit une erreur, ou que R est riens, ou reste:
Mais si par R on veult responce avoir,
Je dy, combien que n'aye le sçavoir,

[2] VICE A SE MUER; CE VICE MUERAS: anagrammes de Maurice Scève.
[3] Scève a dû marquer d'un R un dizain que Pernette lui a donné à lire et à corriger.

Ne les vertus que ton R m'advoue,
Qu'errer je fais tout homme qui me loue.   10

Jà n'est besoing que plus je me soucie
Si le jour fault, ou que vienne la nuict,
Nuict hyvernale, et sans Lune obscurcie:
Car tout celà certes riens ne me nuit,   4
Plus que mon Jour par clarté adoulcie
M'esclaire toute, et tant, qu'à la mynuict
En mon esprit me faict appercevoir
Ce que mes yeulx ne sceurent oncques veoir.   8

Plus je desire, et la fortune adverse
Moins me permect que puisse celuy veoir,
A qui elle eust par mainte controverse
Faict mainct ennuy, si ne fust son sçavoir   4
Qui des Cieulx a ce tant heureux pouvoir
De parvenir tousjours à son entente:
Dont avec luy ce soulas puis avoir
Que, lui content, je demeure contente.   8

Si tu ne veulx l'anneau tant estimer
Que d'un baiser il te soit racheptable,
Tu ne doibs pas, au moins si peu l'aymer,
Qu'il ne te soit, non pour l'or acceptable,
Mais pour la main qui, pour plus rendre estable   5
Sa foy vers toy, te l'a voulu lyer
D'un Dyamant, où tu peulx desplier
Un cueur taillé en face pardurable,
Pour te monstrer, que ne doibs oublier,
Comme tu fais, la sienne amour durable.   10

Comme le corps ne permect point de veoir
A son esprit, ny sçavoir sa puissance:
Ainsi l'erreur, qui tant me faict avoir
Devant les yeulx le bandeau d'ignorance,
Ne m'a permis d'avoir la congnoissance   5
De celuy là que, pour pres le chercher,
Les Dieux avoient voulu le m'approcher:
Mais si hault bien ne m'a sceu apparoistre.

      Parquoy à droict lon me peult reprocher,
Que plus l'ay veu, et moins l'ay sceu congnoistre.   10

Je te promis au soir, que pour ce jour
Je m'en irois à ton instance grande
Faire chés toy quelque peu de sejour:
Mais je ne puis…parquoy me recommande,
Te promectant m'acquicter pour l'amande,   5
Non d'un seul jour, mais de toute ma vie,
Ayant tousjours de te complaire envie.
Donc te supply accepter le vouloir
De qui tu as la pensee ravie
Par tes vertus, ta grace, et ton sçavoir.   10

Sçais tu pourquoy de te veoir j'euz envie?
C'est pour ayder à l'ouvrier, qui cessa,
Lors qu'assembla en me donnant la vie,
Les differentz, où apres me laissa.
      Car m'esbauchant Nature s'efforça   5
D'entendre, et veoir pour nouvelle ordonnance
Ton hault sçavoir, qui m'accroist l'esperance
Des Cieulx promise, ainsi que je me fonde,
Que me feras avoir la congnoissance
De ton esprit, qui esbahit le Monde.   10

Je puis avoir failly par ignorance,
Celà me fault, maulgré moy, confesser:
Mais que je prenne en moy telle arrogance,
Que dessus vous je m'osasse avancer:
Je vous supply ne me vouloir penser   5
Si indiscrette à faire mon debvoir!
      Bien est il vray que je tasche à avoir
Ce qui m'est deu, quoy qui en ait esmoy:
Car si Amour, et foy ont ce pouvoir
De vous donner, vous estes tout à moy.   10

A qui plus est un Amant obligé:
Ou à Amour, ou vrayement à sa Dame?
Car son service est par eulx redigé
Au ranc de ceulx qui ayment los et fame.

A luy il doibt le cueur, à elle l'Ame: 5
Qui est autant comme à tous deux la vie:
L'un à l'honneur, l'autre à bien le convie:
Et toutesfois voicy un tresgrand poinct,
Lequel me rend ma pensee assouvie.
C'est que sans Dame Amour ne seroit point.   10

Or qui en a, ou en veult avoir deux,
Comment peult il faire deux Amours naistre?
Je ne dy pas, que ne puisse bien estre
Un cueur plus grand, que croire je ne veulx: 4
Mais que tout seul il satisfeit à eulx,
Cela n'a point de resolution,
Qui sceust absouldre, ou clorre ma demande:
    Et toutesfois ainsi qu'affection   8
Croist le desir, telle obligation
Peult Dame avoir à la Vertu si grande,
Que de l'Amant la qualité demande
Double merite, ou double passion.   12

Parfaicte Amytié

Quand est d'Amour, je croy que c'est un songe,
Ou fiction, qui se paist de mensonge,
Tant que celuy, qui peult plus faire encroire
Sa grand faintise, en acquiert plus de gloire.
    Car l'un faindra de desirer la grace,   5
De qui soubdain vouldra changer la place:
L'autre fera mainte plaincte à sa guise,
Portant tousjours l'amour en sa devise,
Estimant moins toute perfection
Que le plaisir de folle affection: 10
Aussi jamais ne s'en trouve un content,
Fuyant le bien, où tout bon cueur pretent.
Et tout celà vient de la nourriture
Du bas sçavoir, que tient la creature.
    Mais l'amytié, que les Dieux m'ont donnée,   15
Est à l'honneur toute tant adonnee
Que le moins seur de mon affection

Est asseuré de toute infection
De Faulx semblant, Danger, et Changement,
Estant fondé sur si sain Jugement   20
Que, qui verra mon amy apparoistre,
Jamais fasché ne le pourra congnoistre:
Pource qu'il est tousjours à son plaisir
Autant content que content mon desir.
Et si voulez sçavoir, ô Amoureux,   25
Comment il est en ses amours heureux:
C'est que de moy tant bien il se contente,
Qu'il n'en vouldroit esperer autre attente,
Que celle là qui ne finit jamais,
Et que j'espere asseurer desormais   30
Par la vertu en moy tant esprouvee,
Qu'il la dira es plus haultz Cieux trouvee.
       Parquoy, luy seur de ma ferme asseurance,
M'asseureray de craincte, et ignorance.

Elegie

Combien de foy ay je en moi souhaicté
Me rencontrer sur la chaleur d'esté
Tout au plus pres de la clere fontaine,
Où mon desir avec cil se pourmaine
Qui exercite en sa philosophie   5
Son gent esprit, duquel tant je me fie
Que ne craindrois, sans aucune maignie,
De me trouver seule en sa compaignie:
Que dy je seule? ainsi bien accompaignee
D'honnesteté, que Vertu a gaignee   10
A Apollo, Muses, et Nymphes maintes,
Ne s'adonnantz qu'à toutes œuvres sainctes.
       Là quand j'aurois bien au long veu son cours,
Je le lairrois faire appart ses discours:
Puis peu à peu de luy m'escarterois,   15
Et toute nue en l'eau me gecterois:
Mais je vouldrois lors quant, et quant avoir
Mon petit Luth accordé au debvoir,
Duquel ayant congneu, et pris le son,
J'entonnerois sur luy une chanson   20

Pour un peu veoir quelz gestes il tiendroit:
Mais si vers moy il s'en venoit tout droict,
Je le lairrois hardyment approcher:
Et s'il vouloit, tant soit peu, me toucher,
Lui gecterois—pour le moins—ma main pleine   25
De la pure eau de la clere fontaine,
Lui gectant droict aux yeulx, où à la face.
     O qu'alors eust l'onde telle efficace
De le pouvoir en Acteon muer,
Non toutesfois pour le faire tuer,   30
Et devorer à ses chiens, comme Cerf:
Mais que de moy se sentist estre serf,
Et serviteur transformé tellement
Qu'ainsi cuydast en son entendement,
Tant que Diane en eust sur moy envie,   35
De luy avoir sa puissance ravie.
     Combien heureuse, et grande me dirois!
Certes Deesse estre me cuyderois.
Mais pour me veoir contente à mon desir,
Voudrois je bien faire un tel deplaisir   40
A Apollo, et aussi à ses Muses,
De les laisser privees et confuses
D'un, qui les peult toutes servir à gré,
Et faire honneur à leur hault chœur sacré?
     Ostez, ostez, mes souhaitz, si hault poinct   45
D'avecques vous: il ne m'appartient point.
Laissez le aller les neuf Muses servir,
Sans se vouloir dessoubz moy asservir,
Soubz moy, qui suis sans grace et sans merite.
     Laissez le aller, qu'Apollo je ne irrite,   50
Le remplissant de Deité profonde,
Pour contre moy susciter tout le Monde,
Lequel un jour par ses escriptz s'attend
D'estre avec moy et heureux et content.

Chant

Je suis la Journee,
    Vous, Amy, le jour,
    Qui m'a destournee
    Du fascheux sejour.
D'aymer la Nuict certes je ne veulx point,   5
Pource qu'à vice elle vient toute appoint:
    Mais à vous toute estre
    Certes je veulx bien,

Pource qu'en vostre estre
Ne gist que tout bien.   10
    Là où en tenebres
On ne peult rien veoir
Que choses funebres,
Qui font peur avoir,
On peult de nuict encor se resjouyr   15
De leurs amours faisant amantz jouyr:
    Mais la jouyssance
    De folle pitié
    N'a point de puissance
    Sur nostre amytié,   20
        Veu qu'elle est fondee
    En prosperité
    Sur Vertu sondee
    De toute equité.
La nuict ne peult un meurtre declarer,   25
Comme le jour, qui vient à esclairer
    Ce qui la nuict cache,
    Faisant mille maulx,
    Et ne veult qu'on sache
    Ses tours fins, et caultz.   30
        La nuict la paresse
    Nourrit, qui tant nuit:
    Et le jour nous dresse
    Au travail, qui duit.
O heureux jour, bien te doit estimer   35
Celle qu'ainsi as voulu allumer,
    Prenant tousjours cure
    Reduire à clarté
    Ceulx que nuict obscure
    Avoit escarté!   40
        Ainsi esclairee
    De si heureux jour,
    Seray asseuree
    De plaisant sejour.

LOUISE LABÉ
(1524?-1566)

Louise Labé a laissé peu de vers, mais, quoiqu'ils paraissent aujourd'hui assez insignifiants, on y reconnaît sans peine, à la douceur et à la pureté des sentiments et de l'expression, que la belle cordière soupirait non loin de la patrie de Laure.

Sainte-Beuve

Fille d'un riche cordier, Labé est née aux environs de Lyon. Vers 1540 elle épouse Ennemond Perrin, un autre riche cordier. Malgré les témoignages des contemporains (Calvin la traite de *plebeia meretrix*) on ne sait rien de tout à fait certain sur ses mœurs. On voit pourtant qu'elle proteste dans ses œuvres contre la condition trop servile des femmes de son temps. Son œuvre paraît en 1555 et contient, outre sa poésie, un *Débat de folie et d'amour* en prose. La Belle Cordière continue à fasciner le lecteur, mais ses interprètes ont tendance à trop insister sur la sincérité et l'intimité de ses vers. L'amour qu'elle chante est certes voluptueux et physique, mais sa poésie reste néanmoins stylisée et conventionnelle. Où elle excelle peut-être et où elle diffère des poètes de la Pléiade, c'est dans son choix de thèmes et dans son idée de l'amour qui doit plus à Catulle qu'à Pétrarque.

EDITIONS:

Œuvres, éd. Charles Boy, Paris, 1887, 2 vol.
Œuvres complètes, éd. François Rigolot, Paris, 1986.

A CONSULTER:

Karine Berriot, *Louise Labé: la belle rebelle et le françois nouveau*, Paris, 1985.
Deborah Lesko Baker, *The Subject of Desire: Petrarchan Poetics and the Female Voice in Louise Labé*, Purdue University Press, 1996.
Louis Bourgeois, *Louise Labé et les poètes lyonnais de son temps*, Lyon, 1994.
Keith Cameron, *Louise Labé: Renaissance Poet and Feminist*, New York, 1990.
Lawrence E. Harvey, *The Aesthetics of the Renaissance Love Sonnet. An Essay on the Art of the Sonnet in the Poetry of Louise Labé*, Genève, 1962.

Dorothy O'Connor, *Louise Labé*, Paris 1926.
François Rigolot, *Lousie Labé Lyonnaise ou la Renaissance au féminin*, Paris,
    1997.

Elegie I

Au tems qu'Amour, d'hommes et Dieus vainqueur,
Faisoit bruler de sa flamme mon cœur,
En embrasant de sa cruelle rage
Mon sang, mes os, mon esprit et courage:
Encore lors je n'avois la puissance   5
De lamenter ma peine et ma souffrance.
Encor Phebus, ami des Lauriers vers,[1]
N'avoit permis que je fisse des vers:
Mais meintenant que sa fureur divine
Remplit d'ardeur ma hardie poitrine,   10
Chanter me fait, non les bruians tonnerres
De Jupiter, ou les cruelles guerres,
Dont trouble Mars, quand il veut, l'Univers.
Il m'a donné la lyre, qui les vers
Souloit chanter de l'Amour Lesbienne:[2]   15
Et à ce coup pleurera de la mienne.
O dous archet, adouci moy la voix,
Qui pourroit fendre et aigrir quelquefois,
En recitant tant d'ennuis et douleurs,
Tant de despits, fortunes et malheurs.   20
Trempe l'ardeur, dont jadis mon cœur tendre
Fut en brulant demi reduit en cendre.
Je sens desja un piteus souvenir,
Qui me contreint la larme à l'œil venir.
Il m'est avis que je sen les alarmes   25
Que premiers j'u d'Amour, je voy les armes,
Dont il s'arma en venant m'assaillir:
C'estoit mes yeus, dont tant faisois saillir
De traits, à ceus qui trop me regardoient,
Et de mon arc assez ne se gardoient.   30
Mais ces miens traits, ces miens yeus me defirent,
Et de vengeance estre exemple me firent.
Et, me moquant, et, voyant l'un aymer,

---

[1] Phébus, dieu de la poésie; le laurier lui était consacré.
[2] *Amour Lesbienne*: Sappho naquit dans l'île de Lesbos.

L'autre bruler et d'Amour consommer:
En voyant tant de larmes espandues,   35
Tant de soupirs et prieres perdues,
Je n'aperçu que soudein me vint prendre
Le mesme mal que je soulois reprendre:
Qui me persa d'une telle furie
Qu'encor n'en suis apres long tems guerie: 40
Et meintenant me suis encor contreinte
De rafreschir d'une nouvelle pleinte
Mes maus passez. Dames, qui les lirez,
De mes regrets avec moy soupirez.
Possible, un jour, je feray le semblable,   45
Et ayderay votre voix pitoyable
A vos travaus et peines raconter,
Au tems perdu vainement lamenter.
Quelque rigueur qui loge en votre cœur,
Amour s'en peut un jour rendre vainqueur,   50
Et plus aurez lui esté ennemies,
Pis vous fera, vous sentant asservies.
N'estimez point que lon doive blamer
Celles qu'a fait Cupidon inflamer.
Autres que nous, nonobstant leur hautesse,   55
Ont enduré l'amoureuse rudesse:
Leur cœur hautein, leur beauté, leur lignage
Ne les ont su preserver du servage
De dur Amour: les plus nobles esprits
En sont plus fort et plus soudain espris.   60
Semiramis, Royne tant renommee,
Qui mit en route avecques son armee,
Les noirs squadrons des Ethiopiens,
Et, en montrant louable exemple aus siens
Faisoit couler de son furieus branc   65
Des ennemis les plus braves le sang,
Ayant encor envie de conquerre
Tous ses voisins, ou leur mener la guerre,
Trouva Amour, qui si fort la pressa,
Qu'armes et loix veincue elle laissa.   70
Ne meritoit sa Royalle grandeur
Au moins avoir un moins fascheus malheur
Qu'aymer son fils? Royne de Babylonne,
Où est ton cœur qui es combaz resonne?
Qu'est devenu ce fer et cet escu,   75
Dont tu rendois le plus brave veincu?

Où as tu mis la Marciale creste,[3]
Qui obombroit le blond or de ta teste?
Où est l'espee, où est cette cuirasse,
Dont tu rompois des ennemis l'audace?   80
Où sont fuiz tes coursiers furieus,
Lesquels trainoient ton char victorieus?
T'a pù si tot un foible ennemi rompre?
Ha pù si tot ton cœur viril corrompre,
Que le plaisir d'armes plus ne te touche: 85
Mais seulement languis en une couche?
Tu as laissé tes aigreurs Marciales,
Pour recouvrer les douceurs geniales.
Ainsi Amour de toy t'a estrangee,
Qu'on te diroit en une autre changee.   90
Donques celui lequel d'amour esprise
Pleindre me voit, que point il ne mesprise
Mon triste deuil: Amour, peut estre, en brief
En son endroit n'aparoitra moins grief.
Telle j'ay vù, qui avoit en jeunesse   95
Blamé Amour, apres en sa vieillesse
Bruler d'ardeur, et pleindre tendrement
L'ápre rigueur de son tardif tourment.
Alors de fard et eau continuelle
Elle essayoit se faire venir belle,   100
Voulant chasser le ridé labourage
Que l'aage avoit gravé sur son visage.
Sur son chef gris elle avoit empruntee
Quelque perruque, et assez mal antee:
Et plus estoit à son gré bien fardee,   105
De son Ami moins estoit regardee,
Lequel, ailleurs fuiant, n'en tenoit conte,
Tant lui sembloit laide, et avoit grand' honte
D'estre aymé d'elle. Ainsi la povre vieille
Recevoit bien pareille pour pareille.   110
De maints en vain un tems fut reclamee,
Ores qu'elle ayme, elle n'est point aymee.
Ainsi Amour prend son plaisir à faire
Que le veuil d'un soit à l'autre contraire:
Tel n'ayme point, qu'une Dame aymera,   115
Tel ayme aussi, qui aymé ne sera:
Et entretient, neanmoins, sa puissance
Et sa rigueur d'une vaine esperance.

---

[3] *Marciale creste*: crête de Mars (pièce de fer qui surmonte un casque).

Elegie II

D'un tel vouloir le serf point ne desire
La liberté, ou son port le navire,
Comme j'atens, helas, de jour en jour
De toy, Ami, le gracieus retour.
Là j'avois mis le but de ma douleur,   5
Qui fineroit, quand j'aurois ce bon heur
De te revoir: mais de la longue atente,
Helas, en vain mon desir se lamente.
Cruel, Cruel, qui te faisoit promettre
Ton brief retour en ta premiere lettre?   10
As tu si peu de memoire de moy,
Que de m'avoir si tot rompu la foy?
Comme oses tu ainsi abuser celle
Qui de tout tems t'a esté si fidelle?
Or' que tu es aupres de ce rivage   15
Du Pau cornu,⁴ peut estre ton courage
S'est embrasé d'une nouvelle flame,
En me changeant pour prendre une autre Dame:
Jà en oubli inconstamment est mise
La loyauté que tu m'avois promise.   20
S'il est ainsi, et que desjà la foy
Et la bonté se retirent de toy,
Il ne me faut esmerveiller si ores
Toute pitié tu as perdu encores.
O combien ha de pensee et de creinte,   25
Tout aparsoy, l'ame d'Amour ateinte!
Ores je croy, vù notre amour passee,
Qu'impossible est, que tu m'aies laissee,
Et de nouvel ta foy je me fiance,
Et plus qu'humeine estime ta constance.   30
Tu es, peut estre, en chemin inconnu
Outre ton gré malade retenu.
Je croy que non: car tant suis coutumiere
De faire aus Dieus pour ta santé priere,
Que plus cruels que tigres ils seroient,   35
Quand maladie ils te prochasseroient,
Bien que ta fole et volage inconstance
Meriteroit avoir quelque soufrance.
Telle est ma foy, qu'elle pourra sufire

---

⁴ *Pau cornu*: le Pô, fleuve d'Italie; *cornu* parce qu'il se divise en deux bras.

A te garder d'avoir mal et martire.   40
Celui qui tient au haut Ciel son Empire
Ne me sauroit, ce me semble, desdire:
Mais quand mes pleurs et larmes entendroit
Pour toy prians, son ire il retiendroit.
J'ay de tout tems vescu en son service,   45
Sans me sentir coulpable d'autre vice
Que de t'avoir bien souvent en son lieu
D'Amour forcé, adoré comme Dieu.
Desja deus fois, depuis le promis terme
De ton retour, Phebe ses cornes ferme,   50
Sans que de bonne ou mauvaise fortune
De toy, Ami, j'aye nouvelle aucune.
Si toutefois, pour estre enamouré
En autre lieu, tu as tant demeuré,
Si say je bien que t'amie nouvelle   55
A peine aura le renom d'estre telle,
Soit en beauté, vertu, grace et faconde,
Comme plusieurs gens savans par le monde
M'ont fait à tort, ce croy je, estre estimee.
Mais qui pourra garder la renommee?   60
Non seulement en France suis flatee,
Et, beaucoup plus que ne veux, exaltee.
La terre aussi que Calpe[5] et Pyrenee
Avec la mer tiennent environnee,
Du large Rhin les roulantes areines,   65
Le beau païs auquel or' te promeines
Ont entendu—tu me l'as fait à croire—
Que gens d'esprit me donnent quelque gloire.
Goute le bien que tant d'hommes desirent,
Demeure au but où tant d'autres aspirent,   70
Et croy qu'ailleurs n'en auras une telle.
Je ne dy pas qu'elle ne soit plus belle:
Mais que jamais femme ne t'aymera,
Ne plus que moy d'honneur te portera.
Maints grans Signeurs à mon amour pretendent,   75
Et à me plaire et servir prets se rendent.
Joutes et jeus, maintes belles devises
En ma faveur sont par eus entreprises:
Et, neanmoins, tant peu je m'en soucie,
Que seulement ne les en remercie: 80
Tu es, tout seul, tout mon mal et mon bien:
Avec toy tout, et sans toy je n'ay rien:

[5] *Calpe*: le rocher de Gibraltar.

Et, n'ayant rien qui plaise à ma pensee,
De tout plaisir me treuve delaissee,
Et, pour plaisir, ennui saisir me vient.   85
Le regretter et plorer me convient,
Et sur ce point entre en tel desconfort,
Que mile fois je souhaite la mort.
Ainsi, Ami, ton absence lointeine
Depuis deus mois me tient en cette peine,   90
Ne vivant pas, mais mourant d'une Amour
Lequel m'occit dix mile fois le jour.
Revien donq tot, si tu as quelque envie
De me revoir encor' un coup en vie!
Et si la mort avant ton arrivee   95
Ha de mon corps l'aymante ame privee,
Au moins un jour vien, habillé de dueil,
Environner le tour de mon cercueil.
Que plust à Dieu que lors fussent trouvez
Ces quatre vers en blanc marbre engravez: 100
PAR TOY, AMI, TANT VESQUI ENFLAMMEE,
QU'EN LANGUISSANT PAR FEU SUIS CONSUMEE,
QUI COUVE ENCOR SOUS MA CENDRE EMBRAZEE,
SI NE LA RENS DE TES PLEURS APAIZEE.

Elegie III

Quand vous lirez, ô Dames Lionnoises,
Ces miens escrits pleins d'amoureuses noises,
Quand mes regrets, ennuis, despits et larmes
M'orrez chanter en pitoyables carmes,
Ne veuillez pas condamner ma simplesse,   5
Et jeune erreur de ma fole jeunesse,
Si c'est erreur: mais qui, dessous les Cieus,
Se peut vanter de n'estre vicieus?
L'un n'est content de sa sorte de vie,
Et tousjours porte à ses voisins envie: 10
L'un forcenant de voir la paix en terre,
Par tous moyens tache y mettre la guerre:
L'autre, croyant povreté estre vice,
A autre Dieu qu'or ne fait sacrifice:
L'autre, sa foy parjure il emploira   15
A decevoir quelcun qui le croira:
L'un, en mentant, de sa langue lezarde
Mile brocars sur l'un et l'autre darde:

Je ne suis point sous ces planettes nee,
Qui m'ussent pù tant faire infortunee.   20
Onques ne fut mon œil marri de voir
Chez mon voisin mieus que chez moy pleuvoir.
Onq ne mis noise ou discord entre amis:
A faire gain jamais ne me soumis.
Mentir, tromper, et abuser autrui,   25
Tant m'a desplu que mesdire de lui.
Mais si en moy rien y ha d'imparfait,
Qu'on blame Amour: c'est lui seul qui l'a fait.
Sur mon verd aage en ses laqs il me prit,
Lors qu'exerçois mon corps et mon esprit   30
En mile et mile euvres ingenieuses,
Qu'en peu de tems me rendit ennuieuses.
Pour bien savoir avec l'aiguille peindre,
J'eusse entrepris la renommee eteindre
De celle là qui, plus docte que sage,[6]   35
Avec Pallas comparoit son ouvrage.
Qui m'ust vù lors en armes, fiere, aller,
Porter la lance et bois faire voler,
Le devoir faire en l'estour furieus,
Piquer, volter le cheval glorieus,   40
Pour Bradamante ou la haute Marphise,
Seur de Roger,[7] il m'ust, possible, prise.
Mais quoy? Amour ne put longuement voir
Mon cœur n'aymant que Mars et le savoir:
Et, me voulant donner autre souci,   45
En souriant il me disoit ainsi:
Tu penses donq, ô Lionnoise Dame,
Pouvoir fuir par ce moyen ma flame?
Mais non feras: j'ai subjugué les Dieus
Es bas Enfers, en la Mer et es Cieus.   50
Et penses tu que n'aye tel pouvoir
Sur les humeins de leur faire savoir
Qu'il n'y ha rien qui de ma main eschape?
Plus fort se pense et plus tot je le frape.
De me blamer quelquefois tu n'a honte,   55
En te fiant en Mars dont tu fais conte:
Mais meintenant, voy si pour persister
En le suivant me pourras resister.
Ainsi parloit, et, tout echaufé d'ire,

---

[6] Il s'agit d'Arachné. Elle osa défier Pallas dans l'art de *peindre avec l'aiguille* et la déesse, pour la punir, la changea en araignée.

[7] Bradamante, Marphise, Roger, personnages de l'*Orlando furioso* de l'Arioste.

Hors de sa trousse une sagette il tire,   60
Et, decochant de son extreme force,
Droit la tira contre ma tendre escorce:
Foible harnois pour bien couvrir le coeur
Contre l'Archer qui tousjours est vainqueur.
La bresche faite, entre Amour en la place,   65
Dont le repros premierement il chasse:
Et, de travail qui me donne sans cesse,
Boire, menger, et dormir ne me laisse.
Il ne me chaut de soleil ne d'ombrage:
Je n'ay qu'Amour et feu en mon courage,   70
Qui me desguise, et fait autre paroitre,
Tant que ne peu moymesme me connoitre.
Je n'avois vù encore seize Hivers,
Lors que j'entray en ces ennuis divers:
Et jà voici le treisiéme Esté   75
Que mon cœur fut par Amour arresté.
Le tems met fin aus hautes Pyramides,
Le tems met fin aus fonteines humides:
Il ne pardonne aus braves Colisees,
Il met à fin les viles plus prisees: 80
Finir aussi il ha acoutumé
Le feu d'Amour, tant soit il allumé:
Mais, las! en moy il semble qu'il augmente
Avec le tems, et que plus me tourmente.
Paris ayma Œnone ardemment,   85
Mais son amour ne dura longuement:
Medee fut aymee de Jason,[8]
Qui tot apres la mit hors sa maison.
Si meritoient elles estre estimees,
Et, pour aymer leurs Amis, estre aymees.   90
S'estant aymé, on peut Amour laisser,
N'est il raison, ne l'estant, se lasser?
N'est il raison te prier de permettre,
Amour, que puisse à mes tourmens fin mettre?
Ne permets point que de Mort face espreuvre,   95
Et plus que toy pitoyable la treuve:
Mais si tu veus que j'ayme jusqu'au bout,
Fay que celui que j'estime mon tout,
Qui seul me peut faire plorer et rire,

---

[8] L'amour de Pâris pour Œnone, nymphe du mont Ida, fut, en effet, de peu de durée. L'amour de Médée et l'infidélité de Jason sont aussi au nombre des fables les plus connues.

Et pour lequel si souvent je soupire,   100
Sente en ses os, en son sang, en son ame,
Ou plus ardente, ou bien egale flame.
Alors ton faix plus aisé me sera,
Quand avec moy quelcun le portera.

SONNETS

II

O beaux yeus bruns, ô regars destournez,
  O chaus soupirs, ô larmes espandues,
  O noires nuits vainement atendues,
  O jour luisans vainement retournez: 4
O tristes pleins, ô desirs obstinez,
  O tems perdus, ô peines despendues,
  O mile morts en mile rets tendues,
  O pires maus contre moy destinez: 8
O ris, ô front, cheveus, bras, mains et doits:
  O lut pleintif, viole, archet et vois:
  Tant de flambeaus pour ardre une femmelle! 11
De toy me plein, que, tant de feus portant,
  En tant d'endrois, d'iceus mon cœur tatant,
  N'en est sur toy volé quelque estincelle. 14

III

O longs desirs! O esperances vaines,
  Tristes soupirs et larmes coutumieres
  A engendre de moy maintes rivieres,
  Dont mes deus yeus sont sources et fontaines: 4
O cruautez, o durtez inhumaines,
  Piteus regars des celestes lumieres,
  Du cœur transi ô passions premieres,
  Estimez vous croitre encore mes peines? 8

Qu'encor Amour sur moy son arc essaie,
     Que nouveaus feus me gette et nouveaus dars,
     Qu'il se despite, et pis qu'il pourra face: 11
Car je suis tant navree en toutes pars,
     Que plus en moy une nouvelle plaie
     Pour m'empirer ne pourroit trouver place.   14

IV

Depuis qu'amour cruel empoisonna
     Premierement de son feu ma poitrine,
     Tousjours brulay de sa fureur divine,
     Qui un seul jour mon cœur n'abandonna.   4
Quelque travail, dont assez me donna,
     Quelque menasse et procheine ruïne,
     Quelque penser de mort qui tout termine,
     De rien mon cœur ardent ne s'estonna.   8
Tant plus qu'Amour nous vient fort assaillir,
     Plus il nous fait nos forces recueillir,
     Et tousjours frais en ses combats fait estre: 11
Mais ce n'est pas qu'en rien nous favorise
     Cil qui les Dieus et les hommes mesprise:
     Mais pour plus fort contre les fors paroitre.   14

V

Clere Venus, qui erres par les Cieus,
     Entens ma voix qui en pleins chantera,
     Tant que ta face au haut du Ciel luira,
     Son long travail et souci ennuieus.   4
Mon œil veillant s'atendrira bien mieus,
     Et plus de pleurs te voyant gettera.
     Mieus mon lit mol de larmes baignera,
     De ses travaus voyant témoins tes yeus.   8
Donq des humains sont les lassez esprits
     De dous repos et de sommeil espris.
     J'endure mal tant que le Soleil luit: 11
Et quand je suis quasi toute cassee,
     Et que me suis mise en mon lit lassee,
     Crier me faut mon mal toute la nuit.   14

VI

Deus ou trois fois bienheureus le retour
    De ce cler Astre, et plus heureus encore
    Ce que son œil de regarder honore:
    Que celle là recevroit un bon jour,   4
Qu'elle pourroit se vanter d'un bon tour
    Qui baiseroit le plus beau don de Flore,
    Le mieus sentant que jamais vid Aurore,
    Et y feroit sur ses levres sejour!   8
C'est à moy seule à qui ce bien est du,
    Pour tant de pleurs et tant de tems perdu:
    Mais, le voyant, tant luy feray de feste,   11
Tant emploiray de mes yeus le pouvoir,
    Pour dessus lui plus de credit avoir,
    Qu'en peu de tems feray grande conqueste.   14

VII

On voit mourir toute chose animee,
    Lors que du corps l'ame sutile part:
    Je suis le corps, toy la meilleure part:
    Où est tu donq, o ame bien aymee?   4
Ne me laissez par si long tems pámee:
    Pour me sauver apres viendrois trop tard.
    Las! ne mets point ton corps en ce hazart:
    Rens lui sa part et moitié estimee.   8
Mais fais, Ami, que ne soit dangereuse
    Cette rencontre et revuë amoureuse,
    L'acompagnant, non de severité,   11
Non de rigueur, mais de grace amiable,
    Qui doucement me rende ta beauté,
    Jadis cruelle, à present favorable.   14

VIII

Je vis, je meurs: je me brule et me noye.
    J'ay chaut estreme en endurant froidure:

La vie m'est et trop molle et trop dure.
    J'ai grans ennuis entremeslez de joye: 4
Tout à un coup je ris et je larmoye,
    Et en plaisir maint grief tourment j'endure:
    Mon bien s'en va, et à jamais il dure:
    Tout en un coup je seiche et je verdoye.   8
Ainsi Amour inconstamment me meine:
    Et, quand je pense avoir plus de douleur,
    Sans y penser je me treuve hors de peine.   11
Puis, quand je croy ma joye estre certeine,
    Et estre au haut de mon desiré heur,
    Il me remet en mon premier malheur.   14

IX

Tout aussi tot que je commence à prendre
    Dens le mol lit le repos desiré,
    Mon triste esprit hors de moy retiré,
    S'en va vers toy incontinent se rendre.   4
Lors m'est avis que dedans mon sein tendre
    Je tiens le bien, où j'ay tant aspiré,
    Et pour lequel j'ay si haut souspiré
    Que de sanglots ay souvent cuidé fendre.   8
O dous sommeil, o nuit à moy heureuse!
    Plaisant repos plein de tranquilité,
    Continuez toutes les nuiz mon songe: 11
Et si jamais ma povre ame amoureuse
    Ne doit avoir de bien en verité,
    Faites au moins qu'elle en ait en mensonge.   14

X

Quand j'aperçoy ton blond chef, couronné
    D'un laurier verd, faire un Lut si bien pleindre,
    Que tu pourrois à te suivre contreindre
    Arbes et rocs:[9] quand je te vois, orné   4
Et de vertus dix mile environné,
    Au chef d'honneur plus haut que nul ateindre,
    Et des plus hauts les louenges esteindre,
    Lors dit mon cœur en soy passionné: 8

[9] Comme Orphée, musicien des légendes de Thrace.

Tant de vertus qui te font estre aymé,
    Qui de chacun te font estre estimé,
    Ne te pourroient aussi bien faire aymer?   11
Et, ajoutant à ta vertu louable
    Ce nom encor de m'estre pitoyable,
    De mon amour doucement t'enflamer?   14

XI

O dous regars, o yeus pleins de beauté,
    Petits jardins pleins de fleurs amoureuses
    Où sont d'Amour les flesches dangereuses,
    Tant à vous voir mon œil s'est arresté!   4
O cœur felon, o rude cruauté,
    Tant tu me tiens de façons rigoureuses,
    Tant j'ay coulé de larmes langoureuses,
    Sentant l'ardeur de mon cœur tourmenté!   8
Donques, mes yeus, tant de plaisir avez,
    Tant de bons tours par ses yeus recevez:
    Mais toy, mon cœur, plus les vois s'y complaire   11
Plus tu languiz, plus en as de souci:
    Or devinez si je suis aise aussi,
    Sentant mon œil estre à mon cœur contraire.   14

XII

Lut, compagnon de ma calamité
    De mes soupirs témoin irreprochable,
    De mes ennuis controlleur veritable,
    Tu as souvent avec moy lamenté: 4
Et tant le pleur piteus t'a molesté,
    Que, commençant quelque son delectable,
    Tu le rendois tout soudein lamentable,
    Feignant le ton que plein avoit chanté.   8
Et si te veus efforcer au contraire,
    Tu te destens, et si me contreins taire:
    Mais, me voyant tendrement soupirer,   11
Donnant faveur à ma tant triste pleinte,
    En mes ennuis me plaire suis contreinte,
    Et d'un dous mal douce fin esperer.   14

XIII

Oh, si j'estois en ce beau sein ravie
  De celui là pour lequel vois mourant:
  Si avec luy vivre le demeurant
  De mes cours jours ne m'empeschoit envie: 4
Si m'acollant me disoit: chere Amie,
  Contentons nous l'un l'autre! s'asseurant
  Que ja tempeste, Euripe, ne Courant[10]
  Ne nous pourra desjoindre en notre vie: 8
Si, de mes bras le tenant acollé,
  Comme du Lierre est l'arbre encercelé,
  La mort venoit, de mon aise envieuse,   11
Lors que, souef, plus il me baiseroit,
  Et mon esprit sur ses levres fuiroit,
  Bien je mourrois, plus que vivante, heureuse.   14

XIV

Tant que mes yeus pourront larmes espandre
  A l'heur passé avec toi regretter:
  Et qu'aus sanglots et soupirs resister
  Pourra ma voix, et un peu faire entendre: 4
Tant que ma main pourra les cordes tendre
  Du mignart Lut, pour tes graces chanter:
  Tant que l'esprit se voudra contenter
  De ne vouloir rien fors que toy comprendre: 8
Je ne souhaitte encore point mourir.
  Mais quand mes yeus je sentiray tarir,
  Ma voix cassee, et ma main impuissante,   11
Et mon esprit en ce mortel sejour
  Ne pouvant plus montrer signe d'amante:
  Prirey la Mort noircir mon plus cler jour.   14

[10] L'Euripe est un bras de mer qui séparait l'île d'Eubée de la Béotie. L'irrégularité de son flux et reflux a souvent fourni aux poètes un objet de comparaison avec les mouvements d'une âme incertaine et flottante.

X V

Pour le retour du Soleil honorer,
    Le Zephir l'air serein lui apareille,
    Et du sommeil l'eau et la terre esveille,
    Qui les gardoit, l'une de murmurer   4
En dous coulant, l'autre de se parer
    De mainte fleur de couleur nompareille.
    Ja les oiseaus es arbres font merveille
    Et aus passans font l'ennui moderer: 8
Les Nynfes ja en mile jeus s'esbatent
    Au cler de Lune, et, dansans, l'herbe abatent:
    Veus tu, Zephir, de ton heur me donner,   11
Et que par toy toute me renouvelle?
    Fay mon Soleil devers moy retourner,
    Et tu verras s'il ne me rend plus belle.   14

X V I

Apres qu'un tems la gresle et le tonnerre
    Ont le haut mont de Caucase batu,
    Le beau jour vient, de lueur revétu.
    Quand Phebus ha son cerne fait en terre,   4
Et l'Ocean il regaigne à grand erre,
    Sa Seur se montre avec son chef pointu.[11]
    Quand quelque tems le Parthe ha combatu,
    Il prent la fuite et son arc il desserre.[12]   8
Un tems t'ay vù et consolé, pleintif
    Et defiant de mon feu peu hatif:
    Mais maintenant que tu m'as embrasee,   11
Et suis au point auquel tu me voulois,
    Tu as ta flame en quelque eau arrosee,
    Et es plus froid qu'estre je ne soulois.   14

[11] La Lune.
[12] Les Parthes tiraient leur arc en fuyant.

XVII

Je fuis la vile, et temples, et tous lieus
    Esquels, prenant plaisir à t'ouir pleindre,
    Tu peus, et non sans force, me contreindre
    De te donner ce qu'estimois le mieus.   4
Masques, tournois, jeus me sont ennuieus,
    Et rien sans toy de beau ne me puis peindre:
    Tant que, tachant à ce desir esteindre,
    Et un nouvel objet faire à mes yeus,   8
Et des pensers amoureus me distraire,
    Des bois espais sui le plus solitaire:
    Mais j'aperçoy, ayant erré maint tour,   11
Que, si je veus de toy estre delivre,
    Il me convient hors de moymesme vivre,
    Ou fais encor que loin sois en sejour.   14

XVIII

Baise m'encor, rebaise moy et baise:
    Donne m'en un de tes plus savoureus,
    Donne m'en un de tes plus amoureus:
    Je t'en rendray quatre plus chaus que braise.   4
Las, te pleins tu? ça que ce mal j'apaise,
    En t'en donnant dix autres doucereus.
    Ainsi meslans nos baisers tant heureus
    Jouissons nous l'un de l'autre à notre aise.   8
Lors double vie à chacun en suivra.
    Chacun en soy et son ami vivra.
    Permets m'Amour penser quelque folie: 11
Tousjours suis mal, vivant discrettement,
    Et ne me puis donner contentement,
    Si hors de moy ne fay quelque saillie.   14

XIX

Diane estant en l'espesseur d'un bois,
    Apres avoir mainte beste assenee,

Prenoit le frais, de Nynfes couronnee.
    J'allois resvant comme fay maintefois,   4
Sans y penser, quand j'ouy une vois
    Qui m'apela, disant: Nynfe estonnee,
    Que ne t'es tu vers Diane tournee?
    Et, me voyant sans arc et sans carquois: 8
Qu'as tu trouvé, o compagne, en ta voye,
    Qui de ton arc et flesches ait fait proye?
    Je m'animay, repons je, à un passant,   11
Et lui getay en vain toutes mes flesches
    Et l'arc apres: mais lui, les ramassant
    Et les tirant, me fit cent et cent bresches.   14

X X

Predit me fut, que devoit fermement
    Un jour aymer celui dont la figure
    Me fut descrite, et, sans autre peinture,
    Le reconnu quand vy premierement: 4
Puis, le voyant aymer fatalement,
    Pitié je pris de sa triste aventure:
    Et tellement je forçay ma nature,
    Qu'autant que lui aymay ardentement.   8
Qui n'ust pensé qu'en faveur devoit croitre
    Ce que le Ciel et destins firent naitre?
    Mais, quand je voy si nubileus aprets,   11
Vents si cruels et tant horrible orage,
    Je crois qu'estoient les infernaus arrets,
    Qui de si loin m'ourdissoient ce naufrage.   14

XXI

Quelle grandeur rend l'homme venerable?
    Quelle grosseur? quel poil? quelle couleur?
    Qui est des yeus le plus emmieleur?
    Qui fait plus tot une playe incurable?   4
Quel chant est plus à l'homme convenable?
    Qui plus penetre en chantant sa douleur?
    Qui un dous lut fait encore meilleur?
    Quel naturel est le plus amiable?   8

Je ne voudrois le dire assurément,
    Ayant Amour forcé mon jugement:
    Mais je say bien, et de tant je m'assure,   11
Que tout le beau que lon pourroit choisir,
    Et que tout l'art qui ayde la Nature
    Ne me sauroient acroitre mon desir.   14

XXII

Luisant Soleil, que tu es bien heureus
    De voir tousjours de t'Amie la face:
    Et toi, sa seur,[13] qu'Endimion embrasse,
    Tant te repais de miel amoureus.   4
Mars voit Venus: Mercure aventureus
    De Ciel en Ciel, de lieu en lieu se glasse:
    Et Jupiter remarque en mainte place
    Ses premiers ans plus gays et chaleureus.   8
Voylà du Ciel la puissante harmonie,
    Qui les esprits divins ensemble lie:
    Mais, s'ils avoient ce qu'ils ayment lointein,   11
Leur harmonie et ordre irrevocable
    Se tourneroit en erreur variable,
    Et comme moy travailleroient en vain.   14

XXIII

Las! que me sert que si parfaitement
    Louas jadis et ma tresse doree,
    Et de mes yeus la beauté comparee
    A deus Soleils, dont l'Amour finement   4
Tira les trets, causes de ton tourment?
    Où estes vous, pleurs de peu de duree?
    Et Mort par qui devoit estre honoree
    Ta ferme amour et iteré serment?   8
Donques c'estoit le but de ta malice
    De m'asservir sous ombre de service?
    Pardonne moy, Ami, à cette fois,   11
Estant outree et de despit et d'ire:
    Mais je m'assure, quelque part que tu sois,
    Qu'autant que moy tu soufres de martire.   14

[13] La lune.

XXIV

Ne reprenez, Dames, si j'ay aymé,
 Si j'ay senti mile torches ardentes,
 Mile travaux, mile douleurs mordentes.
 Si, en pleurant, j'ay mon tems consumé,   4
Las! que mon nom n'en soit par vous blamé.
 Si j'ay failli, les peines sont presentes,
 N'aigrissez point leurs pointes violentes:
 Mais estimez qu'Amour, à point nommé,   8
Sans votre ardeur d'un Vulcan excuser,
 Sans la beauté d'Adonis acuser,[14]
 Pourra, s'il veut, plus vous rendre amoureuses,   11
En ayant moins que moy d'ocasion,
 Et plus d'estrange et forte passion.
 Et gardez vous d'estre plus malheureuses!   14

[14] Sans que vous ayez l'excuse d'être Vénus et d'avoir un Vulcain pour mari, sans que vous ayez à alléguer, pour vous justifier, un amant aussi beau qu'Adonis.

PONTUS DE TYARD
(1521-1605)

Toy de qui le labeur enfante doctement
Des livres immortels...

Ronsard

Pontus de Tyard naquit au château de Bissy-sur-Fley, près de Lyon. Il fit ses études à Paris, et il publia en 1549 son premier recueil poétique, les *Erreurs amoureuses*, où il se montre le disciple de Maurice Scève. Augmenté d'une *Continuation* en 1551, le recueil comprend trois livres en 1555. A partir de 1550, Tyard s'associe aux travaux de la Pléiade. Puis il abandonne la poésie pour un certain temps et n'y revient que grâce à l'influence du salon de la maréchale de Retz. C'est à cette protectrice des arts qu'il dédie en 1573 le recueil de ses *Œuvres poëtiques*. Protonotaire apostolique dès 1553, il est promu en 1578 évêque de Chalon-sur-Saône et se consacre dès lors tout entier à ses fonctions épiscopales. En 1589 il résigne son évêché en faveur de son neveu et se retire dans ses terres où il meurt en 1605.

EDITIONS:

Œuvres Poétiques, éd. Charles Marty-Laveaux, Paris, 1875.
Œuvres poétiques complètes, éd. John Lapp, Paris, 1966.

A CONSULTER:

Silvio Baridon, *Pontus de Tyard*, Milan, 1950.
Jean-Claude Carron, *Discours de l'errance amoureuse: une lecture du canzoniere de Pontus de Tyard*, Paris, 1986.
Kathleen M. Hall, *Pontus de Tyard and His Discours Philosophiques*, Oxford University Press, 1963.

Vœu

Pour reclamer à mes tristes langueurs
    L'heureuse fin si long temps desirée,
    Et par ma foy si fermement jurée,
    Tirer pitié des plus fieres rigueurs: 4
Pour invoquer aux cruelles fureurs
    De la tempeste à ma mort conjurée,
    En ses deux feux mon Estoille adorée,
    Calme presage à mes longues erreurs: 8
Pour descouvrir combien de reverence
    J'ay à la rare, ou unique excellence,
    Qui dore, emperle, et enrichit nostre aage.   11
J'appen, et vouë en toute humilité
    Ce, que je puis de l'immortalité,
    Aux sacrez piedz de cette sainte image.   14

XIII

En ma pensée en ses discours lassée,
    Je parangonne à ton dueil ma tristesse:
    Et à ma vive et parfaite maistresse,
    L'occasion de ta douceur passée.   4
Pleurant tu ars pour celle trespassée,
    Celle, de qui le souvenir te blesse:
    Et la rigueur de ma Dame me presse
    D'entretenir, souspirant, ma pensée.   8
Celle qui est de moy, Ami, aimée,
    Est, comme estoit ta Deesse, estimée:
    Et ainsi qu'elle, adorée et servie.   11
Nous deus vivons de noz affections,
    Mais nous souffrons contraires passions:
    Moy vivant mort, et toy mourant sans vie.   14

XIX

Quand le desir de ma haute pensée,
    Me fait voguer en mer de ta beauté,
    Espoir du fruit de ma grand' loyauté
    Tient voile large à mon desir haussée.   4
Mais cette voile ainsi en l'air dressée,
    Pour me conduire au port de privauté,
    Treuve en chemin un flot de cruauté,
    Duquel elle est rudement repoussée.   8
Puis de mes yeux la larmoyante pluye,
    Et les grands vents de mon souspirant cœur,
    Autour de moy esmeuvent tel orage,   11
Que si l'ardeur de ton amour n'essuye
    Cette abondance (helas) de triste humeur,
    Je suis prochain d'un perilleux naufrage.   14

XLVII

Donques par toy, mere d'inimitié,
    Source de mal, de toute erreur nourrice,
    Cruelle envie, il faut que je perisse,
    Tu veux fermer donq la voye à pitié?   4
Donq tu des-joins un lien d'amitié,
    Auquel le Ciel s'estoit monstré propice:
    Tu ne veux donq que mon desir jouïsse
    Du doux rencontre en fin de sa moitié.   8
Mais puis qu'au mal d'autrui tu te contentes,
    Contraires soient à toutes tes attentes
    Faveur humaine, et la bonté divine.   11
Et mon dessein tant heureux fruit me rende,
    Qu'à ton mal gré ma moitié condescende
    A r'assembler l'amoureuse Androgine.   14

LXVIII

Au long penser de mes douloureux jours
    En t'adorant, Angeliquement belle,

Je vois, suivant mon erreur naturelle,
Incessamment me perdre en mes discours. 4
Diversement mes pensers prennent cours:
Car travaillé de peine trop cruelle,
Mon esprit, las d'estre en prison mortelle,
Cherche aux Enfers, en Terre et Ciel, secours. 8
Vueillez donq, Dieux, vostre grace m'estendre,
Et me donner quelque raison, pour prendre
Contre tout Philtre amoureux, un Moly: 11
Ou sois pour moy la Nepenthe Deesse,
Salubre au dueil: Ou moy, et ma tristesse
Noye, ô Mort douce, en l'eternel oubli. 14

SECOND LIVRE

VIII

Le fil des ans, la distance lointaine
Par tant d'espace entre nous mesurée:
Ny la douleur de la peine endurée
Cruellement à mon cœur inhumaine: 4
Ny sa rigueur, tant fierement hautaine,
Que l'esperance en est desesperée:
Rendront en rien mon amour empirée,
Mon cœur fragile ou ma foy incertaine. 8
Ny temps, ny lieux, douleur, ny cruauté,
Ny desespoir, feront que sa beauté
Eternizée en moy plus ne m'enchante: 11
Ou que tousjours, de la Magicienne
Qui d'un tret d'œil feit ma liberté sienne,
Mille grandeurs, l'adorant je ne chante. 14

TROISIEME LIVRE

IX

En la froideur de ton cristal gelé,
     En feu vivant dans ma moëlle tendre,
     Tu vaincs Denise, et Olive, et Cassandre,[1]
     Et moy Vandome, Anjou, et le Pulé.[2]   4
C'est trop, ma Nymphe, helas, c'est trop brulé.
     Ce mien, tien cœur, ce mien cœur est en cendre:
     Et cest esprit, que je voulois dependre
     A t'adorer, de moy s'est escoulé.   8
Melline, estrainte en l'amoureux lien,
     Rend plus mielleux l'esprit Catulien[3]
     Au vers mignard de son heureux Baïf.   11
Donq adouci la rigueur qui me touche:
     Car si je voy ta beauté moins farouche,
     Je te peindray d'un pinceau plus naïf.   14

XXXII

Mon œil peu caut beuvant alterément
     D'une beauté l'amoureuse douceur,
     Glissantement m'attira dans le cœur
     Le doux venin d'aggreable tourment.   4
Dans le cœur fut sublimé hautement
     Un esprit, fol d'aveuglée fureur,
     Qui transporté en devoyée erreur
     Contre ma paix m'esmeut mutinement: 8
Mais tout soudain qu'en la beauté divine,
     Qui m'empoisonne, et m'affolle, et mutine,
     J'ay un doux tret, doucement resuccé,   11
Je ne suis plus malade, n'incensé,
     Ny contre moy collerement mutin.
     Oh, rare effect d'un miel Trapesuntin![4]   14

[1] Denise et Cassandre ont été chantées par Ronsard, Olive par Du Bellay et Méline par Baïf.
[2] Le Puley, commune du département de Saône-et-Loire, près de Chalon-sur-Saône.
[3] *Catulien*: de Catulle, poète latin (87-54 av. J.-C.).
[4] Provenant d'une ville de Sicile, Trapani, célèbre pour son miel.

XXXIII

Mon esprit ha heureusement porté
 Au plus beau Ciel sa force outrecuidée,
 Pour s'abbreuver en la plus belle Idée,
 D'où le pourtrait j'ay pris de ta beauté.   4
Heureusement mon cœur s'est enretté
 Dans ta beauté d'un libre œil regardée:
 Et ma foy t'est heureusement gardée,
 Et t'a ma bouche heureusement chanté: 8
Mais si encor heureusement j'espere,
 Qu'en fin ton corps (ô ma divine Sphere)
 Veut asseurer la crainte, qui me touche,   11
J'auray parfait en toy l'heur de ma vie,
 Et toy en moy l'heur d'estre bien servie
 D'esprit, de cœur, d'œil, de foy et de bouche.   14

SONNETS D'AMOUR

VI

Pere du doux repos, Sommeil pere du songe,
 Maintenant que la nuit, d'une grande ombre obscure,
 Faict à cet air serain humide couverture,
 Vien, Sommeil desiré et dans mes yeux te plonge   4
Ton absence, Sommeil, languissamment alonge,
 Et me fait plus sentir la peine que j'endure.
 Viens, Sommeil, l'assoupir et la rendre moins dure,
 Viens abuser mon mal de quelque doux mensonge.   8
Ja le muet Silence un esquadron conduit,
 De fantosmes ballans dessous l'aveugle nuict,
 Tu me dedaignes seul qui te suis tant devot!   11
Vien, Sommeil desiré, m'environner la teste,
 Car, d'un vœu non menteur, un bouquet je t'appreste
 De ta chere morelle, et de ton cher pavot.   14

XIIII

Si celle Deité qui m'a promis sa grace,
    Cruelle maintenant, la me veut refuser
    Et si ma vive foy se voit ore abuser
    Vainement sans effect, sans fruict, sans efficace: 4
Si celle affection qui print en mon cueur place,
    Qui de zele et d'ardeur me peut tant embraser,
    Au lieu d'un pareil feu qu'elle pense attiser
    Ne rencontre qu'un roc froid de neige, et de glace: 8
Et si l'Amour en vous est de si fraisle sorte,
    Qu'à peine encor naissant de soy-mesme il s'avorte,
    Sans laisser de son feu la moins chaude scintille: 11
J'estimeray des Dieux la promesse legere,
    Je croiray que la foy est toute mensongere,
    Et que l'honneste ardeur d'Amour est inutile.   14

IV

LES POÈTES
DE LA PLÉIADE

JOACHIM DU BELLAY
(1522-1560)

Il n'est pas parmi les plus grands, mais parmi les plus chers.
Jacques Rivière

Il naquit au château de la Turmelière, dans la paroisse de Liré. Sa famille était de petite noblesse. Orphelin de bonne heure, élevé par un frère qui néglige son instruction, Du Bellay ne possède pas l'érudition de Ronsard. Il rencontre ce dernier, selon la légende, en 1547, dans une hôtellerie près de Poitiers. Les deux amis deviennent les élèves de Jean Dorat, humaniste et professeur au collège de Coqueret à Paris. Aux environs de Pâques 1549, Du Bellay lance le manifeste de la Pléiade, sa *Deffence et illustration de la langue françoyse* et publie en même temps son premier recueil poétique de *Cinquante sonnetz à la louange de l'Olive*. En 1550 il sort la seconde édition de l'*Olive*, où le nombre des sonnets passe à cent quinze. Il suit en Italie son parent, le cardinal Jean du Bellay, chargé de mission auprès du Saint-Siège à Rome. Bientôt son enthousiasme d'humaniste se transforme en désillusion et en nostalgie de la France. Ce sont ces sentiments personnels qui lui inspirent ses recueils italiens: les *Antiquitez de Rome*, les *Jeux rustiques* et les *Regrets*, tous publiés en 1558. De retour à Paris en 1557, il est accablé de soucis familiaux et de contestations judiciaires. Sa surdité s'aggrave et il meurt d'une attaque à trente-sept ans. Son *Poëte Courtisan*, sorte de testament poétique où il satirise ceux pour qui la littérature n'est qu'un jeu frivole ou un moyen de parvenir, date de 1559.

EDITIONS:
Œuvres poétiques, éd. Henri Chamard, Paris, 1908-1931, 6 vol.
Poésies, éd. Marcel Hervier, Paris, 1954, 5 vol.
Les Regrets et autres oeuvres poëtiques, éd. J. Jolliffe et M. A. Screech, Genève, 1966.
Œuvres poétiques, éd. Daniel Aris et Françoise Jankovsky, Paris, 1993, 2 vol.

A CONSULTER:

Yvonne Bellenger, *Du Bellay, ses Regrets qu'il fit dans Rome*, Paris, 1975.

Georges Cesbon, éd. *Du Bellay: Actes du Colloque International d'Angers*,
    Angers, 1990, 2 vol.

Henri Chamard, *Joachim Du Bellay*, Lille, 1900.

Gilbert Gadoffre, *Du Bellay et le sacre*, Paris, 1978.

Floyd Gray, *La Poétique de Du Bellay*, Paris, 1978.

Robert Griffin, *Coronation of the Poet: Joachim Du Bellay's Debt to the
    Trivium*, University of California Press, 1969.

Josiane Rieu, *L'Esthétique de Du Bellay*, Paris, 1995.

George Hugo Tucker, *The Poet's Odyssey: Joachim Du Bellay and the
    Antiquitez de Rome*, Oxford University Press, 1990.

L'OLIVE

I

Je ne quiers pas la fameuse couronne,
    Sainct ornement du Dieu au chef doré,[1]
    Ou que du Dieu aux Indes adoré
    Le gay chapeau la teste m'environne.[2]   4
Encores moins veulx-je que lon me donne
    Le mol rameau en Cypre decoré:[3]
    Celuy qui est d'Athenes honoré,
    Seul je le veulx, et le Ciel me l'ordonne.[4]   8
O tige heureux, que la sage Déesse[5]
    En sa tutelle et garde a voulu prendre,
    Pour faire honneur à son sacré autel!   11
Orne mon chef, donne moy hardiesse
    De te chanter, qui espere te rendre
    Egal un jour au Laurier immortel.   14

II

D'amour, de grace et de haulte valeur
    Les feux divins estoient ceinctz, et les cieulx
    S'estoient vestuz d'un manteau precieux
    A raiz ardens, de diverse couleur.   4

[1] La couronne de laurier d'Apollon.
[2] La couronne de lierre de Bacchus.
[3] Le myrte, consacré à Vénus.
[4] L'olivier.
[5] L'olivier était consacré à Pallas.

Tout estoit plein de beauté, de bonheur,
    La mer tranquille, et le vent gracieulx,
    Quand celle la naquit en ces bas lieux,
    Qui a pillé du monde tout l'honneur.[6]   8
Ell' prist son teint des beaux lyz blanchissans,
    Son chef de l'or, ses deux levres des rozes,
    Et du soleil ses yeux resplandissans: 11
Le ciel usant de liberalité
    Mist en l'esprit ses semences encloses,
    Son nom des Dieux prist l'immortalité.   14

X

Ces cheveux d'or sont les liens, Madame,
    Dont fut premier ma liberté surprise,
    Amour la flamme autour du cœur eprise,
    Ces yeux le traict qui me transperse l'ame,   4
Fors sont les neudz, apre et vive la flamme,
    Le coup, de main à tyrer bien apprise,
    Et toutesfois j'ayme, j'adore et prise
    Ce qui m'estraint, qui me brusle et entame   8
Pour briser donq, pour esteindre et guerir
    Ce dur lien, ceste ardeur, ceste playe,
    Je ne quier fer, liqueur ny medecine: 11
L'heur et plaisir que ce m'est de perir
    De telle main, ne permect que j'essaye
    Glayve trenchant, ny froydeur, ny racine.   14

XI

Des ventz emeuz la raige impetueuse
    Un voyle noir etendoit par les cieux,
    Qui l'orizon jusqu'aux extremes lieux
    Rendoit obscur, et la mer fluctueuse.   4
De mon soleil la clarté radieuse
    Ne daignoit plus aparoitre à mes yeulx,
    Ains m'annonçoient les flotz audacieux
    De tous costez une mort odieuse.   8

[6] Olive.

Une peur froide avoit saisi mon ame
    Voyant ma nef en ce mortel danger,
    Quand de la mer la fille je reclame,   11
Lors tout soudain je voy' le ciel changer,
    Et sortir hors de leurs nubileux voyles
    Ces feux jumeaux, mes fatales etoiles.[7]   14

XXVI

La nuit m'est courte, et le jour trop me dure,
    Je fuy l'amour, et le suy' à la trace,
    Cruel me suis, et requier' vostre grace,
    Je pren' plaisir au torment que j'endure.   4
Je voy' mon bien, et mon mal je procure,
    Desir m'enflamme, et crainte me rend glace,
    Je veux courir, et jamais ne deplace,
    L'obscur m'est cler, et la lumiere obscure.   8
Votre je suis, et ne puis estre mien,
    Mon corps est libre, et d'un etroit lien
    Je sen' mon cœur en prison retenu.   11
Obtenir veux, et ne puis requerir,
    Ainsi me blesse, et ne me veult guerir
    Ce vieil enfant, aveugle archer, et nu.   14

XXXII

Tout ce qu'icy la Nature environne,
    Plus tost il naist, moins longuement il dure.
    Le gay printemps s'enrichist de verdure,
    Mais peu fleurist l'honneur de sa couronne.   4
L'ire du ciel facilement etonne
    Les fruicts d'esté, qui craignent la froidure:
    Contre l'hiver ont l'ecorce plus dure
    Les fruicts tardifs, ornement de l'autonne.   8
De ton printemps les fleurettes seichées

[7] Les yeux de sa dame qu'il compare à Castor et Pollux, constellation des Gémeaux qui annonçait le beau temps aux navigateurs.

Seront un jour de leur tige arrachées,
   Non la vertu, l'esprit et la raison.   11
A ces doulx fruicts, en toy meurs devant l'aage,
   Ne faict l'este ny l'autonne dommage,
   Ny la rigueur de la froide saison.   14

XLV

Ores qu'en l'air le grand Dieu du tonnerre[8]
   Se rue au seing de son epouse aymée,
   Et que de fleurs la nature semée
   A faict le ciel amoureux de la terre: 4
Or' que des ventz le gouverneur desserre
   Le doux Zephire, et la forest armée
   Voit par l'épaiz de sa neuve ramée
   Maint libre oiseau, qui de tous coutez erre: 8
Je vois faisant un cry non entendu
   Entre les fleurs du sang amoureux nées[9]
   Pasle, dessoubz l'arbre pasle etendu: 11
Et de son fruict amer me repaissant,
   Aux plus beaux jours de mes verdes années
   Un triste hiver sen' en moy renaissant.   14

LXXXIII

Deja la nuit en son parc amassoit
   Un grand troupeau d'etoiles vagabondes,
   Et pour entrer aux cavernes profondes
   Fuyant le jour, ses noirs chevaulx chassoit: 4
Deja le ciel aux Indes rougissoit,
   Et l'Aulbe encor' de ses tresses tant blondes
   Faisant gresler mile perlettes rondes,
   De ses thresors les prez enrichissoit: 8
Quand d'occident, comme une etoile vive,
   Je vy sortir dessus ta verde rive,
   O fleuve mien![10] une Nymphe en rient.   11

[8] Jupiter.
[9] Les roses, nées du sang d'Adonis.
[10] Son petit Liré?

Alors voyant cete nouvelle Aurore,
    Le jour honteux d'un double teint colore
    Et l'Angevin et l'Indique orient.   14

XCVII

Qui a peu voir la matinale rose
    D'une liqueur celeste emmïellée,
    Quand sa rougeur de blanc entremeslée
    Sur le naïf de sa branche repose: 4
Il aura veu incliner toute chose
    A sa faveur: le pié ne l'a foulée,
    La main encor' ne l'a point violée,
    Et le troupeau aprocher d'elle n'ose.   8
Mais si elle est de sa tige arrachée,
    De son beau teint la frescheur dessechée
    Pert la faveur des hommes et des Dieux.   11
Helas! on veult la mienne devorer:
    Et je ne puis, que de loing, l'adorer
    Par humbles vers (sans fruit) ingenieux.   14

CXIII

Si nostre vie est moins qu'une journée
    En l'eternel, si l'an qui faict le tour
    Chasse noz jours sans espoir de retour,
    Si perissable est toute chose née,   4
Que songes-tu, mon ame emprisonnée?[11]
    Pourquoy te plaist l'obscur de nostre jour
    Si pour voler en un plus cler sejour,
    Tu as au dos l'aele bien empanée?   8
Là, est le bien que tout esprit desire,
    Là, le repos où tout le monde aspire,
    Là, est l'amour, là, le plaisir encore.   11
Là, ô mon ame au plus hault ciel guidée!
    Tu y pouras recongnoistre l'Idée[12]
    De la beauté, qu'en ce monde j'adore.   14

[11] Dans la prison du corps.
[12] L'Etre dont les beautés terrestres ne sont que le reflet, selon Platon.

ANTIQUITEZ DE ROME

III

Nouveau venu, qui cherches Rome en Rome,
     Et rien de Rome en Rome n'apperçois,
     Ces vieux palais, ces vieux arcz que tu vois,
     Et ces vieux murs, c'est ce que Rome on nomme.   4
Voy quel orgueil, quelle ruine: et comme
     Celle qui mist le monde sous ses loix,
     Pour donter tout, se donta quelquefois,
     Et devint proye au temps, qui tout consomme.   8
Rome de Rome est le seul monument,
     Et Rome Rome a vaincti seulement.
     Le Tybre seul, qui vers la mer s'enfuit,   11
Reste de Rome. O mondaine inconstance!
     Ce qui est ferme, est par le temps destruit,
     Et ce qui fuit, au temps fait resistance.   14

VI

Telle que dans son char la Berecynthienne[13]
     Couronnee de tours, et joyeuse d'avoir
     Enfanté tant de Dieux, telle se faisoit voir
     En ses jours plus heureux ceste ville ancienne: 4
Ceste ville, qui fut plus que la Phrygienne[14]
     Foisonnante en enfans, et de qui le pouvoir
     Fut le pouvoir du monde, et ne se peult revoir
     Pareille à sa grandeur, grandeur sinon la sienne.   8
Rome seule pouvoit à Rome ressembler,
     Rome seule pouvoit Rome faire trembler:
     Aussi n'avoit permis l'ordonnance fatale   11
Qu'autre pouvoir humain, tant fust audacieux,

---

[13] Cybèle, mère des dieux.
[14] Troie.

Se vantast d'égaler celle qui fit égale
Sa puissance à la terre et son courage aux cieux.   14

XVIII

Ces grands monceaux pierreux, ces vieux murs que tu vois,
    Furent prernierement le cloz d'un lieu champestre:
    Et ces braves palais, dont le temps s'est fait maistre,
    Cassines de pasteurs ont esté quelquefois.   4
Lors prindrent les bergers les ornemens des Roys,[15]
    Et le dur laboureur de fer arma sa dextre:
    Puis l'annuel pouvoir le lus grand se vid estre,[16]
    Et fut encor plus grand le pouvoir de six mois:[17]   8
Qui, fait perpetuel, creut en telle puissance,
    Que l'aigle Imperial de luy print sa naissance:
    Mais le Ciel s'opposant à tel accroissement,   11
Mist ce pouvoir es mains du successeur de Pierre,[18]
    Qui sous nom de pasteur, fatal à ceste terre,
    Monstre que tout retourne à son commencement.   14

XXX

Comme le champ semé en verdure foisonne
    De verdure se haulse en tuyau verdissant,
    Du tuyau se herisse en epic florissant,
    D'epic jaunit en grain, que le chaud assaisonne: 4
Et comme en la saison le rustique moissonne
    Les ondoyans cheveux du sillon blondissant,
    Les met d'ordre en javelle, et du blé jaunissant
    Sur le champ despouillé mille gerbes façonne: 8
Ainsi de peu à peu creut l'empire Romain,
    Tant qu'il fut despouillé par la Barbare main,
    Qui ne laissa de luy que ces marques antiques,   11
Que chacun va pillant: comme on void le gleneur
    Cheminant pas à pas recueillir les reliques
    De ce qui va tumbant apres le moissonneur.   14

[15] La monarchie.
[16] Le consulat.
[17] La dictature.
[18] Le pape.

XXXII

Esperez vous que la posterité
    Doive (mes vers) pour tout jamais vous lire?
    Esperez vous que l'œuvre d'une lyre
    Puisse acquerir telle immortalité?   4
Si sous le ciel fust quelque eternité,
    Les monuments que je vous ay fait dire,
    Non en papier, mais en marbre et porphyre,
    Eussent gardé leur vive antiquité.   8
Ne laisse pas toutefois de sonner,
    Luth, qu'Apollon m'a bien daigné donner:
    Car si le temps ta gloire ne desrobbe,   11
Vanter te peux, quelque bas que tu sois,
    D'avoir chanté, le premier des François,
    L'antique honneur du peuple à longue robbe.[19]   14

LES REGRETS

I

Je ne veulx point fouiller au sein de la nature,
    Je ne veulx point chercher l'esprit de l'univers,
    Je ne veulx point sonder les abysmes couvers,
    Ny desseigner du ciel la belle architecture.   4
Je ne peins mes tableaux de si riche peinture,
    Et si hauts argumens ne recherche à mes vers:
    Mais suivant de ce lieu les accidents divers,
    Soit de bien, soit de mal, j'escris à l'adventure.   8
Je me plains à mes vers, si j'ay quelque regret:
    Je me ris avec eulx, je leur dy mon secret,
    Comme estans de mon cœur les plus seurs secretaires.   11
Aussi ne veulx-je tant les pigner et friser,

---

[19] Les Romains. Le poète se vante de la nouveauté de son thème.

Et de plus braves noms ne les veulx deguiser
Que de papiers journaux ou bien de commentaires.   14

II

Un plus sçavant que moy (Paschal)[20] ira songer
   Aveques l'Ascrean dessus la double cyme:[21]
   Et pour estre de ceulx dont on fait plus d'estime,
   Dedans l'onde au cheval[22] tout nud s'ira plonger.   4
Quant à moy, je ne veulx, pour un vers allonger,
   M'accoursir le cerveau: ny pour polir ma ryme,
   Me consumer l'esprit d'une songneuse lime,
   Frapper dessus ma table ou mes ongles ronger.   8
Aussi veulx-je (Paschal) que ce que je compose
   Soit une prose en ryme ou une ryme en prose,
   Et ne veulx pour cela le laurier meriter.   11
Et peult estre que tel se pense bien habile,
   Qui trouvant de mes vers la ryme si facile,
   En vain travaillera, me voulant imiter.   14

III

N'estant, comme je suis, encor' exercité
   Par tant et tant de maux au jeu de la Fortune,
   Je suivois d'Apollon la trace non commune,
   D'une saincte fureur sainctement agité.[23]   4
Ores ne sentant plus ceste divinité,
   Mais picqué du souci qui fascheux m'importune,
   Une adresse j'ay pris beaucoup plus opportune
   A qui se sent forcé de la necessité.   8
Et c'est pourquoy (Seigneur) ayant perdu la trace
   Que suit vostre Ronsard par les champs de la Grace,
   Je m'adresse où je voy le chemin plus batu: 11
Ne me bastant le cœur, la force, ny l'haleine,

---

[20] Pierre de Paschal, ami de Ronsard et d'autres poètes de la Pléiade.
[21] Hésiode, natif d'Ascra, village de Béotie au pied de l'Hélicon, mont à "double cyme" consacré aux Muses.
[22] L'Hippocrène jaillit aux flancs de l'Hélicon d'un coup de sabot du cheval Pégase.
[23] Il s'agit de la "fureur poétique."

De suivre, comme luy, par sueur et par peine,
Ce penible sentier qui meine à la vertu.[24]   14

IV

Je ne veulx fueilleter les exemplaires Grecs,
Je ne veulx retracer les beaux traicts d'un Horace,
Et moins veulx-je imiter d'un Petrarque la grace,
Ou la voix d'un Ronsard, pour chanter mes Regrets.   4
Ceulx qui sont de Phœbus vrais poëtes sacrez
Animeront leurs vers d'une plus grand' audace:
Moy, qui suis agité d'une fureur plus basse,
Je n'entre si avant en si profonds secretz.   8
Je me contenteray de simplement escrire
Ce que la passion seulement me fait dire,
Sans rechercher ailleurs plus graves argumens.   11
Aussi n'ay-je entrepris d'imiter en ce livre
Ceulx qui par leurs escripts se vantent de revivre
Et se tirer tous vifs dehors des monumens.[25]   14

VI

Las, où est maintenant ce mespris de Fortune?
Où est ce cœur vainqueur de toute adversité,
Cest honneste desir de l'immortalité,
Et ceste honneste flamme au peuple non commune?   4
Où sont ces doulx plaisirs, qu'au soir soubs la nuict brune
Les Muses me donnoient, alors qu'en liberté
Dessus le verd tapy d'un rivage esquarté
Je les menois danser aux rayons de la Lune?   8
Maintenant la Fortune est maistresse de moy,
Et mon cœur, qui souloit estre maistre de soy,
Est serf de mille maux et regrets qui m'ennuyent.   11
De la posterité je n'ay plus de souci,

---

[24] Voir Hésiode, *Les Travaux et les jours*, 289-292, pour le mythe du Mont et du Temple de Vertu.
[25] Se rendre immortels par leur poésie. Voir Horace, "Exegi monumentum aere perennius" *Odes*, III, 30.

Ceste divine ardeur, je ne l'ay plus aussi,
Et les Muses de moy, comme estranges, s'enfuyent.   14

IX

France, mere des arts, des armes et des loix,
Tu m'as nourry long temps du laict de ta mamelle:
Ores, comme un aigneau qui sa nourrisse appelle,
Je remplis de ton nom les antres et les bois.   4
Si tu m'as pour enfant advoué quelquefois,
Que ne me respons-tu maintenant, ô cruelle?
France, France, respons à ma triste querelle.
Mais nul, sinon Echo, ne respond à ma voix.   8
Entre les loups cruels j'erre parmy la plaine,
Je sens venir l'hyver, de qui la froide haleine
D'une tremblante horreur fait herisser ma peau.   11
Las, tes autres aigneaux n'ont faute de pasture,
Ils ne craignent le loup, le vent ny la froidure:
Si ne suis-je pourtant le pire du troppeau.[26]   14

– XIII

Maintenant je pardonne à la doulce fureur
Qui m'a fait consumer le meilleur de mon aage,
Sans tirer autre fruict de mon ingrat ouvrage
Que le vain passetemps d'une si longue erreur.   4
Maintenant je pardonne à ce plaisant labeur,
Puis que seul il endort le souci qui m'oultrage,
Et puis que seul il fait qu'au milieu de l'orage,
Ainsi qu'auparavant, je ne tremble de peur.   8
Si les vers ont esté l'abus de ma jeunesse,
Les vers seront aussi l'appuy de ma vieillesse,
S'ils furent ma folie, ils seront ma raison,   11
S'ils furent ma blesseure, ils seront mon Achille,[27]
S'ils furent mon venim, le scorpion utile
Qui sera de mon mal la seule guerison.[28]   14

[26] C'est-à-dire, des poètes de France.
[27] La lance d'Achille avait blessé Télèphe; seule la rouille de cette lance pouvait le guérir.
[28] Selon Pline, le scorpion guérissait sa propre morsure.

XVI

Ce pendant que Magny[29] suit son grand Avanson,[30]
    Panjas[31] son Cardinal, et moy le mien encore,[32]
    Et que l'espoir flateur, qui noz beaux ans devore,
    Appaste noz desirs d'un friand hamesson,   4
Tu[33] courtises les Roys, et d'un plus heureux son
    Chantant l'heur de Henry,[34] qui son siecle decore,
    Tu t'honores toymesme, et celuy qui honore
    L'honneur que tu luy fais par ta docte chanson.   8
Las, et nous ce pendant nous consumons nostre aage
    Sur le bord incogneu d'un estrange rivage,[35]
    Où le malheur nous fait ces tristes vers chanter: 11
Comme on void quelquefois, quand la mort les appelle
    Arrangez flanc à flanc parmy l'herbe nouvelle,
    Bien loing sur un estang trois cygnes lamenter.   14

XXI

Conte,[36] qui ne fis onc compte de la grandeur,
    Ton Dubellay n'est plus: ce n'est plus qu'une souche,
    Qui dessus un ruisseau d'un doz courbé se couche,
    Et n'a plus rien de vif, qu'un petit de verdeur.   4
Si j'escry quelquefois, je n'escry point d'ardeur,
    J'escry naïvement tout ce qu'au cœur me touche,
    Soit de bien, soit de mal, comme il vient à la bouche,
    En un stile aussi lent que lente est ma froideur.   8
Vous autres ce pendant, peintres de la nature,
    Dont l'art n'est pas enclos dans une protraiture,
    Contrefaites des vieux les ouvrages plus beaux.   11
Quant à moy, je n'aspire à si haulte louange,
    Et ne sont mes protraits aupres de voz tableaux,
    Non plus qu'est un Janet[37] aupres d'un Michelange.   14

[29] Olivier de Magny.
[30] Jean de Saint-Marcel, seigneur d'Avanson, ambassadeur de France à Rome.
[31] Jean de Pardeillon, protonotaire de Panjas, secrétaire du cardinal d'Armagnac.
[32] Jean du Bellay.
[33] Ronsard.
[34] Henri II, roi de France (1547-1559).
[35] A Rome.
[36] Nicolas Denisot qui se faisait appeler le Comte d'Alsinois (anagramme de son nom).
[37] François Clouet (dit Janet), célèbre peintre de portraits.

XXXI

Heureux qui, comme Ulysse, a fait un beau voyage,
        Ou comme cestuy là qui conquist la toison,[38]
        Et puis est retourné, plein d'usage et raison,
        Vivre entre ses parents le reste de son aage!   4
Quand revoiray-je, helas, de mon petit village
        Fumer la cheminee, et en quelle saison
        Revoiray-je le clos de ma pauvre maison,
        Qui m'est une province, et beaucoup d'avantage?   8
Plus me plaist le sejour qu'ont basty mes ayeux,
        Que des palais Romains le front audacieux:
        Plus que le marbre dur me plaist l'ardoise fine,   11
Plus mon Loyre Gaulois que le Tybre Latin,
        Plus mon petit Lyré que le mont Palatin,
        Et plus que l'air marin la douceur Angevine.   14

LXXXVI

Marcher d'un grave pas et d'un grave sourci,
        Et d'un grave soubriz à chascun faire feste,
        Balancer tous ses mots, respondre de la teste,
        Avec un *Messer non*, ou bien un *Messer si*: [39]   4
Entremesler souvent un petit *Et cosi* [40]
        Et d'un *son Servitor*'[41] contrefaire l'honneste,
        Et, comme si lon eust sa part en la conqueste,
        Discourir sur Florence, et sur Naples aussi: 8
Seigneuriser chascun d'un baisement de main,
        Et suivant la façon du courtisan Romain,
        Cacher sa pauvreté d'une brave apparence: 11
Voila de ceste Court[42] la plus grande vertu,
        Dont souvent mal monté, mal sain, et mal vestu,
        Sans barbe[43] et sans argent on s'en retourne en France.   14

[38] Jason.
[39] Non, Messire.—Oui, Messire.
[40] Et ainsi?
[41] Je suis votre serviteur.
[42] La Cour papale.
[43] Une des suites de la pelade.

CXXXVI

Je les ay veuz[44] (Bizet) et si bien m'en souvient,
    J'ay veu dessus leur front la repentance peinte,
    Comme on void ces esprits qui là bas font leur plainte,
    Ayant passé le lac d'où plus on ne revient.[45]   4
Un croire de leger[46] les fols y entretient
    Sous un pretexte faulx de liberté contrainte:
    Les coulpables fuitifz[47] y demeurent par crainte,
    Les plus fins et rusez honte les y retient.   8
Au demeurant (Bizet) l'avarice et l'envie,
    Et tout cela qui plus tormente nostre vie,
    Domine en ce lieu là plus qu'en tout autre lieu.   11
Je ne veis onques tant l'un l'autre contre-dire,
    Je ne veis onques tant l'un de l'autre mesdire:
    Vray est que, comme icy, lon n'y jure point Dieu.   14

LES AMOURS

XVII

Le Ciel ne pouvoit mieulx nous monstrer son sçavoir
    Qu'en vous formant, Madame, et si sage et si belle,
    Et qu'en vous departant de grace naturelle
    Autant qu'une Deesse en pourroit mesme avoir.   4
Mais si vous faisant telle, au monde il a fait voir
    En un subject mortel sa puissance immortelle,
    Vous reserrant ainsi en prison si cruelle,
    Il a fait son envie esgalle à son pouvoir.   8
Las qu'est-ce que j'ay dict? ce n'est pas par envie
    Que vostre liberté le Ciel vous a ravie,
    Plustost pour nostre bien il vous cache à noz yeux.   11

[44] Les Genevois.
[45] Le Styx, d'où l'on ne revient pas quand on l'a traversé.
[46] A la légère.
[47] Fugitifs.

Car qui verroit de pres vostre celeste face
    Feroit son Paradis en ceste terre basse,
    Et ne voudroit jamais l'aller cercher aux Cieux.   14

XX

Je ne souhaitte point me pouvoir transformer,
    Comme feit Jupiter en pluye jaunissante,[48]
    Pour escouler en vous d'une trace glissante
    Cest ardeur qui me faict en cendres consommer.   4
L'or peult un huis de fer (ce dit on) deffermer,
    Et sa force est trop plus que la foudre puissante:
    Sa force donte tout: mais elle est languissante
    Contre un cœur qui pour l'or n'est appris à aymer.   8
Je souhaitte plustost pour voir ce beau visage
    Où le ciel a posé son plus parfaict ouvrage,
    L'anneau qui feit en Roy transformer un Berger.[49]   11
Car je ne voudrois pas, vous ayant favorable,
    Changer ma pauvreté en un sceptre honorable,
    Non pas mesmes au Ciel ma fortune changer.   14

VERS LYRIQUES

Du Retour du printens
A JAN D'ORAT[50]

De l'hyver la triste froydure
Va sa rigueur adoucissant,
Et des eaux l'ecorce tant dure
Au doulx zephire amolissant.   4
    Les oyzeaux par les boys
    Ouvrent à cete foys
    Leurs gosiers etreciz,   7
    Et plus soubz durs glassons

---

[48] Pour séduire Danaé.
[49] L'anneau de Gygès, qui le rendait invisible et grâce auquel il put assassiner son roi pour lui succéder.
[50] Jean Dorat (1508-1588), précepteur de Du Bellay et de Ronsard.

Ne sentent les poissons
Leurs manoirs racourciz.   10

La froide humeur des montz chenuz
Enfle deja le cours des fleuves,
Deja les cheveux sont venuz
Aux forestz si longuement veufves.   14
    La terre au ciel riant
    Va son teint variant
    De mainte couleur vive: 17
    Le ciel (pour luy complaire)
    Orne sa face claire
    De grand' beauté nayve.   20

Venus ose ja sur la brune
Mener danses gayes et cointes
Aux pasles rayons de la lune,
Ses Graces aux Nymphes bien jointes.   24
    Maint Satyre outraigeux,
    Par les boys umbraigeux,
    Ou du haut d'un rocher,   27
    (Quoy que tout brusle et arde)
    Estonné les regarde,
    Et n'en ose approcher.   30

Or' est tens que lon se couronne
De l'arbre à Venus consacré,[51]
Ou que sa teste on environne
Des fleurs qui viennent de leur gré.   34
    Qu'on donne au vent aussi
    Cest importun soucy,
    Qui tant nous fait la guerre: 37
    Que lon voyse sautant,
    Que lon voyse hurtant
    D'un pié libre la terre.   40

Voicy, deja l'eté qui tonne
Chasse le peu durable ver,
L'eté le fructueux autonne,
L'autonne le frilleux hyver.   44
    Mais les lunes volaiges
    Ces celestes dommaiges
    Reparent: et nous hommes,   47

---

[51] Le myrte.

Quand descendons aux lieux
De noz ancestres vieux,
Umbre et poudre nous sommes.   50

Pourquoy doncq' avons-nous envie
Du soing qui les cœurs ronge et fend?
Le terme bref de notre vie
Long espoir nous deffent.[52]   54
    Ce que les destinées
    Nous donnent de journées,
    Estimons que c'est gaing.   57
    Que scais-tu si les Dieux
    Ottroyront à tes yeux
    De voir un lendemain?   60

Dy à ta lyre qu'elle enfante
Quelque vers, dont le bruyt soit tel,
Que ta Vienne à jamais se vante
Du nom de Dorat immortel.[53]   64
    Ce grand tour violant
    De l'an leger-volant
    Ravist et jours et moys: 67
    Non les doctes ecriz,
    Qui sont de noz esprits
    Les perdurables voix.   70

DIVERS *JEUX RUSTIQUES*

III

D'un vanneur de ble, aux vents

A vous troppe legere,
Qui d'aele passagere
Par le monde volez,   3
Et d'un sifflant murmure
L'ombrageuse verdure
Doulcement esbranlez,   6

[52] Vers défectueux.
[53] Dorat naquit à Limoges, sur la Vienne.

J'offre ces violettes,
Ces lis, et ces fleurettes,
Et ces roses icy,   9
Ces vermeillettes roses,
Tout freschement écloses,
Et ces œilletz aussi.   12

De vostre doulce halaine
Eventez ceste plaine,
Eventez ce sejour: 15
Ce pendant que j'ahanne
A mon blé, que je vanne
A la chaleur du jour.   18

I V

A Cerés, à Bacchus et à Palés

Cerés d'espicz je couronne,
Ce pampre à Bacchus je donne,
Je donne à Palés la grande
Deux potz de laict pour offrande: 4
Afin que Cerés la blonde
Rende la plaine feconde,
Bacchus à la vigne rie,
Et Palés à la prairie.   8

V

Sur le mesme subject

De fleurs, d'espics, de pampre je couronne
    Palés, Cerés, Bacchus: à fin qu'icy
    Le pré, le champ, et le terroy aussy
    En fein,[54] en grain, en vandange foisonne.   4
De chault, de gresle, et de froid qui estonne
    L'herbe, l'espic, le sep, n'ayons soucy:
    Aux fleurs, aux grains, aux raysins adoulcy
    Soit le printemps, soit l'aesté, soit l'autonne.   8

[54] Foin.

Le bœuf, l'oyseau, la chevre ne devore
L'herbe, le blé, ny le bourgeon encore.
    Faucheurs, coupeurs, vandangeurs, louez donques   11
Le pré, le champ, le vignoble Angevin:
    Granges, greniers, celiers on ne vid onques
    Si pleins de fein, de froument, et de vin.   14

Contre les Petrarquistes

J'ay oublié l'art de Petrarquizer,
Je veulx d'Amour franchement deviser,
Sans vous flatter, et sans me deguizer:
    Ceulx qui font tant de plaintes,   4
N'ont pas le quart d'une vraye amitié,
Et n'ont pas tant de peine la moitié,
Comme leurs yeux, pour vous faire pitié,
    Jettent de larmes feintes.   8

Ce n'est que feu de leurs froides chaleurs
Ce n'est qu'horreur de leurs feintes douleurs,
Ce n'est encor' de leurs souspirs et pleurs
    Que vents, pluye et orages: 12
Et bref, ce n'est à ouir leurs chansons,
De leurs amours que flammes et glaçons,
Flesches, liens, et mille autres façons
    De semblables oultrages.   16

De voz beautez, ce n'est que tout fin or,
Perles, crystal, marbre, et ivoyre encor,
Et tout l'honneur de l'Indique thresor,
    Fleurs, lis, œillets et roses: 20
De voz doulceurs ce n'est que sucre et miel,
De voz rigueurs n'est qu'aloës et fiel,
De voz esprits, c'est tout ce que le ciel
    Tient de graces encloses.   24

Puis tout soudain ilz vous font mille tors,
Disant, que voir voz blonds cheveux retors,
Voz yeux archers, autheurs de mille mors,
    Et la forme excellente   28
De ce que peult l'accoustrement couver,
Diane en l'onde il vaudroit mieux trouver,

Ou voir Meduze, ou au cours s'esprouver
    Avecques Atalante.   32

S'il fault parler de vostre jour natal,
Vostre ascendant heureusement fatal
De vostre chef écarta tout le mal
    Qui aux humains peult nuire.   36
Quant au trepas, sça' vous quand ce sera
Que vostre esprit le monde laissera?
Ce sera lors que la hault on voyra
    Un nouvel Astre luire.   40

Si pour sembler autre que je ne suis,
Je me plaisois à masquer mes ennuis,
J'irois au fond des eternelles nuictz
    Plein d'horreur inhumaine: 44
Là d'un Sisyphe, et là d'un Ixion
J'esprouverois toute l'affliction,
Et l'estomac qui pour punition
    Vit et meurt à sa peine.   48

De voz beautez, sça' vous que j'en dirois?
De voz deux yeux deux astres je ferois,
Voz blonds cheveux en or je changerois,
    Et voz mains en ivoyre: 52
Quant est du teinct, je le peindrois trop mieux
Que le matin ne colore les cieux:
Bref, vous seriez belles comme les Dieux,
    Si vous me vouliez croire.   56

Mais cest Enfer de vaines passions,
Ce Paradis de belles fictions,
Deguizemens de noz affections,
    Ce sont peinctures vaines: 60
Qui donnent plus de plaisir aux lisans
Que voz beautez à tous voz courtisans,
Et qu'au plus fol de tous ces bien-disans
    Vous ne donnez de peines.   64

Voz beautez donq' leur servent d'argumens,
Et ne leur fault de meilleurs instrumens,
Pour les tirer tous vifs des monumens:[55]
    Aussi, comme je pense,   68

[55] Se rendre immortels par leur poésie.

Sans qu'autrement vous les recompensez
De tant d'ennuis mieux escrits que pensez,
Amour les a de peine dispensez,
    Et vous de recompense.   72

Si je n'ay peingt les miens dessus le front,
Et les assaults que voz beautez me font,
Si sont-ilz bien gravez au plus profond
    De ma volunté franche: 76
Non comme un tas de vains admirateurs,
Qui font ainsi par leurs souspirs menteurs
Et par leurs vers honteusement flateurs
    Rougir la carte blanche.   80

Il n'y a roc qui n'entende leur voix,
Leurs piteux cris ont faict cent mille fois
Pleurer les monts, les plaines et les bois,
    Les antres et fonteines: 84
Bref, il n'y a ny solitaires lieux,
Ny lieux hantez, voyre mesmes les cieux,
Qui ça et là ne montrent à leurs yeux
    L'image de leurs peines.   88

Cestuy-la porte en son cueur fluctueux
De l'Océan les flots tumultueux,
Cestuy l'horreur des vents impetueux
    Sortans de leur caverne: 92
L'un d'un Caucase et Montgibel se plaingt,[56]
L'autre en veillant plus de songes se peingt,
Qu'il n'en fut onq' en cest orme, qu'on feinct
    En la fosse d'Averne.   96

Qui contrefaict ce Tantale mourant
Bruslé de soif au milieu d'un torrent:
Qui repaissant un aigle devorant,
    S'accoustre en Promethee: 102
Et qui encor' par un plus chaste vœu,
En se bruslant, veult Hercule estre veu,
Mais qui se mue en eau, air, terre et feu,
    Comme un second Protee.   104

L'un meurt de froid, et l'autre meurt de chault,
L'un vole bas, et l'autre vole hault,

---

[56] Se plaint de souffrir comme Prométhée et comme Encelade.

L'un est chetif, l'autre a ce qu'il luy fault,
    L'un sur l'esprit se fonde,   108
L'autre s'arreste à la beauté du corps:
On ne vid onq' si horribles discords
En ce cahos, qui troubloit les accords
    Dont fut basty le monde.   112

Quelque autre apres, ayant subtilement
Trouvé l'accord de chacun element,
Façonne un rond tendant egalement
    Au centre de son ame: [57]   116
Son firmament est peinct sur un beau front,
Tous ses desirs sont balancez en rond,
Son pole Artiq' et Antartiq', ce sont
    Les beaux yeux de sa Dame.   120

Cestuy, voulant plus simplement aymer,
Veult un Properce et Ovide exprimer,
Et voudroit bien encor' se transformer
    En l'esprit d'un Tibulle: 124
Mais cestuy-la, comme un Petrarque ardent,
Va son amour et son style fardant,
Cest autre apres va le sien mignardant,
    Comme un second Catulle.   128

Quelque autre encor' la terre dedaignant
Va du tiers ciel les secrets enseignant,
Et de l'Amour, où il se va baignant,
    Tire une quinte essence:[58]   132
Mais quant à moy, qui plus terrestre suis,
Et n'ayme rien, que ce qu'aymer je puis,
Le plus subtil, qu'en amour je poursuis,
    S'appelle jouissance.   136

Je ne veulx point sçavoir si l'amitié
Prit du facteur, qui jadis eut pitié
Du pauvre Tout fendu par la moitié,
    Sa celeste origine: [59]   140
Vous souhaitter autant de bien qu'à moy,
Vous estimer autant comme je doy,

---

[57] *Le rond*: image de la perfection.
[58] Substance éthérée que certains physiciens antiques ajoutaient aux quatres éléments d'Empédocle.
[59] Allusion au mythe de l'Androgyne.

Avoir de vous le loier de ma foy,
Voila mon Androgyne.   144

Noz bons Ayeulx, qui cest art demenoient,
Pour en parler, Petrarque n'apprenoient,
Ains franchement leur Dame entretenoient
    Sans fard ou couverture: 148
Mais aussi tost qu'Amour s'est faict sçavant,
Luy, qui estoit François au paravant,
Est devenu flatteur et decevant,
    Et de Thusque[60] nature.   152

Si vous trouvez quelque importunité
En mon amour, qui vostre humanité
Prefere trop à la divinité
    De voz graces cachees,   156
Changez ce corps, object de mon ennuy:
Alors je croy que de moy ny d'autruy,
Quelque beauté que l'esprit ait en luy,
    Vous ne serez cherchees.   160

Et qu'ainsi soit, quand les hyvers nuisans
Auront seiché la fleur de voz beaux ans,
Ridé ce marbre, esteinct ces feuz luisans,
    Quand vous voirez encore   164
Ces cheveux d'or en argent se changer,
De ce beau sein l'ivoyre s'allonger,
Ces lis fanir, et de vous s'estranger
    Ce beau teinct de l'Aurore,   168

Qui pensez vous qui vous aille chercher,
Qui vous adore, ou qui daigne toucher
Ce corps divin, que vous tenez tant cher?
    Vostre beauté passee   172
Ressemblera un jardin à noz yeux
Riand naguere aux hommes et aux Dieux,
Ores faschant de son regard les cieux
    Et l'humaine pensee.   176

N'attendez donq' que la grand' faux du Temps
Moissonne ainsi la fleur de voz printemps,
Qui rend les Dieux et les hommes contents:
    Les ans, qui peu sejournent,   180

---

[60] De Toscane: italienne.

Ne laissent rien, que regrets et souspirs,
Et empennez de noz meilleurs desirs,
Avecques eux emportent noz plaisirs,
    Qui jamais ne retournent.   184

Je ry souvent, voiant pleurer ces fouls,
Qui mille fois voudroient mourir pour vous,
Si vous croyez de leur parler si doulx
    Le parjure artifice: 188
Mais quant à moy, sans feindre ny pleurer,
Touchant ce poinct, je vous puis asseurer,
Que je veulx sain et dispos demeurer,
    Pour vous faire service.   192

De voz beautez je diray seulement,
Que si mon œil ne juge folement,
Vostre beauté est joincte egalement
    A vostre bonne grace: 196
De mon amour, que mon affection
Est arrivee à la perfection
De ce qu'on peult avoir de passion
    Pour une belle face.   200

Si toutefois Petrarque vous plaist mieux,
Je reprendray mon chant melodieux,
Et voleray jusqu'au sejour des Dieux
    D'une aele mieux guidee: 204
Là dans le sein de leurs divinitez
Je choisiray cent mille nouveautez,
Dont je peindray voz plus grandes beautez
    Sur la plus belle Idee.[61]   208

---

[61] Dans le sens platonicien du terme.

PIERRE DE RONSARD
(1524-1585)

Il nous apparaît comme le patron de la poésie en tant que poésie seule, en tant qu'elle rompt un peu jalousement avec la prose, qu'elle est transfiguration, musique et suavité. Sa poésie n'a jamais été bien chargée de pensée, et le passage du temps, l'envahissement du lieu commun, lui en ont ôté le peu qui subsistait. Elle n'est plus que fraîcheur, mystère et miracle du mot, du vers, du mètre lyrique, du rythme. Elle figure pour notre langue le sanctuaire ancien de sa musique.

Albert Thibaudet

Ronsard est né en septembre 1524 à la Possonnière dans le Vendômois. Il devient page de Charles, troisième fils de François Ier, qui peu après l'offre comme "cadeau de mariage" à sa sœur Madeleine qui venait d'épouser Jacques V d'Ecosse. Après deux ou trois ans en Ecosse, Ronsard rentre en France, est "mis hors de page" et s'en va en Alsace avec Lazare de Baïf en mission diplomatique d'où il revient "l'ouïe bouchée." En 1544 il entre dans la maison de son protecteur où il profite de l'enseignement que Jean Dorat donnait à son fils, Jean-Antoine. A la mort de Lazare de Baïf et à la nomination de Dorat comme régent du Collège de Coqueret, Ronsard et Jean-Antoine de Baïf suivent leur maître et poursuivent leurs études à Coqueret. A en croire Binet, le premier biographe de Ronsard, ils y montraient un enthousiasme peu commun pour les études. "Ronsard," nous assure-t-il, "estudioit jusques à deux heures apres minuit, et se couchant resveilloit Baïf, qui se levoit, et prenoit la chandelle, et ne laissoit refroidir la place."

En 1550 Ronsard donne son édition des quatre premiers livres des *Odes* et devient, d'un seul coup, le "premier lirique françois." Il se tourne ensuite vers le sonnet; il chante d'abord ses amours pour Cassandre (1552), ensuite pour Marie (1555). Il est parfaitement inutile de rechercher la part du vrai dans ces amours qui sont avant tout des fictions poétiques. Brantôme souligne l'écart qui existe entre la vérité pure et la vérité du poète dans ces remarques sur Hélène: "M. de Ronsard me pardonne, s'il luy plaist: jamais sa maistresse, qu'il a faitte si belle, ne parvint à cette beauté… Mais il est permis aux poètes et peintres dire et faire ce qu'il leur plaist."

Toute la carrière poétique de Ronsard s'annonce dans ses premières œuvres, écrites sous le règne de Henri II: les *Odes*, les *Hymnes* et les *Amours* (1555-1556). Il ne fera guère que continuer ces trois ouvrages en écrivant les *Elégies* (1565), les *Poèmes* (1560) et le *Bocage royal* (1584), et les *Sonets Pour Helene* (1578). Les événements politiques et religieux du temps le conduisent ensuite vers une défense de la France et une illustration des absurdités des Protestants. Il écrit ses *Discours des misères de ce temps* (1562-1563), poésie engagée, à laquelle il renonce d'ailleurs dès la fin de la première guerre de religion.

Sous le règne de Henri III, Ronsard est éclipsé par Desportes. Il travaille à la septième édition collective de ses *Œuvres*, soucieux surtout de la clarté de l'expression, de l'exactitude de la forme, de la qualité de l'inspiration. Il meurt en 1585 après avoir composé les *Derniers vers* où il nous trace un tableau émouvant de ses souffrances. A la publication de la dernière édition collective de ses œuvres en 1587, la gloire du Prince des poètes commençait déjà à ternir. L'oubli presque total dans lequel sa poésie tomba vers 1630 (date de la dernière impression de ses œuvres complètes) devait prendre fin en 1828 grâce au *Tableau de la poésie française du XVIe siècle* de Sainte-Beuve.

*   *   *   *

L'établissement du texte des *Amours* de Ronsard pose une série de problèmes difficiles à résoudre à cause des corrections et des remaniements perpétuels que le poète apportait à son œuvre. Qu'il s'agisse de retouches ou de repentirs, que nous ayons affaire à des retranchements ou à des additions, ces révisions s'échelonnent sur près de trente années. Parfois le poète améliore visiblement le texte; mais il lui arrive souvent d'écarter des métaphores audacieuses, des vers ou des poèmes entiers d'une réelle beauté poétique. (Voir sur cette question complexe les ouvrages et articles suivants: Fernand Desonay, *Ronsard, poète de l'amour*, Bruxelles, 1952, 1954, 1959, 3 vol.; André Feugère, "Le goût de Ronsard d'après les variantes des *Amours* de 1552," *Mélanges Huguet*, Paris, 1940, pp. 148-160; Hélène Naïs, "A propos des corrections de Ronsard dans ses *Œuvres complètes*," *BHR*, X (1958), 405-420; Gabriel Raibaud, "Sur quelques variantes des *Amours de Cassandre* (1552)," *Revue universitaire*, XLVIII (1939), 429-440; Isidore Silver, "Deux points de vue sur Ronsard 'aristarque' de ses œuvres," *RHL*, LVIII (1958), 1-15; Henri Weber, "Les corrections de Ronsard dans les *Amours* de 1552," *Studi in onore di Vittorio Lugli e Diego Valeri*, Venezia, II (1961), 989-1015.) La plupart des éditeurs modernes ont choisi de suivre une des dernières éditions faites du vivant de Ronsard, soit celle de 1584 (Laumonier, Lemerre, 1914-1919; Gustave Cohen, Bibliothèque de la Pléiade, 1938) soit celle de 1578 (Vaganay, Garnier, 1923-1924); mais les pièces supprimées doivent alors être données dans un appendice, et le texte de base est donc un texte remanié dans un sens parfois peu heureux. En ce qui concerne les *Amours*, il nous a semblé préférable de donner le texte de l'*editio princeps* tel qu'il a été établi dans l'édition de Laumonier (Société des Textes Français Modernes, 1914-1960) et

par Henri et Catherine Weber (Garnier, 1963). Nous avons donné également les
variantes successives les plus importantes; elles nous permettront d'apprécier
pleinement la *vis lyrica* du jeune Ronsard amoureux, et de suivre ses procédés de
création. Quant aux autres poèmes, nous avons adopté le texte de 1584: il s'agit de
pièces dont les variantes sont moins nombreuses et que l'on peut apprécier sans faire
intervenir des considérations sur la sincérité ou la spontanéité du poète.

EDITIONS:

Œuvres complètes, éd. Paul Laumonier, Paris (Lemerre), 1914-1919, 8 vol.

Œuvres complètes, éd. Paul Laumonier, Paris (STFM), 1914-1960, 17 vol.

Œuvres complètes, éd. Hugues Vaganay, Paris (Garnier), 1923-1924, 7 vol.

Œuvres complètes, éd. Gustave Cohen, Bibliothèque de la Pléiade, Paris, 1938,
2 vol.

Les Amours, éd. Henri et Catherine Weber, Paris (Garnier), 1963.

Œuvres complètes, éd. Jean Céard, Daniel Ménager, Michel Simonin,
Bibliothèque de la Pléiade, Paris, 1994, 2 vol.

A CONSULTER:

Pierre Champion, *Ronsard et son temps*, Paris, 1925.

Gustave Cohen, *Ronsard, sa vie et son œuvre*, Paris, 1956.

Michel Dassonville, *Ronsard: étude historique et littéraire*, Genève, 1968-1990,
5 vol.

Fernand Desonay, *Ronsard, poète de l'amour*, Bruxelles, 1952, 1954, 1959, 3
vol.

Gilbert Gadoffre, *Ronsard par lui-même*, Paris, 1960.

Paul Laumonier, *Ronsard, poète lyrique*, Paris, 1932.

Raymond Lebègue, *Ronsard, l'homme et l'œuvre*, Paris, 1950.

D. B. W. Lewis, *Ronsard*, London, 1944.

Daniel Ménager, *Ronsard, le moi, le poète et les hommes*, Genève, 1979.

Olivier Pot, *Inspiration et mélancolie: l'épistémologie poétique dans les Amours
de Ronsard*, Genève, 1990.

Marcel Raymond, *L'Influence de Ronsard sur la poésie française*, Paris, 1927, 2
vol.

Isidore Silver, *Ronsard and the Grecian Lyre*, Genève, vol. I, 1981; II, 1985; III,
1987.

—, *The Intellectual Evolution of Ronsard*, Washington University Press, 1973,
2 vol.

Michel Simonin, *Pierre de Ronsard*, Paris, 1990.

Donald Stone, Jr., *Ronsard's Sonnet Cycles. A Study in Tone and Vision*, Yale
University Press, New Haven and London, 1966.

D. Wilson, *Ronsard, Poet of Nature*, Manchester University Press, 1961.

LE PREMIER LIVRE DES *ODES*

A *Luy-mesme*

Ode II

Str.[1] 1   Comme un qui prend une coupe,
        Seul honneur de son tresor,
        Et de rang verse à la troupe
        Du vin qui rit dedans l'or,
        Ainsi versant la rousee   5
        Dont ma langue est arrousee,
        Sur la race des VALOIS,
        En son doux Nectar j'abreuve
        Le plus grand Roy qui se treuve
        Soit en armes, ou en lois.[2]   10

Ant.   Heureux l'honneur que j'embrasse,
        Heureux qui se peut vanter
        De voir la Thebaine grace[3]
        Qui sa vertu veut chanter.
        Je vien pour chanter la tienne   15
        Sur la corde Dorienne,[4]
        Moy des Muses tout remply,
        Sans endurer que la gloire
        De ta premiere victoire
        Aille là-bas sous l'oubly.   20

Ep.   De ce beau trait decoché,
        Dy, Muse mon esperance,
        Quel Prince sera touché
        Le tirant parmy la France?
        Sera-ce pas nostre Roy,   25
        De qui la divine oreille
        Boira la douce merveille
        Qui n'obeyst qu'à ma loy?

---

[1] Strophe, antistrophe, épode; les trois divisions formelles de l'ode pindarique.
[2] Il s'agit de Henri II.
[3] Pindare naquit à Thèbes.
[4] Selon le mode dorien, donc simple et solennel.

Str. 2   De Jupiter, les antiques
             Leurs escrits embellissoient;   30
             Par luy leurs chants poetiques
             Commençoient et finissoient,
             Resjouy d'entendre bruire
             Ses loüanges sur la lyre;
             Mais Henry sera le Dieu   35
             Qui commencera mon metre,
             Et que j'ay juré de mettre
             A la fin et au milieu.

Ant.   Le ciel qui ses lampes darde
             Sur ce tout qu'il apperçoit,   40
             Rien de si grand ne regarde
             Qui vassal des Rois ne soit;
             D'armes le monde ils estonnent;
             Sur le chef de ceux ils tonnent
             Qui les viennent despiter;   45
             Leurs mains toute chose attaignent,
             Et les plus rebelles craignent
             Les Rois, fils de Jupiter.

Ep.   Mais du nostre la grandeur
             Les autres d'autant surpasse,   50
             Que d'un rocher la hauteur
             Les flancs d'une rive basse.
             Puisse-il par tout l'univers
             Devant ses ennemis croistre
             Et pour ma guide apparoistre   55
             Tousjours au front de mes vers.

A Jean d'Aurat
son precepteur, et poëte royal
Ode XIII

Str. 1   Le medecin de la peine
             Est le plaisir qui ameine
             Le repos avecque luy,
             Et les Odes qui nous flatent
             Par leurs douceurs qui abbatent   5
             La memoire de l'ennuy.
             Le bain ne soulage pas

Si bien les corps qui sont las,
Comme la louange douce
Nous soulage, que du pouce   10
Faisons sur le luth courir,
Par qui les playes de l'ame,
Lors qu'un desplaisir l'entame,
Nous oignons pour la guerir.

Ant.   Certes ma chanson sucrée,   15
Qui les grands Princes recrée,
Te pourra bien derider
Apres ta peine publique,[5]
Où ta faconde s'applique
Pour la jeunesse guider.   20
Le haut bruit de ton sçavoir
Par ce siecle nous fait voir
Que tu brises l'Ignorance,
Renommé parmy la France
Comme un oracle des Dieux,   25
Pour desnouër aux plus sages
Les plus ennoüez passages
Des livres laborieux.[6]

Ep.   Tant d'ames ne courent pas
Apres Alcee[7] là-bas,   30
Quand hautement il accorde
Les guerres dessus sa corde,
Comme ta douce merveille
Emmoncelle par milliers
Un grand peuple d'escoliers   35
Que tu tires par l'oreille.

A sa Maistresse
Ode XVII

Mignonne, allons voir si la rose
Qui ce matin avoit desclose
Sa robe de pourpre au Soleil,
A point perdu ceste vesprée
Les plis de sa robe pourprée,   5

[5] C'est-à-dire après le travail de l'enseignement.
[6] Allusion aux explications des auteurs difficiles grecs faites par Dorat à ses élèves.
[7] Alcée était un poète lyrique grec (VII, s. av. J.-C.), l'inventeur de la strophe *alcaïque*.

Et son teint au vostre pareil.
    Las! voyez comme en peu d'espace,
Mignonne, elle a dessus la place
Las! las! ses beautez laissé cheoir!
O vrayment marastre Nature,   10
Puis qu'une telle fleur ne dure
Que du matin jusques au soir!
    Donc, si vous me croyez, mignonne,
Tandis que vostre âge fleuronne
En sa plus verte nouveauté,   15
Cueillez, cueillez vostre jeunesse:
Comme à ceste fleur la vieillesse
Fera ternir vostre beauté.

LE SECOND LIVRE DES *ODES*

Ode VII

Ma Dame ne donne pas[8]
Des baisers, mais des appas
Qui seuls nourrissent mon ame,
Les biens dont les Dieux sont sous,
Du Nectar, du sucre dous,
De la cannelle et du bâme,   5
    Du thym, du lis, de la rose
Entre ses lévres esclose
Fleurante en toutes saisons,
Et du miel tel qu'en Hymette
La desrobe-fleur avette   10
Remplit ses douces maisons.
    O Dieux! que j'ay de plaisir
Quand je sens mon col saisir
De ses bras en mainte sorte,
Sur moy se laissant courber,   15
D'yeux clos je la voy tomber
Sur mon sein à demi-morte!
    Puis mettant la bouche sienne

[8] Ode adressée à Cassandre.

Tout à plat dessus la mienne,
Me mord et je la remors. 20
Je luy darde, elle me darde
Sa languette fretillarde,
Puis en ses bras je m'endors.
    D'un baiser doucement long
Me ressuce l'ame adonc, 25
Puis en souflant la repousse,
La ressuce encor un coup,
La ressoufle tout à coup
Avec son haleine douce.
    Tout ainsi les colombelles 30
Tremoussant un peu les ailes
Havement se vont baisant,
Apres que l'oiseuse glace
A quitté la froide place
Au Printemps doux et plaisant. 35
    Helas! mais tempere un peu
Les biens dont je suis repeu,
Tempere un peu ma liesse:
Dieu je serois immortel,
Et je ne veux estre tel, 40
Si tu n'es aussi Deesse.

Ode IX

    O Fontaine Bellerie,[9]
Belle fontaine cherie
De nos Nymphes, quand ton eau
Les cache au creux de ta source,
Fuyantes le Satyreau, 5
Qui les pourchasse à la course
Jusqu'au bord de ton ruisseau,
    Tu es la Nymphe eternelle
De ma terre paternelle:
Pource en ce pré verdelet 10
Voy ton Poëte qui t'orne
D'un petit chevreau de lait,
A qui l'une et l'autre corne
Sortent du front nouvelet.

[9] La terre de la Bellerie faisait partie du domaine de la Possonnière. Ode imitée d'Horace, III, xiii.

L'Esté je dors ou repose   15
Sus ton herbe, où je compose,
Caché sous tes saules vers,
Je ne sçay quoy, qui ta gloire
Envoira par l'univers,
Commandant à la Memoire   20
Que tu vives par mes vers.
    L'ardeur de la Canicule
Ton verd rivage ne brule,
Tellement qu'en toutes pars
Ton ombre est espaisse et druë   25
Aux pasteurs venans des parcs,
Aux bœufs las de la charruë,
Et au bestial espars.
    Iô![10] tu seras sans cesse
Des fontaines la princesse,   30
Moy celebrant le conduit
Du rocher percé, qui darde
Avec un enroué bruit
L'eau de ta source jazarde
Qui trepillante se suit.   35

LE QUATRIESME LIVRE DES *ODES*

Ode X

Quand je suis vingt ou trente mois
Sans retourner en Vandomois,
Plein de pensées vagabondes,
Plein d'un remors et d'un souci,
Aux rochers je me plains ainsi,   5
Aux bois, aux antres et aux ondes.
    Rochers, bien que soyez âgez
De trois mil ans, vous ne changez
Jamais ny d'estat ny de forme;
Mais tousjours ma jeunesse fuit,   10
Et la vieillesse qui me suit,

[10] Cri bachique.

De jeune en vieillard me transforme.
    Bois, bien que perdiez tous les ans
En l'hyver vos cheveux plaisans,
L'an d'apres qui se renouvelle,   15
Renouvelle aussi vostre chef;
Mais le mien ne peut de rechef
R'avoir sa perruque nouvelle.
    Antres, je me suis veu chez vous
Avoir jadis verds les genous,   20
Le corps habile, et la main bonne;
Mais ores j'ay le corps plus dur,
Et les genous, que n'est le mur
Qui froidement vous environne.
    Ondes, sans fin vous promenez   25
Et vous menez et ramenez
Vos flots d'un cours qui ne sejourne;
Et moy sans faire long sejour
Je m'en vais, de nuict et de jour,
Au lieu d'où plus on ne retourne.   30
    Si est-ce que je ne voudrois
Avoir esté rocher ou bois,
Pour avoir la peau plus espesse,
Et veincre le temps emplumé;
Car ainsi dur je n'eusse aimé   35
Toy qui m'as fait vieillir, Maistresse.

Ode XXII

Bel aubepin, fleurissant,
    Verdissant
Le long de ce beau rivage,   3
Tu es vestu jusqu'au bas
    Des longs bras
D'une lambruche sauvage.   6

Deux camps de rouges fourmis
    Se sont mis
En garnison sous ta souche;   9
Dans les pertuis de ton tronc
    Tout du long
Les avettes ont leur couche.   12

Le chantre rossignolet
    Nouvelet,
Courtisant sa bien-aimée,   15
Pour ses amours alleger
    Vient loger
Tous les ans en ta ramée.   18

Sur ta cime il fait son ny
    Tout uny
De mousse et de fine soye,   21
Où ses petits esclorront,
    Qui seront
De mes mains la douce proye.   24

Or vy, gentil aubepin,
    Vy sans fin,
Vy sans que jamais tonnerre,   27
Ou la coignée, ou les vents,
    Ou les temps
Te puissent ruer par terre.   30

LES AMOURS DE PIERRE DE RONSARD VENDOMOIS (1552)

I

Qui voudra voyr comme un Dieu me surmonte,
    Comme il m'assault, comme il se fait vainqueur
    Comme il r'enflamme, et r'englace mon cuœur
    Comme il reçoit un honneur de ma honte,   4
Qui voudra voir une jeunesse prompte
    A suyvre en vain l'object de son malheur,
    Me vienne voir: il voirra ma douleur,
    Et la rigueur de l'Archer qui me donte.   8
Il cognoistra combien la raison peult
    Contre son arc, quand une foys il veult
    Que nostre cuœur son esclave demeure: 11
Et si voirra que je suis trop heureux,
    D'avoir au flanc l'aiguillon amoureux,
    Plein du venin dont il fault que je meure.   14

XIX

Avant le temps tes temples fleuriront,
De peu de jours ta fin sera bornée,
Avant ton soir se clorra ta journée,
Trahis d'espoir tes pensers periront.   4
Sans me fleschir tes escriptz flétriront,
En ton desastre ira ma destinée,
Ta mort sera pour m'amour terminée,
De tes souspirs tes nepveux se riront.   8
Tu seras faict d'un vulgaire la fable,
Tu bastiras sur l'incertain du sable,
Et vainement tu peindras dans les cieulx: 11
Ainsi disoit la Nymphe qui m'afolle,
Lors que le ciel pour séeller sa parolle
D'un dextre ésclair fut presage à mes yeulx.[11]   14

XX

Je vouldroy bien richement jaunissant
En pluye d'or goute à goute descendre
Dans le beau sein de ma belle Cassandre,[12]
Lors qu'en ses yeulx le somme va glissant.   4
Je vouldroy bien en toreau blandissant [13]
Me transformer pour finement la prendre,
Quand elle va par l'herbe la plus tendre
Seule à l'escart mille fleurs ravissant.   8
Je vouldroy bien afin d'aiser ma peine
Estre un Narcisse, et elle une fontaine
Pour m'y plonger une nuict à sejour: 11
Et vouldroy bien que ceste nuict encore
Durast tousjours sans que jamais l'Aurore[14]
D'un front nouveau nous r'allumast le jour.   14

[11] Un éclair du côté droit était un signe de mauvais augure aux yeux des Latins.
[12] Comme Jupiter qui s'était transformé en pluie d'or pour séduire Danaé.
[13] Allusion au ravissement d'Europe par Jupiter.
[14] Jupiter prolongea la nuit pour rester plus longtemps auprès d'Alcmène qui devint la mère d'Hercule.

XXI

Qu'Amour mon cuœur, qu'Amour mon ame sonde,
    Lui qui congnoist ma seulle intention,
    Il trouvera que toute passion
    Veuve d'espoir, par mes veines abonde.   4
Mon Dieu que j'ayme! est il possible au monde
    De voyr un cuœur si plein d'affection,
    Pour le parfaict d'une perfection,
    Qui m'est dans l'ame en playe si profonde?   8
Le cheval noir qui ma Royne conduit
    Par le sentier où ma Chair la seduit,
    A tant erré d'une vaine traverse,   11
Que j'ay grand peur, (si le blanc ne contraint
    Sa course vague, et ses pas ne refraint
    Dessoubz le joug)[15] que ma raison ne verse.   14

XXVIII

Injuste amour, fuzil de toute rage,
    Que peult un cuœur soubmis à ton pouvoyr,
    Quand il te plaist par les sens esmouvoyr
    Nostre raison qui préside au courage?   4
Je ne voy pré, fleur, antre, ny rivage,
    Champ, roc, ny boys, ny flotz dedans le Loyr,
    Que, peinte en eulx, il ne me semble voyr
    Ceste beaulté qui me tient en servage.   8
Ores en forme, ou d'un foudre enflammé,
    Ou d'une nef, ou d'un Tigre affamé,
    Amour la nuict devant mes yeulx la guide: 11
Mais quand mon bras en songe les poursuit,
    Le feu, la nef, et le Tigre s'enfuit,
    Et pour le vray je ne pren que le vuide.   14

[15] L'image des deux chevaux développée dans le *Phédre* de Platon. Le cheval noir symbolise l'appétit sensuel, le cheval blanc l'élan vers le bien. La "Royne" est la raison.

XXXV

Puisse avenir, qu'une fois je me vange
  De ce penser qui devore mon cuœur,
  Et qui tousjours, comme un lion vainqueur,
  Soubz soy l'estrangle, et sans pitié le mange.   4
Avec le temps, le temps mesme se change,
  Mais ce cruel qui suçe ma vigueur,
  Opiniatre au cours de sa rigueur,
  En aultre lieu qu'en mon cuœur ne se range.   8
Bien est il vray, qu'il contraint un petit
  Durant le jour son segret appetit,
  Et dans mes flancz ses griffes il n'allonge: 11
Mais quand la nuict tient le jour enfermé,
  Il sort en queste, et Lion affamé,
  De mille dentz toute nuict il me ronge.   14

XXXVII

Les petitz corps,[16] culbutans de travers,
  Parmi leur cheute en byais vagabonde
  Hurtez ensemble, ont composé le monde,
  S'entracrochans d'acrochementz divers.[17]   4
L'ennuy, le soing, et les pensers ouvers,
  Chocquans le vain de mon amour profonde,
  Ont façonné d'une attache féconde,
  Dedans mon cuœur l'amoureux univers.   8
Mais s'il avient, que ces tresses orines,
  Ces doigtz rosins, et ces mains ivoyrines
  Froyssent ma vie, en quoy retournera   11
Ce petit tout?[18] En eau, air, terre, ou flamme?
  Non, mais en voix qui tousjours de ma dame
  Par le grand Tout[19] les honneurs sonnera.   14

[16] Les atomes.
[17] Le monde, selon Epicure, est formé d'atomes; en tombant ils subissent une déviation; ainsi ils s'accrochent les uns aux autres.
[18] Le microcosme.
[19] Le macrocosme.

XLIX

Comme un Chevreuil, quand le printemps destruit
    L'oyseux crystal de la morne gelée,
    Pour mieulx brouster l'herbette emmielée
    Hors de son boys avec l'Aube s'en fuit,   4
Et seul, et seur, loing de chiens et de bruit,
    Or sur un mont, or dans une vallée,
    Or pres d'une onde à l'escart recelée,
    Libre follastre où son pied le conduit: 8
De retz ne d'arc sa liberté n'a crainte,
    Sinon alors que sa vie est attainte,
    D'un trait meurtrier empourpré de son sang: 11
Ainsi j'alloy sans espoyr de dommage,
    Le jour qu'un œil sur l'avril de mon age
    Tira d'un coup mille traitz dans mon flanc.   14

LVII

Ciel, air, et vents, plains et montz descouvers,
    Tertres fourchuz, et forestz verdoyantes,
    Rivages tortz, et sources ondoyantes,
    Taillis razez, et vous bocages verds,   4
Antres moussus à demyfront ouvers,
    Prez, boutons, fleurs, et herbes rousoyantes,
    Coustaux vineux, et plages blondoyantes,
    Gastine,[20] Loyr, et vous mes tristes vers: 8
Puis qu'au partir, rongé de soing et d'ire,
    A ce bel œil, l'Adieu je n'ay sceu dire,
    Qui pres et loing me detient en esmoy: 11
Je vous supply, Ciel, air, ventz, montz, et plaines,
    Tailliz, forestz, rivages et fontaines,
    Antres, prez, fleurs, dictes le luy pour moy.   14

[20] La forêt de Gastine couvrait une partie du bas Vendômois.

LXIII

Je parangonne à voz yeulx ce crystal,
    Qui va mirer le meurtrier de mon ame:
    Vive par l'air il esclate une flamme,
    Voz yeulx un feu qui m'est sainct et fatal.   4
Heureux miroer, tout ainsi que mon mal
    Vient de trop voyr la beaulté qui m'enflamme:
    Comme je fay, de trop mirer ma Dame
    Tu languiras d'un sentiment egal.   8
Et toutesfoys, envieux, je t'admire,
    D'aller mirer le miroer où se mire
    Tout l'univers dedans luy remiré.   11
Va donq miroer, va donq, et pren bien garde,
    Qu'en le mirant ainsi que moy ne t'arde,
    Pour avoir trop ses beaulz yeulx admiré.   14

LXX

Soubz le cristal d'une argenteuse rive,
    Au moys d'Avril, une perle je vy,
    Dont la clarté m'a tellement ravy
    Qu'en mes discours aultre penser n'arrive.   4
Sa rondeur fut d'une blancheur naïve,
    Et ses rayons treluysoyent à l'envy:
    Son lustre encor ne m'a point assouvy,
    Ny ne fera, non, non, tant que je vive.   8
Cent et cent foys pour la pescher à bas,
    Tout recoursé, je devalle le bras,
    Et ja desja content je la tenoye,   11
Sans un archer, qui du bout de son arc
    A front panché me plongeant soubz le lac,
    Frauda mes doigtz d'une si doulce proye.   14

CIII

Je parangonne à ta jeune beaulté,
    Qui tousjours dure en son printemps nouvelle,

Ce moys d'Avril, qui ses fleurs renouvelle,
   En sa plus gaye et verte nouveaulté.   4
Loing devant toy fuyra la cruaulté,
   Devant luy fuit la saison plus cruelle.
   Il est tout beau, ta face est toute belle,
   Ferme est son cours, ferme est ta loyaulté.   8
Il peint les champs de dix mille couleurs,
   Tu peins mes vers d'un long esmail de fleurs.
   D'un doulx zephyre il fait onder les plaines,   11
Et toy mon cuœur d'un souspir larmoyant.
   D'un beau crystal son front est rousoyant,
   Tu fais sortir de mes yeulx deux fontaines.   14

CX

Ce ris plus doulx que l'œuvre d'une abeille,
   Ces doubles liz doublement argentez,
   Ces diamantz à double ranc plantez
   Dans le coral de sa bouche vermeille,   4
Ce doulx parler qui les mourantz esveille,
   Ce chant qui tient mes soucis enchantez,
   Et ces deux cieulx sur deux astres antez,
   De ma Deesse annoncent la merveille.   8
Du beau jardin de son printemps riant,
   Naist un parfum, qui mesme l'orient
   Embasmeroit de ses doulces aleines.   11
Et de là sort le charme d'une voix,
   Qui touts raviz fait sauteler les boys,
   Planer les montz, et montaigner les plaines.   14

CXVII

Entre mes bras qu'ores ores n'arrive
   Celle qui tient ma playe en sa verdeur,
   Et ma pensée en gelante tiedeur,
   Sur le tapis de ceste herbeuse rive?   4
Et que n'est elle une Nymphe native
   De quelque boys? par l'ombreuse froydeur
   Nouveau Sylvain j'allenteroys l'ardeur
   Du feu qui m'ard d'une flamme trop vive.   8

Et pourquoy, Cieulx, l'arrest de vos destins
    Ne m'a fait naistre un de ces Paladins
    Qui seulz portoyent en crope les pucelles?   11
Et qui tastant, baizant, et devisant,
    Loing de l'envie, et loing du mesdisant,
    Dieux, par les boys vivoyent avecques elles?   14

CXXXII

Saincte Gastine, heureuse secretaire
    De mes ennuis, qui respons en ton bois,
    Ores en haulte, ores en basse voix,
    Aux longz souspirs que mon cueur ne peult taire: 4
Loyr, qui refrains la course voulontaire
    Du plus courant de tes flotz vandomoys,
    Quand acuser ceste beaulté tu m'ois,
    De qui tousjours je m'affame et m'altere: 8
Si dextrement l'augure j'ay receu,
    Et si mon œil ne fut hyer deceu
    Des doulx regardz de ma doulce Thalie,   11
Dorenavant poëte me ferez,
    Et par la France appellez vous serez,
    L'un mon laurier, l'aultre ma Castalie.   14

CLXII

D'un Ocëan qui nostre jour limite
    Jusques à l'autre, on ne voit point de fleur,
    Qui de beaulté, de grace et de valeur,
    Puisse combatre au teint de Marguerite.[21]   4
Sa riche gemme en Orient eslite
    Comme est son lustre affiné de bon heur,
    N'emperla point de la Conche l'honneur
    Où s'apparut Venus encore petite   8
Le pourpre esclos du sang Adonien,[22]
    Le triste ai ai du Telamonien,[23]
    Ni des Indoys la gemmeuse largesse,   11

[21] On ne sait pas à qui Ronsard fait allusion.
[22] Adonis, blessé mortellement par un sanglier, fut changé en anémone par Aphrodite.
[23] Ajax, fils de Télamon, dont le sang après la mort produisait une fleur sur laquelle étaient écrites les lettres AI qui signifient "hélas" en grec.

Ny toutz les biens d'un rivage estranger,
    A leurs tresors ne sauroient eschanger
    Le moindre honneur de sa double richesse.   14

CLXV

Quand le grand oeil dans les jumeaux arrive,[24]
    Un jour plus doulx seréne l'Univers,
    D'espicz crestez ondoyent les champz verdz,
    Et de couleurs se peinture la rive.   4
Mais quand sa fuite obliquement tardive,
    Par le sentier qui roulle de travers,
    Atteint l'Archer, un changement divers
    De jour, d'espicz, et de couleurs les prive.   8
Ainsi quand l'œil de ma deesse luit,
    Dedans mon cuœur, dans mon cuœur se produit
    Un beau printemps qui me donne asseurance: 11
Mais aussi tost que son rayon s'enfuit,
    De mon printemps il avorte le fruit,
    Et à myherbe il tond mon esperance.   14

CCVI

Avec les fleurs et les boutons éclos
    Le beau printans fait printaner ma peine,
    Dans chaque nerf, et dedans chaque veine
    Souflant un feu qui m'ard jusques à l'os.   4
Le marinier ne conte tant de flos,
    Quand plus Borée horrible son haleine,
    Ni de sablons l'Afrique n'est si pleine,
    Que de tourmens dans mon cœur sont enclos.   8
J'ai tant de mal, qu'il me prendroit envie
    Cent fois le jour de me trancher la vie,
    Minant le fort où loge ma langueur,   11
Si ce n'estoit que je tremble de creinte
    Qu'apres la mort ne fust la plaïe éteinte
    Du coup mortel qui m'est si dous au cœur.   14

---

[24] Le soleil (*le grand œil*) entre dans le signe des Gémeaux le 18 mai et dans celui du Sagittaire (*l'Archer*) le 18 novembre, c.-à-d. les jours alcyoniens.

CCXVI

Depuis le jour que mal sain je soupire,
  L'an dedans soi s'est roüé par set fois.
  (Sous astre tel je pris l'hain) toutefois
  Plus qu'au premier ma fievre me martire: 4
Quand je soulois en ma jeunesse lire
  Du Florentin les lamentables vois,[25]
  Comme incredule alors je ne pouvois,
  En le moquant, me contenir de rire.   8
Je ne pensoi, tant novice j'étoi,
  Qu'home eut senti ce que je ne sentoi,
  Et par mon fait les autres je jugeoie.   11
Mais l'Archerot qui de moi se facha,
  Pour me punir, un tel soin me cacha
  Dedans le cœur, qu'onque puis je n'eus joïe.   14

CCXX

Veu la douleur qui doulcement me lime,
  Et qui me suit compaigne, paz à paz,
  Je congnoy bien qu'encor' je ne suis pas,
  Pour trop aymer, à la fin de ma ryme.   4
Dame, l'ardeur qui de chanter m'anime,
  Et qui me rend en ce labeur moins las,
  C'est que je voy qu'aggreable tu l'as,
  Et que je tien de tes pensers la cyme.   8
Je suis vrayment heureux et plusque heureux,
  De vivre aymé et de vivre amoureux
  De la beaulté d'une Dame si belle: 11
Qui lit mes vers, qui en fait jugement,
  Et qui me donne à toute heure argument
  De souspirer heureusement pour elle.   14

[25] Il s'agit du canzionere de Pétrarque.

CONTINUATION DES AMOURS (1555)

I

Thiard,[26] chacun disoit à mon commencement
    Que j'estoi trop obscur au simple populaire:
    Aujourd'hui, chacun dit que je suis au contraire,
    Et que je me dements parlant trop bassement.   4
Toi, qui as enduré presqu'un pareil torment,
    Di moi, je te suppli, di moi que doi-je faire?
    Di moi, si tu le sçais, comme doi-je complaire
    A ce monstre testu, divers en jugement?   8
Quand j'escri haultement, il ne veult pas me lire,
    Quand j'escri bassement, il ne fait qu'en médire:
    De quel estroit lien tiendrai-je, ou de quels clous,   11
Ce monstrueux Prothé, qui se change à tous cous?
    Paix, paix, je t'enten bien: il le faut laisser dire,
    Et nous rire de lui, comme il se rit de nous.   14

VII

Marie, qui voudroit vostre beau nom tourner,
    Il trouveroit Aimer: aimez-moi donq, Marie,
    Faites cela vers moi dont vostre nom vous prie,
    Vostre amour ne se peut en meilleur lieu donner: 4
S'il vous plaist pour jamais un plaisir demener,
    Aimez-moi, nous prendrons les plaisirs de la vie,
    Penduz l'un l'autre au col, et jamais nulle envie
    D'aimer en autre lieu ne nous pourra mener.   8
Si faut il bien aimer au monde quelque chose:
    Cellui qui n'aime point, cellui-là se propose
    Une vie d'un Scyte, et ses jours veut passer   11
Sans gouster la douceur des douceurs la meilleure.
    É, qu'est-il rien de doux sans Venus? las! à l'heure
    Que je n'aimeray point puissai-je trépasser!   14

[26] Pontus de Tyard, poète lyonnias, rallié à la Pléiade.

XXIII

Mignongne, levés-vous, vous estes paresseuse,
    Ja la gaye alouette au ciel a fredonné,
    Et ja le rossignol frisquement jargonné,
    Dessus l'espine assis, sa complainte amoureuse.   4
Debout donq, allon voir l'herbelette perleuse,
    Et vostre beau rosier de boutons couronné,
    Et voz œillets aimés, ausquels avés donné
    Hyer au soir de l'eau, d'une main si songneuse.   8
Hyer en vous couchant, vous me fistes promesse
    D'estre plus-tost que moi ce matin eveillée,
    Mais le someil vous tient encor toute sillée: 11
Ian,[27] je vous punirai du peché de paresse,
    Je vois baiser cent fois vostre œil, vostre tetin,
    Afin de vous aprendre à vous lever matin.   14

XXVI

C'est grand cas que d'aimer! Si je suis une année
    Avecque ma maitresse à deviser toujours,
    Et à lui raconter quelles sont mes amours,
    L'an me semble plus court qu'une seule journée.   4
S'une autre parle à moi, j'en ay l'ame gennée:
    Ou je ne luy di mot, ou mes propos sont lours,
    Au milieu du devis s'egarent mes discours,
    Et tout ainsi que moi ma langue est estonnée.   8
Mais quand je suis aupres de celle qui me tient
    Le cœur dedans ses yeus, sans me forcer me vient
    Un propos dessus l'autre, et jamais je ne cesse   11
De baiser, de taster, de rire, et de parler:
    Car pour estre cent ans aupres de ma maitresse
    Cent ans me sont trop cours, et ne m'en puis aller.   14

[27] Interjection familière.

XXVIII

Je ne saurois aimer autre que vous,
  Non, Dame, non, je ne saurois le faire:
  Autre que vous ne me sauroit complaire,
  Et fust Venus descendue entre nous.   4
Vos yeus me sont si gracieus et dous,
  Que d'un seul clin ils me peuvent defaire,
  D'un autre clin tout soudain me refaire,
  Me faisans vivre ou mourir en deux cous.   8
Quand je serois cinq cens mille ans en vie,
  Autre que vous, ma mignonne m'amie,
  Ne me feroit amoureus devenir.   11
Il me faudroit refaire d'autres venes,
  Les miennes sont de vostre amour si plenes,
  Qu'un autre amour n'y sauroit plus tenir.   14

XXXV

Je vous envoye un bouquet de ma main
  Que j'ai ourdy de ces fleurs epanies:
  Qui ne les eust à ce vespre cuillies,
  Flaques à terre elles cherroient demain.   4
Cela vous soit un exemple certain
  Que voz beautés, bien qu'elles soient fleuries,
  En peu de tems cherront toutes flétries,
  Et periront, comme ces fleurs, soudain.   8
Le tems s'en va, le tems s'en va, ma Dame:
  Las! le tems non, mais nous nous en allons,
  Et tost serons estendus sous la lame: 11
Et des amours desquelles nous parlons,
  Quand serons morts n'en sera plus nouvelle:
  Pour-ce aimés moi, ce pendant qu'estes belle. 14

LXV

Je veus lire en trois jours l'Iliade d'Homere,
  Et pour-ce, Corydon,[28] ferme bien l'huis sur moi:

---

[28] Corydon est un nom de fantaisie emprunté aux *Bucoliques* de Virgile.

Si rien me vient troubler, je t'asseure ma foi,
    Tu sentiras combien pesante est ma colere.   4
Je ne veus seulement que nôtre chambriere
    Vienne faire mon lit, ou m'apreste de quoi
    Je menge, car je veus demeurer à requoi
    Trois jours, pour faire apres un an de bonne chere.   8
Mais si quelcun venoit de la part de Cassandre,
    Ouvre lui tost la porte, et ne le fais attendre:
    Soudain entre en ma chambre, et me vien acoustrer,   11
Je veus tanseulement à lui seul me monstrer:
    Au reste, si un Dieu vouloit pour moi descendre
    Du ciel, ferme la porte, et ne le laisse entrer.   14

LXVII

Douce, belle, gentille, et bien fleurente Rose,
    Que tu es à bon droit à Venus consacrée,
    Ta delicate odeur hommes et Dieus recrée,
    Et bref, Rose, tu es belle sur toute chose.   4
La Grace pour son chef un chapellet compose
    De ta feuille, et tousjours sa gorge en est parée,
    Et mille fois le jour la gaye Cytherée
    De ton eau, pour son fard, sa belle joue arrose.   8
Hé Dieu, que je suis aise alors que je te voi
    Esclorre au point du jour sur l'espine à requoy,
    Dedans quelque jardin pres d'un bois solitere!   11
De toi les Nymphes ont les coudes et le sein:
    De toi l'Aurore emprunte et sa joue, et sa main,
    Et son teint celle-là qui d'Amour est la mere.   14

LXX

Marie, tout ainsi que vous m'avés tourné
    Mon sens, et ma raison, par vôtre voix subtile,
    Ainsi m'avés tourné mon grave premier stile,
    Qui pour chanter si bas n'estoit point destiné: 4
Aumoins si vous m'aviés, pour ma perte, donné
    Congé de manier vôtre cuisse gentile,
    Ou si à mes baisers vous n'estiés dificile,
    Je n'eusse regretté mon stile abandonné.   8
Las, ce qui plus me deut, c'est que vous n'êtes pas

Contente de me voir ainsi parler si bas,
　　Qui soulois m'élever d'une muse hautaine:　　　　　　　11
Mais, me rendant à vous, vous me manquez de foy,
　　Et si me traités mal, et sans m'outer de peine
　　Tousjours vous me liés, et triomphés de moi.　　　　　14

NOUVELLE CONTINUATION DES AMOURS (1556)

VII

Chanson

Bon jour mon cueur, bon jour ma doulce vie.
Bon jour mon œil, bon jour ma chere amye,
　　Hé bon jour ma toute belle,
　　Ma mignardise, bon jour,
　　Mes delices, mon amour,　　　　　　　　　　　　5
Mon dous printemps, ma doulce fleur nouvelle
Mon doulx plaisir, ma doulce columbelle,
Mon passereau, ma gente tourterelle,
　　Bon jour, ma doulce rebelle.　　　　　　　　　　9

Hé fauldra-t-il que quelcun me reproche
Que j'ay vers toy le cueur plus dur que roche
　　De t'avoir laissé, maitresse,
　　Pour aller suivre le Roy,
　　Mandiant je ne sçay quoy　　　　　　　　　　　14
Que le vulgaire appelle une largesse?
Plustost perisse honneur, court, et richesse,
Que pour les biens jamais je te relaisse,
　　Ma doulce et belle deesse.　　　　　　　　　　18

XXVI

Si tost que tu as beu quelque peu de rosée,
Soit de nuict, soit de jour, caché dans un buisson,
Pendant les aesles bas, tu dis une chanson

D'une notte rustique à ton gré composée.   4

  Si tost que j'ay ma vie un petit arrousée
Des larmes de mes yeux, en la mesme façon
Couché dedans ce boys j'espen un triste son,
Selon qu'à larmoyer mon ame est disposée.   8

  Si te passé je bien, d'autant que tu ne pleures
Sinon trois moys de l'an, et moy à toutes heures,
Navré d'une beauté qui me tient en servage.   11

  Mais helas, Rousignol, ou bien à mes chansons
(Si quelque amour te poingt) accorde tes doux sons,
Ou laisse moy tout seul pleurer en ce bocage.   14

XXXIII

Si quelque amoureux passe en Anjou par Bourgueil,[29]
Voye un pin elevé par desus le vilage,[30]
Et là tout au plus hault de son pointu fueillage
Voyra ma liberté, qu'un favorable acueil   4

  A pendu pour trophée aux graces d'un bel œil,
Qui depuis quinze mois me detient en servage:
Mais servage si doux que la fleur de mon age
Est heureuse d'avoir le bien d'un si beau dueil.   8

  Amour n'eust sceu trouver un arbre plus aymé
Pour pendre ma despouille, en qui fut transformé
Jadis le bel Atys sur la montaigne Idée:[31]   11

  Mais entre Atys et moy il y a difference,
C'est qu'il fut amoureux d'une vieille ridée,
Et moy d'une beauté qui ne sort que d'enfance.   14

XLII
A son livre

Mon fils, si tu sçavois que lon dira de toy,
Tu ne voudrois jamais déloger de chez moy,
Enclos en mon poulpitre: et ne voudrois te faire

[29] Village de l'Indre-et-Loire, près de Chinon.
[30] On a voulu voir dans ce vers une allusion au nom de famille de Marie qui serait donc Dupin.
[31] Atys, transporté d'amour pour Cybèle, mère des dieux, fut transformé en pin. *Montaigne Idée*: le mont Ida, dans le voisinage de Troie.

User ny fueilleter aux mains du populaire: 4
Quand tu seras party, sans jamais retourner,
Il te faudra bien loing de mes yeux sejourner,
Car ainsi que le vent sans retourner s'en vole,
Sans espoir de retour s'échappe la parole.   8
   Ma parole c'est toy, à qui de nuict et jour
J'ay conté les propos que m'a tenus Amour,
Pour les mettre en ces vers qu'en lumiere tu portes,
Crochettant, maugré moy, de mon escrin les portes,   12
Pauvret! qui ne sçais pas que les petis enfans
De la France ont le nez plus subtil qu'Elephans.
Donc, avant que tenter le hazard du naufrage,
Voy du port la tempeste, et demeure au rivage: 16
On se repent trop tard quand on est embarqué.
Tu seras assez tost des medisans moqué
D'yeux et de haussebecs, et d'un branler de teste:
Sage est celuy qui croit à qui bien l'admonneste.   20
   Tu sçais (mon cher enfant) que je ne te voudrois
Ny tromper ny moquer, grandement je faudrois,
Et serois engendré d'une ingrate nature,
Si je voulois trahir ma propre geniture,   24
Car ainsi que tu es nagueres je te fis,
Et je ne t'ayme moins qu'un pere ayme son fils.
   Quoy? tu veux donc partir, et tant plus je te cuide
Retenir au logis plus tu hausses la bride.   28
Va donc, puis qu'il te plaist: mais je te suppliray
De respondre à chacun ce que je te diray,
Afin que toi (mon fils) gardes bien, en l'absence,
De moy le pere tien l'honneur et l'innocence.   32
   Si quelque dame honneste et gentille de cœur
(Qui aura l'inconstance et le change en horreur)
Me vient, en te lisant, d'un gros sourcy reprendre
Dequoy je ne devois abandonner Cassandre,   36
Qui la premiere au cœur le trait d'Amour me meist,
Et que le bon Petrarque un tel peché ne feist,
Qui fut trente et un an amoureux de sa dame,
Sans qu'une autre jamais luy peust eschaufer l'ame: 40
Responds luy, je te pry, que Petrarque sur moy
N'avoit authorité pour me donner sa loy,
Ny à ceux qui viendroient apres luy, pour les faire
Si long temps amoureux sans s'en pouvoir deffaire: 44
Luy mesme ne fut tel: car à voir son escrit
Il estoit esveillé d'un trop gentil esprit

Pour estre sot trente ans, abusant sa jeunesse,
Et sa Muse, au giron d'une seule maitresse: 48
Ou bien il jouissoit de sa Laurette, ou bien
Il estoit un grand fat d'aymer sans avoir rien
Ce que je ne puis croire, aussi n'est-il croiable:
Non, il en jouissoit, puis l'a faitte admirable,   52
Chaste, divine, sainte: aussi tout amant doit
Loüer celle de qui jouissance il reçoit:
Car celuy qui la blasme apres la jouissance
N'est homme, mais d'un Tygre il a prins sa naissance.   56
    Quand quelque jeune fille est au commencement
Cruelle, dure, fiere, à son premier amant,
Et bien! il faut attendre, il peut estre qu'un' heure
Viendra, sans y penser, qui la rendra meilleure: 60
Mais quand elle devient de pis en pis tousjours,
Plus dure, et plus cruelle, et plus rude en amours,
Il la faut laisser là, sans se rompre la teste
De vouloir adoucir une si sotte beste: 64
Je suis de tel advis, me blasme de ce cas
Ou loue qui voudra, je ne m'en soucy pas.
Les femmes bien souvent sont causes que nous sommes
Inconstans et legers, amadouant les hommes   68
D'un pouvoir enchanteur, les tenant quelques fois
Par une douce ruse un an, ou deux, ou trois
Dans les liens d'Amour, sans aucune alegence:
Cependant un valet en aura jouissance,   72
Ou quelque autre mignon, dont on ne se doubt'ra,
Sa faux en la moisson segrettement mettra:
Et si ne laisseront, je parle des rusées
Qui ont au train d'amour leurs jeunesses usées   76
(C'est bien le plus grand mal qu'un homme puisse avoir
De servir quelque vieille apte à bien decevoir),
D'enjoindre des labeurs qui sont insuportables,
Des services cruels, des tâches miserables: 80
Car sans avoir esgard à la simple amitié,
Aux prieres, aux cœurs, cruelles, n'ont pitié
De leurs pauvres servans, tant elles font les braves,
Qu'un Turc a de pitié de ses pauvres esclaves.   84
Il faut vendre son bien, il faut faire presens
De chaisnes, de carquans, de diamans luisans,
Il faut donner la perle, et l'habit magnifique,
Il faut entretenir la table, et la musique,   88
Il faut prendre querelle, il faut les suporter:

Certes j'aymerois mieux de sur le dos porter
La hotte, pour curer les estables d'Augée,[32]
Que d'estre serviteur d'une dame rusée.   92
La mer est bien à craindre, aussi est bien le feu,
Et le ciel quand il est de tonnerres esmeu,
Mais trop plus est à craindre une femme clairgesse
D'esprit subtil et prompt quand elle est tromperesse: 96
Par mille inventions mille maux elle fait,
Et d'autant qu'elle est femme, et d'autant qu'elle sçait.
Quiconque fut le Dieu qui la meist en lumiere
Vrayment il fut autheur d'une grande misere: 100
Il failloit par presens consacrez aux autels
Achetter noz enfans des grands Dieux immortels
Et non user sa vie avec ce soing aymable,
Les femmes, passion de l'homme miserable,   104
Miserable et chetif, d'autant qu'il est vassal,
Vingt ou trente ans qu'il vit, d'un si fier animal.
    Mais, je vous pry, voyez comment par fines ruses
Elles sçavent trouver mille faintes excuses   108
Apres qu'el' ont peché! voyez Helene après
Qu'Ilion fut brulé de la flame des Grecs,
Comme elle amadoüa d'une douce blandice
Son badin de mary qui pardonna son vice,   112
Et qui plus que devant de ses yeux fut espris,
Qui scintilloient encor les amours de Paris.
Ulys qui fut si caut, bien qu'il sceust qu'une troppe
De jeunes poursuyvans baizassent Penelope,   116
Devorans tout son bien, si esse qu'il bruloit
D'embrasser son espouse, et jamais ne vouloit
Devenir immortel avec Circe la belle,
Pour ne revoir jamais Penelope, laquelle   120
Pleurant luy rescrivoit de son facheus sejour,
Pendant que, luy absent, elle faisoit l'amour
(Si bien que le Dieu Pan de ses jeux print naissance,
D'elle et de ses muguets la commune semence[33]),   124
Envoyant tout exprès pour sa commodité
Son fils chercher Ulysse en Sparte la cité.
Vélà comment la femme avec ses ruses donte
L'homme, de qui l'esprit toutes bestes surmonte.   128
    Quand un jeune homme peut heureusement choisir

---

[32] Les étables d'Augias, qui contenaient 3.ooo bœufs, n'avaient pas été nettoyées depuis trente ans. Hercule les nettoya en y faisant passer le fleuve Alphée.
[33] *Pan*: Ainsi nommé parce qu'il était le fils d'Hermès et de Pénélope et de tous ses amants (*muguets*).

Une belle maitresse esleüe à son plaisir,
Soit de haut ou bas lieu, pourveu qu'elle soit fille
Humble, courtoise, honeste, amoureuse et gentille,   132
Sans fard, sans tromperie, et qui sans mauvaistié,
Garde de tout son cœur une simple amitié,
Aymant trop mieux cent fois à la mort estre mise
Que de rompre sa foy quand elle l'a promise,   136
Il la faut bien aymer tant qu'on sera vivant
Comme une chose rare arrivant peu souvent.
    Celuy certainement merite sur la teste
Le feu le plus ardent d'une horrible tempeste   140
Qui trompe une pucelle, et mesmement alors
Qu'elle se donne à nous et de cœur et de corps.
N'esse pas un grand bien quand on fait un voiage
De rencontrer quelcun qui d'un pareil courage   144
Veut nous acompagner, et comme nous passer
Les chemins tant soient-ils facheux à traverser?
Aussi n'esse un grand bien de trouver une amye
Qui nous ayde à passer cette chetive vie,   148
Qui sans estre fardée, ou pleine de rigueur
Traitte fidelement de son aray le cœur?
    Dy leur, si de fortune une belle Cassandre
Vers moy se fust monstrée un peu courtoise et tendre,   152
Un peu douce et traitable, et songneuse à garir
Le mal dont ses beaux yeux dix ans m'ont fait mourir,
Non seulement du corps, mais sans plus d'une œillade
Eust voulu soulager mon pauvre cœur malade,   156
Je ne l'eusse laissée, et m'en soit à tesmoing
Ce jeune enfant aislé qui des amours a soing.
Mais voiant que tousjours el' devenoit plus fiere,
Je delyé du tout mon amitié premiere   160
Pour en aymer une autre en ce païs d'Anjou,
Où maintenant Amour me detient sous le jou:
Laquelle tout soudain je quitteray, si elle
M'est, comme fut Cassandre, orgueilleuse et rebelle,   164
Pour en chercher une autre, afin de voir un jour
De pareille amitié recompenser m'amour,
Sentant l'affection d'un autre dans moymesme,
Car un homme est bien sot d'aymer si on ne l'ayme.   168
    Or', si quelqu'un aprés me vient blasmer de quoy
Je ne suis plus si grave en mes vers que j'estoy
A mon commencement, quand l'humeur Pindarique
Enfloit empoulément ma bouche magnifique,   172
Dy luy que les amours ne se souspirent pas

D'un vers hautement grave, ains d'un beau stille bas,
Populaire et plaisant, ainsi qu'a fait Tibulle,
L'ingenieux Ovide, et le docte Catulle: 176
Le fils de Venus hait ces ostentations:
Il sufist qu'on luy chante au vray ses passions,
Sans enfleure ny fard, d'un mignard et dous stille,
Coulant d'un petit bruit comme une eau qui distille.   180
Ceus qui font autrement ils font un mauvais tour
A la simple Venus, et à son fils Amour.
    S'il advient quelque jour que d'une voix hardie
J'anime l'eschaufaut par une tragedie   184
Sententieuse et grave, alors je feray voir
Combien peuvent les nerfs de mon petit sçavoir:
Et si quelque Furie en mes vers je rencontre,
Hardi j'opposeray mes Muses alencontre,   188
Et feray resonner d'un haut et grave son
(Pour avoir part au bouc) la tragique tansson:
Mais ores que d'Amour les passions je pousse,
Humble je veux user d'une Muse plus douce.   192
Non, non, je ne veux pas que pour ce livre icy
On me lise au poulpitre, ou dans l'escole aussi
D'un Regent sourcilleux: il suffist si m'amye
Le touche de la main dont elle tient ma vie: 196
Car je suis satisfait, si elle prend à gré .
Ce labeur, que je voue à ses pieds consacré,
Et à celles qui sont de nature amiables,
Et qui jusqu'à la mort ne sont point variables.   200

LE SEPTIESME LIVRE DES *POEMES* (1569)

XII

    Honneur de May, despouille du Printemps,
Bouquet tissu de la main qui me donte,
Dont les beautez aux fleurettes font honte,
Faisant esclorre un Apvril en tout temps: 4
    Non pas du nés mais du cœur je te sens,
Et de l'esprit que ton odeur surmonte,
Et tellement de veine en veine monte,

Que ta senteur embasme tous mes sens.   8
     Sus baize moy, couche toy pres de moy,
Je veux verser mille larmes sur toy,
Mille soupirs, chautz d'amoureuse envie,   11
     Qui serviront d'animer ta couleur,
Les pleurs d'humeur, les soupirs de chaleur
Pour prendre vif ta racine en ma vie.   14

XIV

     Pren cette rose aimable comme toy.
Qui sers de rose aux roses les plus belles,
Qui sers de fleurs aux fleurs les plus nouvelles,
Qui sers de Muse aux Muses et à moy.   4
     Pren cette rose et ensemble reçoy
Dedans ton sein mon cœur qui n'a point d'ésles:
Il vit blessé de cent playes cruelles,
Opiniastre à garder trop de foy.   8
     La rose et moy differons d'une chose,
Un Soleil voit naistre et mourir la rose,
Mille Soleils ont veu naistre l'amour   11
     Qui me consome et jamais ne repose:
Que pleust à Dieu que telle amour esclose,
Come une fleur, ne m'eust duré qu'un jour.   14

SUR LA MORT DE MARIE (1578)

IV

     Alors que plus Amour nourrissoit mon ardeur,
M'asseurant de jouyr de ma longue esperance:
A l'heure que j'avois en luy plus d'asseurance,
La Mort a moissonné mon bien en sa verdeur.   4
     J'esperois par souspirs, par peine, et par langueur
Adoucir son orgueil: las! je meurs quand j'y pense.
Mais en lieu d'en jouyr, pour toute recompense

Un cercueil tient enclos mon espoir et mon cœur.   8
    Je suis bien malheureux, puis qu'elle vive et morte
Ne me donne repos, et que de jour en jour
Je sens par son trespas une douleur plus forte.   11
    Comme elle je devrois reposer à mon tour:
Toutesfois je ne voy par quel chemin je sorte,
Tant la Mort me r'empaistre au labyrinth d'Amour.   14

V

    Comme on voit sur la branche au mois de May la rose
En sa belle jeunesse, en sa premiere fleur
Rendre le ciel jaloux de sa vive couleur,
Quand l'Aube de ses pleurs au poinct du jour l'arrose: 4
    La grace dans sa fueille, et l'amour se repose,
Embasmant les jardins et les arbres d'odeur:
Mais batue ou de pluye, ou d'excessive ardeur,
Languissante elle meurt fueille à fueille déclose: 8
    Ainsi en ta premiere et jeune nouveauté,
Quand la terre et le ciel honoroient ta beauté,
La Parque t'a tuée, et cendre tu reposes.   11
    Pour obseques reçoy mes larmes et mes pleurs,
Ce vase plein de laict, ce panier plein de fleurs,
Afin que vif et mort ton corps ne soit que roses.   14

LE PREMIER LIVRE DES *SONETS POUR HELENE* (1578)

I

    Ce premier jour de May, Helene, je vous jure
Par Castor, par Pollux, voz deux freres jumeaux,
Par la vigne enlassee à l'entour des ormeaux,
Par les prez, par les bois herissez de verdure,   4
    Par le Printemps sacré, fils aisné de Nature,
Par le sablon qui roule au giron des ruisseaux,
Par tous les rossignols, merveille des oiseaux,
Qu'autre part je ne veux chercher autre avanture.   8

Vous seule me plaisez: j'ay par election,
Et non à la volée, aimé vostre jeunesse:
Aussi je prens en gré toute ma passion.   11
  Je suis de ma fortune autheur, je le confesse:
La vertu m'a conduit en telle affection:
Si la vertu me trompe, adieu belle Maistresse.   14

III

Ma douce Helene, non, mais bien ma douce haleine,
Qui froide rafraischis la chaleur de mon cœur,
Je prens de ta vertu cognoissance et vigueur,
Et ton œil, comme il veut, à son plaisir me meine.   4
  Heureux celuy qui souffre une amoureuse peine
Pour un nom si fatal: heureuse la douleur,
Bien-heureux le torment, qui vient pour la valeur
Des yeux, non pas des yeux, mais des flames d'Helene.   8
  Nom, malheur des Troyens, sujet de mon souci,
Ma sage Penelope, et mon Helene aussi,
Qui d'un soin amoureux tout le cœur m'envelope: 11
  Nom, qui m'a jusqu'au ciel de la terre enlevé,
Qui eust jamais pensé que j'eusse retrouvé
En une mesme Helene une autre Penelope?   14

XII

Le Soleil l'autre jour se mit entre nous deux,
Ardent de regarder tes yeux par la verriere:
Mais luy, comme esblouy de ta vive lumiere,
Ne pouvant la souffrir, s'en-alla tout honteux.   4
  Je te regarday ferme, et devins glorieux
D'avoir veincu ce Dieu qui se tournoit arriere,
Quand regardant vers moy tu me dis, ma guerriere,
Ce Soleil est fascheux, je t'aime beaucoup mieux.   8
  Une joye en mon cœur incroyable s'en-volle
Pour ma victoire acquise, et pour telle parolle:
Mais longuement cest aise en moy ne trouva lieu.   11
  Arrivant un mortel de plus fresche jeunesse
(Sans esgard que j'avois triomphé d'un grand Dieu)
Tu me laissas tout seul pour luy faire caresse.   14

XVII

Te regardant assise aupres de ta cousine,
Belle comme une Aurore, et toy comme un Soleil,
Je pensay voir deux fleurs d'un mesme teint pareil,
Croissantes en beauté sur la rive voisine.   4
    La chaste, saincte, belle et unique Angevine,
Viste comme un esclair, sur moy jetta son œil:
Toy comme paresseuse, et pleine de sommeil,
D'un seul petit regard tu ne m'estimas digne.   8
    Tu t'entretenois seule au visage abaissé,
Pensive toute à toy, n'aimant rien que toymesme,
Desdaignant un chascun d'un sourcil ramassé,   11
    Comme une qui ne veut qu'on la cherche ou qu'on l'aime,
J'euz peur de ton silence, et m'en-allay tout blesme,
Craignant que mon salut n'eust ton œil offensé.   14

XXVI

Nous promenant tous seuls, vous me dites, Maistresse,
Qu'un chant vous desplaisoit, s'il estoit doucereux:
Que vous aimiez les plaints des chetifs amoureux,
Toute voix lamentable, et pleine de tristesse.   4
    Et pource (disiez vous) quand je suis loin de presse,
Je choisis voz Sonets qui sont plus douloureux:
Puis d'un chant qui est propre au sujet langoureux,
Ma nature et Amour veulent que je me paisse.   8
    Voz propos sont trompeurs. Si vous aviez soucy
De ceux qui ont un cœur larmoyant et transy,
Je vous ferois pitié par une sympathie: 11
    Mais vostre œil cauteleux, trop finement subtil,
Pleure en chantant mes vers, comme le Crocodil,[34]
Pour mieux me desrober par feintise la vie.   14

---

[34] Selon les Anciens le crocodile pleurait en apercevant les passants, sans doute pour les attirer et les dévorer ensuite.

XXXVI

Comme une belle fleur assise entre les fleurs,
Mainte herbe vous cueillez en la saison plus tendre
Pour me les envoyer, et pour soigneuse apprendre
Leurs noms et qualitez, especes et valeurs.   4
    Estoit-ce point afin de guarir mes douleurs,
Ou de faire ma playe amoureuse reprendre?
Ou bien, s'il vous plaisoit par charmes entreprendre
D'ensorceler mon mal, mes flames et mes pleurs?   8
    Certes je croy que non: nulle herbe n'est maistresse
Contre le coup d'Amour envieilly par le temps.
C'estoit pour m'enseigner qu'il faut dés la jeunesse,   11
    Comme d'un usufruit, prendre son passetemps:
Que pas à pas nous suit l'importune vieillesse,
Et qu'Amour et les fleurs ne durent qu'un Printemps.   14

LI

Je sens de veine en veine une chaleur nouvelle,
Qui me trouble le sang et m'augmente le soing.
Adieu ma liberté, j'en appelle à tesmoing
Ce mois, qui du beau nom d'Aphrodite s'appelle.[35]   4
    Comme les jours d'Avril mon mal se renouvelle.
Amour, qui tient mon Astre et ma vie en son poing,
M'a tant seduit l'esprit, que de pres et de loing
Tousjours à mon secours en vain je vous appelle.   8
    Je veux rendre la place, en jurant vostre nom,
Que le premier article, avant que je la rende,
C'est qu'un cœur amoureux ne veult de compaignon.   11
    L'amant non plus qu'un Roy, de rival ne demande.
Vous aurez en mes vers un immortel renom.
Pour n'avoir rien de vous la recompense est grande.   14

---

[35] Cette étymologie d'Aprilis (du nom d'Aphrodite) a été proposée par Ovide dans ses *Fastes* (IV, 61 et suiv.).

LVIII

Madame se levoit un beau matin d'Esté,
Quand le Soleil attache à ses chevaux la bride:
Amour estoit present avec sa trousse vuide,
Venu pour la remplir des traicts de sa clarté.   4
    J'entre-vy dans son sein deux pommes de beauté
Telles qu'on ne voit point au verger Hesperide:[36]
Telles ne porte point la Deesse de Gnide,[37]
Ny celle qui a Mars des siennes allaité.[38]   8
    Telle enflure d'yvoire en sa voute arrondie,
Tel relief de Porphyre, ouvrage de Phidie,[39]
Eut Andromede alors que Persee passa,[40]   11
    Quand il la vit liee à des roches marines,
Et quand la peur de mort tout le corps luy glassa,
Transformant ses tetins en deux boules marbrines.   14

LE SECOND LIVRE DES *SONETS POUR HELENE*

IV

Tandis que vous dansez et ballez à vostre aise,
Et masquez vostre face ainsi que vostre cœur,
Passionné d'amour, je me plains en langueur,
Ores froid comme neige, ores chaut comme braise.   4
    Le Carnaval vous plaist: je n'ay rien qui me plaise
Sinon de souspirer contre vostre rigueur,
Vous appeller ingrate, et blasmer la longueur
Du temps que je vous sers sans que mon mal s'appaise.   8
    Maistresse, croyez moy, je ne fais que pleurer,
Lamenter, souspirer, et me desesperer:

---

[36] Les pommes d'or du verger des Hespérides.
[37] Vénus.
[38] Junon.
[39] Phidias était le plus grand sculpteur de l'ancienne Grèce.
[40] Persée délivra Andromède en pétrifiant le monstre qui la menaçait à l'aide de la tête de Méduse.

Je desire la mort, et rien ne me console.   11
    Si mon front, si mes yeux ne vous en sont tesmoins,
Ma plainte vous en serve, et permettez au moins
Qu'aussi bien que le cœur je perde la parole.   14

X

    Adieu belle Cassandre, et vous belle Marie,
Pour qui je fu trois ans en servage à Bourgueil:
L'une vit, l'autre est morte, et ores de son œil
Le ciel se resjouyst: dans la terre est Marie.   4
    Sur mon premier Avril, d'une amoureuse envie
J'adoray voz beautez: mais vostre fier orgueil
Ne s'amollit jamais pour larmes ny pour dueil,
Tant d'une gauche main la Parque ourdit ma vie.[41]   8
    Maintenant en Automne encore malheureux,
Je vy comme au Printemps de nature amoureux,
A fin que tout mon âge aille au gré de la peine: 11
    Et ores que je deusse estre exempt du harnois,
Mon Colonnel[42] m'envoye à grands coups de carquois
R'assieger Ilion pour conquerir Heleine.   14

X V

    Je voyois, me couchant, s'esteindre une chandelle,
Et je disois au lict bassement à-par-moy,
Pleust à Dieu que le soin, que la peine et l'esmoy,
Qu'Amour m'engrave au cœur, s'esteignissent comme elle.   4
    Un mastin enragé, qui de sa dent cruelle
Mord un homme, il luy laisse une image de soy
Qu'il voit tousjours en l'eau: Ainsi tousjours je voy,
Soit veillant ou dormant, le portrait de ma belle.   8
    Mon sang chaut en est cause. Or comme on voit souvent
L'Esté moins bouillonner que l'Automne suivant,
Mon Septembre est plus chaut que mon Juin de fortune.   11
    Helas! pour vivre trop, j'ay trop d'impression.
Tu es mort une fois, bien-heureux Ixion,
Et je meurs mille fois pour n'en mourir pas une.   14

[41] Les Parques filaient la trame de la vie de l'homme.
[42] Son Colonel, c'est l'Amour.

XXIII

Ces longues nuicts d'hyver, où la Lune ocieuse
Tourne si lentement son char tout à l'entour,
Où le Coq si tardif nous annonce le jour,
Où la nuict semble un an à l'ame soucieuse: 4
    Je fusse mort d'ennuy sans ta forme douteuse,
Qui vient par une feinte alleger mon amour,
Et faisant, toute nue, entre mes bras sejour,
Me pipe doucement d'une joye menteuse.   8
    Vraye tu es farouche, et fiere en cruauté:
De toy fausse on jouyst en toute privauté.
Pres ton mort je m'endors, pres de luy je repose: 11
    Rien ne m'est refusé. Le bon sommeil ainsi
Abuse par le faux mon amoureux souci.
S'abuser en amour n'est pas mauvaise chose.   14

XXIV

Quand vous serez bien vieille, au soir à la chandelle,
Assise aupres du feu, devidant et filant,
Direz, chantant mes vers, en vous esmerveillant,
Ronsard me celebroit du temps que j'estois belle.   4
    Lors vous n'aurez servante oyant telle nouvelle,
Desja sous le labeur à demy sommeillant,
Qui au bruit de Ronsard ne s'aille resveillant,
Benissant vostre nom de louange immortelle.   8
    Je seray sous la terre, et fantaume sans os:
Par les ombres Myrtheux[43] je prendray mon repos.
Vous serez au fouyer une vieille accroupie,   11
    Regrettant mon amour, et vostre fier desdain.
Vivez, si m'en croyez, n'attendez à demain:
Cueillez dés aujourd'huy les roses de la vie.   14

[43] La forêt de myrtes: séjour des amoureux aux Enfers.

XXX

Le soir qu'Amour vous fist en la salle descendre
Pour danser d'artifice un beau ballet d'Amour,
Vos yeux, bien qu'il fust nuict, ramenerent le jour,
Tant ils sceurent d'esclairs par la place respandre.   4
 Le ballet fut divin, qui se souloit reprendre,
Se rompre, se refaire, et tour dessus retour
Se mesler, s'escarter, se tourner à l'entour,
Contre-imitant le cours du fleuve de Meandre.   8
 Ores il estoit rond, ores long, or' estroit,
Or' en poincte, en triangle, en la façon qu'on voit
L'escadron de la Gruë evitant la froidure.   11
 Je faux, tu ne dansois, mais ton pied voletoit
Sur le haut de la terre: aussi ton corps s'estoit
Transformé pour ce soir en divine nature.   14

XLIII

Je ne serois marry, si tu comptois ma peine
De compter tes degrez recomptez tant de fois:
Tu loges au sommet du Palais de noz Rois:
Olympe n'avoit pas la cyme si hauteine.   4
 Je perds à chaque marche et le pouls et l'haleine:
J'ay la sueur au front, j'ay l'estomac penthois,
Pour ouyr un nenny, un refus, une vois,
De desdain, de froideur et d'orgueil toute pleine.   8
 Tu es vrayment Deesse, assise en si haut lieu.
Or pour monter si haut, je ne suis pas un Dieu.
Je feray des degrez ma plainte coustumiere,   11
 T'envoyant jusqu'en haut mon cœur devotieux.
Ainsi les hommes font à Jupiter priere:
Les hommes sont en terre, et Jupiter aux cieux.   14

LIII

Adieu, cruelle, adieu, je te suis ennuyeux:
C'est trop chanté d'Amour sans nulle recompense.

Te serve qui voudra, je m'en vay, et je pense
Qu'un autre serviteur ne te servira mieux.   4
    Amour en quinze jours m'a fait ingenieux,
Me jettant au cerveau de ces vers la semence:
La Raison maintenant me r'appelle, et me tense:
Je ne veux si long temps devenir furieux.   8
    Il ne faut plus nourrir cest Enfant qui me ronge,
Qui les credules prend comme un poisson à l'hain,
Une plaisante farce, une belle mensonge,   11
    Un plaisir pour cent maux qui s'en-vole soudain:
Mais il se faut resoudre, et tenir pour certain
Que l'homme est malheureux, qui se repaist d'un songe.   14

LIV

    Je m'enfuy du combat, ma bataille est desfaite:
J'ay perdu contre Amour la force et la raison:
Ja dix lustres passez, et ja mon poil grison
M'appellent au logis, et sonnent la retraite.   4
    Si, comme je voulois, ta gloire n'est parfaite,
N'en blasme point l'esprit, mais blasme la saison:
Je ne suis ny Pâris, ny desloyal Jason: [44]
J'obeïs à la loy, que la Nature a faite.   8
    Entre l'aigre et le doux, l'esperance et la peur,
Amour dedans ma forge a poly cest ouvrage.
Je ne me plains du mal, du temps ny du labeur,   11
    Je me plains de moymesme et de ton fier courage.
Tu t'en repentiras, si tu as un bon cœur,
Mais le tard repentir ne guarist le dommage.   14

LV

    Je chantois ces Sonets, amoureux d'une Heleine,
En ce funeste mois que mon Prince mourut:[45]
Son sceptre, tant fut grand, Charles ne secourut,
Qu'il ne payast sa debte à la Nature humaine.   4
    La Mort fut d'une part, et l'Amour qui me meine,

[44] Pâris et Jason sont deux exemples d'infidélité amoureuse. Pâris abandonna Oenone
pour Hélène et Jason abandonna successivement Hypsipyle et Médée.
[45] Charles IX mourut le 30 mai 1574.

Estoit de l'autre part, dont le traict me ferut,
Et si bien la poison par les veines courut,
Que j'oubliay mon maistre, attaint d'une autre peine.   8
    Je senty dans le cœur deux diverses douleurs,
La rigueur de ma Dame, et la tristesse enclose
Du Roy, que j'adorois pour ses rares valeurs.   11
    La vivante et le mort tout malheur me propose:
L'une aime les regrets, et l'autre aime les pleurs:
Car l'Amour et la Mort n'est qu'une mesme chose.   14

Elegie à Helene

    Six ans estoient coulez, et la septiesme annee
Estoit presque entiere en ses pas retournee,
Quand loin d'affection, de desir et d'amour,
En pure liberté je passois tout le jour,
Et franc de tout soucy qui les ames devore,   5
Je dormois dés le soir jusqu'au point de l'aurore.
Car seul maistre de moy j'allois plein de loisir,
Où le pied me portoit, conduit de mon desir,
Ayant tousjours és mains pour me servir de guide
Aristote ou Platon, ou le docte Euripide,   10
Mes bons hostes muets, qui ne faschent jamais:
Ainsi que je les prens, ainsi je les remais.
O douce compagnie et utile et honneste!
Un autre en caquetant m'estourdiroit la teste.
    Puis du livre ennuyé, je regardois les fleurs,   15
Fueilles tiges rameaux especes et couleurs,
Et l'entrecoupement de leurs formes diverses,
Peintes de cent façons, jaunes, rouges et perses,
Ne me pouvant saouler, ainsi qu'en un tableau,
D'admirer la Nature, et ce qu'elle a de beau: 20
Et de dire en parlant aux fleurettes escloses,
"Celuy est presque Dieu qui cognoist toutes choses,
Esloigné du vulgaire, et loin des courtizans,
De fraude et de malice impudens artizans.
    Tantost j'errois seulet par les forests sauvages   25
Sur les bords enjonchez des peinturez rivages,
Tantost par les rochers reculez et deserts,
Tantost par les taillis, verte maison des cerfs.
    J'aimois le cours suivy d'une longue riviere,
Et voir onde sur onde allonger sa carriere,   30

Et flot à l'autre flot en roulant s'attacher,
Et pendu sur le bord me plaisoit d'y pescher,
Estant plus resjouy d'une chasse muette
Troubler des escaillez la demeure secrette,
Tirer avecq' la ligne en tremblant emporté   35
Le credule poisson prins à l'haim apasté,
Qu'un grand Prince n'est aise ayant prins à la chasse
Un cerf qu'en haletant tout un jour il pourchasse.
Heureux, si vous eussiez d'un mutuel esmoy
Prins l'apast amoureux aussi bien comme moy,   40
Que tout seul j'avallay, quand par trop desireuse
Mon ame en vos yeux beut la poison amoureuse.
    Puis alors que Vesper vient embrunir nos yeux,
Attaché dans le ciel je contemple les cieux,
En qui Dieu nous escrit en notes non obscures   45
Les sorts et les destins de toutes creatures.
Car luy, en desdaignant (comme font les humains)
D'avoir encre et papier et plume entre les mains,
Par les astres du ciel qui sont ses characteres,
Les choses nous predit et bonnes et contraires: 50
Mais les hommes chargez de terre et du trespas
Mesprisent tel escrit, et ne le lisent pas.
Or le plus de mon bien pour decevoir ma peine,
C'est de boire à longs traits les eaux de la fontaine
Qui de vostre beau nom se brave, et en courant   55
Par les prez vos honneurs va tousjours murmurant,
Et la Royne se dit des eaux de la contree:
Tant vault le gentil soin d'une Muse sacree,
Qui peult vaincre la mort, et les sorts inconstans,
Sinon pour tout jamais, au moins pour un long temps.   60
Là couché dessus l'herbe en mes discours je pense
Que pour aimer beaucoup j'ay peu de recompense,
Et que mettre son cœur aux Dames si avant,
C'est vouloir peindre en l'onde, et arrester le vent:
M'asseurant toutefois qu'alors que le vieil âge   65
Aura comme un sorcier changé vostre visage,
Et lors que vos cheveux deviendront argentez,
Et que vos yeux, d'amour ne seront plus hantez,
Que tousjours vous aurez, si quelque soin vous touche,
En l'esprit mes escrits, mon nom en vostre bouche.   70
    Maintenant que voicy l'an septiéme venir,
Ne pensez plus Helene en vos laqs me tenir.

La raison m'en delivre, et vostre rigueur dure,
Puis il fault que mon age obeysse à Nature.

ELEGIES (1565)

Elegie III

Si la foy des amans que l'Amour favorise,
Eust voulu mettre à fin ma parole promise,
Et si le fier Destin, dont chacun est donté,
N'eust contre mon vouloir forcé ma volonté,
Pensif je ne serois languissant de tristesse,   5
Et verrois accomplie envers vous ma promesse.
   Mais puis que le malheur et les Cieux ennemis,
Jaloux de mon plaisir, tel bien ne m'ont permis,
Il faut que le papier icy vous represente
Le plaisant desplaisir qui le cœur me tourmente.   10
   O quantefois depuis vostre ennuyeux depart,
Solitaire et pensif, ay-je seul à l'escart
Erré par les rochers! et quantefois aux plaines
Et aux sablons deserts ay-je conté mes peines,
Et l'envieux regret que j'ay de ne revoir   15
Vostre face qui peut les rochers esmouvoir!
   Tout ainsi qu'un passant qui, parmy la nuict brune
Errant dedans un bois sans ayde de la Lune,
S'esgare en mille lieux et de chaque costé
Le chemin luy est clos, faute de la clarté,   20
Ainsi, faute de voir vostre belle lumiere,
Qui estoit de mes yeux la clarté coustumiere,
J'erre seul egaré, car mon œil ne cognoist
Autre jour que celuy qui de vous apparoist.
   Je m'en-vois bien souvent dans les forests desertes, 25
Sur le bord des ruisseaux, et par les rives vertes,
Où le pied me conduit, poussé du souvenir
Qui vous fait par image à mes yeux revenir.
   Là, soit que j'apperçoive un arbre solitaire,
Un rocher, une fleur, une fontaine claire,   30

Je pense en les voyant vous voir, et si ne puis
Penser en autre part qu'en vous à qui je suis:
Ainsi, bien loin de vous, de vous j'ay la presence,
Et la longueur des lieux n'est cause de l'absence.

   L'astre qui me domine avant que d'estre né,   35
M'avoit pour estre esclave icy predestiné,
Et ne puis eschapper que tousjours je ne vive
Serf de peine et d'ennuy, quelque part que je suive.
Si je suis longuement en ceste court icy,
Je seray prisonnier de dueil et de soucy;   40
En ceste court fascheuse, odieuse et remplie
D'erreurs, d'opinions, de troubles et d'envie,
Où rien ne m'est plaisant, car cela qui me plaist,
Ainsi comme il estoit, pour ceste heure n'y est:
J'entens vostre beauté, qui m'est plus agreable   45
Que de mes propres yeux la lumiere amiable;
Et si je vais au lieu où vous faites sejour,
Je seray prisonnier de ce fascheux amour.

   Mais une liberté telle prison j'appelle,
Pour vous sçavoir en tout si parfaite et si belle,   50
Qu'un Dieu le plus puissant s'estimeroit heureux
D'estre de vos beaux yeux idolatre amoureux.

   Ce-pendant je vous pri', par vostre belle face,
Par vos crespes cheveux, dont le lien m'enlace
Non seulement le corps, mais l'esprit et le cœur,   55
Et je ne sçay comment s'en fait maistre et veinqueur,
D'accuser ma fortune à mon vouloir contraire,
Et non pas le desir que j'avoy de vous faire
En chemin compagnie, et vous suivre en tous lieux,
Pour joyr sans repos du plaisir de vos yeux,   60
Et recevez en gré ceste lettre qui vole
Vers vous, pour un adieu, en lieu de la parole
Qui ne vous peut, helas! en partant de ce lieu,
Ainsi qu'elle devoit, dire humblement adieu.

   Hà! que je suis marry que mon crops n'a des ailes   65
Pour voler comme vent où sont vos damoiselles!
Je leur dirois adieu, et plus de mille fois
En diverses façons leurs yeux je baiserois;
Je baiserois leur sein, et leur bouche vermeille,
Qui resemble en beauté l'Aurore qui s'esveille,   70
Bouche de qui le ris d'entre les perles sort,
Qui donne tout ensemble et la vie et la mort.

Mais puis que dans le ciel des beautez je ne vole,
Seulement du penser absent je me console,
Et par le souvenir, qui est le seul secours 75
Des amans eslongnez, je vous voy tous les jours,
Car l'absence des lieux ne peut rendre effacée
L'amour qui se nourrist du bien de la pensée.

Elegie XXIV

Quiconque aura premier la main embesongnée
A te couper, forest, d'une dure congnée,
Qu'il puisse s'enferrer de son propre baston,
Et sente en l'estomac la faim d'Erisichthon,[46]
Qui coupa de Cerés le chesne venerable, 5
Et qui, gourmand de tout, de tout insatiable,
Les bœufs et les moutons de sa mere esgorgea,
Puis, pressé de la faim, soy-mesme se mangea.
Ainsi puisse engloutir ses rentes et sa terre,
Et se devore apres par les dents de la guerre. 10
    Qu'il puisse, pour vanger le sang de nos forests,
Tousjours nouveaux emprunts sur nouveaux interests
Devoir à l'usurier, et qu'en fin il consomme
Tout son bien à payer la principale somme.
    Que, tousjours sans repos, ne face en son cerveau 15
Que tramer pour neant quelque dessein nouveau,
Porté d'impatience et de fureur diverse
Et de mauvais conseil qui les hommes renverse.
    Escoute, bucheron, arreste un peu le bras!
Ce ne sont pas des bois que tu jettes à bas: 20
Ne vois-tu pas le sang, lequel degoute à force
Des Nymphes qui vivoyent dessous la dure escorce?
Sacrilege meurdrier, si on pend un voleur
Pour piller un butin de bien peu de valeur,
Combien de feux, de fers, de morts, et de destresses 25
Merites-tu, meschant, pour tuer des Deesses?
    Forest, haute maison des oiseaux bocagers,
Plus le cerf solitaire et les chevreuls legers
Ne paistront sous ton ombre, et ta verte criniere

---

[46] Erisichthon, fils d'un roi de Thessalie, affligé d'une faim insatiable par Déméter qu'il avait offensée, se dévora lui-même.

Plus du soleil d'esté ne rompra la lumiere.   30
　　Plus l'amoureux pasteur, sur un tronq adossé,
Enflant son flageolet à quatre trous persé,
Son mastin à ses pieds, à son flanc la houlette,
Ne dira plus l'ardeur de sa belle Janette;
Tout deviendra muet, Echo sera sans voix,   35
Tu deviendras campagne, et, en lieu de tes bois,
Dont l'ombrage incertain lentement se remue,
Tu sentiras le soc, le coutre et la charrue.
Tu perdras ton silence, et, haletans d'effroy,
Ny Satyres, ny Pans ne viendront plus chez toy.   40
　　Adieu, vieille forest, le jouët de Zephyre,
Où premier j'accorday les langues de ma lyre,
Où premier j'entendi les fleches resonner
D'Apollon, qui me vint tout le cœur estonner;
Où premier admirant la belle Calliope,   45
Je devins amoureux de sa neuvaine trope,[47]
Quand sa main sur le front cent roses me jetta,
Et de son propre laict Euterpe m'allaita.
　　Adieu, vieille forest, adieu, testes sacrées,
De tableaux et de fleurs autrefois honorées,   50
Maintenant le desdain des passans alterez,
Qui bruslez en esté des rayons etherez,
Sans plus trouver le frais de tes douces verdures,
Accusent vos meurtriers, et leur disent injures.
　　Adieu, chesnes, couronne aux vaillans citoyens,   55
Arbres de Jupiter, germes Dodonéens,[48]
Qui premiers aux humains donnastes à repaistre,
Peuples vrayment ingrats, qui n'ont sceu recognoistre
Les biens receus de vous, peuples vraiment grossiers,
De massacrer ainsi nos peres nourriciers.   60
　　Que l'homme est malheureux qui au monde se fie!
O Dieux, que veritable est la philosophie,
Qui dit que toute chose à la fin perira,
Et qu'en changeant de forme une autre vestira.[49]
De Tempé la vallée un jour sera montagne,   65
Et la cyme d'Athos une large campagne:
Neptune quelquefois de blé sera couvert.
La matiere demeure, et la forme se perd.

---

[47] La troupe des neuf Muses.
[48] De Dodone, ville d'Epire, dont les chênes, consacrés à Jupiter, rendaient des oracles.
[49] L'épicurisme, selon Lucrèce.

CONTINUATION DU DISCOURS
DES MISERES DE CE TEMPS[50]

A la Royne Catherine de Medicis (1562)

Madame, je serois ou du plomb ou du bois,
Si moy, que la Nature a fait naistre François,
Aux races à venir je ne contois la peine
Et l'extreme malheur dont nostre France est pleine.
Je veux de siecle en siecle au monde publier,   5
D'une plume de fer sur un papier d'acier,
Que ses propres enfans l'ont prises et dévestue,
Et jusques à la mort vilainement batue.
Elle semble au marchand, accueilli de malheur,
Lequel au coing d'un bois rencontre le volleur,   10
Qui contre l'estomac luy tend la main armée,
Tant il a l'ame au corps d'avarice affamée.
Il n'est pas seulement content de luy piller
La bourse et le cheval: il le fait despouiller,
Le bat et le tourmente, et d'une dague essaye   15
De luy chasser du corps l'ame par une playe;
Puis en le voyant mort se sou-rit de ses coups,
Et le laisse manger aux mastins et aux loups.
Si est-ce que de Dieu la juste intelligence
Court apres le meurtrier et en prend la vengence;   20
Et dessus une roüe, apres mille travaux,
Sert aux hommes d'exemple et de proye aux corbaux.
Mais ces nouveaux Chrestiens qui la France ont pillée[51]
Vollée, assassinée, à force despouillée,
Et de cent mille coups tout l'estomac batu,   25
Comme si brigandage estoit une vertu,
Vivent sans chastiment, et à les ouïr dire,
C'est Dieu qui les conduit, et ne s'en font que rire.
Ils ont le cœur si haut, si superbe et si fier,
Qu'ils osent au combat leur maistre desfier.[52]   30

---

[50] Il s'agit des guerres de religion qui bouleversèrent la France à partir de 1562.
[51] Les Protestants.
[52] Le roi.

Ils se disent de Dieu les mignons, et au reste,
Qu'ils sont les heritiers du Royaume celeste;
Les pauvres insensez! qui ne cognoissent pas
Que Dieu, pere commun des hommes d'ici-bas,
Veut sauver un chacun, et qu'à ses creatures   35
De son grand Paradis il ouvre les clostures.
Certes beaucoup de vuide et beaucoup de vains lieux
Et de sieges seroyent sans ames dans les Cieux,
Et Paradis seroit une plaine deserte,
Si pour eux seulement la porte estoit ouverte.   40
     Or ces braves vanteurs, controuvez fils de Dieu,
En la dextre ont le glaive et en l'autre le feu,
Et comme furieux qui frappent et enragent,
Vollent les temples saints et les villes saccagent.
     Et quoy? brusler maisons, piller et brigander,   45
Tuer, assassiner, par force commander,
N'obeir plus aux Rois, amasser des armées,
Appellez-vous cela Eglises reformées?
     Jesus, que seulement vous confessez ici
De bouche et non de cœur, ne faisoit pas ainsi,   50
Et saint Paul en preschant n'avoit pour toutes armes
Sinon l'humilité, les jeusnes et les larmes;
Et les Peres Martyrs, aux plus dures saisons
Des Tyrans, ne s'armoyent sinon que d'oraisons,
Bien qu'un Ange du Ciel à leur moindre priere   55
En soufflant eust rué les Tyrans en arriere.
     Par force on ne sçauroit Paradis violer:
Jesus nous a monstré le chemin d'y aller.
Armez de patience il faut suivre sa voye,
Non amasser un camp, et s'enrichir de proye.   60
     Voulez-vous ressembler à ces fols Albigeois,[53]
Qui planterent leur secte avecque le harnois?
Ou à ces Arriens[54] qui par leur frenaisie
Firent perdre aux Chrestiens les villes de l'Asie?
Ou à Zvingle[55] qui fut en guerre desconfit?   65
Ou à ceux que le Duc de Lorraine desfit?
     Vous estes, Predicans, en possession d'estre[56]
Tousjours, tousjours batus; nostre Roy vostre maistre
Bien tost à vostre dam le vous fera sentir,
Et lors vous sentirez que peut le repentir.   70

[53] Hérétiques exterminés en 1218.
[54] Disciples d'Arrius, condamnés par le concile de Nicée.
[55] Réformateur suisse (1484-1531).
[56] *En Possession d'estre*: en passe d'être.

Tandis vous exercez vos malices cruelles,
Et de l'Apocalypse estes les sauterelles,[57]
Lesquelles, aussi tost que le puis fut ouvert
D'Enfer, par qui le Ciel de nües fut couvert,
Avecque la fumée en la terre sortirent,   75
Et des fiers scorpions la puissance vestirent.
Ell' avoyent face d'homme et portoyent de grans dents
Tout ainsi que lions affamez et mordans.
Leur maniere d'aller en marchant sur la terre
Sembloit chevaux armez qui courent à la guerre,   80
Ainsi qu'ardentement vous courez aux combas,
Et villes et chateaux vous renversez à bas.

   Ell' avoyent de fin or les couronnes aux testes,
Ce sont vos morions reluisans par les crestes;
Ell' avoyent tout le corps de plastrons enfermez,   85
Les vostres sont tousjours de corselets armez;
Comme d'un scorpion meurtriere estoit leur queüe,
Meurtriers vos pistolets, vos mains et vostre veüe;
Perdant[58] estoit leur maistre, et le vostre a perdu
Le sceptre que nos Rois avoyent tant defendu.   90
Vous ressemblez encore à ces jeunes viperes
Qui ouvrent en naissant le ventre de leurs meres;
Ainsi en avortant vous avez fait mourir
La France vostre mere, en lieu de la nourrir.

   De Beze,[59] je te prie, escoute ma parolle,   95
Que tu estimeras d'une personne folle:
S'il te plaist toutefois de juger sainement,
Apres m'avoir ouy tu diras autrement.

   La terre qu'aujourd'huy tu remplis toute d'armes
Et de nouveaux Chrestiens desguisez en gendarmes,   100
O traistre pieté! qui du pillage ardans
Naissent dessous ta voix tout ainsi que des dents
Du grand serpent Thebain[60] les hommes qui muerent
Le limon en couteaux desquels s'entretuerent,
Et nez et demi-nez se firent tous perir,   105
Si qu'un mesme Soleil les vit naistre et mourir,
   Ce n'est pas une terre Allemande ou Gothique,
Ny une region Tartare ny Scythique:
C'est celle où tu nasquis, qui douce te receut,
Alors qu'à Vezelay ta mere te conceut;   110

[57] *Apocalypse*, IX, i-ii.
[58] Perdant: l'ange de l'Abîme (voir *Apocalypse*, IX, ii).
[59] Né à Vézelay (1519-1605); réformateur réfugié à Genève, émule et successeur de Calvin.
[60] Allusion à la légende de Cadmus et des dents du dragon.

Celle qui t'a nourry, et qui t'a fait apprendre
La science et les arts dés ta jeunesse tendre,
Pour luy faire service et pour en bien user,
Et non, comme tu fais, à fin d'en abuser.
    Si tu es envers elle enfant de bon courage,   115
Ores que tu le peux, rens-lui son nourrissage,
Retire tes soldars, et au Lac Genevois,
Comme chose execrable, enfonce leurs harnois.
    Ne presche plus en France une Evangile armée,
Un Christ empistollé, tout noirci de fumée,   120
Qui comme un Mehemet[61] va portant en la main
Un large coutelas rouge de sang humain.
Cela desplaist à Dieu, cela desplaist au Prince;
Cela n'est qu'un appast qui tire la province
A la sedition, laquelle, dessous toy,   125
Pour avoir liberté, ne voudra plus de Roy.
    Certes il vaudroit mieux à Lozanne relire
Du grand fils de Thetis les prouësses et l'ire,[62]
Faire combattre Ajax, faire parler Nestor,
Ou re-blesser Venus, ou re-tuer Hector,   130
Que reprendre l'Eglise, ou, pour estre dit sage,
Raccoustrer en sainct Paul je ne sçay quel passage.
De Beze, ou je me trompe, ou cela ne vaut pas
Que France en ta faveur face tant de combas,
Ny qu'un Prince Royal[63] pour ta cause s'empesche!   135
    Un jour, en te voyant aller faire ton presche,
Ayant dessous un reistre[64] une espée au costé:
"Mon Dieu, ce dy-je lors, quelle sainte bonté!
O parolle de Dieu d'un faux masque trompée,
Puis que les predicans preschent à coups d'espée!   140
Bien-tost avec le fer nous serons consumez,
Puis qu'on voit de couteaux les Ministres armez."
    Et lors deux surveillans[65] qui parler m'entendirent,
Avec un haussebec ainsi me respondirent:
    "Quoy? parles-tu de luy, qui seul est envoyé   145
Du Ciel pour r'enseigner le peuple desvoyé?
Ou tu es un Athée, ou quelque benefice
Te fait ainsi vomir ta rage et ta malice,
Puis que si arrogant tu ne fais point d'honneur

---

[61] Mahomet.
[62] Achille. Tous ces personnages figurent dans l'*Iliade*.
[63] Le prince de Condé.
[64] Le *reistre* était le grand manteau des Reîtres. Les ministres l'avaient adopté.
[65] *Surveillans*: nom donné aux adjoints des bourgeois qui formaient le bureau de l'Eglise réformée.

A ce Prophete sainct envoyé du Seigneur!" 150
   Adonc je respondi: "Appellez-vous Athée
Celuy qui dés enfance en son cœur a gardée
La foy de ses ayeuls? qui ne trouble les lois
De son païs natal, les peuples ny les Rois?
Appellez-vous Athée un homme qui mesprise 155
Vos songes contrefaits, les monstres de l'Eglise?
Qui croit en un seul Dieu, qui croit au Sainct Esprit,
Qui croit de tout son cœur au Sauveur Jesus-Christ?
Appellez-vous Athée un homme qui deteste
Et vous et vos erreurs comme infernale peste? 160
Et vos beaux predicans, qui subtils oiseleurs
Pipent le simple peuple, ainsi que basteleurs,
Lesquels enfarinez au milieu d'une place
Vont joüant finement leurs tours de passe-passe,
Et à fin qu'on ne voye en plein jour leurs abus, 165
Soufflent dedans les yeux leur poudre d'oribus?[66]
   Vostre poudre est crier bien haut contre le Pape
Deschiffrant maintenant sa tiare et sa chape,
Maintenant ses pardons, ses bulles et son bien,
Et plus haut vous criez, plus estes gens de bien. 170
   Vous ressemblez à ceux que les fiévres insensent
Qui cuident estre vrais tous les songes qu'ils pensent;
Toutefois la pluspart de vos rhetoriqueurs
Vous preschent autrement qu'ils n'ont dedans les cœurs.
L'un monte sur la chaire ayant l'ame surprise 175
D'arrogance et d'orgueil, l'autre de convoitise,
Et l'autre qui n'a rien voudroit bien en avoir;
L'autre brusle d'ardeur de monter en pouvoir,
L'autre a l'esprit aigu, qui par meinte traverse
Sous ombre des abus la verité renverse. 180
   Vous ne ressemblez pas à nos premiers Docteurs,
Qui, sans craindre la mort ny les persecuteurs,
De leur bon gré s'offroyent eux-mesmes aux supplices
Sans envoyer pour eux je ne sçay quels novices!
   Que vit tant à Genéve un Calvin desjà vieux, 185
Qu'il ne se fait en France un martyr glorieux,
Souffrant pour sa parolle? ô âmes peu hardies!
Vous ressemblez à ceux qui font les Tragedies,
Lesquels sans les joüer demeurent tous craintifs,
Et en donnent la charge aux nouveaux apprentifs 190
Pour n'estre point mocquez ny sifflez, si l'issue
Ne reüssit à gré, du peuple bien receuë.

---

[66] *Poudre d'oribus*: remède sans vertu.

Le peuple qui vous suit est tout empoisonné;
Il a tant le cerveau de sectes estonné,
Que toute la rheubarbe et toute l'anticyre[67]   195
Ne luy sçauroyent guarir sa verve qui empire;
Car tant s'en faut, helas! qu'on la puisse guarir,
Que son mal le contente, et luy plaist d'en mourir.

Il faut, ce dites vous, que ce peuple fidelle
Soit guidé par un Chef qui prenne sa querelle,   200
Ainsi que Gedeon, qui, seul esleu de Dieu,
Contre les Madians mena le peuple Hebrieu.[68]

Si Gedeon avoit commis vos brigandages,
Vos meurtres, vos larcins, vos Gothiques pillages,
Il seroit execrable; et s'il avoit forfait   205
Contre le droict commun, il auroit tres-mal fait.

De vostre election faites nous voir la Bulle,
Et nous monstrez de Dieu le sing et la cedulle:
Si vous ne la monstrez, il faut que vous croyez
Que je ne croiray pas que soyez envoyez.   210

Ce n'est plus aujourd'huy qu'on croit en tels oracles:
Faites à tout le moins quelques petits miracles,
Comme les Peres saincts qui jadis guerissoient
Ceux qui de maladie aux chemins languissoient,
Et desquels seulement l'ombre estoit salutaire.   215

Il n'est plus question, ce dites vous, d'en faire;
La foy est approuvée: allez aux regions
Qui n'ont ouy parler de nos religions,
Au Perou, Canada, Callicuth, Canibales,
Là montrez par effect vos vertus Calvinales.   220

Si tost que ceste gent grossiere vous verra
Faire un petit miracle, en vous elle croira
Et changera sa vie où toute erreur abonde:
Ainsi vous sauverez la plus grand part du monde.

Les Apostres jadis preschoient tous d'un accord;   225
Entre vous aujourd'huy ne regne que discord:
Les uns sont Zvingliens, les autres Lutheristes,
Les autres Puritains, Quintins,[69] Anabaptistes,
Les autres de Calvin vont adorant les pas,
L'un est predestiné et l'autre ne l'est pas,   230
Et l'autre enrage apres l'erreur Muncerienne,[70]

---

[67] Ellébore venu d'Anticyre, ville de Phocide; le médecin Anticyrus guérit Hercule de la folie grâce à ce remède.
[68] Gédéon a infligé aux Madianites une défaite dont ils ne se sont pas relevés.
[69] Disciples de Quintin, hérétique picard, brûlé à Tournai en 1530.
[70] Hérésie qui tire son nom de Münzer (1490-1525).

Et bien-tost s'ouvrira l'escole Bezienne,
   Si bien que ce Luther, lequel estoit premier,
Chassé par les nouveaux, est presque le dernier,
Et sa secte qui fut de tant d'hommes garnie,   235
Est la moindre de neuf qui sont en Germanie.
   Vous devriez pour le moins, pour nous faire trembler,
Estre ensemble d'accord sans vous desassembler;
Car Christ n'est pas un Dieu de noise ny discorde:
Christ n'est que charité, qu'amour et que concorde,   240
Et monstrez clairement par la division
Que Dieu n'est point autheur de vostre opinion.
   Mais monstrez-moy quelqu'un qui ait changé de vie,
Apres avoir suivi vostre belle folie:
J'en voy qui ont changé de couleur et de teint   245
Hideux, en barbe longue et en visage feint,
Qui sont plus que devant tristes, mornes et palles,
Comme Oreste agité des fureurs infernales.
   Mais je n'en ay point veu qui soient d'audacieux
Plus humbles devenus, plus doux ny gracieux,   250
De paillards continens, de menteurs veritables,
D'effrontez vergongneux, de cruels charitables,
De larrons aumosniers, et pas un n'a changé
Le vice dont il fut auparavant chargé.
   Je cognois quelques uns de ces fols qui vous suivent,   255
Je sçay bien que les Turcs et les Tartares vivent
Plus modestement qu'eux, et suis tout effroyé
Que mille fois le jour leur chef n'est foudroyé.
   J'ay peur que tout ainsi qu'Arrius[71] fit l'entrée
Au Turc qui surmonta l'Asienne contrée,   260
Que par vostre moyen il ne se vueille armer,
Et que pour nous donter il ne passe la mer,
Et que vous les premiers n'en supportiez la peine,
En pensant vous venger de l'Eglise Romaine.
   Ainsi celuy qui tend le piege decevant,   265
En voulant prendre autruy se prend le plus souvent.
   La tourbe qui vous suit est si vaine et si sotte,
Qu'estant affriandée aux douceurs de la lote,[72]
J'entens affriandée à ceste liberté
Que vous preschez par tout, tient le pas arresté   270
Sur le bord estranger et plus n'a souvenance
De vouloir retourner au lieu de sa naissance.

[71] Hérésiarque, fondateur de l'arianisme.
[72] Souvenir de l'épisode d'Ulysse chez les Lotophages. Le fruit du lotus était si délicieux qu'il faisait oublier aux étrangers leur patrie.

Helas! si vous aviez quelque peu de raison,
Vous cognoistriez bien-tost qu'on vous tient en prison,
Pipez, ensorcelez, comme par sa malice   275
Circe tenoit charmez les compagnons d'Ulysse.

O Seigneur tout puissant, ne mets point en oubly
D'envoyer un Mercure avecque le Moly
Vers ce noble Seigneur,[73] à fin qu'il l'admonneste,
Et luy face rentrer la raison en la teste,   280
Luy décharme les sens, luy dessille les yeux,
Luy monstre clairement quels furent ses ayeux,
Grands Rois et gouverneurs des grandes Republiques,
Tant craints et redoutez pour estre Catholiques!

Si la saine raison le regaigne une fois,   285
Luy qui est si gaillard, si doux et si courtois,
Il cognoistra l'estat auquel on le fait vivre,
Et comme pour de l'or on luy donne du cuivre,
Et pour un grand chemin un sentier esgaré,
Et pour un diamant un verre bigarré.   290

Hà! que je suis marry que cil qui fut mon maistre,[74]
Depestré du filet ne se peut recognoistre!
Je n'aime son erreur, mais hayr je ne puis
Un si digne Prelat dont serviteur je suis,
Qui benin m'a servi, quand Fortune prospere   295
Le tenoit pres des Rois, de Seigneur et de pere.
Dieu preserve son chef de malheur et d'ennuy,
Et le bon-heur du Ciel puisse tomber sur luy."

Achevant ces propos je me retire, et laisse
Ces surveillans confus au milieu de la presse,   300
Qui disoient que Satan le cœur m'avoit couvé,
Et me grinçant les dents m'appelloient reprouvé.

L'autre jour, en pensant que ceste pauvre terre
S'en alloit, ô malheur! la proye d'Angleterre,
Et que ses propres fils amenoient l'estranger   305
Qui boit les eaux du Rhin, à fin de l'outrager,
M'apparut tristement l'idole[75] de la France,
Non telle qu'elle estoit lors que la brave lance
De Henry[76] la gardoit, mais foible et sans confort,
Comme une pauvre femme attainte de la mort.   310

---

[73] Louis de Bourbon, prince de Condé.
[74] Le cardinal Odet de Coligny qui passa à la Réforme.
[75] *Idole*: image.
[76] Henri II, roi de France.

Son sceptre luy pendoit, et sa robbe semée
De fleurs de liz estoit en cent lieux entamée;
Son poil estoit hideux, son œil have et profond,
Et nulle majesté ne luy haussoit le front.

    En la voyant ainsi, je luy dis: "O Princesse,   315
Qui presque de l'Europe as esté la maistresse,
Mere de tant de Rois, conte moy ton malheur,
Et dy moy, je te pri', d'où te vient ta douleur!"

    Elle adonc en tirant sa parolle contrainte,
Souspirant aigrement, me fit ainsi sa plainte: 320

    "Une ville est assise és champs Savoysiens,[77]
Qui par fraude a chassé ses Seigneurs anciens,
Miserable sejour de toute apostasie,
D'opiniastreté, d'orgueil et d'heresie,
Laquelle, en-ce-pendant que les Rois augmentoient   325
Mes bornes et bien loin pour l'honneur combatoient,
Appellant les banis en sa secte damnable,
M'a fait comme tu vois chetive et miserable.

    Or mes Rois, cognoissans qu'une telle cité
Leur seroit, comme elle est, une infelicité,   330
Deliberoient assez de la ruer par terre;
Mais contre elle jamais n'ont entrepris la guerre:
Ou soit par negligence ou soit par le destin,
Entiere ils l'ont laissée, et de là vient ma fin.

    Comme ces laboureurs, dont les mains inutiles   335
Laissent pendre l'hyver un toufeau de chenilles,
Dans une fueille seiche au feste d'un pommier;
Si tost que le Soleil de son rayon premier
A la fueille eschauffée, et qu'elle est arrousée,
Par deux ou par trois fois, d'une tendre rosée,   340
Le venin qui sembloit par l'hyver consumé
En chenilles soudain apparoist animé,
Qui tombent de la fueille, et rampent à grand' peine
D'un dos entre-cassé au milieu de la plaine;
L'une monte en un chesne et l'autre en un ormeau,   345
Et tousjours en mangeant se trainent au coupeau,
Puis descendent à terre, et tellement se paissent
Qu'une seule verdure en la terre ne laissent.

    Alors le laboureur, voyant son champ gasté,
Lamente pour neant qu'il ne s'estoit hasté   350
D'estouffer de bonne heur une telle semence;

---

[77] Genève.

Il voit que c'est sa faute et s'en donne l'offence.
　　Ainsi lors que mes Rois aux guerres s'efforçoient,
Toutes en un monceau ces chenilles croissoient;
Si qu'en moins de trois mois telle tourbe enragée   355
Sur moy s'est espandue, et m'a toute mangée.
　　Or mes peuples mutins, arrogans et menteurs
M'ont cassé le bras droit, chassant mes Senateurs;
Car de peur que la loy ne corrigeast leur vice,
De mes Palais royaux ont bany la Justice;   360
Ils ont rompu ma robbe en rompant mes citez,
Rendans mes citoyens contre moy despitez;
Ont pillé mes cheveux en pillant mes Eglises,
Mes Eglises, helas! que par force ils ont prises,
En poudre foudroyans Images et Autels,   365
Venerable sejour de nos Saincts immortels.
Contre eux puisse tourner si malheureuse chose
Et l'or sainct desrobé leur soit l'or de Tholose![78]
　　Ils n'ont pas seulement, sacrileges nouveaux,
Fait, de mes temples saincts, estables à chevaux;   370
Mais, comme tourmentez des fureurs Stygiales,[79]
Ont violé l'honneur des Ombres sepulchrales,[80]
Afin que par tel acte inique et malheureux
Les vivans et les morts conspirassent contre eux.
Busire[81] fut plus dous, et celuy qui promeine   375
Une roche aux Enfers,[82] eut l'ame plus humaine;
Bref, ils m'ont delaissée en extreme langueur.
Toutefois en mon mal je n'ay perdu le cœur,
Pour avoir une Royne[83] à propos rencontrée,
Qui douce et gracieuse envers moy s'est monstrée;   380
Elle, par sa vertu, quand le cruel effort
De ces nouveaux mutins me trainoit à la mort,
Lamentoit ma fortune, et comme Royne sage
Reconfortoit mon cœur, et me donnoit courage
　　Elle, abaissant pour moy sa haute Majesté,   385
Preposant mon salut à son authorité,
Mesmes estant malade est maintefois allée
Pour m'appointer à ceux qui m'ont ainsi volée

[78] Qui faisait mourir ceux qui le dérobaient.
[79] Du Styx.
[80] Allusion à la violation des sépulcres par les Protestants.
[81] Busire, tyran d'Egypte, immolait les étrangers sur ses autels.
[82] Sisyphe.
[83] Catherine de Médicis.

Mais Dieu, qui des malings n'a pitié ny mercy,
Comme au Roy Pharaon, a leur cœur endurcy, 390
A fin que tout d'un coup sa main puissante et haute
Les corrige en fureur et punisse leur faute.
Puis, quand je voy mon Roy, qui desjà devient grand,
Qui courageusement me soustient et defend,
Je suis toute guarie, et la seule apparance 395
D'un Prince si bien-né me nourrist d'esperance.
   Avant qu'il soit long temps, ce magnanime Roy
Dontera les destins qui s'arment contre moy,
Et ces faux devineurs qui d'une bouche ouverte
De son sceptre Royal ont predite la perte. 400
   Cependant pren la plume et d'un stile endurcy
Contre le trait des ans engrave tout cecy,
Afin que nos nepveux puissent un jour cognoistre
Que l'homme est malheureux qui se prend à son maistre."
   Ainsi par vision la France à moy parla, 405
Puis tout soudainement de mes yeux s'en-vola
Comme une poudre au vent ou comme une fumée
Qui soudain dans la nuë est en rien consumée.

Le Second Livre des *Hymnes*

Hymne du printemps à Fleurimont Robertet, seigneur d'Aluye[84]

Je chante, Robertet, la saison du Printemps,
Et comme Amour et luy, apres avoir long temps
Combatu le discord de la masse premiere,
Attrempez de chaleur, sortirent en lumiere.
Tous deux furent oiseaux: l'un dans les cœurs vola, 5
L'autre, au retour de l'an, jouvenceau s'en-alla
Rajeunir nostre terre, et, pour mieux se conduire,
Il envoya davant les courriers de Zephyre.

[84] Secrétaire d'Etat de 1559 à 1569.

Zephyre avoit un rhé d'aimant laborieux,
Si rare et si subtil qu'il decevoit les yeux,   10
Ouvrage de Vulcan, lequel, depuis l'Aurore,
Depuis le jour couchant jusqu'au rivage More,
Il tenoit estendu pour prendre dans son rhé
Flore, dont le Printemps estoit enamouré.

   Or ceste Flore estoit une Nymphe gentille,   15
Que la Terre conceut pour sa seconde fille.
Ses cheveux estoyent d'or, annelez et tressez,
D'une boucle d'argent ses flancs estoyent pressez,
Son sein estoit rempli d'esmail et de verdure;

   Un crespe delié luy servoit de vesture,   20
Et portoit en la main un cofin plein de fleurs,
Qui nasquirent jadis du crystal de ses pleurs,
Quand Aquilon voulut la mener en Scythie,
Et la ravir ainsi comme il fist Orithye,[85]
Mais elle cria tant que la Terre y courut,   25
Et des mains du larron sa fille secourut.

   Tousjours la douce manne et la tendre rosée,
Qui d'une vapeur tendre en l'air est composée,
Et la forte Jeunesse, au sang chaud et ardant
Et Amour qui alloit son bel arc desbandant,   30
Et Venus, qui estoit de roses bien coiffée,
Suivoyent de tous costez Flore, la belle Fée.

   Un jour qu'elle dansoit, Zephyre l'espia,
Et, tendant ses filets, la print et la lia
En ses rets enlacée, et jeune et toute belle,   35
Au Printemps la donna qui languissoit pour elle.

   Si tost que le Printemps en ses bras la receut,
Femme d'un si grand Dieu, fertile elle conceut
Les beautez de la terre, et sa vive semence
Fist soudain retourner tout le Monde en enfance.   40

   Alors d'un nouveau chef les bois furent couverts,
Les prez furent vestus d'habillemens tous verts,
Les vignes de raisins; les campagnes porterent
Le froment, qu'à foison les terres enfanterent;
Le doux miel distilla du haut des arbrisseaux,   45
Et le laict savoureux coula par les ruisseaux.

   Amour, qui le Printemps son ami n'abandonne,

---

[85] Aquilon (Borée) s'éprend d'Orithyie, fille d'Erechtée, roi d'Athènes; n'ayant pu l'obtenir de son père, il se couvre d'un épais nuage et enlève cette princesse au milieu d'un tourbillon de poussière.

Prist l'arc dedans la main, son dos il environne
D'un carquois plein de traits, puis alla dans la mer,
Jusqu'au centre des eaux, les poissons enflamer,   50
Et maugré la froideur des plus humides nues,
Enflama les oiseaux de ses flames cognues;
    Alla par les rochers et par les bois deserts
Irriter la fureur des sangliers et des cerfs,
Et parmi les citez aux hommes raisonnables   55
Fist sentir la douleur de ses traits incurables.
Et, en blessant les cœurs d'un amoureux souci,
Avecques la douceur mesla si bien aussi
L'aigreur, qui doucement coule dedans les veines,
Et avec le plaisir mesla si bien les peines,   60
Qu'un homme ne pourroit s'estimer bien-heureux,
S'il n'a senti le mal du plaisir amoureux.
    Jupiter s'alluma d'une jalouse envie,
Voyant que le Printemps jouyssoit de s'amie;
L'ire le surmonta, puis, prenant le couteau   65
Dont naguere il avoit entamé son cerveau,
Quand il conceut Pallas la Déesse guerriere,
Detrancha le Printemps, et sa saison entiere
En trois parts divisa: adonques vint l'Esté,
Qui halla tout le Ciel, et si ce n'eust esté   70
Que Junon envoya Iris sa messagere,
Qui la pluye amassa de son aile legere,
Et tempera le feu de moiteuse froideur,
Le Monde fust peri d'une excessive ardeur.
    Apres, l'Autonne vint, chargé de maladies,   75
Et l'Hyver, qui receut les tempestes hardies
Des vents impetueux, qui se boufent si fort
Qu'à peine l'Univers resiste à leur effort,
Et couvrirent, mutins, la terre pesle-mesle
De pluyes, de glaçons, de neiges et de gresle.   80
    Le Soleil, qui aimoit la Terre, se fâcha
Dequoy l'Hyver jaloux sa dame luy cacha,
Et rendit de ses yeux la lumiere eclipsée,
Portant desur le front le mal de sa pensée,
Et, retournant son char à reculons, alla   85
Devers le Capricorne, et se retira là.
    Adonques en frayeur tenebreuse et profonde,
Le Soleil estant loin, fust demouré le Monde,
Sans le gentil Printemps, qui le fist revenir,

Et soudain de rechef amoureux devenir.   90
  D'une chaisne de fer, deux ou trois fois retorse,
Prenant l'Hyver au corps, le garrota par force,
Et sans avoir pitié de ce pauvre grison,
L'espace de neuf mois, le detint en prison.
Ainsi, par le Printemps, la Terre se fist belle,   95
  Ainsi le beau Soleil retourna devers elle,
Et, redoublant le feu de sa premiere amour,
Monta bien haut au Ciel et allongea le jour,
A fin que plus long temps il embrassast sa femme,
  Et, ne fust que Tethys a pitié de la flame   100
Qu'Amour luy verse au cœur, il fust jà consumé.
  Mais, pour remedier à son mal enflamé,
Elle appelle la Nuit; adonq la Nuit detache
Le Soleil hors du Ciel et dans la mer le cache,
Où Tethys en ses eaux refroidit sa chaleur.   105
  Mais luy, qui maugré soy cache en l'eau sa douleur,
S'eschappe de Tethys, la laissant endormie,
Et dés l'aube à cheval retourne voir s'amie.
  Aussi, de son costé, la Terre cognoist bien
Que de telle amitié procede tout son bien;   110
Pource, de mille fleurs son visage elle farde,
Et de pareille amour s'eschaufe et le regarde.
  Comme une jeune fille, à fin de plaire mieux
Aux yeux de son amy, par un soin curieux
S'accoustre et se fait belle, et d'un fin artifice   115
L'attire doucement à luy faire service,
  Ainsi la Terre rend son visage plus beau,
Pour retenir long temps cest amoureux flambeau,
Qui luy donne la vie, et de qui la lumiere
Par sa vertu la fait de toutes choses mere.   120
  En l'honneur de cest Hynne, ô Printemps gracieux,
Qui r'appelles l'année, et la remets aux cieux,
Trois fois je te salue et trois fois je te prie
D'éloigner tout malheur du chef de mon Aluÿe,[86]
  Et si quelque maistresse, en ces beaux mois ici,   125
Luy tourmente le cœur d'un amoureux souci,
Flechis sa cruauté et la rens amoureuse,
Autant qu'auparavant elle estoit rigoureuse,
Et fay que ses beaux ans, qui sont en leur Printemps,
Soyent tousjours en amour bien-heureux et contens.   130

[86] Fleurimont Robertet.

LE PREMIER LIVRE DES *POEMES*

Discours à tres-illustre et vertueuse Princesse Marie Stuart, Royne d'Escosse[87]

Le jour que vostre voile aux Zephyrs se courba,
Et de nos yeux pleurans les vostres desroba,
Ce jour, la mesme voile emporta loin de France
Les Muses qui souloyent y faire demeurance,
Quand l'heureuse fortune ici vous arrestoit,   5
Et le Sceptre François entre vos mains estoit.
    Depuis, nostre Parnasse est devenu sterile,
Sa source maintenant d'une bourbe distile,
Son laurier est seché, son lierre est destruit,
Et sa croupe jumelle est ceinte d'une nuit.[88]   10
    Les Muses en pleurant ont laissé nos montaignes;
Que pourroyent plus chanter ces neuf belles compaignes,
Quand vous, leur beau sujet, qui les faisoit parler,
Sans espoir de retour est daigné s'en-aller?
Quand vostre Majesté, qui leur donnoit puissance,   15
A tranché leur parolle avecque son absence?
    Quand vostre belle lévre où Nature posa
Un beau jardin d'œillets que Pithon arrosa
De nectar et de miel, quand vostre bouche pleine
De perles, de rubis, et d'une douce haleine,   20
    Quand vos yeux estoilez, deux beaux logis d'Amour,
Qui feroyent d'une nuict le midi d'un beau jour,
Et penetrant les cœurs pourroyent dedans les ames
Des Scythes imprimer la vertu de leurs flames;
    Quand vostre front d'albastre et l'or de vos cheveux 25
Annelez et tressez, dont le moindre des nœux
Donteroit une armée, et feroit en la guerre

[87] Epouse de François II et reine de France (1559-1560). Veuve en 1560, elle revient en Ecosse, où elle doit lutter à la fois contre la Réforme et les agissements secrets d'Elisabeth d'Angleterre.
[88] Le mont Parnasse a deux sommets.

Hors des mains des soldats tomber le fer à terre;
  Quand cest yvoire blanc qui enfle vostre sein,
Quand vostre longue et gresle et delicate main,   30
Quand vostre belle taille et vostre beau corsage
Qui ressemble au portrait d'une celeste image,
Quand vos sages propos, quand vostre douce vois,
Qui pourroit esmouvoir les rochers et les bois,
Las! ne sont plus ici! quand tant de beautez rares   35
Dont les Graces des Cieux ne vous furent avares,
Abandonnant la France, ont d'un autre costé
L'agreable sujet des Muses emporté!
Comment pourroyent chanter les bouches des Poëtes,
Quand par vostre depart les Muses sont muettes?   40
Tout ce qui est de beau ne se garde long temps;
Les roses et les liz ne regnent qu'un printemps;
Ainsi vostre beauté, seulement apparue
Quinze ans en nostre France, est soudain disparue,
Ainsi qu'on voit en l'air s'esvanouir un trait,   45
Et d'elle n'a laissé sinon que le regret,
Sinon le desplaisir qui me remet sans cesse
Au cœur le souvenir d'une telle Princesse.
  Ha! que bien peu s'en faut que, rempli de fureur,
Voyant vostre destin, je ne tombe en l'erreur   50
De ceux qui ont pensé, sans prevoyance aucune,
Ce monde estre conduit au plaisir de Fortune!
  Ciel ingrat et cruel, je te pri', respons moy,
Respons, je te suppli', que te fist nostre Roy,
Auquel si jeune d'ans tu as tranché la vie?[89]   55
Que t'a fait son espouse, à qui la palle envie
A desrobé des mains le Sceptre si soudain,
Pour veufve l'envoyer en son païs lointain
En la fleur de son âge, ayant esmeu contre elle
Et contre sa grandeur sa terre naturelle?   60
  Or si les hommes nez entre les peuples bas,
D'un cœur pesant et lourd qui ne resiste pas,
Avoyent souffert en l'ame une moindre partie
De la tristesse, helas! que femme elle a sentie,
Ils seroyent surmontez de peine et de douleur,   65
Et veincus du Destin feroyent place au malheur;
  Où ceste noble Royne et haute et magnanime,
Dont le cœur genereux par la vertu s'anime,
Ne ployant sous le mal, d'un courage indonté
Comme ferme et constante a le mal surmonté,   70

---

[89] François II (1544-1560).

Et n'a voulu souffrir que Fortune eust la gloire
D'avoir en l'assaillant sus elle la victoire,
Portant un jeune cœur en un courage vieux,
De l'Envie et du Sort tousjours victorieux.

    Tu dois avoir, Escosse, une gloire eternelle,   75
Pour estre le berceau d'une Royne si belle;
Car, soit que le Soleil en bas face sejour,
Soit qu'il le face en haut, son œil te sert de jour.

    Aussi toute beauté qui n'a ny fin ny terme,
Aux isles prend naissance, et non en terre ferme.   80
Diane qui reluit par l'obscur de la nuit,
Et qui par les forests ses molosses conduit,
En Delos prist naissance, et la gentille mere
Des Amours emplumez nasquit dedans Cythere;
Escosse la belle isle a receu ce bon-heur   85
De vous produire aussi, des Dames tout l'honneur.

    Ha! que je veux de mal au grand Prince Neptune,
Prince fier et cruel, qui pour une rancune
Qu'il portoit à la Terre, avecque son Trident
Alla de tous costez les vagues repandant,   90
Et par despit cacha presque de nostre mere
Tout le sein fructueux sous la marine amere!
Il arracha les bors, puis, en les escartant,
Bien loin dedans la mer il les alla plantant,
Et pour n'estre jouët ny des vents ny des ondes,   95
Leurs plantes attacha sous les vagues profondes
D'une chaisne de fer; seulement à Delos
Permist en liberté de courir sur les flots.

    Je voudrois bien qu'un Dieu, le plus grand de la troupe
De ceux qui sont au Ciel, espuisast d'une poupe   100
Toute l'eau de la mer: lors à pied sec j'irois
Du rivage François au rivage Escossois,
Et marchant seurement sur les blondes areines,
Sans estre espouvanté des hideuses baleines,
Je voirrois les beaux yeux de ce gentil Soleil,   105
Qui ne sçauroit trouver au monde son pareil.

    Mais puis qu'il n'est permis de forcer la Nature,
Et qu'il faut que la mer de vagues nous emmure,
Pour la passer d'un coup, en lieu de grands vaisseaux
J'envoyray mes pensers, qui volent comme oiseaux: 110
Par eux je revoirray sans danger, à toute heure,
Ceste belle Princesse et sa belle demeure,
Et là pour tout jamais je voudray sejourner,
Car d'un lieu si plaisant on ne peut retourner.

Certes l'homme seroit furieux manifeste   115
Qui voudroit retourner d'un Paradis celeste,
Disant que de son bien il recevroit un mal,
Pour se voir eslongné de son pays natal.
    La Nature a tousjours dedans la mer lointaine,
Par les bois, par les rocs, sous des monceaux d'areine,   120
Recelé les beautez, et n'a point à nos yeux
Monstré ce qui estoit le plus delicieux:
Les perles, les rubis sont enfans des rivages,
Et tousjours les odeurs sont aux terres sauvages.
    Ainsi Dieu, qui a soin de vostre Royauté,   125
A fait, miracle grand, naistre vostre beauté
Sur le bord estranger, comme chose laissée
Non pour les yeux de l'homme, ainçois pour la pensée.

La Salade

Lave ta main, qu'elle soit belle et nette
Resveille toy — apporte une serviette;
Une salade amasson, et faison
Part à nos ans des fruicts de la saison.
        D'un vague pied, d'une veuë escartée   5
Deçà, delà, en cent lieux rejettée
Sus une rive, et dessus un fossé,
Dessus un champ en paresse laissé
Du laboureur, qui de luy-mesme apporte
Sans cultiver herbes de toute sorte,   10
Je m'en iray solitaire à l'escart.
    Tu t'en iras, Jamyn,[90] d'une autre part,
Chercher songneux la boursette,[91] toffue,
La pasquerette à la fueille menue,
La pimprenelle heureuse pour le sang   15
Et pour la ratte, et pour le mal de flanc;
Je cueilleray, compagne de la mousse,
La responsette[92] à la racine douce,
Et le bouton des nouveaux groiseliers

[90] Le poète, Amadis Jamyn, ami et disciple de Ronsard.
[91] La bourse-à-pasteur.
[92] Campanule comestible.

Qui le Printemps annoncent les premiers.   20
    Puis, en lisant l'ingenieux Ovide
En ces beaux vers où d'amour il est guide,
Regagnerons le logis pas-à-pas.
    Là, recoursant jusqu'au coude nos bras,
Nous laverons nos herbes à main pleine   25
Au cours sacré de ma belle fontaine;[93]
La blanchirons de sel en mainte part,
L'arrouserons de vinaigre rosart,
L'engresserons de l'huile de Provence:
L'huile qui vient aux oliviers de France   30
Rompt l'estomac, et ne vaut du tout rien.
    Voylà, Jamyn, voylà mon souv'rain bien,
En attendant que de mes veines parte
Ceste execrable, horrible fiévre quarte
Qui me consomme et le corps et le cœur   35
Et me fait vivre en extreme langueur.
    Tu me diras que la fièvre m'abuse,
Que je suis fol, ma salade, et ma Muse.
Tu diras vray: je le veux estre aussi,
Telle fureur me guarist mon soucy.   40
    Tu me diras que la vie est meilleure
Des importuns, qui vivent à toute heure
Aupres des Rois en credit et bon-heur
En-orgueillis de pompes et d'honneur;
Je le sçay bien, mais je ne le veux faire,   45
Car telle vie à la mienne est contraire.
    Il faut mentir, flater et courtiser,
Rire sans ris, sa face desguiser
Au front d'autruy, et je ne le veux faire,
Car telle vie à la mienne est contraire.   50
    Je suis, pour suivre à la trace la Court
Trop maladif, trop paresseux, et sourd,
Et trop craintif; au reste je demande
Un doux repros, et ne veux plus qu'on pende,
Comme un poignard, les soucis sur mon front.   55
    En peu de temps les courtizans s'en-vont
En chef grison, ou meurent sur un coffre.
    Dieu pour salaire un tel present leur offre,
D'avoir gasté leur gentil naturel
Pour amasser trop de bien temporel,   60

[93] La Fontaine Bellerie, source dans la propriété de Ronsard.

Bien incertain qui tout soudain se passe
Sans parvenir à la troisieme race.
Car la Fortune aux retours inconstans,
Ne peut souffrir l'ambitieux long temps,
Monstrant par lui, d'une cheute soudaine,   65
Que c'est du vent que la farce mondaine,
Et que l'homme est tres-malheureux qui vit
En court estrange, et ne meurt en son lit.

     Loin de moy soit la faveur et la pompe
Qui d'apparence et de fard nous retrompe,   70
Qui nous relime et nous ronge au dedans
D'orgueil, d'envie et de soucis mordans.

     L'homme qui monte aux honneurs inutilles
Semble un Colosse attaché de chevilles,
Ferré de gonds, de barres et de cloux;   75
Par le visage il s'enfle de courroux,
Representant Jupiter ou Neptune.
Sa brave enflure estonne la commune,
D'or enrichie et d'azur par dehors;
Mais quand on voit le dedans du grand corps   80
N'estre que plastre et argile poitrie,
Alors chacun cognoist la moquerie,
Et desormais le Colosse pipeur
Pour sa hauteur ne fait seulement peur
Qu'au simple sot, et non à l'homme sage,   85
Qui haussebeque et mesprise l'ouvrage.

     L'homme ignorant, dont les jours sont si brefs,
Ne cognoist pas que c'est un jeu d'eschets
Que nostre courte et miserable vie,
Et qu'aussi tost que la mort l'a ravie,   90
Dedans le sac on met tout à la fois
Rocs, Chevaliers, Pions, Roynes et Rois.

     Ainsi la terre en mesme sepulture
Met peuple et Rois par la loy de Nature,
Qui mere egale, estant sans passion,   95
De l'un des deux ne fait election,
Monstrant par là que la gloire mondaine
Et la grandeur est une chose vaine.

     Ah! que me plaist ce vers Virgilian,
Où le vieillard pere Corycian[94]   100
Avec sa marre en travaillant cultive
A tour de bras sa terre non-oisive,

---

[94] Voir Virgile, *Géorgiques* (IV, 125), pour une description du *Corycius senex.*

Et vers le soir, sans acheter si cher
Vin en taverne, ou chair chez le boucher,
Alloit chargeant sa table de viandes,   105
Qui luy sembloient plus douces et friandes,
Avec la faim, que celles des Seigneurs
Pleines de pompe et de mets et d'honneurs,
Qui, desdaigneux, de cent viandes changent
Sans aucun goust, car sans goust ils les mangent.   110
    Lequel des deux estoit le plus heureux:
Ou ce grand Crasse en escus plantureux,
Qui pour n'avoir les honneurs de Pompée
Alla sentir la Parthienne espée, [95]
Ou ce vieillard qui son champ cultivoit,   115
Et sans voir Rome en son jardin vivoit?
Si nous sçavions, ce disoit Hesiode,
Combien nous sert l'asphodelle, et la mode
De l'acoustrer, heureux, l'homme seroit,
Et la moitié le tout surpasseroit.[96]   120
Par la moitié il entendoit la vie
Sans aucun fard des laboureurs suivie,
Qui vivent sains du labeur de leurs doits,
Et par le tout, les delices des Rois.
    La Nature est, ce dit le bon Horace,   125
De peu contente, et nostre humaine race
Ne quiert beaucoup; mais nous la corrompons,
Et par le tout la moitié nous trompons.
    C'est trop presché, donne-moy ma salade.
Trop froide elle est-dis-tu, pour un malade.   130
    Hé quoy! Jamyn, tu fais le medecin!
Laisse moy vivre au-moins jusqu'à la fin
Tout à mon aise, et ne sois triste augure
Soit à ma vie ou à ma mort future;
Car tu ne peux, ny moy, pour tout secours   135
Faire plus longs ou plus petits mes jours.
Il faut charger la barque Carontée; [97]
La barque, c'est une biere voutée
Faite en bateau; le naistre est le trespas;
Sans naistre icy l'homme ne mourroit pas.   140
Fol qui d'ailleurs autre bien se propose!
Naissance et mort est une mesme chose.

---

[95] Crasse (Crassus), triumvir avec Pompée et César, assassiné en 53 av. J.-C. en combattant les Parthes.
[96] Voir Hésiode, *Les Travaux et les jours*, 40 sq.
[97] De Charon, batelier du Styx.

A Madame Marguerite duchesse de Savoye [98]

Comme une belle Nymphe à la rive amusée,
Qui seure voit de loin enfondrer un bateau
Et sans changer de teint court sur le bord de l'eau
Où son pied la conduit par la fresche rosée,   4

    Ainsi vous regardez d'asseurance poussée,
Sans point decolorer vostre visage beau,
Nostre Europe plongée au profond du tombeau,
Par Philippe et Henry au naufrage exposée. [99]   8

    Les vertus que du Ciel en don vous recevez,
Et celles que par livre acquises vous avez,
Tout le soin terrien vous chassent hors des yeux.   11

    Et bien que vous soyez dedans ce monde en vie,
L'eternelle Vertu du corps vous a ravie,
Et vive vous assied (miracle!) entre les Dieux.   14

PIECES POSTHUMES
LES DERNIERS VERS (1586)

SONNETS

I

    Je n'ay plus que les os, un squelette je semble,
Decharné, denervé, demusclé, depoulpé,
Que le trait de la Mort sans pardon a frappé:
Je n'ose voir mes bras que de peur je ne tremble.   4

    Apollon et son filz, [100] deux grans maistres ensemble,
Ne me sçauroient guerir; leur mestier m'a trompé.
Adieu, plaisant Soleil! mon œil est estoupé,

---

[98] Ce sonnet date de 1559; il fut supprimé en 1578.
[99] Philippe II d'Espagne et Henri II de France.
[100] Esculape, dieu de la Médecine.

Mon corps s'en va descendre où tout se desassemble.   8
    Quel amy me voyant en ce point despouillé
Ne remporte au logis un œil triste et mouillé,
Me consolant au lict et me baisant la face,   11
    En essuiant mes yeux par la Mort endormis?
Adieu, chers compaignons, adieu, mes chers amis!
Je m'en vay le premier vous preparer la place.   14

II

    Meschantes Nuicts d'hyver, Nuicts, filles de Cocyte,
Que la Terre engendra, d'Encelade[101] les seurs,
Serpentes d'Alecton,[102] et fureur des fureurs,
N'aprochez de mon lict, ou bien tournez plus vite.   4
    Que fait tant le Soleil au gyron d'Amphytrite?[103]
Leve toy, je languis accablé de douleurs;
Mais ne pouvoir dormir, c'est bien de mes malheurs
Le plus grand, qui ma vie et chagrine et despite.   8
    Seize heures pour le moins je meur les yeux ouvers,
Me tournant, me virant de droit et de travers,
Sus l'un, sus l'autre flanc je tempeste, je crie,   11
    Inquiet je ne puis en un lieu me tenir,
J'appelle en vain le Jour, et la Mort je supplie,
Mais elle fait la sourde et ne veut pas venir.   14

III

    Donne moy tes presens en ces jours que la Brume
Fait les plus courts de l'an, ou de ton rameau teint
Dans le ruisseau d'Oubly dessus mon front espreint,
Endor mes pauvres yeux, mes gouttes et mon rhume.   4
    Misericorde, ô Dieu! ô Dieu, ne me consume
A faulte de dormir; plustost sois-je contreint
De me voir par la peste ou par la fievre esteint,
Qui mon sang deseché dans mes veines allume.   8

---

[101] Géant révolté sur lequel Jupiter a renversé l'Etna.
[102] Alecto, une des trois Euménides.
[103] Amphitrite, déesse de la mer, fille de l'Océan, épouse de Neptune.

Heureux, cent fois heureux, animaux qui dormez
Demy an en voz trous, soubs la terre enfermez,
Sans manger du pavot qui tous les sens assomme!   11
    J'en ay mangé, j'ay beu de son just oublieux,
En salade, cuit, cru, et toutesfois le Somme
Ne vient par sa froideur s'asseoir dessus mes yeux.   14

I V

    Ah! longues Nuicts d'hyver, de ma vie bourrelles,
Donnez moy patience, et me laissez dormir!
Vostre nom seulement et suer et fremir
Me fait par tout le corps, tant vous m'estes cruelles.   4
    Le Sommeil tant soit peu n'esvente de ses ailes
Mes yeux tousjours ouvers, et ne puis affermir
Paupiere sur paupiere, et ne fais que gemir,
Souffrant comme Ixion des peines eternelles.   8
    Vieille umbre de la terre, ainçois l'umbre d'Enfer,
Tu m'as ouvert les yeux d'une chaisne de fer,
Me consumant au lict, navré de mille pointes: 11
    Pour chasser mes douleurs ameine moy la Mort.
Hà! Mort, le port commun, des hommes le confort,
Viens enterrer mes maux, je t'en prie à mains jointes!   14

V

    Quoy! mon ame, dors-tu engourdie en ta masse?
La trompette a sonné, serre bagage, et va
Le chemin deserté que Jesus-Christ trouva,
Quand tout mouillé de sang racheta nostre race.   4
    C'est un chemin facheux, borné de peu d'espace,
Tracé de peu de gens, que la ronce pava,
Où le chardon poignant ses testes esleva;
Pren courage pourtant, et ne quitte la place.   8
    N'appose point la main à la mansine, apres,
Pour ficher la charüe au milieu des guerets,
Retournant coup sur coup en arriere ta vüe.   11

Il ne faut commencer, ou du tout s'emploier,
Il ne faut point mener, puis laisser la charüe;
Qui laisse son mestier, n'est digne du loier.   14

VI

Il faut laisser maisons et vergers et jardins,
Vaisselles et vaisseaux que l'artisan burine,
Et chanter son obseque en la façon du Cygne,
Qui chante son trepas sur les bors Maeandrins.[104]   4
    C'est fait, j'ay devidé le cours de mes destins,
J'ay vescu, j'ay rendu mon nom assez insigne,
Ma plume vole au Ciel pour estre quelque signe,
Loin des appas mondains qui trompent les plus fins.   8
    Heureux qui ne fut onc, plus heureux qui retourne
En rien comme il estoit, plus heureux qui sejourne,
D'homme fait nouvel ange, aupres de Jesus-Christ,   11
    Laissant pourrir çà-bas sa despouille de boüe,
Dont le Sort, la Fortune, et le Destin se joüe,
Franc des liens du corps pour n'estre qu'un esprit.   14

A son Ame [105]

Amelette Ronsardelette
Mignonnelette, doucelette,
Tres-chere hostesse de mon corps,
Tu descens là-bas foiblelette,
Pasle, maigrelette, seulette,   5
Dans le froid royaume des mors;
Toutesfois simple, sans remors
De meurtre, poison, ou rancune,
Méprisant faveurs et tresors
Tant enviez par la commune.   10
Passant, j'ay dit: suy ta fortune,
Ne trouble mon repos, je dors.

[104] Du Méandre, fleuve sinueux d'Asie Mineure.
[105] Epigramme en forme d'inscription, imitée de celle que l'empereur Hadrien composa sur ses derniers jours à Baïa.

VARIANTES[106]

LES AMOURS DE PIERRE DE RONSARD VENDOMOIS

I.
1. 84-87 comme Amour
9-14. 78 Il cognoistra que foible est la raison / Contre son trait quand sa douce poison / Corrompt le sang, tant le mal nous enchante / Et connoistra, que je suis trop heureux / D'estre en mourant nouveau Cygne amoureux / Qui son obseque à soy mesme se chante.
12-14. 84-87 Et cognoistra que l'homme se deçoit / Quand plein d'erreur un aveugle il reçoit / Pour sa conduite, un enfant pour son maistre.

XIX.
7. 78 pour m'aimer / 84-87 Pour abuser les poètes je suis née
13. 60-87 Lors que le ciel tesmoing de sa parolle

XX.
1. 78 Ha je voudroy, richement jaunissant
3. 60-87 Dans le giron
4. 78-87 le somme va glissant
5. 60-72 en toreau blanchissant / 78-87 Puis je voudroy en toreau blanchissant
7-8. 78-87 Quand en Avril par l'herbe la plus tendre / Elle va fleur mille fleurs ravissant
9. 60-87 pour aleger

XXI.
7. 60-87 Pour la beauté d'une perfection
10. 78-87 Suivant le traq
13. 78-87 Sa course folle

XXVIII.
10. 84-87 Ou d'un torrent

[106] Nous reproduisons le texte des éditions originales et les variantes les plus importantes. Chaque variante est datée (50 = 1550; 87 = 1587, etc.). Un trait d'union entre deux dates signifie qu'une leçon est commune à deux éditions consécutives ou à toutes les éditions intermédiaires. Quand un vers ou un passage a subi plusieurs retouches nous les indiquons entre parenthèses.

11. 84-87 Par fantaisie Amour de nuict les guide
13. 84-87 Le feu, la nef et le torrent me fuit

XXXV.
4. 67-87 Le tient, l'estrangle
7. 78-87 Opiniastre à garder sa rigueur
11. 67-87 Et sur mon cœur
14. 78 et 87 toute la nuict me ronge / 84 Texte primitif.

XXXVII.
1. 67-72 Les corps volans çà et là de travers / 78-87 Ces petits corps qui tombent de travers
2-4. 67-87 Par leur descente en biais vagabonde / Hurlez ensemble ont composé le monde
4. 67-87 S'entr' acrochans de liens tous divers
5. 84-87 et les pensers couvers
6. 67-87 Tombez espais en mon amour profonde
11-12. 78-87 Me rendent mort (84-87 Rompent ma trame) en servant leur beauté / Retourneray-je, en eau, ou terre, ou flame?
14. 78 Par l'univers crira la cruauté / 84-87 Accusera l'ingrate cruauté

XLIX.
2. 60-87 Du froid hiver la poignante gelée
11. 87 D'un trait sanglant qui le tient en langueur
14. 67-84 en mon flanc / 87 en mon cœur

LVII.
2. 60-87 Tertres vineux
7. 84-87 Vallons bossus
8. 78-87 Et vous rochers escholiers (84-87 les hostes) de mes vers

LXIII.
10-14. 84-87 D'aller mirer les beaux yeux où se mire / Amour dont l'arc dedans est recelé / Va donq' miroër, mais sage pren bien garde / Que par ses yeux Amour ne te regarde, / Brulant ta glace ainsi qu'il m'a brulé

LXX.
8-11. 78-84 Tant le destin me dit que je la suive / Cent fois courbé pour la pescher à bas, / Poussé d'ardeur (84-87 D'un cœur ardent) je devalay le bras / Et ja content sa beauté (84-87 la perle) je tenoye,
8. 87 Car l'œil de voir n'est lassé tant qu'il vive
12-14. 84-87 Sans un Archer de mon bien envieux, / Qui troubla l'eau et m'esblouit les yeux, / Pour jouïr seul d'une si chere proye

CIII.

9-14. 84-87 Il peint les bords, les forests et les plaines, / Tu peins mes vers d'un bel émail de fleurs; / Des laboureurs il arrose les peines, / D'un vain espoir tu laves mes douleurs: / Du ciel sur l'herbe il fait tomber les pleurs, / Tu fais sortir de mes yeux deux fontaines

CX.

2. 78 Ces doubles lis freschement argentez (84-87 Ces dents, ainçois deux rempars argentez)

9-10. 78-87 Du beau jardin de son jeune printemps / Naist (87 Sort) un parfum qui le ciel en tous temps

12-13. 87 Sa bouche engendre une si douce vois / Que son chant fait bondir rochers et bois

CXVII.

1. 60 Entre mes bras que maintenant n'arrive (78-87 En ce printemps qu'entre mes bras n'arrive)

3. 67-87 en oysive langueur

6. 78-87 De ce bois verd

14. 78-87 Par les forests

CXXXII.

6. 84-87 Des flots roulans par nostre Vandomois

12. 78-87 Maugré la mort Poete me ferez

CLXII.

1-2. 78-87 Du bord d'Espagne, où le jour se limite, / Jusques à l'Inde il ne croist point de fleur

4. 78-87 Puisse egaler le teint

6. 78-87 enrichi de bon-heur

CLXV.

8. 78 Et de verdure et de Soleil nous prive / 84-87 De jour, de fleurs et de beauté (87 de couleurs) nous prive

11-14. 84-87 Maint beau penser qui me donne asseurance / De mes pensers fait avorter le fruit / Et sans meurir coupe (87 tranche) mon esperance

CCVI.

Ajouté en 1553.

3. 78 En chaque nerf, au sang de chaque veine (84 En chaque nerf, en chaque artere et veine) (87 En chaque nerf, en chaque pouls et veine)

CCXVI.

Ajouté en 1553.

1-2. 78 Depuis le jour que captif je souspire / L'an s'est en soy retourné par sept fois (84-87 Comme un serpent l'an s'est tourné sept fois)

5. 78-87 en mon estude lire

11. 87 Pensant l'Amour estre œuvre d'escritoire

13-14. 87…un tel traict me cacha / Dedans le cœur, qu'il me le fit bien croire

CCXX.

3. 78-87 Je prevoy bien

9. 78-87 Je suis, Amour, heureux et plus qu'heureux

13. 78-87 Et dont les yeux me baillent argument

CONTINUATION DES AMOURS

I.

1. 60-72 Mon Tyard, on disait (78-84 Tyard, on me blasmoit)

1-4. 87 Ma Muse estoit blasmée à son commencement / D'apparoistre trop haulte au simple populaire: / Maintenant des-enflée on la blasme au contraire, / Et qu'elle se desment parlant trop bassement.

5-7. 60-87 Toy de qui le labeur enfante doctement / Des livres immortels, di moi, que doi-je faire? / Di moi (car tu sçais tout) comme doi-je complaire

9-13. 78-87 Quand je brave (84-87 tonne) en mes vers, il a peur de me lire: / Quand ma voix se desenfle (87 rabaisse), il ne fait que (84-87 qu'en) mesdire, / Dy-moy de quels liens, et de quel rang de clous / Tiendray-je ce Prothé, qui se change à tous cous / Tyard, je t'enten bien

10-13. 84-87…se rabaisse il ne fait que mesdire / Dy-moy de quel lien, force, tenaille ou clous / Tiendray-je…

VII.

1. 60-87 vostre nom retourner

3-10. 60 Puisque vostre beau nom à l'amour vous convie, / Il faut vostre jeunesse à l'amour adonner / S'il vous plaist pour jamais vostre amy m'ordonner, / Ensemble nous prendrons les plaisirs de la vie, / D'une amour contre-aymée, et jamais autre envie / Ne me pourra le cœur du vostre détourner / Cellui qui n'aime point pour son but se propose

3-11. 78 Vostre nom de nature à l'amour vous convie. / Pecher contre son nom ne se doit pardonner / S'il vous plaist vostre cœur pour gage me donner, / Je vous offre le mien: ainsi de ceste vie / Nous prendrons les plaisirs, et jamais autre envie / Ne me pourra l'esprit d'une autre emprisonner / Il faut aimer, maistresse, au monde quelque chose. / Celuy qui n'aime point malheureux se propose / Une vie d'un Scythe

4. 87 Il faut suyvre Nature, et ne l'abandonner

13. 84-87 Rien n'est doux sans Venus et sans son fils: à l'heure

XXIII.

1. 78-84 Marie, levez-vous, ma jeune paresseuse (87 Marie, levez vous, vous estes paresseuse)

3. 57-87 doucement jargonné

5. 78-87 Sus debout

7. 78-87 Et vos œillets mignons ausquels aviez donné

9-12. 78-87 Harsoir en vous couchant vous jurastes voz yeux / D'estre plus tost que moy ce matin esveillé: / Mais le dormir de l'Aube aux filles gracieux / Vous tient d'un doux sommeil la paupiere sillée (84-87 encor les yeux sillée)

13-14. 60-87 Je vois baiser vos yeux (84-87 Ça, ça que je les baise) et vostre beau tetin / Cent fois pour vous aprendre à vous lever matin

XXVI.

1-2. 78-87 Amour est un charmeur: si je suis une année / Avecque ma maistresse à babiller tousjours

5-6. 78-87 Si quelque tiers survient.../ Ou je deviens muet

9-12. 78-87 Mais quand je suis tout seul aupres de mon plaisir, / Ma langue interpretant le plus de mon desir, / Alors de caqueter mon ardeur ne fait cesse: / Je ne fais qu'inventer, que conter, que parler

XXVIII.
Supprimé en 1578

XXXV.
Supprimé en 1578

1-2. 60-72 Je vous envoye un bouquet que ma main / Vient de trier de ces fleurs épanies

4. 57-72 Cheutes à terre elles fussent demain

6. 60-72 Et comme fleurs periront tout soudain

LXV.
Supprimé en 1578

6-8. 60-72 Vienne faire mon lit, ton compagnon, ny toi: / Je veus trois jours entiers demeurer à requoi, / Pour follastrer apres une sepmaine entiere

LXVII.

1. 78-87 Douce, belle, amoureuse

2. 78-87 aux amours consacrée

5-8. 78-87 Marie pour son chef un beau bouquet compose / De ta fueille, et tousjours sa teste en est parée: / Tousjours ceste Angevine, unique Cytherée, / Du parfum de ton eau sa jeune face arrose

11. 78-87 Aux jardins de Bourgueil pres d'une eau solitaire

14. 78-87 Et sont teint la beauté qu'on adore en Cythere

LXX.

2. 60-87 Ma raison qui de libre est maintenant servile

6-7. 87 Non un Empire enflé de mainte riche ville, / Mais un petit baiser, recompense facile

7. 60-84 Ou bien si vous estiez à mes desirs facile

9-13. 78-87 Las! ce qui plus me deult c'est que n'estes contante / De voir que ma Muse est si basse et si rampante, / Qui souloit apporter aux François un effroy: / Mais vostre peu d'amour ma loyauté tourmente / Et sans aucun espoir d'une meilleure attente

NOUVELLE CONTINUATION DES AMOURS

VII.

10-11. 60-87 Je veux mourir, si plus on me reproche / Que mon service est plus froid qu'une roche

12. 78-87 T'abandonnant, ma maistresse

XXVI.

1-4. 78-87 Si tost qu'entre les bois tu as beu la rosée /…logé dans un buisson, / Des ailes tremoussant tu dis une chanson /…à plaisir composée

5-8. 60-87 Las, aussi comme toi (78-87 Au contraire de) j'ai la vois disposée / A chanter en ce bois, mais en autre façon. / Car tousjours en pleurant je degoise mon son: / Aussi j'ai tousjours l'ame en larmes arrousée

XXXIII.

2-8. 78-87 Voye un pin qui s'esleve au dessus du village / Et là sur le sommet… / Voyra ma liberté triomphe (84-87 trophée) d'un bel œil / Qu'Amour victorieux, qui se plaist de mon dueil / Appendit pour trofée et pour servil hommage (84-87 sa pompe et mon): / Afin qu'à tous passans elle fust tesmoignage / Que l'amoureuse vie est un plaisant cercueil

13. 78-87 d'un visage ridé

XLII.

1. 67-87 ce qu'on dira de toy

3. 60-87 Enclos en mon estude

6. 67-87 Estranger loing de moy te faudra séjourner

13-14. 67-87 que nos peuples se font (84-87 citoyens sont) / Plus subtilz par le nez que le Rhinoceront

17. 67-78 Trop tard on se repent (84-87 Tard est le repentir de tost s'estre embarquée)

22-23. 67-78 Ny tromper, ny mocquer: lâchement je faudrois / Comme un Tygre engendré de farouche nature (84-87 Tromper, contre nature impudent je faudrois / Et serois un serpent de farouche nature)

29. 87 Va donq', mais au partir, mon fils, je te priray

36. 67-72 m'eslongner de Cassandre (78-87 oublier ma Cassandre)

48. 60-87 d'une vieille maistresse

52. 84-87 puis la fist

53-54. 78-87 aussi l'amoureux doit / Celebrer la beauté dont plaisir il reçoit

59. 78-87 Constant il faut attendre

61-63. 60 Mais quand elle devient sans se changer un jour / Plus dure et plus rebelle et plus rude en amour, / Il s'en faut eslongner (67-87 Mais quand elle devient voire de jour en jour / Plus dure et plus rebelle, et plus rude en amour, / On s'en doit eslongner)

68-69. 78-87 Volages et legers, amadouant les hommes / D'un espoir

69. 57-72 D'un espoir

73. 67-72 Ou quelque jeune sot

73-74. 78 Ou bien quelque badin ce bien emportera / Et sa faulx dans le bled secrettement mettra (84-87 Ou bien quelque badin emportera ce bien / Que le fidele ami à bon droit cuidoit sien)

83-84. 67-72 Non plus que les tyrans en arrogance braves / Ont en leur cœur pitié des forceres esclaves (78 Non plus que fiers Tyrans en arrogance braves / Des captifs enchaisnez à l'aviron esclaves) (84-87 Non, plus qu'un fier Corsaire, en arrogance braves, / N'a pitié des captifs à l'aviron esclaves)

96. 78-87 Sçavante en l'art d'amour, quand elle est tromperesse

101. 78-87 Il falloit

115-116. 78-87 Que dirons nous d'Ulysse? encores qu'une trope / De jeunes poursuyvans aimassent Penelope

127. 68-87 Voila comment

129-130. 78-87 Quand on peut par hazard heureusement choisir / Quelque belle maistresse, et l'avoir à plaisir

137-138. 78-87 Il faut honorer tant qu'on sera vivant: / Comme rare joyau qu'on trouve peu souvent

146. 87 Tant d'estranges chemins, fascheux à traverser

193-195. 60-78 Non, non, je ne veus pas que pour ce livre icy / J'entre dans une escolle, ou qu'un Regent aussi / Me lise pour parade. (84-87 Je ne veux que ce vers d'ornement indigent / Entre dans une escolle ou qu'un brave regent…)

LE SEPTIESME LIVRE DES *POEMES*

XII.

Amours, 2ᵉ livre, 1571-1572 et 1ᵉʳ livre à partir de 1578.

9. 78 Sus, baise moy tout ainsi que m'amie (84-87…en lieu de nostre amie)

10-14. 78 Pren mes souspirs, pren mes pleurs, je te prie, / Qui serviront d'animer ta couleur / Et que ta fleur ne deviendra fanie / Les pleurs d'humeur, les soupirs de chaleur, / Pour prendre un jour ta racine en ma vie

12. 84 (Ainsi ta fleur ne deviendra fanie)

12-14. 87 Ainsi ta fleur croistra dans ma poictrine, / Mes chauds souspirs serviront de chaleur, / Et mes pleurs d'eau pour te donner racine

XIV.

Amours, 2ᵉ livre, 1571-1572 et 1ᵉʳ livre à partir de 1578

4. 84-87 Dont la senteur me ravist tout de moy

7-8. 84-87 Il est constant, et cent playes cruelles / N'ont empesché qu'il ne gardast sa foy

11-12. 78 naistre m'amour / Qui ne se passe et jamais ne repose (84-87…Dont l'action jamais ne se repose)

12-14. 87 Ha je voudray que telle amour esclose / Dedans mon cœur qui jamais ne repose, / Comme une fleur…

LE PREMIER LIVRE DES *SONETS POUR HELENE*

I.

5. 84-87 Par le nouveau Printemps

6-8. 84-87 Par le cristal qui roule… / Par tous (87 Et par) les rossignols, miracle des oiseaux / Que seule vous serez ma derniere aventure

13. 87 La vertu qui vous pleige, en est la caution

III.

8. 84-87 mais de l'astre d'Helene

XVII.

4. 84-87 l'une à l'autre voisine

XXVI.
2. 87 s'il n'estoit doucereux
3. 84-87 des tristes amoureux
12. 87 à tromper trop subtil

LE SECOND LIVRE DES *SONETS POUR HELENE*

X.
4. 84-87 dont la terre est marrie
12-13. 84 Ores que je deusse estre affranchi du harnois / Mon maistre Amour

XXIII.
4. 87 Où la nuict est année
6. Qui vient, ô doux remede
8. 87 Rafraichist ma chaleur, bien qu'elle soit menteuse
10. 87 On jouyst de ta feinte
11. 87 Pres d'elle je m'endors, pres d'elle je repose

XXIV.
7. 84-87 Qui au bruit de mon nom

XLIII.
9. 84-87 Tu es comme Deesse assise en tres-haut lieu
10. 84-87 Pour monter en ton ciel
11. 84-87 Je feray de la court

LIV.
1. 84-87 mon armée est desfaite
9. 78 la peine
12. 84-87 de ton faux courage

LV.
5. 84-87 La Mort fut d'un costé

RÉMY BELLEAU
(1528-1577)

Ne taillez, mains industrieuses
Des pierres pour couvrir Belleau:
Luy mesme a basti son tombeau
Dedans ses pierres precieuses.

Ronsard

Belleau naquit à Nogent-le-Rotrou et il mourut à Paris. On ne sait rien de son enfance. Il arrive à Paris en 1552, étudie au collège de Boncourt sous des régents célèbres et participe aux manifestations littéraires de la Pléiade. Son condisciple Etienne Jodelle lui confie un rôle dans la représentation de *Cléopâtre captive*. Helléniste éminent comme Ronsard et Baïf, il publie en 1556 une traduction en vers d'Anacréon qu'il fait suivre des *Petites Hymnes de son Invention*. Poète de la maison de Lorraine dès 1563, il connaît la période la plus fructueuse de sa vie au château de Joinville. C'est là qu'il a l'idée de son second recueil. Mélange de prose poétique et de vers qui s'inspirent des règles esthétiques de l'*Arcadie* de Sannazar, la *Bergerie* paraît en 1565. Un an avant sa mort il publie le recueil que Ronsard considère comme son chef-d'œuvre, les *Amours et nouveaux Eschanges des Pierres precieuses, vertus et proprietez d'icelles* (1576).

EDITIONS:

Œuvres, éd. Ch. Marty-Laveaux, Paris, 1877-1878, 2 vol.
Œuvres I, éd. Guy Demerson, Paris, 1995.

A CONSULTER:

Alexandre Eckhardt, *Rémy Belleau, sa vie, sa Bergerie*, Budapest, 1917.

La Cerise

A PIERRE DE RONSARD

C'est à vous de chanter les fleurs,
Les bourgeons, et les espis meurs,
Le doux gazoüillis des fontaines,
Et le bigarrement des plaines,
Qui estes les plus favoris   5
D'Apollon et les mieux appris:
Quant à moy, rien plus je n'attente
Sinon chanter l'honneur de l'ente
De la Cerise et son beau teint,
Dont celuy de m'amye est teint.   10

En ce fameux et bon vieil age
Avant que le fils eut partage
Avec le pere, et que les Dieux
Vivoyent esgaux dedans les Cieux,
Leur œil et leur main pitoyable   15
De nostre race miserable
Rechercha les inventions
Pour adoucir nos passions,
Car au lieu du commun breuvage
Qu'avions à la beste sauvage,   20
Bacchus pressura des raisins
Le germe sacré des bons vins.

Cerés changea la nourriture
De ceste brutale pasture
De glans broyez en espis vers,   25
Secours pour ce grand univers:
Car si tost que sa main heureuse
Eut renversée la motte oyseuse
Qui jamais n'avoit rien produit,
Soudain nous prodigua son fruit.   30

Encor la poutre Pelienne[1]
N'avoit la frayeur Oceanne
Dedaigné, ny la toile aux flots
N'aux vents n'avoit tourné le dos,
Sans toy Pallas, qui la premiere   35
Tranchas l'eschine mariniere
Voyant l'esperance au danger
Pour tirer l'or de l'estranger,
Raportant la fueille sacree[2]
Que ta Cité tint encoffree   40
Si long temps, dont creut le bon heur
Et de la vie, et de l'honneur.

Jupiter pour le plus propice
A charpenter un edifice
Le chesne branchu deterra,   45
Et puis Apollon enserra
Les doctes frons de la ramee[3]
Verdoyante en sa mieux aimee:
Bref il n'y eut celuy des Dieux
Qu'à chercher ne fust curieux   50
Quelque bien pour l'humaine race,
Tant alors estoit en sa grace.

Quoy voyant le Dieu Jardinier,
Le forestier, le montagner,
La main sur l'œil pense et repense   55
De quelle plus douce semence
Et de quel fruit plus savoureux
Rendroit son jardin amoureux.

Ayant consulté la Nature,
Qui bouchoit encor l'ouverture   60
D'un germeux-pepinier-vaisseau,
Où gisoit le germe nouveau
De toute l'espece des choses
Au fond secrettement encloses,
Print la Cerise, et tout divin   65
La planta dedans son jardin,
Et l'enta comme la seconde
Pour l'entretien de ce bas monde.

[1] Le navire Argo monté par Jason.
[2] L'olivier.
[3] Du laurier.

Puis aussi tost que ce doux fruit
Hors de la terre fut produit,   70
Les neuf Sœurs filles immortelles
De Jupiter, femmes, pucelles[4]
Y coururent pour en taster,
Pour en cueillir, pour en porter
Leur plein giron, si que leur bande   75
En devint tellement friande
Que mesme Junon mille fois
S'escartant seule par les bois
Laissa le goust de son breuvage
Pour en choisir à son usage,   80
Pour en avoir en sa maison
En tout temps et toute saison:
Ainsi la nouveauté martyre
Doucement le cœur qu'elle attire.

Bref, ce pauvre Dieu fut contraint   85
Se voyant piller en ce point,
Serrer son huis, et de mettre ordre
A ce pillage, à ce desordre,
A ce soudain desbordement,
Que ces Dames nouvellement   90
Par ne sçay quelle friandise
Avoyent commis en la surprise
De son jardin. Mais l'on voit bien
Que dans ce monde n'y a rien
Que sans art la Nature ouvriere   95
Ne face ou donne la maniere
De le bien faire. Or peu à peu
Ce fruit par tout le monde est creu,
Si bien qu'il meritoit l'estime
Comme premier, d'estre le prime,   100
Et comme l'astre de la nuit
Entre les moindres feux reluit,
Ou comme la grand mer surpasse
Les flancs de la riviere basse,
Ainsi le jus et la douceur,   105
La beauté, le goust, la couleur
De la Cerise tant feconde,
Passe les autres fruits du monde.

[4] Les Muses.

Sus donc Deesses jardinieres,
Nymphes fruitieres, cerisieres,   110
Sus donc, des vers soupirez moy
Pour la vanter comme je doy.

Rien ne se trouve plus semblable
Au cours de la Lune muable,
Rien plus n'imite son labeur   115
Que ce fruit, avant qu'il soit meur.

Tantost palle, tantost vermeille,
Tantost vers la terre sommeille,
Tantost au ciel leve son cours,
Tantost vieillist en son decours.   120
Quand le Soleil moüille sa tresse
Dans l'Ocean, elle se dresse:
Le jour, la nuit egalement
Ell' prend teinture en un moment.

Ainsi ce doux fruit prend naissance,   125
Prend sa rondeur, prend sa croissance,
Prend le beau vermeillon qui teint
La couleur palle de son teint.

O sage et gentille Nature
Qui contrains dessous la closture   130
D'une tant delicate peau,
Une gelee, une douce eau,
Une eau confitte, une eau succree,
Une glere si bien serree
De petis rameux entrelas,   135
Qu'a bon droit l'on ne diroit pas
Que la Nature bien apprise
N'eust beaucoup plus en la Cerise
Pris de plaisir, qu'en autre fruit
Que de sa grace nous produit.   140

A t' elle pas en sauvegarde
De son espece, mis en garde
Le noyau dans un osselet,
Dedans un vase rondelet,
Clos, serré dans une vouture   145
Faitte en si juste architecture

Que rien ne semble imiter mieux
Ce grand tour surpandu des cieux?

    Les autres fruits en leur semence
Retiennent une mesme essence,   150
Mesme jus, et mesme couleur,
Mesme bourgeon, et mesme fleur:
Mais la Cerise verdelette,
Palle, vermeille, rondelette,
La Cerise et le cerisier,   155
La merise et le merisier,
(Que j'ayme autant, qu'ayme ma Dame
Le soing qu'elle donne à mon ame,
Que la rose ayme le matin
Et la pucelle son tetin)   160
Est en liqueur plus differente
Que la marine en sa tourmente,
En son teint plus que l'arc en ciel,
En douceur plus que le roux miel.

    L'une est pour adoucir doucette,   165
L'autre pour enaigrir aigrette,
Seche-freche pour moderer,
Aigre-douce pour temperer
L'aigreur et la douceur ensemble
Du fievreux alteré qui tremble: 170
Brief elle a mille alegemens
A mille dangereux tourmens.

    Ou soit que meure sur la branche
En son coural elle se panche,
Ou soit qu'en l'arriere saison   175
Cuitte se garde en la maison,
Ou bien confite, elle recree
L'estomac d'une humeur sucree,
Donnant au sain contentement
Et au malade allegement.   180

    Mon Dieu, mon Dieu quel plaisir esse
Accompaigné de sa maitresse
Librement à l'ombre se voir
D'un Cerisier, et de s'asseoir
Dessus l'herbe encor' blondissante   185
D'une perlette rousoyante?

Et de main forte rabaisser
Une branche pour luy laisser
Cueillir de sa levre tendrette
La Cerise encor verdelette?   190

Puis apres de la mesme main
Doucement descouvrir son sein
Pour baiser la sienne jumelle
De sa ronde et blanche mamelle?

Puis luy dire en la baisottant,   195
La caressant, la mignottant,
Cachez vostre beau sein, mignonne,
Cachez, cachez, las! il m'étonne,
Ja me faisant mort devenir
Par l'outrage d'un souvenir   200
Que j'ay de ce marbre qui tremble,
De ceste Cerise, qui semble
Rougir sur un mont jumelet
Fait de deux demi-rons de lait,
Par qui ma liberté ravie   205
Dedaigne maintenant la vie,
Par qui je cesse de sonner
Celle que je te veux donner,
Mon Ronsard, or que redevable
Je te sois, si suis-je excusable   210
Par une extreme affection
D'avoir changé de passion:
Mais en meilleure souvenance
Ne pouvoit tomber ma cadance,
Pour adoucir le contre-son   215
De ma rude et longue chanson.

Si l'auras-tu, mais je t'asseure,
Qu' ell' n'est pas encor assez meure,
Elle sent encor la verdeur,
N'ayant ny le teint, ny l'odeur: 220
Mais pour tromper la pourriture
S'il te plaist, par la confiture
De ton saint miel Hymettien,[5]
Et du crystal Pegasien[6]
Qui sort de ta bouche sacree,   225

[5] De l'Hymette.
[6] De l'eau de l'Hippocrène.

Tu la rendras toute sucree,
A fin que par toy meurissant
On ne la trouve pourrissant.

    Si tu le fais, je n'ay pas crainte
Ny des frimas, ny de l'atteinte   230
Des coups d'un orage gresleux,
Ny du Ronge-tout orgueilleux,
Ny d'une mordante gelee,
Ny de la gourmande volee
D'un noir escadron d'Estourneaux,   235
Ny du bec des petits moineaux.

    Telle qu'elle est je te la donne
D'aussi bon cœur, que ta mignonne
T'en a plusieurs fois envoyé
Pour ton estomach devoyé   240
D'estre courbé dessus le livre,
Pour la faire à jamais revivre.

L'Huistre
Au Seigneur de Baïf[7]

Je croy que l'esprit celeste,
   L'esprit celeste des Dieux,
   Baissant l'œil, tout courbé reste
   Quelquefois sur ces bas lieux,
   Pour se rire de l'ouvrage   5
   Que la Nature mesnage
   Dessous la charge des cieux.

Au vague repli des nuës
   Elle attache les oyseaux,
   Dedans les forests chenues   10
   Les plus sauvages troupeaux,
   Et la brigade muette

---

[7] Baïf, un des membres de la Pléiade.

Du peuple escaillé ell' jette
Dessous le marbre des eaux.

Mais elle a bien autres choses   15
   Et grandes pour enfanter
   Dans son large sein encloses,
   Et qui les voudroit chanter
   Oseroit-il pas encore
   Grain à grain le sable More   20
   Et les estoiles conter?

Voyez comme elle se joüe
   Contre le rocher pierreux
   De cet animant, qui noüe
   Entre deux cernes huitreux.   25
   C'est, c'est l'Huistre que j'accorde
   Sur la mieux sonnante corde
   De mon cistre doucereux.

Voyés comme elle est beante,
   A fin de succer les pleurs   30
   De l'Aurore, larmoyante
   Les rousoyantes douceurs,
   Quand de sa couche pourpree
   Elle bigarre l'entree
   Du matin de ses couleurs.   35

Puis si tost qu'elle est comblee
   Jusques aux bords pleinement,
   De ceste liqueur, coulee
   Du celeste arrosement,
   Soudain elle devient grosse   40
   Dedans sa jumelle fosse
   D'un perleux enfantement.

Car suçottant elle attire
   Peu à peu le teint pareil,
   Dont la nüe se remire   45
   Par les rayons du soleil:
   Si pure, elle est blanchissante:
   S' elle est palle, palissante:
   Si rouge, ell' prend le vermeil.

Tant sa nature est cousine   50
    Du ciel, qu'ell' ne daigne pas,
    Vivant en pleine marine,
    Y prendre un seulet repas:
    Comme ayant la cognoissance
    Que de la celeste essance   55
    Tout bien decoule çà bas.

O Nature trop gentille
    Sous le couvercle jumeau
    D'une argentine coquille
    Qui fait endurcir la peau   60
    D'une perlette d'eslite,
    Et la franche marguerite,
    Prendre couleur de son eau.

Thresor, qui la terre ronde
    Fait rougir, et fait ramer   65
    Des quatre corniers du monde,
    L'Orient, et l'Inde mer:
    Thresor, qui de sa merveille
    Fait la delicate oreille
    Des princesses entamer.   70

Qui ne la diroit apprise
    De quelques bons sentimens,
    Quand elle fuit la surprise
    Des pipeurs allechemens,
    Joignant sa coquille en presse,   75
    Pour rampar de la richesse,
    Qu'elle nourrist dans ses flancs?

Vy, que jamais ne t'enserre
    Le pied fourchu doublement
    Du Cancre, qui te desserre   80
    Pour te manger goulument,
    Et laisse ouvrir ta coquille,
    Sans te monstrer difficile
    A mon Baïf nullement.

LES AMOURS ET NOUVEAUX ESCHANGES DES PIERRES
PRECIEUSES, VERTUS ET PROPRIETEZ D'ICELLES

La Pierre d'aymant ou calamite

Se voit il sous le Ciel chose plus admirable,
Plus celeste, plus rare, et plus inimitable
Aux hommes inventifs, que la pierre d'Aymant?
Qui le fer et l'acier vivement animant
Prompte les tire à soy, et de gente allaigresse   5
Ces metaux engourdis et rouillez de paresse
Esleve haut en l'air, fait tourner et marcher,
Les presse, les poursuit, pour mieux les accrocher?
   Tout cela que Nature en ses ondes enserre,
Sous les replis de l'air, sous les flancs de la terre,   10
N'est point si merveilleux. Et quoy? N'estoit-ce assez
Aux rochers caverneus, aux antres emmoussez,
Aux pierres, aux caillous avoir donné en somme
La parole et la vois, qui respond mesme à l'homme?
Babillant, fredonnant, gazouillant, et parlant   15
Les accents dedans l'air qu'elle va redoublant?
Sans les avoir armez et de mains et d'accroches,
De petits hameçons, de secrettes approches,
Des traits mesme d'Amour, pour attirer à soy
Le fer opiniastre, et luy donner la loy?   20
   Se voit il rien çà bas plus dur et moins dontable
Que ce metal guerrier? moins dous et moins traitable?
Mais en ceste amitié le donteur est donté
Et le vainqueur de tout d'un rien est surmonté
Courant deçà delà sans esgard et sans guide   25
Apres je ne sçay quoy, qui s'espand dans le vuide.
   Chef d'œuvre de Nature, et plus audacieux,
Que d'avoir esbranlé par les cercles des cieux,
De gros Ballons ardans, et dans les eaux sallees
Fait faire le plongeon aux troupes écaillees!   30
   Mais quel nœu d'amitié fait joindre ces deux corps,
Que Nature a faict naistre imployables et forts?
La Calamite errante, et de soif alteree,

De ne sçay quelle ardeur cruellement outree
Evente ce metal, halletant et soufflant   35
D'un desir importun, qui chaud la va bruslant:
Puis l'ayant découvert, le cherist et l'embrasse,
Le caresse, le baise, et le suit à la trace,
Comme un ardant Limier au plus espais du bois
Lance et poursuit le Cerf pour le mettre aux abois,   40
Et de nez odoreux et d'haleine flairante
Choisist l'air échauffé de la beste courante.

    Des choses que lon voit sous le Crystal des cieux,
Coulent de petits corps, qui vont battant nos yeux
Sans treve et sans repos d'une vive secousse,   45
S'amasse un air voisin, qui s'eslance et se pousse,
Qu'on ne peut concevoir que par le jugement
Qui vient d'ouir, de voir, du goust, du sentement.

    Nous sentons en Hyver la froideur des rivieres,
En Esté du Soleil les flammes journalieres,   50
Et les vents orageus des ondes de la mer,
Nous entendons les vois qui s'espandent par l'aer,
Mesmes estants voisins des bords de la marine,
Il vient à nostre bouche un fraichin de saline,
Qui part de ce grand flot, qui postant nous fait voir   55
De l'Aquilon venteus jusques au peuple noir.

    Qui n'a senti de l'air la tempeste orageuse?
Veu sous les flancs cavez d'une roche orgueilleuse,
Distiler goutte à goutte une fraiche liqueur?
Qui n'a senti le froid, la chaleur, et l'odeur?   60
Veu rouler de nos fronts une sueur salee?
Au travers de l'airain une vapeur gelee?
Penetrer la chaleur au travers d'un vaisseau?
Veu la barbe, et le poil cotonner sur la peau?
Senti le doux parfum et l'odeur des fleurettes?   65
La douceur et l'aigreur? et des herbes infettes
La puanteur aussi? Doncques il est certain
Que la semence part comme un nouvel essain
Au retour du Printemps, qui se jette et se cruche[8]
Dans un arbre fueilleu au sortir de la ruche.   70

    De ceste pierre donc se dérobe et s'enfuit
Un mouvement, un flot, une chaleur qui suit
Ce metal qu'elle anime, ayant de violence
Escarté l'air voisin, qui luy faisoit nuisance.
Dans ce vuide aussi tost les premiers elemens   75
De ce fer à l'Aymant par doux acrochemens

----

[8] *Se cruche*: se dit d'un essaim nouveau qui fait sa première halte.

Embrassez et collez, comme par amourettes
Se joignent serrément de liaisons secrettes:
Qui fait que l'air enclos dedans ces corps pressez,
Piquez à menus trous, échauffez, et percez   80
D'un mouvoir importun, accolle, frappe, et pousse
La semence du fer d'une vive secousse:
Se rencontrant ainsi, se collent serrément
L'un à l'autre aussi tost d'un doux embrassement.
Tout ainsi que la Vierge éperdûment espointe   85
Des fleches de l'Amour, de forte et ferme estrainte
Serre son favorit, et de bras et de main
Luy pressant l'estomac contre son large sein,
Ou comme le lierre en tournoyant se plisse
Contre un Chesne moussu, d'une alleure tortisse: 90
Ce metal tout ainsi, se sentant caressé.
Tost s'accroche à l'Aymant, et le tient embrassé.
    Voyla donc les appas, et l'amorce friande
Dont il se paist, goulu: le fer est la viande
Et l'aliment confit, et trampé de rigueur,   95
Qui benin l'entretient en sa force et vigueur:
C'est du fer qu'il prend vie, et par les flancs armee
De limaille de fer ceste pierre animee
Par secrette influence, ainsi que de la main,
Tire le fer à soy pour appaiser sa faim: 100
De ce metal absente ha les veines beantes
D'une bruslante soif, ses entrailles mourantes
Et son corps affoibly à faute d'aliment
S'altere languissant, et pert le sentiment.
    Comme un Amant pipé d'une fascheuse attente   105
Soupire apres les yeux de sa maistresse absente.
La cherche, la reclame, et comblé de rigueur
Ne songe nuict et jour qu'à domter sa fureur:
Comme moy, plus chetif que n'est la Calamite,
Qui vostre cueur ferré, d'une eternelle suite   110
Va tousjours desirant, caressant, poursuyvant,
Mais plus je l'importune, et plus me va fuyant:
Car le vostre et le mien, comme deux adversaires,
Vivent separément d'affections contraires:
Le mien, prompt et subtil, de l'Amour est espoint,   115
Et le vostre engourdy ne s'en échauffe point,
S'ébranlant aussi peu de la force amoureuse,
Qu'aux soupirs d'Aquilon une roche orgueilleuse,
Estant plus froid que Marbre, ou que le vent d'Hyver,
Qui renglace, cuisant, l'onde, la terre, et l'aer.   120

   Or l'image qui part de tous ces corps spirables,
N'est de pareil effect, ny de forces semblables:
Autre est celuy de l'Or, que celuy de l'Airain,
Du Verre, de l'Argent, du Fer, et de l'Estain,
Estant ces corps entre eux de diverse nature,   125
Diversement ourdis d'air, et de contesture,
Cause qui vont suyvant, flairant, et recherchant
Pareilles amitiez qui les vont allechant,
En fuyant leur contraire: Une guerre immortelle
Se couve et se nourrist si fierement cruelle   130
Entre le Fer massif, et le corps de l'Airain,
Que mis entre le Fer et l'Aymant, tout soudain
Leur amitié se rompt, le Fer prenant la fuite
A fin de n'éventer l'air de la Calamite.

   Car, apres que l'Airain de ses rayons plus forts   135
A bouché les pertuis, et comblé jusqu'aux bords
Tout le vuide du Fer, la force et la semance
De l'Aymant se rebouche, et trouve resistance
Qui luy defend l'entree, estant le Fer tout plain
Du flot et du bouillon des rayons de l'Airain.   140

   Mais entre nos deux cueurs y a-til point, Maistresse,
Quelque Airain morfondu, qui fait que la rudesse
Du vostre ne s'échauffe, et n'approche le mien?
Le mien, qui ne souspire, et qui n'aspire rien
Que de vous estre serf, mais las! plus l'esperance   145
Trompeuse le repaist, moins prend-il d'asseurance:
Plus je pense estre aimé de vos rares beautez,
Plus je sens de vos yeux les fieres cruautez.

   N'est-ce merveille encor, outre ces cas estranges,
Et les accrochemens de ces nouveaux meslanges,   150
Voir ce corps Aymantin animé de fureur,
Ainsi que de l'Amour, ou de quelque autre ardeur,
Suivre les feux dorez des estoiles Ursines,[9]
Qui craignent se bagner dedans les eaux marines,
Eternelles roulant à l'entour de l'essieu?   155
Mais sent-il point encor la pointe de l'espieu
D'Arcas le fils bastard, et gardien de l'Ourse?
Quand chassant par les bois, échauffé, prist la course
Pour enferrer sa mere au poil aspre et rebours,
De ce grand Jupiter trop cruelles Amours?   160
Qui changea les beautez, et les graces modestes
De Caliston la vierge en ces flammes celestes,
Apres l'avoir armee et de dens et de peau,

---

[9] Des constellations de la Grande et de la Petite Ourse.

Pour accroistre des Ours le sauvage troupeau?
 Ou c'est l'influs secret des rais et de la flame   165
De l'Ourse qui l'inspire et qui luy donne l'ame,
Ou quelque cousinage, ou bien je ne sçay quoy
De friand qui l'amorce et qui l'attire à soy.
Car le fer aiguisé sans force et sans contrainte
Frotté contre l'Aymant, tourne toujours la pointe   170
Vers le Septentrion, qui rend les jours partis
En minutes, en quarts, et les vens assortis
Chacun en son quartier, retranchant, mesuree,
La flamme du Soleil, et l'humide contree.
 Invention des Dieux! avoir tiré l'esprit   175
D'un caillou rendurci, qui sans sçavoir apprit
Aux hommes journaliers, de tirer un mesnage
Des jours, des mois, des ans, ruine de nostre âge!
De là nous cognoissons qu'en ce grand Univers
Tout se fait d'amitié, rien n'y va de travers,   180
Tout marche, roule et suit sous la sainte ordonnance
De ce grand Dieu, qui tient tout le monde en ballance.
 Ha siecle malheureus, et veuf de jugement,
Où les hommes grossiers ont moins de sentiment,
Moins de grace et d'amour que le fer ny la pierre,   185
Armez de cruauté, et tous nez pour la guerre,
Ennemis de la Paix, promts à souiller leurs mains
Au sang de leur voisin, tant ils sont inhumains!
Siecle trop ignorant des douceurs de la vie,
Fertile de malheur et pallissant d'envie,   190
Nous faisant savourer en ce val terrien
Plus aigrement le mal, que doucement le bien!
 Or la pierre d'Aymant non seulement attire
La froide horreur du fer, mais le fer qu'elle inspire
De sa vive chaleur, attire l'autre fer: 195
Communiquant sa force, et les rayons de l'aer,
Qui coulent de l'Aymant, au fer qu'il outrepasse:
S'entre-poussant ainsi que sur l'humide espace
Les haleines des vents, promts et vistes courriers,
Vont poussant par derriere au gré des mariniers   200
Et voiles et vaisseaux, volant d'aelles legeres
Pour empietter l'Or fin des rives estrangeres:
 Cause que nous voyons et quatre et cinq anneaux
Suspendus dedans l'air d'accrochemens nouveaux,
L'un à l'autre collez de liens invisibles,   205
Comme si de l'amour entr' eux estoyent sensibles,
L'un l'autre se couplant de secrette amitié,

Qui ces deux corps inspire à trouver leur moitié.
   Ainsi de la Torpille une vapeur se jette
D'un air empoisonné qui coule à la languette   210
De l'hameçon pipeur, passant subtilement
Par le fer engourdy d'un estourdissement,
Du fer il monte au poil de la ligne tremblante,
Et du poil, à la verge, et à la main pendante
Du Pescheur dessus l'eau restant morne et blesmy,   215
En voyant sa main gourde, et son bras endormy.
   Mesmes l'on tient pour vray, que les costes ferrees
Des vaisseaux, arrestez sur les ondes verrees,
Qui vont rongeant les piez du rocher Aymantin,
Se deserrent soudain, et n'y a clou en fin,   220
Esperon, ny crochet, boucle, crampon, ny bande
Qui ne laisse le bois, et prompt ne se débande,
Ne s'arrache et ne sorte, à fin de s'accrocher
Contre les flancs larrons de l'Aymantin rocher.
   Il y a de l'Aymant de couleur noire et perse,   225
De blanc, et de blaffard, mais de force diverse.
Le noir, masle guerrier, n'attire que le Fer:
Et le blanc, feminin, n'attire que la chair.
On dit que le blaffard de couleur jaunissante
Porte ceste vertu, qu'une lame innocente,   230
De ce caillou frottee, entre par le travers
Sans offenser la chair des muscles et des ners,
Qui plus est: sans douleur, et sans que de la playe
Le sang froid et glacé en ruisselant ondoye:
Car le coup se reprend, et se ferme soudain   235
Sans parestre, restant le corps entier et sain.
   On conte qu'un Berger decouvrit ceste pierre,
Fichant de son baston la pointe dans la terre
Sur le mont Idean:[10] Car le fer approché
De l'Aymant espion, soudain fut accroché.   240
   Le plus voisin de nous est celuy que l'Espagne
Liberale nous vend, l'Itale, et l'Alemagne:
Le meilleur est celuy que l'Ethiope Indois
Trouve dedans le sein de son riche gravois:
L'autre et le plus commun, se nourrist és minieres,   245
Prend la force et le pois des terres ferronnieres:
Nature ne voulant cacher dedans son sein
Le bien qui sert à l'homme, et qui luy fait besoin.
   Car on tient pour certain, que l'Aymant est propice
Pour les accouchemens attaché sur la cuisse: 250

---

[10] Ida, montagne près de Troie.

Bon contre le venin, et pour le mal des yeux
Quand ils sont larmoyans, rouges, et chassieux:
Bon pour la chasteté, et pour se rendre aymable,
Courtois, facond, discret, gracieus, accostable:
Propre pour alterer, et pour estancher l'eau   255
Qui flotte entre la chair et le gros de la peau.
   Va donq, va donq, Aymant, va trouver ma Maistresse,
Et si tu peux, subtil, détramper la rudesse
De son ame ferree, et l'attirer à toy,
Plus fort te vanteray, et plus vaillant que moy,   260
Qui n'a peu l'esmouvoir par ouvertes allarmes,
Cruelle dédaignant mes soupirs et mes larmes,
Plus dure mille fois que le fer endurci,
N'ayant de mon malheur ny pitié ny merci.

PREMIERE JOURNEE DE *LA BERGERIE*

Avril

Avril l'honneur et des bois,
     Et des mois:
     Avril, la douce esperance   3
     Des fruicts qui sous le coton
       Du bouton
     Nourrissent leur jeune enfance.   6
Avril, l'honneur des prez verds,
     Jaunes, pers,
     Qui d'une humeur bigarree   9
     Emaillant de mille fleurs
       De couleurs,
     Leur parure diapree.   12
Avril, l'honneur des soupirs
     Des Zephyrs,
     Qui sous le vent de leur aelle   15
     Dressent encor és forests
       Des doux rets,
     Pour ravir Flore la belle.   18
Avril, c'est ta douce main,
     Qui du sein

De la nature desserre   21
Une moisson de senteurs,
        Et de fleurs,
Embasmant l'Air, et la Terre.   24
Avril, l'honneur verdissant,
        Florissant
Sur les tresses blondelettes   27
De ma Dame, et de son sein,
        Tousjours plein
De mille et mille fleurettes.   30
Avril, la grace, et le ris
        De Cypris,
Le flair et la douce haleine: 33
Avril, le parfum des Dieux,
        Qui des cieux
Sentent l'odeur de la plaine.   36
C'est toy courtois et gentil,
        Qui d'exil
Retires ces passageres,   39
Ces arondelles qui vont,
        Et qui sont
Du printemps les messageres.   42
L'aubespine et l'aiglantin,
        Et le thym,
L'œillet, le lis, et les roses   45
En ceste belle saison,
        A foison,
Monstrent leurs robes ecloses.   48
Le gentil rossignolet
        Doucelet,
Decoupe dessous l'ombrage,   51
Mille fredons babillars,
        Fretillars,
Au doux chant de son ramage.   54
C'est à ton heureux retour
        Que l'amour
Souffle à doucettes haleines,   57
Un feu croupi et couvert,
        Que l'hyver
Receloit dedans nos veines.   60
Tu vois en ce temps nouvau
        L'essain beau
De ces pillardes avettes   63

Volleter de fleur en fleur,
Pour l'odeur
Qu'ils mussent en leurs cuissettes. 66
May vantera ses fraischeurs,
Ses fruicts meurs,
Et sa feconde rosee, 69
La manne et le sucre doux,
Le miel roux,
Dont sa grace est arrosee. 72
Mais moy je donne ma voix
A ce mois,
Qui prend le surnom de celle[11] 75
Qui de l'escumeuse mer
Veit germer
Sa naissance maternelle. 78

[11] Cette étymologie a été proposée par Ovide: Aprilis viendrait d'Aphrodite.

OLIVIER DE MAGNY
(1529-1561)

Un charmant esprit: d'un côté, l'ami intime de Du Bellay, qu'il complète; de l'autre, l'amant favorisé de la Belle Cordière, dont il raille le crasseux mari. Il est du vrai groupe central de la Pléiade...et, comme mérite et talent, il y tiendrait bien le quatrième rang, sinon le troisième.

Sainte-Beuve

Il naquit à Cahors et fit ses études à Paris sous la direction de son compatriote le poète Hugues Salel, dont il fut le secrétaire. Après la mort de Salel, il devint le secrétaire du cardinal Jean d'Avançon qui se rendait à Rome. En cours de route, le poète s'arrêta à Lyon où il fréquenta la société qui se réunissait autour de Louise Labé. Installé à Rome, il regrette sa patrie et critique les mœurs de la ville papale dans un recueil de sonnets qu'il intitule les *Souspirs* (1557). Disciple de Ronsard, Magny écrit des vers gracieux et faciles. Il utilise tous les thèmes pétrarquistes du temps, mais sans beaucoup de conviction personnelle.

EDITIONS:

Les Amours, éd. E. Courbet, Paris, 1878.
Les Souspirs, éd. E. Courbet, Paris, 1874.
Les Soupirs, éd. David Wilkin, Paris-Genève, 1978.
Les Odes amoureuses de 1559, éd. Mark S. Whitney, Genève, 1964.

A CONSULTER:

J. Favre, *Olivier de Magny (1529?-1561). Etude biographique et littéraire*, Paris, 1885.

LES AMOURS

V

Le jour tant beau et tant aventureux
Qu'Amour domta ma forte liberté,
Bruslant mon cueur d'une ardante clarté
Qui m'esblouyt, et me rend bien heureux,   4
    Un beau Soleil, un Soleil vigoureux
Je vy çà bas, qui d'une infinité
De belles fleurs, en toute extremité
Ornoit l'entour de ses pas amoureux.   8
    Dont moy oyant le son de ses propos,
N'habandonnay tout soudain le repos,
Et pas à pas mesurois son aleure: 11
    Mais en suivant sa divine excellance,
Trop obstiné dessus sa contenance,
Lyé je fuz avec sa chevelure.   14

XXXII

Quand du hault Ciel ma Dame descendit
Sous la faveur d'une Estoile amyable,
Et que depuis l'eternel immuable
Dedans ce corps excellent la rendit,   4
    Saturne alors ne regnoit (comme on dit)
Ne du Dieu Mars la lumiere admirable,
Ne celle là de Mercure au semblable,
Une plus clere aparoistre entendit.   8
    C'estoit Venus qui flamboyoit à l'heure
Sur l'horizon, parquoy l'archer sans yeux
Dessus les siens vola prendre demeure,   11
    Donques celuy qui ne vouldra qu'il tire,
Encontre soy, s'il demande son mieux,
De son regard promptement se retire.   14

X L

Si de ton cueur armé de froide glace,
Lequel Amour ne peut onques brusler,
L'aspre rigueur tu voulois reculer,
Du plus heureux j'auroy gaigné la place.   4
  Et si pitié, et favorable grace
En tes espritz pouvoient s'entremesler,
Quel si contant oseroit m'egaler,
Puis que dolent desja je le surpasse?   8
  Ton nom tant beau, et mon grave torment,
Qu'en mile vers, et mile autres je chante,
J'envoyerois jusques au firmament.   11
  Mais te cachant à mes yeux si souvent
Et tronquant l'esle au desir qui m'enchante,
Nous semblerons seches fueilles au vent.   14

LIII

O Jalousie horrible aux Amoureux,
Peinée seur de la mort miserable,
Qui du cler ciel le visage admirable
Par ton regard rens trouble et douloureux.   4
  O fier serpent, terrible, et malheureux,
Caché au sein d'une fleur desirable,
Qui tout l'esprit de mon cueur deplorable
As arraché d'un soing trop rigoureux.   8
  Par quel endroit es tu né sur la terre,
Monstre cruel pour me faire la guerre,
Et massacrer mes esprits et mon cueur?   11
  Retourne t'en, ne redouble ma peine,
Assez et trop ma Maistresse inhumaine
Me fait sentir sa farouche rigueur.   14

LXI

Peu s'en faloit que mes foibles espritz
N'eussent laissé ceste charnelle masse,

Et dedaignans residance si basse,
Dressé leur vol au celeste pourpris. 4
     Lors que ces yeux (la rethz dont je fus pris)
D'un seul regard coulorerent ma face,
Si qu'à l'instant ma foiblesse s'efface,
Et de vigueur je me senty surpris. 8
     Si donc un trait des beaux yeux de ma Reine
M'oste des bras de la mort qui m'entreine,
Et me remet en force entierement, 11
     Ne me feroit un baiser de sa bouche
Domter la Mort qui tous animaux touche,
Et de tant d'heur vivre eternellement? 14

CII

     Tous ces soupirs j'arrachoy de mon sein,
Et de ces pleurs je distilloy ma force,
Lors qu'apasté d'une gentile amorce,
Je poursuivoy l'effet d'un beau dessein. 4
     Puisse cest œil, cest esprit, ceste main,
Qui m'esblouyt, m'affoiblit, et renforce,
Adoucissant la douleur qui me force,
Les bien heurer d'un recueil bien humain, 8
     Puisse Apollon sur les nerfz de sa lyre,
De mes fredons les plus mignardz eslire
Pour les chanter à la table des Dieux, 11
     Et le troupeau enfanté de Memoire,
Graver mon nom au temple de sa gloire
Pour immortel aparoistre en tous lieux. 14

LES SOUSPIRS

XIII

Tu riz quand je te dis que j'ay tousjours affaire,
Et penses que je n'ay qu'à trasser des papiers,
Mais oy je te supply par combien de sentiers

Il me fault tracasser, puis pense le contraire.   4
    Mon principal estat c'est d'estre secretaire,
Mais on me fait servir de mille autres mestiers,
Dont celuy que je fais le plus mal volontiers
Est cil qui me contraint d'endurer et me taire.   8
    Aussi je ne sers pas un maistre seulement,
J'en sers deux, voire trois, et fault qu'egalement
Pour leur plaire à trestous, à chacun d'eux je plaise.   11
    Le plus riche d'entre eux m'est chiche de son bien,
Et tous ensemblement me livrent du malaise,
Et bref servant en tout je ne profite en rien.   14

XXXIII

    Bien heureux est celuy, qui loing de la cité
Vit librement aux champs dans son propre heritage,
Et qui conduyt en paix le train de son mesnage,
Sans rechercher plus loing autre felicité.   4
    Il ne sçait que veult dire avoir necessité,
Et n'a point d'autre soing que de son labourage,
Et si sa maison n'est pleine de grand ouvrage,
Aussi n'est il grevé de grand' adversité.   8
    Ores il ante un arbre, et ores il marye
Les vignes aux ormeaux, et ore en la prairie
Il desbonde un ruisseau pour l'herbe en arouzer: 11
    Puis au soir il retourne, et souppe à la chandelle
Avecques ses enfans et sa femme fidelle,
Puis se chauffe ou devise et s'en va reposer.   14

LXVII

    Vivons, Belle, vivons et suivons nostre amour,
De cent divers plaisirs bien heurant nostre vie,
Sans estimer en rien le babil de l'envie,
Qui du bon heur d'autruy se tourmente tousjour.   4
    Le soleil s'en va bien et revient chacun jour:
Mais depuis que la Mort nostre vie a ravie,
Et qu'une fois en bas nostre umbre l'a suivye,

Il ne fault plus, Maistresse, esperer du retour. 8

    Suyvons donques heureux nostre amour fortunée,
Et vivons peu soigneux du jour à la journée,
Sans songer aux jaloux, n'au trespas inhumain. 11

    Perisse cettuy-la qui d'ardente malice
Brasse un mal dessus nous, et cil aussi perisse
Qui se ronge l'esprit du soing du l'endemain. 14

LXVIII

    A quel nectar, NAVIERE,[1] ou à quelle ambrosie,
Pourroit-on la douceur de l'amour égaller?
De quel plus beau subget pourrions-nous bien parler,
Que parler de l'amour dans nostre poësie? 4

    De quel aise pourroit nostre ame estre saisie?
Dequoy mieux que d'amour la pourrions nous souler?
Si n'estoit la fureur qui nous vient affoller,
De cette malheureuse et faulce jalousie. 8

    C'est un serpent caché sous un monceau de fleurs,
C'est un monstre crüel qui se paist de noz pleurs,
Et nous fait, et fait faire à nous mesmes la guerre. 11

    De rage et de venin il nous emplist les seins,
Il trouble noz repos, noz heurs et noz desseins,
Bref, c'est pour les humains ung enfer sur la terre. 14

LXXIIII

    De tous ceux que lon dit estre heureux plus que moy,
Et moins que moy, BELLAY, ont merité de l'estre,
L'un est ambicieux, flateur, menteur et traitre,
Et l'autre est ignorant, sans amour et sans foy. 4

    L'un souffle le Mercure et n'admire que soy,
L'autre porte la clef des plaisirs de son maistre,
Voulant pour peu d'effet grande chose apparoistre,
Et l'autre est impudent pource qu'il a dequoy. 8

    L'un simple en ses propos fait de la chatemite,
L'autre en tous ses effets les vieux singes imite,

---

[1] Etienne de Navières, avocat et poète.

Et l'autre ypocrisant feint le nouveau chrestien.   11

    L'un peu fin courtisant cuidant tromper se trompe,
L'autre frisque et plaisant ne sert que d'entretien,
Et l'autre trop bragard se destruit en sa pompe.   14

XCIII

    Mon Compaignon s'estime et se plaist de se veoir,
Il est dispost, bragard et plein de gentilesse,
Il oste son bonnet, il courtise, il caresse,
Et fait quelque fois plus que ne veult le devoir.   4

    Il se plaist d'en despendre, et se plaist d'en avoir,
Il ne veult frequenter que tous gens de noblesse,
Il blasme ceulx qui ont en eulx quelque finesse,
Et dit qu'il fait grand cas des hommes de sçavoir.   8

    Ce sont de fort beaux dons, et dignes qu'on les prise,
Mais il est ignorant, et remply de feintise,
Et aux ruses de court dextrement enseigné.   11

    Il est moqueur, menteur, et plain de flaterie,
Mesdisant et jaloux: Juge donc je te prie,
Si je ne suis, BELLAY, fort bien acompaigné.   14

CV

    Je ne veulx point attendre à dessendre la-bas,
Quand, vieillard radoté, je n'auray dent en bouche,
Ainçois veux qu'au cercueil aussi tost on me couche
Que je n'auray plus force aux amoureux combats.   4

    L'homme vieil est privé de tout genre d'esbats,
Il est tousjours assis comme une vieille souche,
Il crache seulement, et toussit, et se mouche,
Et sans fin tremblotant il a peur du trespas.   8

    Il regrette le tens de sa gaye jeunesse,
Et si quelque aiguillon le poingt en sa vieillesse,
C'est l'avarice, helas! qui le poingt seulement.   11

    Il revient en enfance, et fault qu'on le netye,

Qu'on agence sur luy tout son habillement,
Et fault qu'on luy redonne encor de la bouillie.   14

CXXXVIII

MOYEN,[2] feindre le sourt en tout ce qu'on me dit,
Feindre d'estre muët à l'heure qu'on me tance,
Feindre ne sçavoir rien des choses d'importance,
Et feindre de n'avoir ny faveur ny credit: 4
De ce que je requiers tousjours estre escondit,
Me paistre vainement d'une longue esperance,
Sur toutes les vertuz avoir grand pascience,
Et estre en tout partout de franchise interdit: 8
Souffrir qu'indignement un taquain me mastine,
Faire à mes envieux tousjours la bonne mine,
Sans m'oser lamenter des torts que je reçoy: 11
Apuyer mon espoir sur une lettre escrite,
Et sur ce vain honneur d'avoir servy le Roy,
Voylà tout ce, MOYEN, qu'à Rome je profite.   14

CXL

D'où vient cela, BOUCHER,[3] qu'entre les grans seigneurs
La courtoisie plaist, et l'orgueil ne peut plaire,
Et qu'on void de nature un prince debonnaire,
Et que les mesmes Rois ne sont point blasonneurs?   4
D'où vient aussi qu'un tas de mignons repreneurs,
Qui n'ont art, ne sçavoir, qu'à se feindre, et se taire,
Ne sont jamais contens, s'ils ne se voient faire
Mille fois en un jour mille sortes d'honneurs?   8
Quand parfois je rencontre un prince emmy la ruë,
Il me rend mon salut, lors que je le saluë,
Et d'un petit sous-riz monstre une grand bonté;   11
Mais lors qu'un Financier seulement je rencontre,
Qui s'enfle sur le gain de la premiere monstre,
Mon salut envers luy n'est jamais rien conté.   14

[2] On ne sait pas qui est ce personnage.
[3] Michel Boucher, seigneur de Bois-Commun.

CXLVII

     PASCHAL,[4] je voy icy ces courtisans Romains
Ne faire tous les jours que masques et boubances,
Que joustes et festins, et mille autres dispenses,
Ou pour leur seul plaisir, ou bien pour les putains.   4
     Je voy un Ganimede avoir entre ses mains
Le pouvoir de donner offices et dispenses,
Toute sorte de briefs, d'indults et d'indulgences,
Et faire impuniment mille actes inhumains.   8
     Je voy cet Innocent[5] qui mandioyt n'aguiere,
Pour avoir dextrement jouxté par le derriere,
Maintenant vivre au reng des plus grans demydieux.   11
     Je voy le vice infect qui les vertuz assomme,
Je voy regner l'envie, et l'orgueil odieux,
Et voilà, mon PASCHAL, des nouvelles de Rome.   14

CXLVIII

     Que feray-je, TRUGUET,[6] dy moy que doy-je faire?
Puisque j'oy ce Prelat qui me deut avancer,
Ne faire en le servant sans fin que me tancer,
De ce qu'il m'a promis exploitant le contraire.   4
     Si des maux qu'on me fait, tousjours je me veux taire,
D'un trop mordant ennuy je me sens offenser:
Et si je veux aussi ma pleinte commencer
Je crains qu'on ne m'estime assez bon secretaire.   8
     Pour faire donques l'un et l'autre plus contens,
Et pour garder que plus je ne perde mon tens,
Ce sera le meilleur de nous partir d'ensemble.   11
     Je me partiray donc? non, je demeureray.
Je demeureray, non: ainçois je partiray.
Dy moy pour dieu, TRUGUET, dy moy ce qu'il t'en semble.   14

---

[4] Historiographe du roi. Il conquit l'amitié des poètes du temps en leur promettant une place dans son livre qu'il annonça toute sa vie et qu'il n'écrivit jamais.
[5] Montreur de singes, mignon de Jules III, puis cardinal du titre de Saint-Onuphre, sous le nom d'Innocent de Monti.
[6] Guillaume Truguet, poète bordelais.

CLIII

Ne valoir rien à rien sinon à rapporter,
Ce qu'on dit en secret, afin de mieulx complaire,
A tous les bons esprits tousjours estre contraire
Et sçavoir dextrement poulastres apporter,   4

    Mesdire d'un chacun, blasphemer et flater,
Se plaire extremement de vivre sans rien faire,
Pres des hommes sçavans honteusement se taire,
Et pres des ignorans hardiment caqueter,   8

    Faire entre les paoureux du vaillant Dyomede,
S'adextrer bravement aux jeux de Ganimede,
Estre en tous bon effects lentement ocieux,   11

    Avoir le cueur pervers tout remply de fallaces,
Estre ingrat, negligent, traistre et malicieux,
Ce sont, mon cher ROUSSEAU,[7] tes vertuz et tes graces.   14

CLV

EME,[8] que j'ayme tant, monstre moy par pitié
Le moyen d'eviter les ennuys qu'on me donne:
Car j'en ay tant et tant, helas! que je m'estonne
Comme j'en puis porter seulement la moitié.   4

    Je voy beaucoup de gens m'offrans leur amitié
Avec mille bons motz, mais je ne voy personne
Qui jamais les effectz au parler parangonne,
Et qui ne m'use en fin de quelque mauvaistié.   8

    Si je sçavois flatter, courtiser, et mesdire,
Faire le bon valet, dire les motz pour rire,
Et bien hypocriser, je serois tout parfait: 11

    Mais pource que je suis fidele et veritable,
Que je sers bien mon maistre, et que je suis aymable,
Un chacun me veult mal, et dit mal de mon fait.   14

[7] Un des secrétaires de Jean d'Avanson.
[8] Conseiller au Parlement de Grenoble.

JEAN-ANTOINE DE BAÏF
(1532-1589)

Nul mieux de toy gentillime poëte,
Heur que chascun grandimement souhaite,
Façonne un vers doulcimement naïf:
    Et nul de toy hardieurement en France
    Va deschassant l'indoctime ignorance,
    Docte, doctieur et doctime Baïf.

Joachim du Bellay

        Baïf naquit à Venise et il mourut à Paris pendant le siège de la ville par Henri IV. C'est le membre le plus fidèle de la Pléiade: il est le premier à connaître Ronsard et il lui survit de quatre ans. Il suit Dorat au collège de Coqueret et complète ses études avec Ronsard et Du Bellay. Sa vie offre assez peu d'événements notables.

        L'œuvre de Baïf est immense et assez peu connue. Il a fait deux recueils d'*Amours*, *Méline* (1552) et *Francine* (1554). Il avoue que Méline n'est qu'une dame de son imagination ("mes feintes chansons sous le nom de Meline"), mais sa Francine a été identifiée: ce serait une certaine Françoise de Gennes de Poitiers. Baïf a composé *Le Brave* en 1576, comédie en vers octosyllabiques, jouée à l'hôtel de Guise le 28 janvier 1576. Il fonde en 1570 *l'Académie de poésie et de musique*. Pour faciliter la tâche des musiciens il adopte la métrique gréco-latine et publie en 1574 ses *Etrenes de poézie fransoêze en vers mezurés*. Dans toutes ces tentatives poétiques, Baïf se montre plein de bonne volonté, d'enthousiasme, d'industrie, d'invention. Son œuvre la plus intéressante, les *Mimes, Enseignements et Proverbes* (1576), n'est pas dans le goût de la Pléiade. Il y a, somme toute, de beaux moments chez Baïf, mais très peu de suites qui soient entièrement réussies.

EDITION:

Œuvres, éd. Charles Marty-Laveaux, Paris, 1881-1890, 5 vol.

A CONSULTER:

Mathieu Augé-Chiquet, *La Vie, les idées et l'œuvre de Jean-Antoine de Baïf*, Paris,
    1909.

AMOURS DE MELINE
PREMIER LIVRE

O chaude ardeur, qui d'une ardente flâme
    Ars ardemment mon pauvre cœur épris!
    O glas gelant, qui glaces mes espris,
    Dont la froideur me transist et me pasme.   4
O vain espoir, qui me ranimes l'ame,
    A resuyvir mon dessein entrepris!
    O desespoir, qui me retiens surpris,
    Pour tout loyer ne m'ordonnant que blasme!   8
Fils de Venus, dieu mouveur de mes maux,
    Qui, me donnant ces contraires travaux,
    Fais d'un filet pendre mon fraisle vivre,   11
D'extremes maux compasse un heureux bien,
    Attrempe-les, tire m'en un moyen,
    Tel que le puisse en moins de doute suivre.   14

*

Durant l'esté, par le jardin grillé
    Les tendres fleurs sous la nuit blandissante
    Vont redressant leur tresse fanissante,
    Qui ja pleuroit son honneur depouillé.   4
D'amour ainsi mon esprit travaillé,
    Qui ja quittoit ma vie languissante,
    Reprit vigueur par la force puissante
    Du restaurant[1] qui lors me fut baillé.   8
O doux baiser, savoureuse Ambrosie,
    Qui ne doit rien à celle qui és cieux
    Des immortels la bouche ressasie: 11
On ne sert pas plus doux nectar aux dieux:
    Si ta douceur me sustante la vie,
    Je ne seray sus leur vie envieux.   14

---

[1] *Restaurant*: aliment qui restaure.

L'AMOUR DE FRANCINE
PREMIER LIVRE

Un jour, quand de l'yver l'ennuieuse froidure
    S'atiedist, faisant place au printemps gracieux,
    Lors que tout rit aux champs et que les pres joyeux
    Peingnent de belles fleurs leurs riante verdure: 4
Pres du Clain[2] tortueux sous une roche obscure
    Un doux somme ferma d'un doux lien mes yeux.
    Voyci en mon dormant une clairté des cieux
    Venir l'ombre enflâmer d'une lumiere pure.   8
Voyci venir des cieux sous l'escorte d'Amour,
    Neuf Nymphes qu'on eust dit estre toutes jumelles:
    En rond aupres de moy elles firent un tour.   11
Quand l'une, me tendant de myrte un verd chapeau,
    Me dit: Chante d'amour d'autres chansons nouvelles,
    Et tu pourras monter à nostre saint coupeau.[3]   14

*

Ny la mer tant de flots à son bord ne conduit,
    Ny de nége si dru ne se blanchist la terre,
    Ny tant de fruits l'Automne aux arbres ne desserre,
    Ny tant de fleurs aux prez le printemps ne produit.   4
Ny de tant de flambeaux la nuit claire ne luit,
    Ny de tant de formils la formiliere n'erre,
    Ny la mer en ses eaux tant de poissons n'enserre,
    Ny tel nombre d'oyseaux traversant l'air ne fuit,   8
Ny l'yver paresseux ne fletrist tant de fueilles,
    Ny le thym ne nourrist en Hyble[4] tant d'abeilles,
    Ny tant de sablon n'est en Libye espandu,   11
Comme pour toy, Francine, et de pensers je pense,
    Et je souffre d'ennuis, et de souspirs j'élance,
    Et je respan de pleurs, ton amant éperdu.   14

SECOND LIVRE

Comme quand le printemps de sa robe plus belle
    La terre parera, lors que l'yver depart,

---

[2] Le Clain arrose Poitiers et se jette dans la Vienne.
[3] Le Parnasse.
[4] Hyble, ville de Sicile célèbre pour son miel.

La bische toute gaye à la lune s'en part
  Hors de son bois aimé, qui son repos recele: 4
De là va viander la verdure nouvelle,
  Seure loin des bergers, dans les champs à l'écart:
  Ou dessus la montagne ou dans le val: la part
  Que son libre desir la conduit et l'apelle.   8
Ny n'a crainte du trait, ny d'autre tromperie,
  Quand à coup elle sent dans son flanc le boulet.
  Qu'un bon harquebouzier caché d'aguét luy tire.   11
Tel, comme un qui sans peur de rien ne se desfie,
  Dame, j'aloy le soir, que vos yeux d'un beau trait
  Firent en tout mon cœur une playe bien pire.   14

                              *

Toute la mer je veux épuiser de ses eaux:
  Je veux de monts combler des airs tout ce grand vide:
  Si de mon estomac pousser dehors je cuide
  Touts mes ennuis cruels y surcroissans nouveaux.   4
Plustost iront coulant au rebours les ruisseaux,
  Que de son mal selon ma poitrine je vide:
  Que la dame aux beaux yeux, dont la clarté me guide,
  Me confortant d'un clin seréne ses yeux beaux: 8
Ses beaux yeux étoilez en qui mon astre-éclaire,
  Astre qui peut acoup, ou de sa flamme claire
  Calmer les flots mutins contre ma fraile nef: 11
Ou me la foudroyant de sa tempeste trouble,
  Brisee en cent éclats, la renfondrer au double
  Dans la fiere tourmente, en un pire mechef.   14

                              *

Dans les vergers de Cypre un autre meilleur coin,
  Que toy, coignet aimé, plus propre ne se vante
  A decouvrir l'ardeur qui les amans tourmente,
  Quand Amour nos esprits travaille d'un doux soin.   4
Coignet, de mes amours ô fidelle témoin,
  Ma Francine en ce lieu vit ma flâme evidante:
  En ce lieu me baisant de sa bouche odorante,
  Elle écarta de moy toute douleur au loin.   8
Carreau, sur qui assis, sur mes genoux assise
  Ma maistresse je tins doucement embrassee:
  Chaise, qui nous soutins entre les bras heureux: 11
Chaise, Carreau, Coignet, si elle vous avise,
  S'elle daigne vous voir, mettez en sa pensee,
  Ce qu'en vous je luy dy de mon cœur amoureux.   14

LES MIMES, ENSEIGNEMENTS ET PROVERBES
PREMIER LIVRE

Vraye foy de terre est banie,
   Mensonge les esprits manie:
   Tout abus regne autorisé.   3
   Pour bonne loy passe le vice:
   Sans balance va la justice:
   Honneur et droit est mesprisé.   6
C'est estre fol que d'estre sage
   Selon raison contre l'usage.
   Ceux qui m'entendent m'entendront.   9
   O Fils de Dieu verité mesme,
   Maints se vantent de ton saint cresme,
   Qui loin ny pres ne s'en oindront.   12
Ceux qui te croyent et te suivent,
   Qui dans toy vivent et revivent,
   Voyent à clair la verité: 15
   Dirions-nous bien que nous en sommes?
   Plus ne se trouve au cœur des hommes
   Espoir ny foy ni charité.   18

*

Ah, Seigneur, tu l'as sceu bien dire,
   Que ton regne ny ton empire
   N'estoit de ce monde pervers!   21
   J'en auray tousjours défiance,
   Tant que verray toute arrogance
   Ta Saincteté mettre à l'envers.   24

*

Nous pointillons sur la doctrine:
   Chacun à sa poste en devine,
   Barbouillant la religion.   27
   Non contens nos songes en dire,
   Les publier et les escrire,
   En armons la sedition.   30

*

La Lyre à l'Asne au Porc la Harpe:
   Haze au vivier, au clapier carpe.

Qui l'oit ne l'oit: Qui voit ne voit.   33
   L'ignorance est mal volontaire.
   C'est grand mal telle faute faire,
   Qui refait horreur si on l'oit.   36
Hors de raison tout extravague:
   En exil la verité vague:
   L'art non art suit principes faux.   39
   Pour ne voir plus les choses nettes
   Les hommes ont faulses lunettes:
   Ignorance nous fait chevaux.   42

*

Parle à Dïeu comme ouy des hommes:
   Comme ouy de Dïeu parle aux hommes:
   Sage ne peut estre contraint.   45
   Le temps est de verité pere,
   Verité d'innocence mere,
   D'innocence vertu s'empraint.   48
Rien violant long temps ne dure.
   Coustume est une autre nature.
   Beaucoup se perd, où peu fait tout.   51
   Qui bien commence, bien avance.
   Qui par petite erreur commence,
   En grand erreur se trouve au bout.   54

*

Vertu fait la vie meilleure.
   Vertu c'en est l'ancre plus seure,
   Que nul fortemps ne forcera.   57
   Ne songe ce qui n'est à faire.
   Fay beaucoup, et ne promé guere.
   Aime ton peuple, il t'aimera.   60
Aime toy, non d'amour si vaine
   Que toute autre amour te soit peine.
   Qui s'aime trop n'a point d'ami.   63
   Ami, qui un autre ami aime
   Et le secourt, fait pour soymesme.
   Sot ami, c'est un ennemi.   66

*

Changeons propos puis que tout change.
   Le gros brochet le menu mange:

La fourmi mange les crapaus.   69
D'habits d'autruy mal on s'honore:
L'oiseau se perd qui trop s'essore,
Si lon vole mal à propos.   72
Comme auroit la langue emplumee
Renard qui dort la matinee!
La force le perd où est l'art.   75
Qui n'ha rien en ce maudit âge
Est tenu pour fol, fust-il sage.
La peste fuy tost, loing et tard.   78

*

Les asnes s'affublent de chapes:
Dieu sçait comment se font les Papes:
Rois naissent tels qu'il plaist à Dieu.   81
Chacun veut emplir sa besace.
Qui fait bien, n'ha ny gré ny grace.
A dieu l'estat, les loix à dieu.   84
Belles fleurs naives et franches.
Qui florissiez nettes et blanches.
Fermes en fidelle candeur,   87
Le Sceptre d'or entre vos fueilles
Droit s'élevant, haut à merveilles
Jettoit une grand' resplendeur.   90
La blancheur s'est faitte sanglante:
En noiceur hideuse et dolante,
L'or du Sceptre s'est obscurci.   93
Vos fueilles sont toutes fletries:
Vos beautez se sont defleuries:
Vostre pourvoir s'est raccourci.   96
Mais quand avec la primevere
Un Soleil qui meilleur éclere,
En douce paix vous rejoindroit,   99
O blanches fleurs gaies nouvelles
Plus que jamais floririez belles.
Vostre honneur au loing s'étendroit.   102

*

Où ne s'est elle debordee
Nostre jeunesse outrecuidee?
Où a t-elle eu davant les yeux   105
De Dieu vangeur la bonne crainte,
Si bien qu'elle se soit rétreinte

De profaner les dignes lieux? 108
De quels temples la place pure
  Ont-ils sauvé de leur ordure,
  Qu'ils n'ayent méchamment souillé? 112
  Et quelles personnes sacrees
  N'ont-ils (les perdus) massacrees?
  Quel Sepulchre n'ont-ils fouillé? 115
Des morts, aux caveaux des Eglises
  A sac par sacrilege mises,
  Ils ont troublé le saint repos: 118
  Et les reliques tant prisees
  Arrachant des chasses brisees,
  Aux chiens en ont jetté les os. 121
Des devotieux monasteres
  Ils ont faict deserts solitaires
  Le troupeau devôt banissans: 124
  Les vierges à Dieu dediees
  Ont incestement mariees,
  Des vœux le respect honnissans. 127
Faisans jeu de grandes malices,
  Ont renversé les edifices,
  En l'honneur divin consacrés: 130
  Dont les deplorables ruines
  De leurs impietez malines
  Sont les monuments execrés. 133
Mettez fin, Engeance execrable,
  A telle rage miserable,
  Ouvriere de tant de mesfaits: 136
  Souls et las de vostre mechance,
  Cessez par cruelle vengeance
  D'expier forfaits de forfaits. 139
O Dieu, dors-tu? quand le parjure
  Orgueilleux en son ame impure,
  Brave l'innocent outragé. 141
  Le déloyal hautain prospere:
  Les Bons (desquels tu te dis pere)
  Quittent leur païs sacagé. 144
La have langueur de famine
  Le peuple des champs extermine,
  Fuyant de son maudit labeur: 147
  Qui banni de sa maison erre
  Et queste en estrangere terre,
  S'accable d'un dernier malheur. 150
La guerre abat l'honneur des villes,

Aneantist des loix civiles
La crainte par impunité: 153
La fiere ignorance authorise.
Les bonnes arts defavorise,
Manques du loyer merité.   156
Dieu, t'ennuis-tu de ton ouvrage?
Veus-tu bastir un nouvel âge
Ruinant le siecle pervers?   159
Les saisons sont desaisonnees:
Le cours dereglé des annees
Se fourvoye errant de travers.   162

A Monsieur de Villeroy, secretaire d'estat[5]

Quand je pense au divers ouvrage,
Où j'ay badiné tout mon âge,
Tantost epigrammatisant,   3
Tantost sonnant la Tragedie:
Puis me gossant en Comedie,
Puis des amours Petrarquisant: 6
Ou chantant des Rois les louanges,
Ou du grand Dieu le Roy des Anges
Apres le Roy Prophete Hebrieu: 9
Ores en metre, ores en ryme,
Pour m'honorer de quelque estime,
Mes vers semant en plus d'un lieu   12
Je ri de ma longue folie,
(O VILLEROY, de qui me lie
L'amiable et nette vertu)   15
Et je di voyant ma fortune,
Maigre s'il en fut jamais une,
Je suis un grand Cogne festu   18
Qui cogne cogne et rien n'avance.
J'ay travaillé sous esperance.
Les Rois mon travail ont loué,   21
Plus que n'a valu mon merite.
Mais la recompense est petite
Pour un labeur tant avoué.   24
Puis que je n'ay crosse ni mitre:
Puis que je n'ay plus que le tiltre
D'une frivole pension,   27

[5] Nicolas de Neufville (1543-1617).

    Bonne jadis, aujourdhuy vaine:
    Qui m'emmuselle et qui me meine
    Pour m'acabler de passion.   30
Donques le mieux que puisse faire,
    C'est me tromper en ma misere,
    Maladif pauvre que je suis.   33
    Voire au milieu de mon martire
    Me faut essayer la Satire.
    Souffrir et taire je ne puis.   36
Tout le premier essay je trace
    Sur un discours joyeux d'Horace,
    Patron satiric des Latins.   39
    Depuis d'une façon nouvelle,
    En des vers que Mimes j'appelle,
    J'ose attaquer les plus mutins.   42

SECOND LIVRE

Sur temps serein le noir nuage
    Améne un violent orage:
    Le gros tonnerre sans éclair   3
    Le plus souvent en vent se tourne.
    Le beau tems guiere ne sejourne
    Quand le Soleil se léve clair.   6
Grenouilles, grenouilles criardes,
    Vos crieries trop babillardes
    Les tempestes ont fait venir.   9
    Les corbeaux ont eu l'audience:
    Les rossignols ont fait silence.
    C'est aux bons à se contenir.   12

TROISIESME LIVRE

O m'amie tant tu es belle!
    Sans tout cela de beau qu'on cele.
    Tes yeux ce sont yeux de coulons.   3
    Tes cheveus sont troupeaus de chévres.
    C'est escarlate que tes lévres.
    Tes dents sont troupeaux de moutons,   6
Moutons qui apres la tondure
    S'en viennent lavez de l'eau pure,
    Fans de portieres tous gemeaux.   9
    Ta joüe ny blesme ny fade
    C'est une piece de grenade,
    Tes deux tetins sont deux chevreaux.   12
Ces deux chevreaux gemeaux bondissent.
    Entre les beaux lis, qui florissent

Blancs le matin au poinct du jour.   15
　　Tu es toute belle m'amie.
　　En toy n'a tache ny demie.
　　Vien donque vien donque m'amour.   18
Que dy-je? que fay-je? resvé-je?
　　Qui m'en sera garand et plege?
　　Ce sont des mots du temps passé: 21
　　Ou c'est le songe d'un malade:
　　Ou c'est plustost une salade
　　De tout meslange ramassé.   24

Au feu au feu, nostre puy brûle:
　　Nostre chien brait, nostre asne hûle:
　　La charrue va devant les beufs,   27
　　Les eaux reboursent aux fontaines:
　　Lon casse les bestes à laines:
　　Et maintenant lon tond les œufs.   30

QUATRIEME LIVRE

Faut-il, (douce et bonne Patrie,
　　Où toute gent vivoit cherie,
　　Où florissoient tant de beaus arts,   3
　　Où tout bien et plaisir abonde)
　　Qu'un peuple barbare t'inonde,
　　Te depeuplant de toutes parts?   6
O qui aveuglez de vangeance,
　　Ou d'outrageuse confiance,
　　Ou d'un faux desir decevant   9
　　Affectez puissance mal seure,
　　Ravisez, retirez-vous d'heure:
　　Au mal ne passez plus avant.   12
Oubliez vos injures vaines:
　　Tost mettez bas vos males-haines,
　　O vous les Grans qui tant pouvez.   15
　　Que l'etranger chez lui se tiene,
　　Le François en la terre siene:
　　Et vos ruines n'émouvez.   18
Car vos ruines je voy prestes
　　A choir pour acabler vos testes,
　　Si ne moderez vos fureurs.   21
　　Alez montrer votre vaillance
　　Ailleurs dehors de notre France,
　　Et là trionfez conquereurs.   24
D'ici n'emporterez que perte:

Votre gloire y sera couverte:
Toute haine sur vous courra: 27
Avecque la mort de votre âme,
Pour vous et les votres un blâme
A tous les siecles demourra. 30

L'HIPPOCRENE — VERS BAIFINS
(Extraits)

Muse Royne d'Elicon fille de Memoire, ô Deesse,
O des Poëtes l'appuy favorise ma hardiesse.
Je veu donner aux François un vers de plus libre accordance
Pour le joindre au lut sonné d'une moins contrainte cadance:
Fay qu'il oigne doucement des oyans les pleines oreilles, 5
Dedans degoutant flateur un miel doucereux à merveilles:
Je veu d'un nouveau sentier m'ouvrir l'honorable passage
Pour aller sur vostre mont m'ombroyer sous vostre bocage,
Et ma soif desalterer en vostre fonteine divine,
Qui sourdit du mont cavé dessous la corne Pegasine,[6] 10
Lors que le cheval aislé bondit en l'air hors de l'ondee
Du sang qui couloit du col de la Meduse outrecuidee,
L'aisnee des trois Gorgons, qui d'un œil commun se servirent,
Et qui jamais un Soleil ensemble à mesme tems ne virent:
Les trois filles de Phorcis, Stenon, Euriale, Meduse, 15
Meduse qui s'avveuglant en sa vaine beauté s'abuse,
Bien que mortelle elle fût et ses sœurs ne fussent pas telles,
Elle sujette à la mort, ses sœurs vivantes immortelles:
Elle osa bien à Pallas de l'honneur de beauté debatre,
Mais tost la vierge guerriere elle et son orgueil sceut abatre, 20
Faisant d'ell' exemple à tous que ceux trop mallement méprenent
Qui aux Dieux s'apareiller par outrecuidance entreprenent.
  Au pied du grand mont Atlas, pres des jardins des Esperides
Où reluisoit le fruit d'or, fut la maison de ces Forcides,[7]
Et là fut une chapelle à la vierge Pallas sacree 25
Où Meduse s'abandonne au Roy de la moite contree:[8]
La vierge ne put souffrir de voir si salle paillardise,
Mais sa face retournant au devant sa targue elle a mise,
Cachant hors d'un tel forfait son chaste rougissant visage:
Mais d'un si honteux peché conçoit une ire en son courage 30
Digne d'un cœur de Deesse: et fait dessus sa teste impure

---

[6] Pégase, d'un coup de sabot, fit jaillir la source de l'Hippocrène.
[7] Des trois filles de Phorcis, Stenon, Euriale, Meduse.
[8] Poséidon.

Grouler en serpens hideux son execrable chevelure:
Outre, fait que qui mal-caut ses yeux de la meschante approche
Soudain se sentant roidir s'endurcisse en nouvelle roche.
      En non satisfaite encore, en son cœur enflammé pourpense   35
D'apaiser son fier courroux par une derniere vengeance,
Et par un mesme moyen honorer son frere Persee,
Que l'Acrisine Danés[9] conceut en pluie d'or forcee
Sous Jupiter déguisé, bien que son rude pere Acrise
Dedans une tour d'erain en garde la pucelle eut mise: 40
Mais qui pourroit echever ce qu'un si grand seigneur desire
Qu'il ne face son vouloir, luy qui tient du monde l'empire?
En pluie d'or par le têt il se coule au sein de sa belle,
Et deceinte, de son sang il fait enceinte, la pucelle.

[9] Il s'agit de Danaé, fille d'Acrisios, roi d'Argos, séduite par Jupiter.

ÉTIENNE JODELLE
(1532-1573)

*Pour lui comme naguère pour les Rhétoriqueurs, la poésie
redevient un jeu savant, de plus un jeu où l'on gagne à tout coup,
à condition de jouer vite.*

Marcel Raymond

Jodelle naquit et mourut à Paris. Elève au collège de Boncourt, il
est l'auteur de trois pièces de théâtre, *Cléopâtre captive*, *Eugène*, *Didon se sacrifiant*.
Il perd la faveur du roi à un moment donné et meurt dans la misère. Ses *Amours* ne
seront publiés qu'après sa mort. Plusieurs de ses sonnets étaient en l'honneur de
Claude-Catherine de Clermont-Dampierre, la Maréchale de Retz. Dans ses
Contr'amours, il apparaît antiféministe. Il invective contre les ministres "de la
nouvelle opinion" à la suite de Ronsard. C'est certainement pourquoi les Protestants
l'ont accusé d'avoir été payé (voir les *Mesmoires de l'Estat de France sous Charles IX*)
pour avoir fait l'apologie des massacres. Poète d'une prodigieuse facilité d'invention
et d'exécution, Jodelle nous intéresse avant tout pour la variété rythmique de ses vers
et pour sa maîtrise du sonnet rapporté.

EDITIONS:

Œuvres, éd. Charles Marty-Laveaux, Paris, 1868-1870, 2 vol.

Amours, éd. Ad. van Bever, Paris, 1907.

Œuvres complètes, éd. Enea Balmas, Paris, 1965, vol. I; 1968, vol. II.

A CONSULTER:

Enea Balmas, *Un poeta del Rinascimento francese, Etienne Jodelle: la sua vita, il suo
tempo*, Firenze, 1962.

Károly Antal Horváth, *Etienne Jodelle*, Budapest, 1932.

331

LES AMOURS

II

Des astres, des forests et d'Acheron l'honneur,
   Diane, au Monde hault, moyen et bas preside,
   Et ses chevaulx, ses chiens, ses Eumenides guide,
   Pour esclairer, chasser, donner mort et horreur.   4
Tel est le lustre grand, la chasse, et la frayeur
   Qu'on sent sous ta beauté claire, prompte, homicide,
   Que le haut Jupiter, Phebus et Pluton cuide
   Son foudre moins pouvoir, son arc et sa terreur.   8
Ta beauté par ses rais, par son rets, par la craincte
   Rend l'ame esprise, prise, et au martyre estreinte:
   Luy moy, pren moy, tien moy, mais helas ne me pers   11
Des flambans forts et griefs, feux, filez, et encombres,
   Lune, Diane, Hecate, aux cieux, terre, et enfers
   Ornant, questant, génant, nos Dieux, nous, et nos ombres.   14

X

Ou soit que la clairté du soleil radieux
   Reluise dessus nous, ou soit que la nuict sombre
   Luy efface son jour, et de son obscur ombre
   Renoircisse le rond de la voulte des cieux: 4
Ou soit que le dormir s'escoule dans mes yeux,
   Soit que de mes malheurs je recherche le nombre,
   Je ne puis eviter à ce mortel encombre,
   Ny arrester le cours de mon mal ennuyeux.   8
D'un malheureux destin la fortune cruelle
   Sans cesse me poursuit, et tousjours me martelle:
   Ainsi journellement renaissent tous mes maux.   11
Mais si ces passions qui m'ont l'ame asservie,
   Ne soulagent un peu ma miserable vie,
   Vienne, vienne la mort pour finir mes travaux.   14

XI

Passant dernierement des Alpes au travers
   (J'entens ces Alpes haults, dont les roches cornues
   Paroissent en hauteur outrepasser les nues)
   Lors qu'ils estoient encor' de neige tous couvers,   4
J'apperçeus deux effects estrangement divers,
   Et choses que je croy jamais n'estre avenues
   Ailleurs: car par le feu les neiges sont fondues,
   Le chaud chasse le froit par tout cet univers.   8
Autre preuve j'en fis que je n'eusse peu croire,
   La neige dans le feu son element contraire,
   Et moy dedans le froit de la neige brusler,   11
Sans que la neige en fust nullement consommee:
   Puis tout en un instant cette flamme allumée
   M'environnoit de feu et me faisoit geler.   14

XXIII

Quel heur Anchise, à toy, quand Venus sur les bords
   Du Simoente vint son cœur à ton cœur joindre!
   Quel heur à toy, Paris, quand Œnone un peu moindre
   Que l'autre, en toy berger chercha pareils accords!   4
Heureux te fit la Lune, Endymion, alors
   Que tant de nuicts sa bouche à toy se vint rejoindre:
   Tu fus, Cephale heureux quand l'amour vint époindre
   L'Aurore sur ton veuf, et palle, et triste corps.   8
Ces quatre estans mortels des Deesses se veirent
   Aimez: mais leurs amours assez ne se couvrirent.
   Au silence est mon bien: par luy, Maistresse, à toy   11
Dans mon coeur plain, content et couvert je n'égale
   Venus, Œnone, Lune, Aurore: ny à moy
   Leur Anchise, Paris, Endymion, Cephale.   14

XXVII

En ce jour que le bois, le champ, le pré verdoye,
   Et qu'en signe d'un verd tant desirable et gay,

Avec maint ardent vœu l'amant plante son may,
    Pour marque que l'amour reverdissant flamboye: 4
Le ciel au lieu de moy dedans ton cœur envoye
    Pour may un bon vouloir, et verdoyant et vray,
    Ayant vraye racine, et qui sans long delay
    Porte à tous deux un fruit d'heur, d'amour et de joye: 8
En un Printemps d'amour l'egard trop froidureux
    Des biens, ne face naistre un hyver malheureux,
    Aux riches nonchalans on voit les biens decroistre,   11
Au cœur et noble et vray par peine le bien croist:
    Si par l'egard des biens le cœur des tiens decroist
    Par tel may fay leur cœur et mon esprit recroistre.   14

CONTR'AMOURS

I

Vous, ô Dieux, qui à vous presque égalé m'avez,
    Et qu'on feint comme moy serfs de la Cyprienne:[1]
    Et vous doctes amans, qui d'ardeur Delienne[2]
    Vivans par mille morts vos ardeurs écrivez: 4
Vous esprits que la mort n'a point d'amour privez,
    Et qui encor au frais de l'ombre Elysienne
    Rechantans par vos vers vostre flamme ancienne,
    De vos palles moitiez les ombres resuivez: 8
Si quelquefois ces vers jusques au ciel arrivent,
    Si pour jamais ces vers en nostre monde vivent
    Et que jusqu'aux enfers descendre ma fureur,   11
Apprehendez combien ma haine est equitable,
    Faites que de ma faulse ennemie execrable
    Sans fin le Ciel, la Terre, et l'Enfer ait horreur.   14

II

O Toy qui as et pour mere et pour pere,
    De Jupiter le sainct chef, et qui fais

[1] Vénus.
[2] Inspiré par Apollon.

Quand il te plaist, et la guerre et la paix.
Si je suis tien, si seul je te revere, 4
Et si pour toy je depite la mere
Du faux Amour, qui de feux, et de traits
De paix, de guerre, et rigueurs, et attraits
Tachoit plonger ton Poëte en misere, 8
Vien, vien ici, si venger tu me veux.
De ta Gorgone éprein moy les cheveux,
De tes Dragons l'orde pance pressure: 11
Enyvre moy du fleuve neuf fois tors,[3]
Fay-moy vomir contre une,[4] telle ordure,
Qui plus en cache et en l'ame et au corps. 14

III

Dès que ce Dieu soubs qui la lourde masse,
De ce grand Tout brouillé s'écartela,
Les cieux plus hauts clairement étoila,
Et d'animaulx remplit la terre basse: 4
Et dès que l'homme au portrait de sa face
Heureusement sur la terre il moula,
Duquel l'esprit presqu'au sien égala,
Heurant ainsi sa plus prochaine race: 8
Helas! ce Dieu, helas! ce Dieu vit bien
Qu'il deviendrait cet homme terrien,
Qui plus en plus son intellect surhausse. 11
Donc tout soudain la Femme va bastir,
Pour asservir l'homme et l'aneantir
Au faux cuider d'une volupté faulse. 14

IV

Je m'étoy retiré du peuple, et solitaire
Je tachoy tous les jours de jouir sainctement
Des celestes vertus, que jadis justement
Jupiter retira des yeux du populaire. 4
Ja les unes venoyent devers moy se retraire,
Les autres j'appelloy de moment en moment

---

[3] Le styx.
[4] *Une* est employé ici absolument pour désigner une femme.

Quand l'amour traistre helas! (las trop fatalement)
   Te feit, ô ma Pandore, en mall' heure me plaire: 8
Je vy, je vins, je prins, mais m'assurant ton vaisseau,
   Tu vins lancer sur moy un esquadron nouveau
   De vices monstrueux, qui mes vertus m'emblerent.   11
Ha! si les Dieux ont fait pour mesme cruauté
   Deux Pandores, au moins que n'as-tu la beauté,
   Puis que de tout leur beau la premiere ils comblerent!   14

V

Myrrhe bruloit jadis d'une flamme enragée,
   Osant souiller au lict la place maternelle:
   Scylle jadis tondant la teste paternelle,
   Avoit bien l'amour vraye en trahison changée.   4
Arachne ayant des Arts la Deesse outragée,[5]
   Enfloit bien son gros fiel d'une fierté rebelle:
   Gorgon s'horribla bien quand sa teste tant belle
   Se vit de noirs serpens en lieu de poil chargée: 8
Medée employa trop ses charmes, et ses herbes,
   Quand brulant Creon, Creuse, et leurs palais superbes,
   Vengea sur eux la foy par Jason mal gardée   11
Mais tu es cent fois plus, sur ton point de vieillesse,
   Pute, traitresse, fiere, horrible, et charmeresse,
   Que Myrrhe, Scylle, Arachne, et Meduse, et Medée.   14

VI

O traistres vers, trop traistres contre moy,
   Qui souffle en vous une immortelle vie,
   Vous m'apastez et croissez mon envie,
   Me déguisant tout ce que j'apperçoy.   4
Je ne voy rien dedans elle pourquoy
   A l'aimer tant ma rage me convie:
   Mais nonobstant ma pauvre ame asservie
   Ne me la feint telle que je la voy.   8
C'est donc par vous, c'est par vous traistres carmes,
   Qui me liez moy mesme dans mes charmes,
   Vous son seul fard, vous son seul ornement   11

[5] Arachné osa défier Athéna dans l'art de la tapisserie.

Ja si long temps faisant d'un Diable un Ange,
   Vous m'ouvrez l'œil en l'injuste louange,
   Et m'aveuglez en l'injuste tourment.   14

VII

Combien de fois mes vers ont-ils doré
   Ces cheveux noirs dignes d'une Meduse?
   Combien de fois ce teint noir qui m'amuse,
   Ay-je de lis et roses coloré?   4
Combien ce front de rides labouré
   Ay-je applani? et quel a fait ma Muse
   Ce gros sourcil, où folle elle s'abuse,
   Ayant sur luy l'arc d'amour figuré?   8
Quel ay-je fait son œil se renfonçant?
   Quel ay-je fait son grand nez rougissant?
   Quelle sa bouche, et ses noires dents quelles?   11
Quel ay-je fait le reste de ce corps?
   Qui, me sentant endurer mille morts,
   Vivoit heureux de mes peines mortelles.   14

CONTRE LES MINISTRES DE LA NOUVELLE OPINION

III

Quoy que ces éhontez, qui n'ont eu leurs pareils
   En ce monde, ayent dit que pour sauver leurs testes,
   De leurs chefs s'assembloient les forces toujours prestes,
   Et qu'ils n'ignoroyent point de Marcel les conseils:[6]   4
Ils en sont dementis par les longs appareils,
   Par memoire trouvez, par mille autres enquestes,
   Que l'on peut faire au vray, par toutes sourdes questes,
   Achapts, amas, traffics, et complots nompareils.   8
Je l'ay tousjours senti, car telle humeur couverte
   Ne pouvait pas faillir d'être à mes sens ouverte:

[6] Marcel II, pape. Il fut président du concile de Trente en 1545.

Mais m'amusant sans fin contre ces Antechrists,   11
Aux points de leur doctrine et fausse et obstinée,
    Je laissois là leurs faits! aussi la secte née
    D'écrits, ne peut mourir jamais que par écrits.   14

VIII

Tout mon regret n'est pas que ta durable Eglise,
    (O Christ!) soit dissipée en nostre France ainsi,
    Je ne plains pas encor tant seulement qu'ici
    Ton regne pacifique et ton nom l'on méprise,   4
Mais je plains que la France abolit ou deguise
    Outre la pieté, toute autre forme aussi
    Requise en tout estat: je plains que ce temps ci
    Toute autre gent Chrestienne, ainsi que vous, divise: 8
Tant que ce mal par qui nous sommes desunis,
    Nous rend de tant de maux comme à bon droit punis.
    Par nos vices l'amour qu'envers toy tu commandes,   11
Mesmement tout amour d'entre nous estoit mort:
    Tu fais donc à propos que haine et que discord
    Soyent de l'amour estaint les sanglantes amendes.   14

XII

Je sçay que mille escrits, l'apparence du vray,
    Les passages dejoints, l'ardeur de contredire,
    L'amour des nouveautez avec excuse attire
    Maint et maint à ces gens desquels j'ai fait l'essay.   4
Je sçay qu'en nos Prelats gist force abus, je sçay
    Que maint qui seulement à son salut aspire,
    Pense d'homme de bien trouver ce qu'il desire
    Aux aultres qu'il n'a pas si bien sondé que j'ay.   8
Je sçay que c'est grand bien de bannir de l'Eglise
    Tout abus, jurement, larcin, et paillardise,
    Mais les voyant doubler tant de seditions,   11
Je sçay sous ombre saincte en leurs ames s'enclorre
    De tout temps un orgueil qui couve et fait eclorre
    Tant de monstres, naissans pour nos perditions.   14

JACQUES GRÉVIN
(1538-1570)

*J'ay pris plaisir de tout temps à la poésie, laquelle m'a servi de
ce que servent ordinairement les cartes, les dez et les estœufs à
ceux qui s'y délectent et y passent le temps...*

Jacques Grévin

       Grévin naquit à Clermont en Beauvaisis et vint faire ses études à
Paris. Pensionnaire au collège de Boncourt, il y fait la connaissance de Jodelle.
S'étant épris de Nicole Estienne (de la famille des imprimeurs) il lui adresse sans
succès des vers amoureux qui forment le recueil intitulé *L'Olimpe* (1560), par lequel
Grévin se rattache à l'esthétique de Ronsard, sans devenir pour autant membre officiel
de la Pléiade. Avec la *Gélodacrye* (ce nom signifie "mélange de rires et de larmes"),
Grévin se rapproche des poètes baroques: on trouve ce même ton parlé, ce même style
coupé dans les ouvrages d'inspiration religieuse de la fin du siècle. Grévin meurt à
Turin, âgé seulement de trente-deux ans, après une vie tourmentée et errante.

EDITIONS:
Théâtre complet et poésies choisies, éd. Lucien Pinvert, Paris, 1922.

A CONSULTER:
M. Maloigne, *Jacques Grévin, sa vie et ses œuvres*, Laval, 1926.
Lucien Pinvert, *Jacques Grévin*, Paris, 1898.

L'OLIMPE (1560)
LIVRE PREMIER

Je ne raconte icy les victoires poudreuses
    Que les Grecs ont acquis sur le bord estranger,

Je ne descris icy, d'un poeme mensonger
    De Francion[1] banni les batailles douteuses,   4
Je ne veux pas chanter les conquestes heureuses
    De nos vaillants ayeux, et moins veux-je charger
    Le dos à la mémoire, et mon Lut eschanger
    A l'airain entonneur des guerres furieuses.   8
Mais bien je veux monstrer, comme trop courageux
    Je me suis hazardé sur le siège des dieux,
    M'opposant à l'effort d'une beauté trop fière.   11
Je veux monstrer aussi que pensant assaillir,
    J'ai senty peu à peu mes forces défaillir,
    Voulant forcer le coup d'une douce Guerrière.   14

*

Le Dieu fut trop cruel, lequel premièrement
    Nous sépara d'ensemble, alors que la nature
    Engendra les humains d'une forte ceincture
    L'un à l'autre attachez les plus estroictement.   4
Voire il fut trop cruel, il le fut voirement:
    Car si de l'advenir il eust eu quelque cure,
    Dès l'heure prévoyant le tourment que j'endure,
    Il nous eut délaissez, conjoincts ensemblement.   8
Il nous eut délaissez, plustost que voir ma peine
    Ne pouvoir addoucir une Dame inhumaine,
    Qui de son pauvre amant ne veult avoir pitié.   11
Je faux, ce n'est pas luy qui cause ma destresse,
    C'est vous tout seulement, c'est vous, fière Maistresse,
    Qui ne voulez vous joindre avec vostre moitié.   14

*

J'allentoy mon ardeur, et ma pauvre âme lasse
    Contemploit vos deux yeux, quand desjà mes espris
    Estonnez en mon bien quasi comme surpris,
    Se laissoyent submerger au beau de vostre face.   4
Ils s'estoyent jà deux fois plongez un long espace
    Au fond de vostre cueur, alors qu'ayant repris
    Leur force, et esprouvant ce qu'ils avoyent appris,
    Ils vindrent aborder au port de vostre grâce.   8
Mais vous, ma Toute-belle, estonnée de voir
    Ces pauvres fortunez, vous voulustes sçavoir

---

[1] Francion est le héros de la *Franciade* de Ronsard.

La cause de leur mal, et, comme pitoyable,   11
Les receustes chez vous, que plust or' à mon Dieu
    Qu'ils n'eussent jamais veu la grandeur de ce lieu,
    Puisque pour vostre amour ils m'ont faict misérable.   14

*

Sur les replis courbez de la Seine ondoyante,
    Un soir je caressoy, doucement ocieux,
    Celle qui seulement d'un rayon de ses yeux
    Foudroyé dessus moy, m'asseure ou m'espouvante,   4
Quand voyci tout subit une forte tourmante
    Qui, poissant la clarté du beau serein des Cieux,
    D'un double estourbillon noir palle pluvieux
    Esbloüit en un coup ma raison plus constante.   8
Je fus évanoui en sentant peu-à-peu
    Escouler en mon âme un venin et un feu,
    Dont ce cruel Amour se faisoit jà mon maistre.   11
La tourmante s'enfuit quand Olimpe eut jetté
    Sur le ciel murmurant un rays de sa beauté,
    Mais, la jettant sur moy, ell' feit mon mal accroistre.   14

SECOND LIVRE

L'automne suit l'Esté, et la belle verdure
    Du printemps rajeuni est ensuyvant l'yver,
    Tousiours sur la marine on ne voit estriver
    Le North[2] contre la nef errante à l'aventure,   4
Nous ne voyons la Lune estre tousjours obscure;
    Ainsi comme un croissant on la voit arriver;
    Toute chose se change au gré de la nature.
    Et seul ce changement je ne puis esprouver: 8
Un an est jà passé, et l'autre recommence,
    Que je suis poursuyvant la plus belle en France
    Sans avoir eschangé le courage et le cueur   11
Qui fait qu'oresnavant je ne me veux fier
    A celuy[3] qui a dict, comme asseuré menteur,
    Qu'on n'est pas aujourdhuy ce qu'on estoit hier.   14

[2] Le North est le vent du nord.
[3] Héraclite, philosophe présocratique.

SONETS DE LA GELODACRYE
PREMIER LIVRE

Qu'est-ce de ceste vie? un public eschafault,
    Où celuy qui sçait mieux jouer son personnage,
    Selon ses passions eschangeant le visage,
    Est tousjours bien venu et rien ne luy défault.   4
Encor' qui se peult bien déguiser comme il fault,
    Prest à servir un Roy, representant un page,
    Ou luy donner conseil s'il fault faire le sage,
    Celuy, de jour en jour, s'advancera plus hault.   8
Ainsi souventesfois l'on voit sur un theatre
    Un conte, un duc, un roy à mille jeux s'esbatre,
    Et puis en un instant un savetier nouveau.   11
Et cil qui maintenant banni de sa province
    N'estoit seur de soymesme, or' gouverner un Prince,
    Apres avoir passé derriere le rideau.   14

*

Un philosophe a dict la substance de l'ame
    N'estre qu'une harmonie, et l'autre un element,
    L'autre, des petis corps conjoincts confuseement,
    Et l'autre plus subtil, une espece de flâme,   4
Et l'autre, un mouvement qui nostre cueur enflâme:[4]
    Chascun s'y est rompu du tout l'entendement,
    Ne la considerants assez distinctement,
    Comme elle est dissemblable en l'homme et en la femme.   8
Au temps du bon Saturne on dit qu'elle estoit d'or,
    Sous Jupiter d'argent, d'aerain, de fer encor':
    En la fin aujourdhuy—ainsi que tout empire—   11
Ce n'est plus que du plomb, qui se fond à tous coups:
    Encor' je crain, si Dieu ne pren pitié de nous.
    Que, laissant les metaux, ell' ne devienne cire.   14

*

Pensez qu'il fait bon voir de nuict en une porte
    Un poltron courtisan le Petrarque chanter,
    Puis devant les vilains ses faicts-d'armes vanter
    Comme il a l'ennemi repoussé à main forte,   4
Luy qui ha son esprit esmeu de telle sorte,

[4] Allusion aux théories de Pythagore, Héraclite, Démocrite, etc., sur l'âme.

S'il oit de l'escarmouche un soldart raconter,
    Qu'on le peult voir au son des mots s'espouvanter,
    Et en tremblant jetter une voix demi-morte.   8
D'une salade il fait trois ou quatre repas,
    Puis, en curant ses dents il s'en va pas à pas
    Sur le bord d'un ouvroir deviser de la France: 11
Il fait dans son cerveau mille et mille discours,
    Il bastit en un mois ce qu'il rompt en trois jours,
    Voyla le compagnon auquel on ha fiance.   14

*

L'un mange et pille tout, et pour soy tout amasse,
    Tant on est curieux du bien particulier!
    L'un escoute en voyant tout le monde plier
    Selon le bon vouloir d'un dieu qui trop embrasse.   4
L'un ne veult endurer qu'un plus grand le surpasse,
    Ains s'esgaye de voir une court le prier,
    Et tasche tant qu'il peult d'estre faict le premier,
    Affin de se tenir tousjours en bonne grace.   8
L'autre moins convoiteux se plaist à courtiser
    Les dames, au moins mal qu'il se peult adviser,
    Cherchant de jour en jour le moyen de s'esbatre: 11
Mais un autre plus fin les contemplant de loing,
    Ainsi que chacun d'eux se martire en son soing,
    Voyant tout, parlant peu, se mocque de tous quatre.   14

*

Le Dieu, le Tout-puissant, qui des l'eternité
    Avoit deliberé façonner ce grand monde,
    Ja voyoit sous ses pieds comme une boule ronde
    Ce qu'il avoit pensé en son infinité;   4
Les animaux creez par sa divinité,
    Et par son Verbe sainct et parole feconde,
    En s'esgayants sur l'air, sur la terre et sur l'onde,
    Louangoyent le Facteur en leur lieu limité.   8
Ja le ciel estoilé commençoit sa carriere,
    Et les feux de la nuict espandants leur lumiere
    Compaignoyent le flambeau qui nous borne les mois: 11
Et ja l'Astre annuel à la bride avalee
    Avoit plongé son chef dans la plaine salee,
    Et le tour de la terre affranchi par cinq fois,   14

*

Le Soleil commençoit son sixieme voyage
    Et ses rayons pourprez embellissans les Cieux
    Faisoyent estinceler la mer contre ses yeux,
    N'ayant encor' monstré qu'à demi son visage,   4
Voyci ce grand Ouvrier fait son parfaict ouvrage:
    C'est l'homme à sa semblance, à tout jamais heureux,
    Immortel, franc d'esprit, et sur tous genereux,
    Admirable en beauté, au plus beau de son aage.   8
Et pour autant qu'un homme estant seul ne peult rien,
    Ce Createur voulut luy faire tant de bien,
    Qu'à l'instant luy donner compaigne à luy semblable.   11
Faisant dessus ses yeux distiller le sommeil,
    Ce pendant Dieu crea la femme son pareil
    Pour apres conserver leur genre perdurable: 14

*

Il fut ce jour autheur du lien mutuel,
    Et de ce sainct lien descend la saincte Eglise,
    Que Jesus Christ apres espouse et authorise,
    Pour nous faire heritiers du bien spirituel.   4
Depuis par l'univers d'un hault cry solennel
    Sainct Paul nous l'annonça, comme charge commise,
    Estre honorable en tout, voire qui eternise
    Ceux qui sont ensuyvans la loy de l'Eternel.   8
Ainsi fut ordonné cy bas le mariage
    Par celuy qui feit l'homme au temps du premier aage,
    Et depuis confirmé, par le monde presché   11
Contre le vicieux, le paillard, l'adultere:
    Car il est ordonné à qui mieux ne peult faire
    Plustost se marier, que brusler en peché.   14

SECOND LIVRE

Souffle dans moy, Seigneur, souffle dedans mon ame
    Une part seulement de ta saincte grandeur:
    Engrave ton vouloir au rocher de mon cueur,
    Pour asseurer le feu qui mon esprit enflame.   4
Supporte, Seigneur Dieu, l'imparfaict de ma flame
    Qui deffault trop en moy: Ren toy le seul vainqueur,
    Et de ton grand pouvoir touche, epoinçonne, entame
    Le feu, le cueur, l'esprit de moy, ton serviteur.   8

Esleve quelquefois mon ame despetree
    Du tombeau de ce corps qui la tient enserree:
    Fay, fay la comparoir devant ta majesté: 11
Autrement je ne puis ne voyant que par songe,
    D'avec la chose vraye esplucher le mensonge,
    Qui se masque aisement du nom de Verité.   14

*

Delivre moy, Seigneur, de ceste mer profonde
    Où je vogue incertain, tire moy dans ton port:
    Environne mon cueur de ton rampart plus fort,
    Et vien me deffendant des soldats de ce monde: 4
Envoy' moy ton esprit pour y faire la ronde,
    A fin qu'en pleine nuict on ne me face tort,
    Autrement, Seigneur Dieu, je voy, je voy la mort
    Qui me tire vaincu sur l'oubli de son onde.   8
Les soldats ennemis qui me donnent l'assault,
    Et qui de mon rampart sont montez au plus hault,
    Ce sont les argumens de mon insuffisance: 11
La cause du debat, c'est que trop follement
    J'ay voulu compasser en mon entendement
    Ton estre, ta grandeur, et ta Toute-Puissance.   14

*

O vous, gentils esprits dont les douces reliques
    Ont coulé librement jusqu'en ces derniers ans:
    Vous esprits, qui rendez plus heureux mon printemps,
    Soigneusement nourri en voz chans poetiques: 4
Esprits qui m'apprenez les sciences antiques,
    Et qui avec cent fois rendu les miens contens,
    C'est de vous dont j'ay pris ces plus rares presens,
    Que j'élance hardiment parmi nos Republiques: 8
De vous je les ay pris, et à vous je les doy,
    Aussi voyez-vous bien que le plus grand esmoy
    Que j'ay, c'est de me voir un jour de vostre bande: 11
Mais je me deulx d'un poinct: que n'estes tous icy
    Pour plaindre avecque moy mon mal et mon souci
    Et descrire une part du mal qui me commande.   14

*

Que ne suis-je eschangé en une source claire
    Distillant à jamais un grand ruisseau de pleurs,

Pour tant d'impietez, de meurtres, de malheurs,
    Qui à tousjours plourer ne me font rien qu'attraire?   4
Nature me devoit au costé gauche faire
    Une ratte engrossie, et de doubles largeurs,
    Pour rire incessamment les bouillantes fureurs
    De ceux-là qui tant bien se sçavent contrefaire.   8
Je voy journellement un grand sot ignorant,
    Tout vieil et tout cassé, aux grandeurs aspirant,
    Et discourir tout seul de l'ordre de l'Eglise: 11
Reprendre un gouverneur, predire asseurément
    Par la sedition le subit changement,
    Et ne veult toutesfois que je Gelodacryse.   14

*

J'amasse quelquefois dedans mon pensement
    Tous ces cercles roulans, qui embrassent le monde,
    J'y amasse le feu, l'air, la terre avec l'onde
    Pour rechercher l'autheur de leur commencement: 4
Là dedans je retire un cinquieme element,
    Qui jette la semence en la terre feconde,
    Et qui du plus profond de sa grand arche ronde
    Fait mouvoir les saisons avec son mouvement.   8
Lors que je pense avoir trouvé une partie
    Des causes de ce monde et de l'humaine vie,
    Je n'en retire rien qu'un chaos plus souvent.   11
Voyla de quoy me sert la lecture assidue
    D'Aristote, ou Platon, où plus souvent je sue,
    Puis je me refroidis, sage comme devant.   14

*

Quiconque levera la teste envers les cieux,
    Marquant les gouverneurs de ceste terre basse,
    Ainsi que chascun d'eux la nourrit et l'embrasse,
    Et la va regardant d'un bel œil radieux: 4
Et puis se rabaissant sur ces terrestres lieux
    Reviendra contempler la terre, jamais lasse
    De porter en saison, et de monstrer sa face
    Belle et reverdissante au printemps gracieux: 8
Celuy-la, dy-je, il fault, il fault bien qu'il confesse
    Qu'un plus puissant regit ceste gemmeuse presse
    De flambeaux attachez et de flambeaux errans: 11

Il fault aussi nier la chose fortuite,
Et confesser que Dieu est la seule conduite
Qu'une terre feconde apporte tous les ans.

14

ETIENNE DE LA BOÉTIE
(1530-1563)

*Ceux-cy ont je ne sçay quoy de plus vif et de plus bouillant,
comme il les fit en sa plus verte jeunesse, et eschaufé d'une belle
et noble ardeur... Les autres furent faits depuis, comme il estoit à
la poursuite de son mariage, en faveur de sa femme, et sentent
desjà je ne sçay quelle froideur maritale.*

Montaigne

La Boétie naquit à Sarlat, il était, comme son grand ami
Montaigne, conseiller au Parlement de Bordeaux. Il laissa peu d'écrits, d'ailleurs d'une
valeur inégale. On n'y trouve guère cette supériorité que Montaigne lui attribuait si
généreusement. Aux sonnets écrits pour Marguerite de Carle, femme du poète,
Montaigne préfère les vingt-neuf sonnets écrits pour une amie inconnue et qui sont
dans le goût pétrarquiste. La Boétie entretenait des relations avec les poètes de la
Pléiade, mais sa poésie, tant par ses thèmes que par sa diction, a déjà des tendances
baroques.

EDITIONS:
Œuvres complètes, éd. Paul Bonnefon, Bordeaux, 1892.
Œuvres complètes, éd. Louis Desgraves, Bordeaux, 1991, 2 vol.

A CONSULTER:
Paul Bonnefon, *Etienne de La Boétie, sa vie, ses œuvres et ses relations avec
Montaigne*, Bordeaux, 1888.
Léon Feugère, *Etienne de La Boétie*, Paris, 1845.
Claude Paulus, *Essai sur La Boétie*, Bruxelles, 1949.

Chanson

Si j'ay perdu tant de vers sur ma lyre,
O inconstante, à bien dire de toy,
Or j'en veux faire autant pour m'en desdire.   3
  Ceulx qui liront ton infame inconstance,
Et les reflots de ta perjure foy,
En t'outrageant m'en feront la vengence.   6
  Il ne faut pas que si fiere te rende
Comme autrefois ceste grande beauté.
C'estoient mes vers qui la te faisoient grande.   9
  Par moy estoient ces roses amassees
Qui jusque icy en ta face ont esté,
Et or par moy te seront effacees.   12
  Je t'ay donné ceste face tant belle,
Je veux tout prendre, et qu'on ne puisse voir
Rien plus en toy que ton cœur infidele.   15
  C'est tout le bien qu'ores avoir je puisse,
Que cognoissance un chascun puisse avoir
De mon malheur, helas, et de ton vice.   18
  Quand par mes vers je te verray maudite,
Dedans mon cœur ce seul regret j'auray,
Que pour mon mal ta peine est trop petite.   21
  Mais si encor ce n'est vengence entiere,
En te blasmant au moins j'arracheray
Jusques au fond toute l'amour premiere.   24
  De mon dur mal je veux que ce bien sorte,
Que mon exemple apres moy gardera,
Que tu ne trompe aucun de mesme sorte.   27
  Mais si quelqu'un encor l'amour n'evite,
M'ayant ouy, celuy meritera
Ce que je souffre à cest' heure sans merite.   30
  Helas dy moy, ô traistre et desloyalle,
Qu'est-ce qui t'a despleu en moy, sinon
Contraire à toy ma volonté loyalle?   33
  Qu'as tu gaigné à changer de courage,
Sinon de perdre et ta foy et ton nom,
Et mon cœur tien, plus que le tien volage?   36
  Fay, faulse, fay de tous amants la preuve,
Puis dy que j'ay deservy ce tourment,

Si tant que moy aucun ferme s'en treuve.   39
    Tu mesuras ainsi ma recompense,
Que nous estions constans egalement,
Moy en l'amour, et toy en l'inconstance.   42
    Les vents aux bords tant de vagues n'amenent,
Lors que l'hyver est le maistre de l'eau,
Comme de flots dans ton cœur se promenent.   45
    L'Automne abbat moins de fueilles aux plaines,
Moins en refait le plaisant renouveau,
Que tu desfais et fais d'amours soudaines.   48
    O quelle amour mon amour eust conquises,
O que de foy ma foy eust pu gaigner,
S'ailleurs qu'en toy ma fortune l'eust mise!   51
    Si un cœur ferme et constant se peut rendre,
Mon cœur l'eust peu à tous cœurs enseigner,
Fors qu'au tien seul qu'il vouloit seul apprendre.   54
    Or voy-je à cler desloyalle tes ruzes,
Non que devant tu n'en ayes usé,
Mais lors pour toy je faisoy' tes excuses.   57
    Excuse toy ores, s'il se peut faire.
Mais tu sçais bien, toy qui m'as abusé,
Quand je la voy, que ta faulte est trop claire.   60
    Tu fais grand cas de ta race, ô legere,
Tu ments: ce fut la mer qui te conceut,
Et quelque vent de l'hyver fut ton pere.   63
    L'eau et le vent, voyla ton parentage,
Puis en naissant celle qui te receut,
A mon advis c'est la Lune volage.   66
    Songer ne puis qui t'auroit allaictee,
Mais enseignee et faitte de la main
Tu fus, pour vray, du muable Protee.   69
    Encor' la mer maintefois est bonnasse,
Le vent par fois est paisible et serain,
Mais de changer tu ne fus oncques lasse.   72
    Encor' Protee apres mainte desfaicte
Lier se laisse, et qui te liëra,
Puis que le nœud de ma foy ne t'arreste?   75
    Tout à la fois le ciel, comme je pense,
Ferme en un lieu son tour arrestera,
Et ton cœur faulx prendra quelque asseurance.   78
    Las que de toy povrement je me vange.
Je te reprens de ta legereté,
Et tu en fais, perverse, ta louange.   81
    Aussi je sens que lors que je m'essaye

De dire mal de ta desloyauté,
C'est lors, helas, que je touche ma playe.   84
     O moy chetif, si ma force est si vaine,
Qu'il fault que moy, qui pour elle me deuils
Pour la punir, j'augmente encor' ma peine!   87
     Va, traistre, va, je quitte la vengeance,
Je n'en veus plus: tout le bien que je veus,
C'est que de toy je n'ayë souvenance.   90

SONNETS

I

L'un chante les amours de la trop belle Helene,
     L'un veut le nom d'Hector par le monde semer,
     Et l'autre par les flots de la nouvelle mer
     Conduit Jason gaigner les tresors de la laine.   4
Moy je chante le mal qui à son gré me meine,
     Car je veux, si je puis, par mes carmes charmer
     Un tourment, un soucy, une rage d'aimer
     Et un espoir musart, le flatteur de ma peine.   8
De chanter rien d'autruy meshuy qu'ay je que faire?
     Car de chanter pour moy je n'ay que trop à faire.
     Or si je gaigne rien à ces vers que je sonne,   11
Madame, tu le sçais, ou si mon temps je pers:
     Tels qu'ils sont, ils sont tiens: tu m'as dicté mes vers,
     Tu les a faicts en moy, et puis je te les donne.   14

II

J'allois seul, remaschant mes angoisses passees,
     Voici—Dieux, destournez ce triste mal-encontre!—
     Sur chemin d'un grand loup l'effroyable rencontre,
     Qui vainqueur des brebis de leur chien delaissees   4
Tirassoit d'un mouton les cuisses despecees,
     Le grand deuil du berger. Il rechigne et me monstre
     Les dents rouges de sang, et puis me passe contre,
     Menassant mon amour, je croy, et mes pensees.   8

De m'effrayer depuis ce presage ne cesse,
    Mais j'en consulteray sans plus à ma maistresse
    Onc par moy n'en sera pressé le Delphien.[1]   11
Il le sçait, je le croy, et m'en peut faire sage:
    Elle le sçait aussi, et sçait bien d'avantage,
    Et dire, et faire encor, et mon mal et mon bien.   14

III

Elle est malade, helas! que faut-il que je face?
    Quel confort? quel remede? O cieux, et vous m'oyez
    Et tandis devant vous ce dur mal vous voyez
    Oultrager sans pitié la douceur de sa face!   4
Si vous l'ostez, cruels, à ceste terre basse,
    S'il faut d'elle là haut que riches vous soyez,
    Au moins pensez à moy et, pour Dieu, m'ottroyez,
    Qu'au moins tout d'une main Charon tous deux nous passe. 8
Ou s'il est, ce qu'on dit des deux freres d'Helene,[2]
    Que l'un pour l'autre au ciel, et là bas se proméne,
    Or accomplissez moy une pareille envie.   11
Ayez ayez de moy, ayez quelque pitié,
    Laissez nous, en l'honneur de ma forte amitié,
    Moy mourir de sa mort, ell' vivre de ma vie.   14

IV

O qui a jamais veu une barquette telle,
    Que celle où ma maistresse est conduitte sur l'eau!
    L'eau tremble, et s'esforçant sous ce riche vaisseau,
    Semble s'enorgueillir d'une charge si belle.   4
On diroit que la nuict à grands troupes appelle
    Les estoiles, pour voir celle dans le batteau,
    Qui est de nostre temps un miracle nouveau,
    Et que droit sur son chef tout le ciel estincelle.   8
Pour vray onc je ne vis une nuict estoillee
    Si bien que celle nuict qu'elle s'en est allee:
    Tous les astres y sont, qui content estonnez   11

[1] Apollon, dieu de Delphes.
[2] Castor et Pollux.

Les biens qu'ils ont chascun à ma Dame donnez,
> Mais ils luisent plus clair estant rouges de honte
> D'en avoir tant donné qu'ils n'en sçachent le compte.   14

XI

Je sçay ton ferme cueur, je cognois ta constance,
> Ne soit point las d'aimer, et sois seur que le jour,
> Que mourant je lairray nostre commun sejour,
> Encor mourant, de toy j'auray la souvenance.   4
J'en prens tesmoing le Dieu qui les foudres eslance,[3]
> Qui ramenant pour nous les saisons à leur tour,
> Vire les ans legers d'un eternel retour:
> Le Dieu qui les Cieux bransle à leur juste cadence,   8
Qui fait marcher de reng aux lois de la raison
> Ses astres, les flambeaux de sa haute maison,
> Qui tient les gonds du ciel et l'un et l'autre pole.   11
Ainsi me dit ma Dame, ainsi pour m'asseurer
> De son cueur debonnaire, il luy pleut de jurer;
> Mais je l'eusse bien creuë à sa simple parole.   14

XV

Tu m'as rendu la veuë, Amour, je le confesse:
> De grace que c'estoit à peine je sçavoy,
> Et or toute la grace en un monceau je voy
> De toutes parts luisant en ma grande maistresse.   4
Or de voir et revoir ce thresor je ne cesse,
> Comme un masson qui a quelque riche paroy
> Creusé d'un pic heureux qui recele sous soy
> Des avares ayeux la secrette richesse.   8
Or j'ay de tout le bien la cognoissance entiere,
> Honteux de voir si tard la plaisante lumiere,
> Mais que gagne je, Amour, que ma veuë est plus claire,   11
Que tu m'ouvres les yeux et m'affines les sens?
> Et plus je voy de bien, et plus de maulx je sens,
> Car le feu qui me brusle est celuy qui m'esclaire.   14

[3] Jupiter.

XXIV

Ce jourd'huy du Soleil la chaleur alteree
    A jauny le long poil de la belle Ceres,
    Ores il se retire, et nous gaignons le frais,
    Ma Marguerite et moy, de la douce seree.   4
Nous traçons dans les bois quelque voye esgaree,
    Amour marche devant, et nous marchons apres:
    Si le vert ne nous plaist des espesses forests,
    Nous descendons pour voir la couleur de la pree.   8
Nous vivons francs d'esmoy, et n'avons point soucy
    Des Roys, ny de la Cour, ne des villes aussi.
    O Medoc, mon pais solitaire et sauvage,   11
Il n'est point de pais plus plaisant à mes yeux:
    Tu es au bout du monde, et je t'en aime mieux,
    Nous sçavons aptes tous les malheurs de nostre aage.   14

VINGT NEUF SONNETZ D'ESTIENNE DE LA BOETIE[4]

IV

C'estoit alors, quand les chaleurs passées
    Le sale automne aux cuves va foulant
    Le raisin gras dessoubz le pied coulant,
    Que mes douleurs furent encommencées.   4
Le paisan bat ses gerbes amassées,
    Et aux caveaus ses bouillans muis roulant,
    Et des fruitiers son autonne croulant,[5]
    Se vange lors des peines advancées.   8
Seroit ce point un presage donné
    Que mon espoir est des-ja moissonné?

[4] Ces vingt-neuf sonnets ont été insérés par Montaigne dans les *Essais* dont ils formaient le 29ᵉ chapitre du premier livre dans l'éditon de 1580.
[5] *Autonne croulant*: faisant tomber les fruits de ses arbres.

Non certes, non! Mais pour certain je pense,   11
J'auray, si bien à deviner j'entends,
  Si l'on peut rien prognostiquer du temps,
  Quelque grand fruict de ma longue esperance.   14

V

J'ay veu ses yeux perçans, j'ay veu sa face claire —
  Nul jamais sans son dam ne regarde les dieux —
  Froit, sans cœur me laissa son œil victorieux,
  Tout estourdy du coup de sa forte lumiere.   4
Comme un surpris de nuit aux champs quand il esclaire,
  Estonné, se pallist si la fleche des cieux
  Sifflant, luy passe contre, et luy serre les yeux,
  Il tremble, et veoit, transi, Jupiter en colere.   8
Dy moy, Madame, au vray, dy moy si tes yeux vertz
  Ne sont pas ceux qu'on dit que l'amour tient couverts?
  Tu les avois, je croy, la fois que te t'ay veuë.   11
Au moins il me souvient, qu'il me feust lors advis
  Qu'Amour, tout à un coup, quand premier je te vis,
  Desbanda dessus moy, et son arc, et sa veüe.   14

VII

Quant à chanter ton los, parfois je m'adventure,
  Sans ozer ton grand nom dans mes vers exprimer,
  Sondant le moins profond de ceste large mer,
  Je tremble de m'y perdre, et aux rives m'assure.   4
Je crains en loüant mal, que je te face injure:
  Mais le peuple estonné d'ouir tant t'estimer,
  Ardant de te cognoistre, essaie à te nommer,
  Et cerchant ton sainct nom ainsi à l'adventure,   8
Esblouï, n'attaint pas à veoir chose si claire,
  Et ne te trouve point ce grossier populaire,
  Qui n'aiant qu'un moien, ne veoit pas celuy la: 11
C'est que s'il peut trier, la comparaison faicte
  Des parfaictes du monde, une la plus parfaicte,
  Lors, s'il a voix, qu'il crie hardiment: la voyla!   14

XXVII

Lors que lasse est de me lasser ma peine,
  Amour d'un bien mon mal refrechissant,
  Flate au cœur mort ma plaie languissant,
  Nourrit mon mal, et luy faict prendre alaine.   4
Lors je conçoy quelque esperance vaine:
  Mais aussi tost, ce dur tiran, s'il sent
  Que mon espoir se renforce en croissant,
  Pour l'estoufer, cent tourmans il m'ameine,   8
Encor tous frez: lors je me veois blasmant
  D'avoir esté rebelle à mon tourmant.
  Vive le mal, o dieux, qui me devore,   11
Vive à son gré mon tourmant rigoureux.
  O bien heureux et bien heureux encore
  Qui sans relasche est tousjours mal'heureux.   14

V

LES POETES BAROQUES

PHILIPPE DESPORTES
(1546-1606)

*Celuy qui en son temps effaça tous les autres dans ce genre
d'ecrire, je veux dire dans l'artificieuse contexture du sonnet,
ce fut Philippe Desportes...puisque ses sonnets amoureux
pour Diane, Pour Hypolite, et pour Cleonice, plurent
infiniment aux beaux esprits de la Cour, pour leur grâce naïve,
et pour leur grande et nouvelle douceur.*

Guillaume Colletet

Desportes naquit à Chartres. Il fit de bonnes études, apprit le
latin, le grec, peut-être même l'hébreu. Il devint secrétaire de l'évêque du Puy, Antoine
de Senecterre, et le suivit en Italie. De retour en France en 1567, il fréquenta le salon
vert de la maréchale de Retz. En 1573, il accompagna le duc d'Anjou, le futur Henri III,
en Pologne. Plus tard, il joua un rôle important à la cour de Henri III et bénéficia de
nombreuses faveurs. Le recueil de ses *Premières œuvres* contenant deux livres
d'*Amours d'Hippolyte* parut en 1573. En 1583, devenu abbé de Tiron, le poète aban-
donna la poésie profane—mais non sans avoir livré au public le reste de sa production
littéraire—et se mit à traduire lentement en vers les *Psaumes* de David. Il mourut à son
abbaye de Bonport, chargeant son neveu Mathurin Régnier de défendre son œuvre con-
tre les critiques de Malherbe.

Dans sa poésie, Ronsard cherche avant tout la perfection de la
forme et l'harmonie de l'expression. Quels que soient les thèmes qu'il traite, il les or-
donne en vue d'un effet d'ensemble. Après 1570, ou à peu près, les poètes ne semblent
plus vouloir appliquer ces principes. Ils cherchent plutôt à décomposer, à disloquer le
poème, à attirer l'attention du lecteur sur chacun des éléments qui le composent. La
recherche de l'expression raffinée est importante pour Desportes, mais le déséquilibre
de ses sonnets annonce les poètes baroques de la fin du siècle. Ces poètes, protestants
et catholiques, sont les témoins des guerres de religion. Aucun n'est courtisan: Du
Bartas, D'Aubigné, Sponde, Chassignet, La Ceppède font figure de solitaires.

359

EDITIONS:

Œuvres, éd. Alfred Michiels, Paris, 1858.

Œuvres complètes, éd. Victor E. Graham, Genève, 1959-1963, 7 vol.

A CONSULTER:

Jacques Lavaud, *Un Poète de cour au temps des Valois, Philippe Desportes*, Paris, 1936.

DIANE
LIVRE PREMIER

II

Le penser qui m'enchante et qui, le plus souvent,
   Selon ses mouvemens m'attire ou me repousse,
   Me ravissant au monde, un jour, d'une secousse
   Jusqu'au troisieme ciel m'alloit haut elevant;   4
Et comme je tachoy de voller plus avant,
   Amour, qui m'apperçoit, contre moy se courrouce,
   Et choisit de vos yeux la flamme heureuse et douce,
   Pour m'empescher l'entrée et se mettre au devant.   8
Je ne peu passer outre, etonné de la flamme,
   Qui de ses chauds rayons brûla toute mon âme,
   Qui m'esblouyt la vüe et me fit trébucher.   11
Mais, bien que de vos yeux ce malheur me procede,
   Tousjours je les desire et m'en veux approcher,
   En la cause du mal recherchant le remede.   14

XXXII

Marchands, qui recherchez tout le rivage More
   Du froid Septentrion, et qui, sans reposer,
   A cent mille dangers vous allez exposer,
   Pour un gain incertain, qui vos esprits devore,   4
Venez seulement voir la beauté que j'adore,

Et par quelle richesse elle a sçeu m'attiser:
    Et je suis seur qu'apres vous ne pourrez priser
    Le plus rare tresor dont l'Afrique se dore.   8
Voyez les filets d'or de ce chef blondissant,
    L'eclat de ces rubis, ce coral rougissant,
    Ce cristal, cet ebene, et ces graces divines,   11
Cet argent, cet yvoire; et ne vous contentez
    Qu'on ne vous montre encor mille autres raretez,
    Mille beaux diamans et mille perles fines.   14

XLIX

Ces eaux qui, sans cesser, coulent dessus ma face,
    Les témoins découverts des couvertes douleurs,
    Diane, helas! voyez, ce ne sont point des pleurs:
    Tant de pleurs dedans moy ne sçauroient trouver place.   4
C'est une eau que je fay, de tout ce que j'amasse
    De vos perfections, et de cent mille fleurs
    De vos jeunes beautez, y meslant les odeurs,
    Les roses et les lis de vostre bonne grace.   8
Mon amour sert de feu, mon cœur sert de fourneau,
    Le vent de mes soupirs nourrit sa vehemence,
    Mon œil sert d'alambic par où distille l'eau.   11
Et d'autant que mon feu est violent et chaud,
    Il fait ainsi monter tant de vapeurs en haut,
    Qui coulent par mes yeux en si grand' abondance.   14

LIVRE SECOND

V

O mon petit livret, que je t'estime heureux!
    Seul tu cueilles le fruit de mon cruel martire,
    Ton contentement croist quand mon tourment empire,
    Et ton heur est plus grand, plus je suis douloureux.   4
Tu retiens doucement ces beaux yeux rigoureux,
    Dont il faut qu'à regret sans cœur je me retire;

Tu vois tous les trésors de l'amoureux empire
    Et reçois tous les biens dont je suis desireux.   8
Tu couches tous les soirs aupres de ma deesse,
    Mais, las! en y pensant, ce souvenir me blesse,
    Je suis de jalousie ardamment allumé.   11
Car, hé! que sçay-je, moy, si l'Amour par cautelle
    S'est point ainsi luy-mesme en livre transformé,
    Pour luy baiser le sein et coucher avec elle?   14

LX

Chacun jour mon esprit loin du corps se retire;
    Je tombe en pasmoison, je pers le mouvement,
    Ma couleur devient palle, et tout en un moment
    Je n'enten, je ne voy, je ne sens ny respire.   4
Revenant puis apres, vers le ciel je souspire,
    J'ouvre les yeux ternis, je m'esmeus doucement,
    Comme un qui a dormy, puis, sans estonnement,
    J'atten le pront retour d'un si lasche martire.   8
Ceux qui voyent comment ce mal me met au bas,
    Comme il revient soudain, n'attendent qu'un trepas
    Qui ces petites morts d'heure à autre finisse.   11
Il ne m'en chaut pour moy; c'est tout mon reconfort.
    Mais pour vous je m'en plains, qui perdrez à ma mort
    Un cœur qui n'estoit nay que pour vostre service.   14

LXII

Quoy que vous en pensiez, je suis tousjours semblable;
    Le tans, qui change tout, n'a point changé ma foy.
    Les destins, mon vouloir, et ce que je vous doy,
    Font qu'aux flots des malheurs mon ame est immuable.   4
Vos yeux, dont la beauté rend ma perte honorable,
    N'ont jamais veu de serf si fidelle que moy;
    Je tien des simples corps dont constante est la loy:
    Tousjours je vous adore, et rude, et favorable.   8
L'absence et les rigueurs de cent mille accidens
    N'ont sçeu rendre en quatre ans mes brasiers moins ardans,
    Ny les diminuer d'une seule estincelle.   11

Vous serez le premier et dernier de mes vœux,
 J'en jure par vos yeux, et par vos blonds cheveux,
 Et par l'eternité de ma peine cruelle.   14

LES AMOURS D'HIPPOLYTE

I

Icare est cheut icy le jeune audacieux
 Qui pour voler au Ciel eut assez de courage:
 Icy tomba son corps degarni de plumage
 Laissant tous braves cœurs de sa cheutte envieux.   4
O bien-heureux travail d'un esprit glorieux
 Qui tire un si grand gain d'un si petit dommage!
 O bien-heureux malheur plein de tant d'avantage,
 Qu'il rende le vaincu des ans victorieux!   8
Un chemin si nouveau n'estonna sa jeunesse,
 Le pouvoir luy faillit mais non la hardiesse,
 Il eut pour le brûler des astres le plus beau.   11
Il mourut poursuivant une haute adventure,
 Le ciel fut son desir, la Mer sa sepulture:
 Est-il plus beau dessein, ou plus riche tombeau? 12

III

Venus cherche son fils, Venus toute en colere
 Cherche l'aveugle Amour par le monde égaré:
 Mais ta recherche est vaine, ô dolente Cythere!
 Il s'est couvertement dans mon cœur retiré.   4
Que sera-ce de moy? Que me faudra-til faire?
 Je me voy d'un des deux le courroux preparé:
 Egalle obeissance à tous deux j'ay juré.
 Le fils est dangereux, dangereuse est la mere.   8
Si je recele Amour, son feu brûle mon cœur:
 Si je decele Amour, il est plein de rigueur,
 Et trouvera pour moy quelque peine nouvelle.   11

Amour, demeure donc en mon cœur seurement:
    Mais fay que ton ardeur ne soit pas si cruelle,
    Et je te cacheray beaucoup plus aisément.   14

VI

Je ne puis pour mon mal perdre la souvenance
    Du soir, soir de ma mort, que mon œil curieux
    Osa voir trop hardi le plus parfait des cieux,
    Et le nouveau soleil si luisant à la France.   4
Mon Dieu que de clairtez honoroyent sa presance,
    Que d'amours, de desirs, et d'attraits gracieux!
    Mais plustost: que de morts, de soucis furieux,
    De pleurs, d'aveuglemens, pour punir mon offance!   8
Je voyois bien mon mal, mais mon œil desireux,
    Ravi de ses beautez, s'y trouvoit bien-heureux,
    Lors qu'un flambeau cruel trop tost l'en fist distraire.   11
Helas! flambeau jalous de ma felicité,
    N'approche point d'icy, porte ailleurs ta clairté,
    Sans toy cet œil divin rend la salle assez claire.   14

XIV

Je sens fleurir les plaisirs en mon ame,
    Et mon esprit tout joyeux devenir,
    Pensant au bien qui me doit advenir
    Cet heureux jour que je verray Madame.   4
Plus j'en suis pres, plus mon desir s'enflame,
    Je ne puis plus ses efforts retenir:
    Mais ô mes Yeux! pourrez-vous soustenir
    Ses chauds regars pleins d'amoureuse flame?   8
Que me sert, las! si fort la desirer,
    Fol que je suis veux-je donc esperer
    Qu'estant pres d'elle en repos je demeure?   11
Et pres et loin je languis en tous lieux,
    Mais puis qu'il faut qu'en la servant je meure,
    Pour nostre honneur mourons devant ses yeux.   14

XVIII

Pourquoy si folement croyez-vous à un verre,
    Voulant voir les beautez que vous avez des cieux?
    Mirez-vous dessus moy pour les connoistre mieux
    Et voyez de quels traits vostre bel œil m'enferre.   4
Un vieux Chesne ou un Pin, renversez contre terre,
    Monstrent combien le vent est grand et furieux:
    Aussi vous connoistrez le pouvoir de vos yeux,
    Voyant par quels efforts vous me faites la guerre.   8
Ma mort de vos beautez vous doit bien asseurer,
    Joint que vous ne pouvez sans peril vous mirer:
    Narcisse devint fleur d'avoir veu sa figure.   11
Craignez doncques, Madame, un semblable danger,
    Non de devenir fleur, mais de vous voir changer
    Par vostre œil de Meduse, en quelque roche dure.   14

XX

Quand quelquefois je pense à ma premiere vie
    Du temps que je vivois seul Roy de mon desir,
    Et que mon ame libre erroit à son plaisir,
    Franche d'espoir, de crainte, et d'amoureuse envie: 4
Je verse de mes yeux une angoisseuse pluye,
    Et sens qu'un fier regret mon esprit vient saisir,
    Maudissant le destin qui m'a fait vous choisir,
    Pour rendre à tant d'ennuis ma pauvre ame asservie.   8
Si je lis, si j'escry, si je parle, ou me tais,
    Vostre œil me fait la guerre, et ne sens point de paix,
    Combatu sans cesser de sa rigueur extreme: 11
Bref, je vous aime tant que je ne m'aime pas—
    De moymesme adversaire—ou si je m'aime helas!
    Je m'aime seulement pource que je vous aime.   14

Elegie

Jamais foible vaisseau deçà delà porté
Par les fiers Aquilons, ne fut tant agité

L'Hyver en pleine mer, que ma vague pensee
Est des flots amoureux haut et bas élancee.   4
    Ainsi qu'un patient dont l'esprit est troublé,
Par l'effort rigoureux d'un accez redoublé
Flotte en songes divers,—l'humeur qui le tourmente
Fait chanceler son ame et la rend inconstante: 8
Un debat apres l'autre en l'esprit luy revient—
Ainsi je réve, helas! quand ma fiévre me tient,
Chaude fiévre d'Amour inhumaine et contraire,
Dont je ne veux guarir quand je le pourroy faire.   12
    J'erre egaré d'esprit, furieux, inconstant:
Et ce qui plus me plaist me deplaist à l'instant:
J'ay froid, je suis en feu, je m'asseure et desfie:
Sans yeux je voy ma perte, et sans langue je crie,   16
Je demande secours, et m'élance au trepas:
Or je suis plein d'amour, et or' je n'aime pas,
Et couve en mon esprit un discord tant extreme,
Qu'aimant je me veux mal de ce que je vous aime.   20
    Il faut, en m'efforçant, ceste pointe arracher
Qu'Amour dedans mon cœur a si bien sceu cacher,
Esteignons toute ardeur en nostre ame allumee,
Et n'attendons pas tant qu'elle en soit consumee.   24
    Desja je connoy bien que je sers vainement,
C'est de ma guarison un grand commencement:
Mais las qu'en foible endroit j'assié mon esperance!
Aux extremes perils peu sert la connoissance.   28
Si je connoy mon mal je n'en pers la douleur:
Connoistre et ne pouvoir, c'est un double malheur.
J'embrase ma fureur la pensant rendre estainte,
Et voulant n'aimer plus, j'aime helas par contrainte.   32
Mais si je pers mon temps sous l'amoureuse loy,
Quel autre des humains l'employe mieux que moy?
    L'un à qui le Dieu Mars aura l'ame enflammee,
Accourcissant sa vie accroist sa renommee: 36
L'autre moins courageux, d'avarice incité,
Cherche aux ondes sa mort, fuyant la pauvreté:
L'autre en la Cour des Rois brûlé de convoitise,
Pour un espoir venteux engage sa franchise: 40
L'autre fend ses guerets par les coultres trenchans,
Et n'estend ses desirs plus avant que ses champs:
Bref, chacun se travaille, et nostre vie humaine
N'est que l'ombre d'un songe et qu'une fable vaine.   44
    Je suis donc bien heureux d'avoir sceu mieux choisir
Sans loger icy bas mon celeste desir:

Un puissant Dieu m'arreste, et pour gloire plus grande
Il me met sous le joug d'une qui luy commande: 48
Sçachant ne pouvoir rendre autrement captivé
Mon esprit qui tousjours au Ciel s'est élevé.

      L'Aigle courrier du foudre, et ministre fidelle
Du tonnant Jupiter, Roy des oiseaux s'appelle,   52
Pource que sans flechir il soustient de ses yeux
Les traits ébloüissans du Soleil radieux:
Et que d'une aile prompte au travail continue,
S'élevant sur tout autre, il se perd dans la nue.   56

      Moy-donc, qui dresse au ciel mon vol avantureux
Doy-je pas me nommer l'Aigle des amoureux?
Car si l'Aigle regarde un Soleil plein de flame,
Je soustiens fermement les deux yeux de Madame,   60
Deux Soleils flamboyans de rayons éclaircis,
Et qui d'ombreuse nuict ne sont jamais noircis.

      Lors que sans y penser par fortune j'advise
Ces amans abusez qui ont l'ame surprise   64
De quelque autre beauté je me sens bien-heureux
D'estre ainsi que je suis pour ses yeux langoureux,
Et plains leur passion comme mal despendue,
Croyant qu'en autre part toute peine est perdue,   68
Et dis en m'estonnant: Dieu! quel aveuglement
Trouble si fort leurs yeux et leur entendement
Qu'ils n'aiment pas Madame! Amour qui les offanse
Se monstre en leur endroit enfant sans connoissance.   72

      De moy, rien que cêt œil ne m'eust sceu faire aimer:
L'ardeur d'autre desir ne pouvoit m'enflamer,
Un trait moins aceré n'eust mon ame blessee,
Et de moins blons cheveux ne l'eussent enlacee: 76
Autre amoureux propos ne m'eust pas enchanté,
Et n'eusse point languy pour une autre beauté.
Amour, je te pardonne et ne fay plus de plainte
Puis que si belle fleche en mon sang tu as teinte.   80
Car pris en si haut lieu j'aime tant mon tourment,
Qu'en l'assaut des douleurs je me plains seulement
Que si tard sa beauté mon ame ait retenuë,
Et porte envie aux yeux qui devant moy l'ont veuë.   84

      Ah! qu'Amour m'a fait tort de m'avoir tant celé
L'heur où le Ciel m'avoit en naissant appelé!
Amans desesperez qui l'avez tant servie,
Chargez de mille ennuis, que je vous porte envie!   88
Las! pourquoy, malheureux, ay-je tant attendu?
Je voudroy, comme vous, m'estre plustost perdu,

Sans avoir si longtemps fait errer mon courage
Au gré de mille amours, inconstant et volage.   92
        Mais je me plains à tort: mon bon-heur a souffert
Que j'aye aimé devant pour estre plus expert,
Et sçavoir mieux couvrir mon amoureuse flame,
Quand les yeux d'Hippolyte auroyent forcé mon ame.   96
L'experience apprend. En ce commencement,
Pour estre un jour parfait j'aprenois seulement.
Helas pour mon malheur j'en ay sceu trop apprendre!
Heureux qui n'y sçait rien, et n'en veut rien entendre.   100
        Or je sçay reconnoistre Amour pour mon vainqueur,
Comme on vit en aimant sans esprit et sans cœur,
Comme on peut receler une douleur mortelle:
Je sçay brûler de loin et geler aupres d'elle: 104
Je sçay comme le sang vers le cœur s'amassant,
De honte ou de frayeur rend un teint pallissant:
Je sçay de quels filés la liberté s'attache,
Je sçay comme un serpent parmi les fleurs se cache,   108
Comme on peut sans mourir mille morts esprouver,
Chercher mon ennemie et craindre à la trouver.
        Je sçay comme l'amant en l'amante se change,
Et comme au gré d'autruy de soy mesme on s'estrange,   112
Comme on se plaist au mal, comme on veille en dormant,
Comme on change d'estat cent fois en un moment:
Je sçay comme Amour volle errant de place en place,
Comme il frappe les cœurs avant qu'il les menace,   116
Comme il se plaist de pleurs et de soupirs ardans,
Enfant doux de visage, et cruel au dedans,
Qui de traits venimeux et de flammes se jouë,
Et comme instablement il fait tourner sa rouë.   120
        Je sçay des amoureux les changemens divers,
Leurs pensers incertains, leurs desirs plus couvers,
Leur malheur asseuré, leur douteuse esperance,
Leurs mots entrerompus, leur prompte meffiance,   124
Leurs discordans accords, leurs regrets et leurs pleurs,
Et leurs trop cours plaisirs pour si longues douleurs.
        Bref, je sçay pour mon mal, comme une telle vie,
Inconstante, incertaine, à tous maux asservie   128
S'égare au labyrinth de diverses erreurs,
Sujette à la rigueur de toutes les fureurs:
Et comme un chaud desir, qui l'esprit nous allume,
Enfielle un peu de miel de beaucoup d'amertume.   132

XLV

A pas lents et tardifs tout seul je me promeine,
    Et mesure en révant les plus sauvages lieux,
    Et pour n'estre apperceu je choisi de mes yeux
    Les endroits non frayez d'aucune trace humaine: 4
Je n'ay que ce rampart pour defandre ma peine,
    Et cacher mon desir aux espris curieux,
    Qui voyans par dehors mes soupirs furieux
    Jugent combien dedans ma flamme est inhumaine.   8
Il n'y a desormais ny riviere ny bois,
    Plaine, mont, ou rocher, qui n'ait sçeu par ma voix
    La trampe de ma vie à toute autre celee.   11
Mais j'ay beau me cacher, je ne me puis sauver
    En desert si sauvage, ou si basse valee,
    Qu'Amour ne me decouvre, et me vienne trouver.   14

XLVIII

O champs cruels volleurs du bien qui me tourmante!
    O prez qui sous ses pas vous peignez de couleurs!
    O bois qui fus tesmoin de mes grieves douleurs
    L'heureux soir que j'ouvray ma poitrine brulante!   4
O vent qui fais mouvoir cette divine plante,
    Te joüant, amoureux, parmy ses blanches fleurs!
    O canaux tant de fois desbordez de mes pleurs!
    Et vous lieux écartez où souvant je lamante: 8
Puis qu'un respect craintif m'a de vous separé,
    Puis que je ne voy plus l'œil du mien adoré,
    Puis que seul vous avez ce que seul je desire,   11
S'il ne m'est pas permis par la rigueur des cieux,
    Champs, prez, bois, vent, canaux, et vous sauvages lieux,
    Faites luy voir pour moy l'aigreur de mon martyre.   14

LI

L'eau tombant d'un lieu haut goute à goute a puissance
    Contre les marbres durs, cavez finablement:
    Et le sang du Lion force le Diamant,
    Bien qu'il face à l'enclume et au feu resistance.   4
La flamme retenue en fin par violance
    Brise la pierre vive, et rompt l'empeschement:
    Les Aquilons mutins soufflans horriblement
    Tombent le Chesne vieux qui fait plus de defense.   8

Mais moy, maudit Amour, nuict et jour soupirant
    Et de mes yeux meurtris tant de larmes tirant,
    Tant de sang de ma playe, et de feux de mon ame,   11
Je ne puis amollir une dure beauté,
    Qui las tout au contraire accroist sa cruauté
    Par mes pleurs, par mon sang, mes soupirs et ma flame.   14

LXXI

Espouvantable Nuict, qui tes cheveux noircis
    Couvres du voile obscur des tenebres humides,
    Et des antres sortant, par tes couleurs livides
    De ce grand Univers les beautez obscurcis: 4
Las! si tous les travaux par toy sont adoucis,
    Au ciel, en terre, en l'air, sous les marbres liquides,
    Or' que dedans ton char le Silence tu guides,
    Un de tes cours entiers enchante mes soucis.   8
Je diray que tu es du Ciel la fille aisnee,
    Que d'astres flamboyans la teste est couronee,
    Que tu caches au sein les plaisirs gracieux: 11
Des Amours et des Jeux la ministre fidelle,
    Des mortels le repos: bref tu seras si belle
    Que les plus luisans jours en seront envieux.   14

LXXV

Sommeil, paisible fils de la Nuict solitaire,
    Pere alme nourricier de tous les animaux,
    Enchanteur gracieux, doux oubli de nos maux,
    Et des esprits blessez l'appareil salutaire: 4
Dieu favorable à tous, pourquoy m'est-tu contraire?
    Pourquoy suis-je tout seul rechargé de travaux
    Or' que l'humide nuict guide ses noirs chevaux
    Et que chacun jouist de ta grace ordinaire?   8
Ton silence où est-il? ton repos et ta paix,
    Et ces songes vollans comme un nuage espais,
    Qui des ondes d'Oubli vont lavant nos pensees?[1]   11
O frere de la Mort que tu m'es ennemi!
    Je t'invoque au secours, mais tu es endormi,
    Et j'ards tousjours veillant en tes horreurs glacees.   14

LXXX

Quand l'ombrageuse Nuict nostre jour decolore,
    Et que le clair Phebus se cache en l'Occident,
    Au ciel d'Astres semé les mortels regardant

---

[1] Il s'agit de l'eau du Léthé.

    Prisent or' ceste estoile, et or' ceste autre encore: 4
Mais si tost qu'à son tour la matinale Aurore
    Fait lever le Soleil de rayons tout ardant
    Lors ces petits flambeaux honteux se vont perdant
    Devant le Roy du jour qui tout le ciel decore.   8
Ainsi quand mon soleil sa splendeur va celant,
    On voit deçà delà maint astre estincelant,
    Et le monde abusé mille Dames revere.   11
Mais dés qu'il apparoist, adieu foibles clairtez!
    Tout objet s'obscurcit, et ce Roy des beautez
    Comme en son firmament dans tous les cœurs éclaire.   14

CLEONICE

II

J'ay dit à mon Desir: pense à te bien guider,
    Rien trop bas, ou trop haut, ne te face distraire.
    Il ne m'escouta point, mais jeune et volontaire,
    Par un nouveau sentier se voulut hazarder.   4
Je vey le ciel sur luy mille orages darder,
    Je le vey traversé de flamme ardante et claire,
    Se plaindre en trebuchant de son vol temeraire,
    Que mon sage conseil n'avoit sceu retarder.   8
Apres ton precipice, ô Desir miserable!
    Je t'ay fait dedans l'onde une tombe honorable
    De ces pleurs que mes yeux font couler jour et nuit: 11
Et l'Esperance aussi, ta sœur foible et dolante,
    Apres maints longs destours, se voit changée en plante,
    Qui reverdit assez, mais n'a jamais de fruit.   14

SONNETS SPIRITUELS

I

Depuis le triste point de ma fresle naissance,
    Et que dans le berceau, pleurant, je fu posé,

Quel jour marqué de blanc m'a tant favorisé
    Que de l'ombre d'un bien j'aye eu la jouissance?   4
A peine estoient seichez les pleurs de mon enfance,
    Qu'au froid, au chaud, à l'eau, je me veis exposé,
    D'Amour, de la fortune et des grands maistrisé,
    Qui m'ont payé de vent pour toute récompense.   8
J'en suis fable du monde, et mes vers dispersez
    Sont les signes piteux des maux que j'ay passez
    Quand tant de fiers tyrans ravageoyent mon courage.   11
Toy qui m'ostes le joug et me fais respirer,
    O Seigneur! pour jamais vueille-moy retirer
    De la terre d'Egypte et d'un si dur servage.   14

III

Puis que le miel d'amour, si comblé d'amertume,
    N'altere plus mon cœur comme il fit autrefois;
    Puis que du monde faux je mesprise les lois,
    Monstrons qu'un feu plus saint maintenant nous allume.   4
Seigneur, d'un de tes cloux je veux faire ma plume,
    Mon encre de ton sang, mon papier de ta croix,
    Mon subject de ta gloire, et les chants de ma voix
    De ta mort, qui la mort éternelle consume.   8
Le feu de ton amour, dans mon ame eslancé,
    Soit la sainte fureur dont je seray poussé,
    Et non d'un Apollon l'ombrageuse folie.   11
Cet amour par la foy mon esprit ravira,
    Et, s'il te plaist, Seigneur, au ciel l'elevera
    Tout vif, comme sainct Paul ou le prophete Elie.   14

VI

Chargé de maladie et plus de mon offance,
    O Seigneur! tu me vois dans un lict perissant;
    Ma vigueur diminue, et ma douleur croissant
    Fait chacun s'estonner de ma grand' patiance.   4
Continue, ô mon Dieu! donne-moy la puissance
    De supporter ce mal, qui le corps va forçant,
    Et fay que mon esprit soit tousjours benissant,
    Au plus fort des douleurs, ta gloire et ta clemance.   8

Donne de l'eau, Seigneur, à mes yeux espuisez,
    Pour rendre avec mes pleurs mes pechez arrosez,
    Et les lave en ton sang avant que je trespasse.   11
Je ne demande point de vivre plus long-tans,
    Du monde et de ses jeux mes desirs sont contans;
    Assez j'auray vescu si je meurs en ta grace.   14

XVIII

Je regrette en pleurant les jours mal employez
    A suivre une beauté passagere et muable,
    Sans m'eslever au ciel et laisser memorable
    Maint haut et digne exemple aux esprits desvoyez.   4
Toi qui dans ton pur sang nos mesfaits as noyez,
    Juge doux, benin pere et sauveur pitoyable,
    Las! releve, ô Seigneur! un pecheur miserable,
    Par qui ces vrais soupirs au ciel sont envoyez.   8
Si ma folle jeunesse a couru mainte année
    Les fortunes d'amour, d'espoir abandonnée,
    Qu'au port, en doux repos, j'accomplisse mes jours,   11
Que je meure en moy-mesme, à fin qu'en toy je vive,
    Que j'abhorre le monde et que, par ton secours,
    La prison soit brisée où mon ame est captive.   14

GUILLAUME DE SALLUSTE DU BARTAS
(1544-1590)

Du Bartas se trouva en un instant le poète, non pas seulement de l'opinion calviniste...mais de l'opinion grave, de la croyance chrétienne, si fervente alors dans toute une classe de la société.

Sainte-Beuve

Du Bartas naquit à Montfort, près d'Auch. Il fut à la fois soldat, diplomate et poète. Protégé par Jeanne d'Albret, il écrivit une série de longs poèmes d'inspiration protestante: *Judit, Uranie, Triomfe de la Foi* (1567-1572). Sa vie, comme celle de la plupart des écrivains à la fin du siècle, est remplie de mouvement, de pittoresque, d'imprévu. En 1578 il publie sa première *Semaine* qui raconte en sept chants la création du monde, un chant étant consacré à chaque "jour." La seconde *Semaine* devait raconter "l'enfance du monde," mais le poète mourut avant d'achever sa grande épopée biblique. Du Bartas reconnaît, comme Pontus de Tyard, le patronage de Scève, et il tire son profit des tentatives faites par Ronsard pour chanter la gloire du cosmos. Mais il s'oppose à leur inspiration humaniste à laquelle il substitue la muse chrétienne. Cette poésie savante, encyclopédique, plus appréciée par Goethe que par Sainte-Beuve, est peu lue aujourd'hui et mérite d'intéresser davantage les critiques.

EDITIONS:

The Works of Guillaume de Salluste Sieur Du Bartas, éds. U. T. Holmes Jr., J. Lyons, R. W. Linker, University of North Carolina Press, Chapel Hill, 1935-1940, 3 vol.

Die Schöpfungswoche des Du Bartas, I, *La Sepmaine ou creation du monde*, éd. Kurt Reichenberger, *Beihefte zur Zeitschrift für romanische Philologie*, 107. Heft, Tübingen, 1963.

A CONSULTER:

Bruno Braunrot, *L'imagination poétique chez du Bartas: Eléments de sensibilité baroque dans la* Création du monde, Chapel Hill, 1973.

Jan Miernowski, *Dialectique et connaissance dans la* Sepmaine *de du Bartas*, Genève, 1992.

Michel Prieur, *Le Monde et l'homme de du Bartas*, Paris, 1993.

Albert-Marie Schmidt, *La Poésie scientifique en France au XVIe siècle*, Paris, 1939.

LA PREMIERE SEMAINE

Le Septiesme Jour

Le peintre, qui, tirant un divers paysage,
A mis en œuvre l'art, la nature, et l'usage,
Et qui d'un las pinceau sur si docte pourtrait
A pour s'eternizer donné le dernier traict,
Oublie ses travaux, rit d'aise en son courage,   5
Et tient tousjours ses yeux collez sur son ouvrage.
Il regarde tantost par un pré sauteler
Un agneau qui tousjours muet semble beller.
Il contemple tantost les arbres d'un bocage,
Ore le ventre creux d'une grotte sauvage,   10
Ore un petit sentier, ore un chemin batu,
Ore un pin baise-nue, ore un chesne abatu.
Icy par le pendant d'une roche couverte
D'un tapis damassé, moitié de mousse verte,
Moitié de vert lhyerre, un argenté ruisseau   15
A flots entre-coupez precipite son eau,
Et qui, courant apres, or' sus, or' sous la terre,
Humecte, divisé, les quarreaux d'un parterre.
Icy l'arquebusier, de derriere un buis vert,
Affuté, vise droit contre un chesne couvert   20
De bisets[1] passagers. Le rouet se desbande,
L'amorce vole en haut d'une vistesse grande,
Un plomb environné de fumee et de feu,

---

[1] Le biset est un pigeon de roche.

Comme un foudre esclatant, court par le bois toufu.

Icy deux bergerots sur l'esmaillé rivage   25

Font à qui mieux courra pour le pris d'une cage;

Un nuage poudreux s'esmeut dessous leur pas,

Ils marchent et de teste, et de pieds, et de bras;

Ils fondent tous en eau; une suyvante presse

Semble rendre en criant plus viste leur vistesse.   30

Icy deux bœufs suans, de leurs cols harassez

Le coutre fend-gueret trainent à pas forcez.

Icy la pastorelle à travers une plaine,

A l'ombre, d'un pas lent son gras troupeau r'ameine,

Cheminant elle file, et à voir sa façon   35

On diroit qu'elle entonne une douce chanson.

Un fleuve coule icy, là naist une fontaine;

Icy s'esleve un mont, là s'abaisse une plaine;

Icy fume un chasteau, là fume une cité;

Et là flote une nef par Neptune irrité.   40

Brief, l'art si vivement exprime la nature,

Que le peintre se perd en sa propre peinture,

N'en pouvant tirer l'œil, d'autant qu'où plus avant

Il contemple son œuvre, il se void plus sçavant.

     Ainsi ce grand Ouvrier, dont la gloire fameuse   45

J'esbauche du pinceau de ma grossiere muse,

Ayant ces jours passez d'un soin non soucieux,

D'un labeur sans labeur, d'un travail gracieux,

Parfait de ce grand Tout l'infiny paysage,

Se repose ce jour, s'admire en son ouvrage,   50

Et son œil, qui n'a point pour un temps autre objet,

Reçoit l'esperé fruict d'un si brave projet.

(Si le begayement de ma froide eloquence

Peut parler des projets d'une si haute essence.)

     Il voit ore comment la mer porte-vaisseaux   55

Pour hommage reçoit de tous fleuves les eaux;

Il void que d'autre-part le ciel ses ondes hume,

Sans que le tribut l'enfle, ou le feu le consume.

Il void de ses bourgeois les fecondes amours;

De ses flus et reflus il contemple le cours,   60

Sur qui le front cornu de l'estoile voisine,[2]

D'un aspect inconstant et nuict et jour domine.

Il œillade tantost les champs passementez

Du cours entortillé des fleuves argentez.

Or il prend son plaisir à voir que quatre freres[3]   65

[2] La lune.
[3] Les quatre éléments.

Soustiennent l'univers par leurs efforts contraires,
Et comme l'un par temps en l'autre se dissout
Tant que de leur debat naist la paix de ce Tout.
Il s'esgaye tantost à contempler la course
Des cieux glissans autour de la Croix et de l'Ourse,   70
Et comme sans repos, or' sus or' sous les eaux,
Par chemins tous divers ils guident leurs flambeaux.
Ore il prend ses esbats à voir comme la flamme,
Qui cerne ce grand Tout, rien de ce Tout n'enflamme,
Comme le corps glissant des non-solides airs   75
Peut porter tant d'oiseaux, de glaçons, et de mers.
Comme l'eau, qui tousjours demande la descente,
Entre la terre et l'air se peut tenir en pente,
Comme l'autre element se maintient ocieux,
Sans dans l'eau s'enfondrer, ou sans se joindre aux cieux.   80
Or' son nez à longs traicts odore une grand' plaine,
Où commence à flairer l'encens, la marjolaine,
La canelle, l'œillet, le nard, le rosmarin,
Le serpolet, la rose, et le baume, et le thin,
Son oreille or' se plaist de la mignarde noise   85
Que le peuple volant par les forests desgoise;
Car bien que chaque oiseau guidé d'un art sans art,
Dans les bois verdoyans tienne son chant à part,
Si n'ont-ils toutesfois tous ensemble pour verbe
Que du Roy de ce Tout la louange superbe,   90
Et bref, l'oreille, l'œil, le nez du Tout-puissant,
En son œuvre n'oit rien, rien ne void, rien ne sent,
Qui ne presche son los, où ne luise sa face,
Qui n'espande par tout les odeurs de sa grace.
Mais plus que tout encor les humaines beautez   95
Tiennent du Tout-puissant tous les sens arrestez:
L'homme est sa volupté, l'homme est son sainct image
Et pour l'amour de l'homme il aime son ouvrage.
        Non que j'aille forgeant une divinité
Qui languisse là haut en morne oisiveté,   100
Qui n'aime les vertus, qui ne punit les vices,
Un Dieu sourd à nos cris, aveugle à nos services,
Fay-neant, songe-creux, et bref, un loir qui dort
D'un sommeil eternel, ou plustost un Dieu mort.
Or bien que quelquefois repousser je ne puisse   105
Maint profane penser qui dans mon cœur se glisse,
Je ne pense onc en Dieu, sans en Dieu concevoir
Justice, Soin, Conseil, Amour, Bonté, Pouvoir:
Veu que l'homme, qui n'est de Dieu qu'un mort image,

Sans ces dons n'est plus homme, ainçois beste sauvage.   110
     Tu dormois, Epicure, encor plus que ton dieu,
Quand tu fantastiquois un lethargique au lieu
De la source de vie, ou d'une ruse vaine
Des athees, fuyant non le crime, ains la peine,
Tu mettois en avant un dieu tant imparfait   115
Pour l'avouer de bouche et le nier de fait.
Dieu n'est tel qu'un grand roy qui s'assied pour s'esbatre
Au plus eminent lieu d'un superbe theatre,
Et qui, sans ordonner des fables l'appareil,
Ne veut que contenter son oreille et son œil,   120
Qui, content d'avoir fait rouer par sa parole
Tant d'astres flamboyans sur l'un et l'autre pole,
Et comme en chaque corps du burin de son doy
Grave le texte sainct d'une eternelle loy:
Tenant sa dextre au sein, abandonne leur bride,   125
Pour les laisser courir où ceste loy les guide,
Tel que cil qui jadis par un canal nouveau,
Penible, a destourné le flotant cours d'une eau,
N'est plus comme devant pour ceste source en peine,
Ains la laisse couler où sa fosse la meine.   130
Dieu, nostre Dieu, n'est point un Dieu nu de puissance,
D'industrie, de soin, de bonté, de prudence,
Il s'est monstré puissant, formant ce Tout de rien,
Plein de docte industrie en le reiglant si bien,
Soigneux, en l'achevant en deux fois trois journees,   135
Bon, en le bastissant pour des choses non nees,
Et sage, en le tenant, maugré l'effort du temps,
En son premier estat tant de centaines d'ans.
Hé Dieu! combien de fois ceste belle machine
Par sa propre grandeur eust causé sa ruine?   140
Combien de fois ce Tout eust senty le trepas,
S'il n'eust eu du grand Dieu pour arc-boutans les bras?
     Dieu est l'ame, le nerf, la vie, l'efficace,
Qui anime, qui meut, qui soustient ceste masse.
Dieu est le grand ressort, qui fait de ce grand corps   145
Jouer diversement tous les petits ressorts.
     Dieu est ce fort Athlas dont l'imployable eschine
Soustient la pesanteur de l'astree machine;[4]
Dieu des moites surjeons rend immortel le cours;
Dieu fait couler sans fin les nuicts apres les jours,   150
L'automne apres l'esté, l'hyver apres l'automne,
Apres l'hyver sans fleurs le printemps qui fleuronne;

[4] *L'astree machine*: l'univers constellé.

Dieu r'engrosse la terre, et fait qu'elle n'a pas
De tant d'enfantemens presqu'encor le flanc las.
      Dieu fait que le soleil, et les astres de mesme,   155
Bien qu'ils soient tres-ardens, ne se bruslent eux mesme,
Que leurs rayons brillans d'un triste embrasement
N'anticipent le jour du dernier jugement,
Et qu'en un mesme temps, d'une contraire course,
Ils vont vers le Ponant, vers l'Aurore, et vers l'Ourse.[5]   160
Jamais le cours du ciel ne transgresse ses loix,
Le Neree flotant n'obeit qu'à sa voix;
L'air est de son ressort, le feu de son domaine;
La terre est en sa terre, et rien ne se pourmeine
Par royaumes si grands, qui ne soit agité   165
Du secret mouvement de son eternité.
      Dieu est le President qui par tout a justice,
Haute, moyenne, et basse, et qui sans avarice,
Ignorance, faveur, crainte, respect, courroux,
Ses arrests sans appel prononce contre nous.   170
Il est juge, enquesteur, et tesmoin tout ensemble.
Il ne trouve secret ce qui secret nous semble;
Le plus double courage il sonde jusqu'au fonds.
Il voit cler à minuict. Les gouffres plus profonds
Luy sont guez[6] de crystal, et son œil de Lyncee[7]   175
Descouvre la pensee avant qu'estre pensee.
Son jugement donné ne demeure sans fruict,
Car il a pour sergens tout ce qu'au ciel reluit,
Qui germe par les champs, qui sur terre chemine,
Qui voltige par l'air, qui noue en la marine.   180
Il a pour ses commis tous ces esprits ailez
Dont le pié foule l'or des cercles estoilez,
Et Satan assisté de l'infernale bande
Execute soudain tout ce qu'il luy commande.
Bref, c'est un bon Ouvrier, qui s'aide dextrement   185
Aussi bien d'un mauvais que d'un bon instrument,
Qui fait pour donner cours à sa haute justice
Contre nous-mesme armer nostre propre malice:
Qui fait pour le dessein des meschans empescher,
Ses plus grans ennemis à sa solde marcher.   190
      Bien est vray toutesfois que les choses humaines
Sans frein semblent couler tant et tant incertaines
Qu'on ne peut en la mer de tant d'evenemens

---

[5] *Le Ponant*: l'occident; *l'Aurore*: l'orient; *l'Ourse*: le nord.
[6] *Guez*: guets, sentinelles.
[7] Un des Argonautes, célèbre pour sa vue perçante.

Remarquer quelquefois les divins jugemens,
Ains comme à vau de route il semble que Fortune   195
Regle sans reglement ce qui luit sous la lune.
Si demeures-tu juste, o Dieu! mais je ne puis
Sonder de tes desseins l'inespuisable puits.
Mon esprit est trop court pour donner quelque attainte
Mesme au plus bas conseil de ta majesté saincte;   200
Tes secrets moins secrets, o Dieu, je recognoy
Lettres closes à nous, et patentes à toy;
Bien souvent, toutesfois, ce qui de prime face,
Comme injuste à nos sens, nostre raison surpasse,
Tu veux, o Tout-puissant, tu veux qu'en sa saison   205
Nous le recognoissions estre fait par raison.
Permettant aux Hebrieux la vente fraternelle,
Tu semblas desmentir ta justice eternelle.
Mais Joseph[8] se voyant, par un rare bon-heur
De miserable esclave estre fait gouverneur   210
Des champs pour qui le Nil, d'un desbord sept fois riche,
Repare le defaut du ciel d'humeur trop chiche,
Aprit que le complot de ses traitres germains
Avoit mis le timon de Memphe[9] entre ses mains,
A fin qu'à l'avenir la terre egyptienne,   215
Nourrice, recueillist la race abramienne.[10]

    Quand ton bras, qui, robuste, accable les pervers,
Punit par feu Sodome, et par eau l'univers:[11]
D'autant qu'en eux encor vivoit quelque relique
De justice et bonté, tu semblas estre inique;   220
Mais tout soudain qu'on vit sauvez Noé et Lot,
Cestui-cy de la flamme, et cestuy-là du flot,
Clairement on cognut que ta saincte justice
Preserve l'innocence, et chastie le vice.

    Celuy ferme les yeux aux rais d'un clair soleil,   225
Qui ne void que Pharon est comme l'appareil
Du salut des Hebrieux, et que son dur courage
Applanit leur chemin à leur futur voyage,
Afin que l'Eternel, des tyrans combatu,
Trouve assez large champ pour monstrer sa vertu.   230

    Et qui ne sçait encor que la traistre injustice
D'un juge ambitieux, de Judas l'avarice,
L'envie des docteurs, du peuple la fureur,

---

[8] Joseph, personnage de la *Genèse*.
[9] Memphis, ville de l'ancienne Egypte, sur le Nil.
[10] D'Abraham.
[11] Allusion au Déluge.

Servirent d'instrumens pour reparer l'erreur
De ce vieil roy d'Eden,[12] dont la gloutonne audace   235
Fit sa lepre à jamais decouler sur sa race?
Le soucy du grand Dieu par ses effets divers
De membre en membre court par tout cest univers;
Mais d'un soin plus soigneux il couvre de ses ailes
La semence d'Adam, et sur tous les fideles,   240
Car il ne veille point qu'en faveur des humains
Qui luy dressent, devots, et leurs vœux et leurs mains.
Pour eux d'un cours certain le ciel sans cesse ronde,
Les champs sont faits pour eux, pour eux est faite l'onde,
Il compte leurs cheveux, il mesure leur pas,   245
Il parle par leur bouche, il manie leurs bras,
Il se parque en leur cœur, et nuit et jour des anges
Il campe à l'entour d'eux les veillantes phalanges.
          Mais quel bruit oy-je icy? Hommes sans Dieu, sans foy,
Je ne m'estonne pas de vous voir contre moy   250
Liguez à tous propos; seulement je m'estonne
Que ceux de qui la foy comme un astre rayonne
Parmy nos sombres nuicts se puissent tant de fois
Escarmoucher au son d'une si saincte voix,
D'autant que non sans pleurs ils voient que la troupe   255
Qui plus le ciel outrage a tousjours vent en poupe,
Qu'elle a le sceptre en main, au coffre les lingots,
Le diadesme au front, le pourpre sur le dos,
Que tout luy fait la cour, que tout la favorise,
Que sous la main celeste elle est comme en franchise,   260
Et que mesme ses biens, ses honneurs, ses plaisirs
Surmontent ses desseins, devancent ses desirs;
Qu'au contraire les bons sur la mer de ce monde
Sont sans cesse agitez et du vent et de l'onde,
Qu'ils ont si peu qu'Euripe en la terre repos.   265
Que le fleau du grand Dieu pend tousjours sur leur dos:
Qu'ils sont aussi suyvis de honte, perte, encombre
Comme est la nuit d'humeurs, et le corps de son ombre.
Paix, paix, mes bons amis, car j'espere effacer
De vos cœurs chancelans ce profane penser.   270
Sçachez donques que Dieu, à fin qu'on ne l'estime
Juge sans jugement, punit icy maint crime.
Sçachez qu'il laisse aussi maint crime sans tourment
A fin que nous craignions son dernier jugement.
          Aprenez d'autre part que la croix est l'eschelle   275
Qui conduit les humains à la gloire immortelle,

[12] Adam.

Et la voye de laict qui, blanchissant les cieux,
Guide les saincts esprits au sainct conseil des Dieux.
      Hé! ne voyez-vous point comme le sage Pere,
Tenant le frain plus court au fils qu'au mercenaire,   280
Reprend l'un rarement, et l'autre chaque jour,
L'un pour respect du gain, et l'autre par amour?
L'escuyer qui, suivy d'une noble jeunesse,
Les genereux destriers d'un grand monarque dresse,
Repique plus souvent celuy de ses chevaux   285
Qu'il cuide estre mieux né pour les guerriers travaux.
Le penible regent dont la docte parole
Tout l'honneur d'un pays cultive en une escole,
Charge plus de leçons ceux à qui Dieu depart
Plus d'esprit pour comprendre en peu de temps un art.   290
Un grand chef ne commet qu'à ceux que plus il prise
Le dangereux hazard d'une belle entreprise;
Or il les fait aller les premiers à l'assaut,
Or devant cent canons les plante sur le haut
D'une bresche assaillie, or avec peu de force   295
Leur commande d'entrer dans un fort que l'on force.
      Dieu bat ceux qu'il cherit du bers jusqu'au cercueil
Pour se faire cognoistre, abatre leur orgueil,
Arracher maint souspir de leur devote bouche,
Esprouver leur constance à la pierre de touche,   300
Resveiller leur paresse, exercer leurs esprits
A travailler, heureux, apres le prix sans prix.
Le medecin qui sçait joindre à la theorique
L'exercice fascheux d'une longue practique,
Aplique le remede au corps plein de langueur   305
Selon la qualité de la peccante[13] humeur,
Guerissant cestui-cy par dietes austeres,
L'autre par jus amers, cestuy-là par cauteres,
Et coupant quelquefois ou la jambe ou le bras,
Aspre-doux garantit tout le corps du trespas.   310
Ainsi le Tout-puissant selon l'humeur peccante,
Qui les saincts les plus sains à boutees[14] tourmente,
Ordonne ore la faim, ore un bannissement,
Ore une ignominie, ore un aspre tourment,
Ore un proces facheux, ore un cruel naufrage,   315
Ore d'un fils la perte, ore un triste veufvage,
Mais tenant quelquefois pour le salut humain
En une main le fleau, l'emplastre en l'autre main.

[13] *Peccante*: qui corrompt.
[14] *A boutee*: de temps en temps.

Le guerrier, qui par trop sejourne en une place,
Laisse attiedir l'ardeur de la premiere audace.   320
La rouille va mangeant le glaive au croc pendu,
Le ver ronge l'habit dans le cofre estendu.
L'eau qui ne court se rend et puante et malsaine,
La vertu n'a vertu que quand elle est en peine.

De vray, tout ce qu'on voit au monde de plus beau,   325
Est subjet au travail. Aussi la flamme et l'eau,
L'une à mont, l'autre à val, sont tousjours en voiage;
L'air n'est presque jamais sans vens et sans orage;
L'esprit est sans esprit s'il ne sçait discourir,
Le ciel cessera d'estre en cessant de courir.   330
Par les plaies du front le soldat se segnale,
Mais cil qui non blessé de la bresche devale,
Donne à penser aux chefs que la peur du trepas
A glacé son courage, et lié ses deux bras.

Dieu donc pour proposer à l'humaine ignorance   335
Quelque rare patron d'invincible constance,
Et ses fils bien-aymez couronner de lauriers,
A juste tiltre acquis dessus mille guerriers,
Va contre eux harceler autant ou plus encore
De maux, que, comme on dit, n'en apporta Pandore,   340
Munissant toutefois d'un tel plastron leur cœur,
Qu'estant le corps vaincu l'esprit reste vaincueur.
Mais sans cause à ces maux si mauvais nom je donne,
Le seul vice est mauvais, la vertu seule est bonne
De sa propre nature, et tout le demeurant,   345
Outre vice et vertu, demeure indifferent.
Que la Fortune adverse aux champs mette ses forces
Contre un homme constant, ses plus rudes entorces
Ne luy feront changer ses desseins bien conceus,
Non mesme quand le ciel luy tomberoit dessus.   350
L'homme vrayment constant est tout tel que Neree,
Qui ouvre à tous venans sa poictrine azuree,
Et toutefois tant d'eaux qu'il boit de tous costez
Ne luy font tant soit peu changer ses qualitez.
L'homme que Dieu munit d'une brave asseurance   355
Semble au bon estomach, qui soudain ne s'offence
Pour l'excés plus leger, ains change promptement
Toute sorte de mets en parfait aliment.

Donques, bien que de Dieu la sagesse profonde
Encor, encor besongne au regime du monde,   360
Si faut-il s'asseurer que sa main composa
En six jours ce grand Tout, et puis se reposa

Voulant qu'à son exemple Adam et sa lignee
Chomme eternellement la septiesme journee.
L'Eternel se souvient que sa maistresse main   365
D'une masse de fer ne fit le corps humain,
Ains qu'il logea nostre ame en un vaisseau de terre
Plus liquide que l'eau, plus fresle que le verre.
Il sçait que rien plustost ne nous guide au trespas,
Qu'avoir tousjours tendus les esprits et les bras.   370
Le champ qui quelques ans demeure comme en friche,
Quand il est resemé, fait un rapport plus riche.
Le fleuve pour un temps par l'escluse arresté,
Pousse plus roidement son flot precipité.
L'arc qui pour quelques jours desencordé demeure,   375
Enfonce plus avant la mortelle bleceure.
Le soldard au combat reva plus furieux,
Ayant un peu couvé le somme dans ses yeux.
Tout de mesme ce corps, quand pour reprendre halaine
Il vit en doux repos un jour de la sepmaine,   380
Ses facultez r'assemble, et met le lendemain
Beaucoup plus gayement en besongne sa main.
Mais le but principal où ce precepte vise,
C'est qu'esteignant chez nous le feu de convoitise
Et donnant quelque treve aux profanes labeurs   385
Nous laissions travailler l'Eternel dans nos cœurs;
C'est qu'en foulant des pieds toutes choses mortelles
Nous puissions beaucoup mieux soigner les eternelles,
Faisant comme l'archer qui, pour conduire mieux
La fleche sur le blanc, ferme l'un de ses yeux.   390
Car par le Tout-puissant ceste saincte journee
Ne fut aux bals, aux jeux, aux masques destinee,
Pour languir en sejour, pour se perdre en plaisirs,
Pour la bride lascher aux forcenez desirs,
Pour faire d'un jour sainct des ordes Lupercalles,[15]   395
Des orgies criars, des folles Saturnalles,[16]
Pour esblouir les yeux d'une vaine splendeur,
Pour prier d'autres dieux, pour servir sa grandeur
Suyvant les vaines loix dont l'humaine arrogance
De l'Eglise premiere a sapé l'innocence.   400
      Dieu veut qu'en certain lieu on s'assemble ce jour
Pour de son nom apprendre et la crainte et l'amour.
Il veut que là dedans le ministre fidele
De l'os des saincts escrits arrache la mouelle,

[15] Fête romaine en l'honneur de Pan, célébrée le 15 février.
[16] Fête romaine en l'honneur de Saturne, célébrée au mois de décembre.

Et nous face toucher comme au doy les secrets   405
Cachez sous le bandeau des oracles sacrez.
Car bien que la leçon des deux plus sainctes pages
Faite entre murs privez esmeuve nos courages,
La doctrine qui part d'une diserte vois
Sans doute a beaucoup plus d'efficace et de poids.   410
Il veut que là dedans, comme à l'envi des anges,
Nous facions retentir ses divines louanges,
Pour l'hommage et le fief des biens que nous tenons
En sa riche directe.[17] Il veut que nous prenions
Son Christ pour sauvegarde, et qu'avec asseurance   415
Par luy nous implorions sa divine clemence,
Veu, qu'il tient sous la clef de ses riches thresors
Tous les biens de fortune, et de l'ame et du corps.
Il veut que ce Sabat nous soit une figure
Du bien-heureux Sabat de la vie future.   420
Mais l'un, comme legal, n'a soin que du dehors,
L'autre met en repos et l'esprit et le corps.
L'un ne dure qu'un jour, de l'autre l'heur extreme
N'est point moins eternel que l'Eternité mesme.
L'un consiste en ombrage, et l'autre en verité,   425
L'un en pedagogie, et l'autre en liberté;
L'un a souvent le front affublé d'un nuage
De chagrineux soucis, et l'autre a le visage
Riantement serain, sans que jamais de luy
S'approche seulement la crainte d'un ennuy.   430
C'est le grand jubilé, c'est la feste des festes,
Le Sabat des Sabats qu'avecques les prophetes,
Les apostres zelez, et les martirs constans,
Heureux, nous esperons chommer dans peu de temps.
Il veut que ce jourd'huy, nostre ame, sequestree   435
Des negoces humains, lise en la voute astree,
Dans la mer, dans la terre, et dans l'air eventé
Son prevoyant conseil, son pouvoir, sa bonté,
Afin que tant de corps soient autant de bons maistres
Pour rendre grands docteurs ceux qui n'ont point de lettres.   440
Sied-toy donc, o lecteur, sied-toy donc pres de moy,
Discour en mes discours, voy tout ce que je voy,
Oy ce docteur muet, estudie en ce livre,
Qui nuict et jour ouvert t'aprendra de bien vivre.
Car depuis les cloux d'or du viste firmament   445
jusqu'au centre profond du plus bas element,
Chose tu ne verras, tant petite soit-elle,

---

[17] *Directe*: domaine.

Qui n'enseigne aux plus lourds quelque leçon nouvelle.
Vois-tu pas ces brandons qu'à tort on nomme errans?
L'un court çà, l'autre là, par sentiers differens,   450
Et toutesfois sans fin leur route suit la route
Du ciel premier moteur,[18] qui tout clost de sa voute;
Cela t'aprent qu'encor que ton propre desir
Directement s'oppose au celeste plaisir,
Et de voile et de rame, en ta façon de vivre,   455
De Dieu premier moteur le vouloir tu dois suivre.
        Homme vain, plein de vent, t'orgueillis-tu de voir,
Riche en beautez ton corps, ton esprit en sçavoir?
Phoebé, qui de Phoebus tient ses beautez plus belles
Par exemple te doit faire baisser ces ailes,   460
D'autant que par emprunts, non moins qu'elle, tu tiens
Du Prince des flambeaux toute sorte de biens.
        Veux-tu de corps en corps jusqu'en terre descendre?
Voy que ce feu que Dieu voulut en rond estendre,
Comme voisin du ciel, est leger, cler et pur,   465
Et celuy de çà bas pesant, fumeux, obscur;
Ainsi tandis qu'au ciel ton esprit a commerce,
Bien loin de lui s'enfuit toute fureur perverse,
Et bien que citoyen du monde vicieux,
Tu ne vis moins content que les anges des cieux.   470
Mais si tousjours tu tiens l'ame comme collee
Contre l'impur limon de sa sombre vallee,
Où chetifs nous vivons, elle prendra sa part
De cest air pestilent, qui de sa loge part.
S'il avient que Fortune en ton endroit farouche   475
Te dresse nuit et jour mainte chaude escarmouche,
Souvienne-toy que l'air se corrompt vistement,
Si le vent ne le bas d'un divers soufflement.
Thetis qui dans l'enfer engoufre ore son onde,
Or d'un mont escumeux bat le plancher du monde,   480
Sans passer toutesfois le moindre de ses bords
Que l'Eternel planta pour brider ses efforts,
Te monstre que des rois le menaçant orage,
Le vent d'ambition, l'insatiable rage
D'entasser or sur or, d'un seul travers de doy   485
Ne te doit du grand Dieu faire franchir la loy.
La terre, qui jamais tout en un temps ne crousle,
Bien que la pesanteur de sa feconde boule
N'ait receu du grand Dieu plus fermes fondemens
Que le glissant appuy des plus mols elemens,   490

---

[18] Allusion au *Primum mobile* des Anciens.

Par son constant sejour nous monstre quel doit estre
L'animal qui fut fait de la terre le maistre.
　　　Mais hé! qu'as-tu chez toy, nostre mere, qu'as-tu,
Qui d'un style disert ne presche la vertu?
Que le noble, le fort, l'opulent, et le docte　　　　　　495
Soit comme roturier, debile, povre, indocte,
Et voyant par les champs blondoyer la moisson
Des espics barbotez, aprene sa leçon:
Qui plus sont pleins de grain, plus leurs testes abaissent,
Plus sont vuides de grain, plus haut leurs testes dressent.　　500
　　　Que celle qui se sent chatouiller du desir
De souiller le sainct lict d'un deffendu plaisir,
Ait honte pour le moins de la palme loyale
Qui ne veut porter fruit qu'estant pres de son masle.
　　　Toy qui brossant apres la couronne d'honneur,　　　505
Au milieu du chemin perds la force et le cœur:
Souvien-toy que l'honneur ressemble la canelle,
Autour de qui Nature espaissement dentelle
Mile poignans buissons, à fin que les humains
Ne jettent sans danger sur son tige les mains.　　　510
Hé! peux-tu contempler l'estroite sympathie
Qui joint le blond soleil et la blonde Clitie,[19]
Sans penser qu'il nous faut imiter tous les jours
Du soleil de justice et la vie et le cours?
O Terre, les thresors de ta creuse poictrine　　　　515
Ne sont point envers nous moins feconds en doctrine;
Car ainsi que la chaux dans l'onde se dissout,
Saute, s'enfle, s'espend, fume, petille, bout,
Et resveille ce feu, dont l'ardeur paresseuse
Dormoit sous l'espesseur d'une masse pierreuse,　　　520
Celuy qui peut marcher sous l'enseigne de Christ,
Veut laisser dans son cœur regner le sainct Esprit,
Doit faire qu'au milieu des tormens il resveille
Son zele qui souvent en temps calme sommeille.
　　　Et comme d'autre part le riche diamant,　　　525
Soit au fer, soit au feu, resiste obstinement,
L'homme vrayment chrestien, bien qu'il n'ait jamais treve,
Doit mespriser des grands et la flamme et le glaive,
Ou si d'un fleau pesant l'impiteuse rigueur
Du siege de constance esbransle un peu son cœur,　　　530
Il doit imiter l'or, duquel la riche masse
S'estend bien tant qu'on veut, mais jamais ne se casse,
Et, cuite, pert en l'air, ou par ses jaunes bords,

[19] Clitie, égarée par sa passion pour le Soleil, fut transformée en héliotrope.

Sa lie, et non son poids, sa crasse, et non son corps.
La pierre, que du nom de l'arc moite on appelle,[20]   535
Du brandon porte-jour reçoit la face belle,
Et d'un repoussement imprime puis-apres
Contre les murs prochains la clarté de ses rais.
Ainsi, ou peu s'en faut, l'homme ayant dans son ame
Receu quelque rayon de la divine flamme   540
Le doit faire briller aux yeux de son prochain,
N'enterrant le thresor que Dieu luy met en main
Pour luy donner grand cours, et faire qu'en l'Eglise
Une centiesme usure en une heure il produise.
      Comme le fer touché par la pierre d'eymant   545
Vers le pole du Nord regarde incessamment,
Ainsi l'esprit touché par la vertu secrette
D'une foy non fardee, et jour et nuict s'arreste
Vers l'esclatant fanal, qui sert d'Ourse en tout temps
Pour guider les nochers sur ceste mer flotans.   550
Ces exemples tirez des corps qui n'ont point vie
Engendrent en noz cœurs quelque louable envie,
Mais les enseignemens des corps vivans apris
Touchent plus vivement toutes sortes d'esprits.
      Sus donc! rois, sus! vassaux, sus! courez à l'escole   555
De l'essaim donne-miel qui par Hymette vole.
Là, là, vous apprendrez qu'une eternelle loy
Captive le vassal souz le vouloir du roy.
Là, là, vous apprendrez qu'un magnanime prince
N'a point de piqueron pour vexer sa province.   560
      Ce Perse qui grava d'une sanglante main
Deux loix contre l'ingrat sur le publique aerain,
Sçavoit que l'esparvier ayant tenu souz l'aile,
Pour fomenter son sein, la chaude passerelle,
Luy redonne les champs, et d'un vol different   565
S'esloigne tant qu'il peut du chemin qu'elle prend,
A fin qu'à l'avenir dans la chair tremblotante
De l'oiseau bien-faisant son bec il ne sanglante.
Peres, si vous voulez que voz sages enfans
Par leur propre bon-heur bien-heurent voz vieux ans,   570
Mettez-les au chemin de la vertu non fainte
Par beaux enseignemens, par exemple, et par crainte;
Ainsi l'aigle volete autour de ses petits,
Pour apprendre à voler leur plumage aprentis.
Que si dans peu de temps la vertu paternelle   575

---

[20] La pierre d'iris.

Par exemple ne peut donner aux vents leur aile,
Il laisse quelques jours sans les paistre escouler,
A fin qu'une aspre faim les contraigne à voler,
Et pour dernier remede, il bat, il poind, il presse
A coup d'aile et de bec leur craintive paresse.   580

    Vous qui, pour avancer du mari le trepas,
Souillez d'un noir venin le conjugal repas,
Helas! pouvez-vous voir, sans quelque syndereze,
La tourtre qui perdant son mary perd son aise,
Qui n'ard pour autre hymen, ains pleure tous les jours,   585
Dessus le sec rameau, ses premieres amours?

    Toy que la liberté d'une langue indiscrette
Precipite en danger, d'un frein prudent arreste
Ton desbordé babil, ainsi que sages font
Les oyes qui passant de Sicile le mont   590
Portent et nuict et jour dans leur bouche criarde
Pour un muet baillon une pierre, qui garde
Que des aigles du nord les troupeaux ravissans
Ne descouvrent le vol de tant d'oiseaux passans.

    Meres, las! pouvez-vous, pouvez-vous, o cruelles   595
Refuser à vos fils vos nourrices mammelles?
Puis que de maint poisson le charitable soin
Reçoit de ses petits le tremblotant essein,
Sentant cent et cent fois dans la perse marine,
Pour mesme enfantement le tourment de Lucine.[21]   600
Hé! que n'embrassons-nous, et d'esprit et de corps,
Les vifs par charité, par pieté les mors!
Donnant aux uns secours, aux autres sepulture,
Ainsi que le dauphin qui s'oppose à l'injure
Faite à ses compagnons, et mors les va sous l'eau   605
Couvrir du tas pesant d'un sablonneux tombeau?

    Enfans, que contre espoir la divine largesse
A couronnez d'honneur et comblez de richesse,
N'oubliez vos parens; enfans, jettez vostre œil
Sur la saincte amitié du pié-viste[22] chevreil,   610
Qui tandis qu'es hauts monts la tremblante vieillesse
De ses fers trop pesans ses parens apparesse,
Vivandier diligent, leur apporte pour mets
Des plus tendres rameaux les plus tendres sommets,
Et verse de sa bouche en leur bouche le fleuve,   615
Que tant et tant de fois sans avoir soif l'abreuve.

[21] Lucine est la déesse de l'enfantement.
[22] *Pié-viste*: au pied rapide.

Pour regler ta maison ne ly point les escrits
Du fils de Nicomache,[23] honneur des bons esprits,
Ne fueillete celuy que le proverbe antique,
Pour ses discours sucrez, appella muse attique,[24]   620
Puis que la seule araigne instruit chacun de nous
Et du soin de l'espouse et du soin de l'espoux.
Car le masle nourrit sa maison de sa chasse,
Et la sage femelle a soin de la filace.
Son ventre engendre-estain, crache-fil, porte-laine,   625
Fournit de quenouillee à sa tant docte peine;
Son poids est le fuseau qui tire et tort le fil
Que son doigt fait par tout egalement subtil,
Sa toile par le centre ourdir elle commence,
Puis l'alonge en rondeaux, mesurant leur distance   630
Par la grandeur des tours, et d'un fin escheveau
Du centre jusqu'aux bords trame son drap nouveau
Percé par tout à jour, à celle fin que l'ire
Des Eures[25] loin-volans sa gaze ne deschire,
Et que la sotte mouche entre plus aisement   635
Es mailles d'un filé filé si dextrement
Certes, à peine encor toucher elle commence
Les clers bords de ce reth, que le masle s'eslance
Au milieu de la toile, à fin que sans danger
Il prenne dans ses laqs l'oiselet passager.   640
Rois, qui vos mains armez d'une juste alumelle,
Pardonnez au sujet, et domptez le rebelle,
Du lyon genereux imitant la vertu,
Qui jamais ne s'attaque au soldat abatu,
Ains fendant, enragé, la presse qui l'oppresse,   645
Au milieu de cens morts tesmoigne sa prouesse.
Paresseux, si tu veux aprendre ta leçon,
Va-t'en à la formy, va-t'en au herisson,
Cestuy-cy de son dos ravit les fruits d'automne,
L'autre les fruits d'esté de sa bouche moissonne,   650
A fin d'avitailler pour la froide saison
Cestui-cy son logis, l'autre sa garnison.
Lecteur, nous sommes tels que celuy qui desmare
De Saba, de Bandan,[26] et du Peru barbare,
Pour cercher à travers les menaçantes eaux   655
L'encens, l'espice, l'or, sous les cieux tous nouveaux,

---

[23] Aristote est le fils de Nicomache.
[24] Xénophon. Le poète pense à son Œconomicus.
[25] Les Heures.
[26] Saba, pays de l'Arabie; Bandan, un groupe d'îles dans l'archipel des Moluques.

Veu que sans desancrer de nostre propre rive,
Nous trouvons ce qui fait que bien heureux on vive,
Et que de nostre corps les reglez mouvemens
Donnent aux plus grossiers cens beaux enseignemens.   660
Vous, juges, vous, pasteurs, et vous, chefs de gensdarmes,
Ne corrompez vos loix, vos sermons, et vos armes,
De peur que ce venin glissant de toutes parts
N'infecte vos sujets, vos troupeaux, vos soldars,
Gardez que vostre mal le mal d'autruy ne traine,   665
Car le reste est peu sain quand la teste est mal-saine.
Princes, ne deschirez par la diversité
De vos conseils legers la commune cité,
Ains comme les deux yeux ne voyent qu'une chose,
Chacun de vous la paix devant ses yeux propose.   670

        Toy, qui le bien d'autruy cultives jour et nuict
Avec un grand travail, mais presque sans nul fruict,
Voy les dents, qui, maschant de ce corps la despense,
En tirent prou de peine, et bien peu de substance.

        Tout ainsi que le cœur un seul moment ne peut   675
Demeurer en repos, ains nuit et jour se meut,
Pour d'un ba-batement d'arteres en arteres
Envoyer haut et bas les esprits à ses freres:
Ceux à qui l'eternel a commis son berçail
Doivent estre tousjours en soin, veille et travail,   680
Pour souffler par leurs mœurs, et par doctrine exquise
L'esprit vivifiant dans le corps de l'Eglise.

        Et comme l'estomach d'avec les alimens
Separe l'espaisseur des plus lours excremens,
Ils doivent separer du faux la chose vraye,   685
La foy de l'heresie, et du froment l'ivraye,
Pour faire recevoir l'un d'eux pour aliment,
Et l'autre rejetter comme impur excrement.

        Quand la brillante espee au despourveu menace
Ou le ventre, ou la gorge, ou la jambe, ou la face,   690
La main s'oppose au coup, et d'une peur sans peur
Reçoit de ses germains la sanglante douleur.
Et nous parmy l'horreur des sacrileges armes,
Qui comblent l'univers de sang et de vacarmes,
Pourrons-nous refuser le secours de nos mains   695
A ceux qui par la foy nous sont plus que germains.

        De moy, je ne voy point en quel endroit le sage
Puisse trouver ça bas un plus parfait image
D'un estat franc de bruits, de ligues, de discords,
Que l'ordre harmonieux qui fait vivre nos corps.   700

L'un membre n'a si tost souffert la moindre offense,
Que tout le demeurant souffre pour sa souffrance.
Le pied ne veut flairer, le nez ne vent courir,
Le cerveau batailler, ny la main discourir,
Ains sans troubler l'estat de leur chose publique   705
Par combats intestins, un chacun d'eux s'applique
Sans contrainte à l'estat qu'il a receu d'enhaut,
Soit honneste, soit vil, soit infime, soit haut.
    Quoy, Muses, voulez-vous redire l'artifice
Qui brille haut et bas dans l'humain edifice?   710
Veu qu'un mesme sujet, deux on trois fois tanté,
Ennuie l'auditeur, pour bien qu'il soit chanté.
    Sus donc, Muses, à bord jettons, o chere bande,
L'ancre arreste-navire; attachons la comande.
Icy jà tout nous rit, icy nul vent ne bat;   715
Puis c'est assez vogué pour le jour du Sabbat.[27]

[27] Car c'est ici le septième jour de la *Semaine*.

AGRIPPA D'AUBIGNÉ
(1552-1630)

Loin des vaisseaux en fête où les poètes de Lyon et les poètes de
la Pléiade étreignent avec une même sensualité nuptiale des idées
aux formes de chair et des femmes au nom étoilé, cet Alcyon erre
entre les foudres, au sein du néant son chemin et de la fureur son
refuge, son Dieu vaincu contre son cœur.

Thierry Maulnier

D'Aubigné fut classé par Lanson parmi les "attardés et égarés;"
cependant il doit être considéré d'abord comme un disciple de Ronsard. Les critiques
les plus récents l'ont même appelé le plus grand écrivain baroque de son siècle. Il
naquit dans le Saintonge, près de Ports. Il prétend avoir appris à lire le grec, le latin,
l'hébreu à six ans et il réussit à traduire à huit ans le *Criton* de Platon. L'enfance de
D'Aubigné est pleine de miracles, d'apparitions, de visions. A huit ans et demi,
devant les cadavres des suppliciés d'Amboise, son père lui dit: "Mon enfant, il ne faut
pas que ta teste soit espargnée après la mienne pour venger ces chefs pleins
d'honneur; si tu t'y espargnes, tu auras ma malédiction." Scène théâtrale qui annonce
une vie d'événements dramatiques dont d'Aubigné se souvient dans ses *Mémoires*.
Orphelin à onze ans, et envoyé à Genève, il s'enfuit au début de la deuxième guerre de
religion, "portant l'espée à la gorge d'un sien cousin qui le suivait de plus près" et qui
voulait empêcher sa fuite. Ainsi commencent trente-cinq ans de campagnes militaires.
D'Aubigné échappa à la Saint-Barthélemy (le 24 août 1572), se réfugia dans le château
de Talcy en Beauce (dont le propriétaire était Jean Salviati) où il fit la connaissance de
Diane, nièce de la fameuse Cassandre de Ronsard. Il épousa Suzanne de Lezay en 1583,
mais il n'oublia jamais Diane qui n'avait pas voulu de lui pour des raisons de religion.
En 1593 Henri de Navarre entendait la messe à Saint-Denis et mettait fin à près de
trente ans de guerres civiles. D'Aubigné continua la lutte par la plume. Ses *Tragiques*
(1616), vaste épopée lyrique et satirique, sont la chanson de geste du parti protestant
en France. Il quitta son pays pour Genève (1620) et passa ses dernières années au
milieu de ses livres et de ses papiers. Le *Printemps*, œuvre de jeunesse, fut publié

seulement au XIXe siècle. Quoique ses poèmes reprennent les thèmes traditionnels de la Pléiade, ils donnent par leur intensité et par l'association nouvelle des images une impression de violence et de grande originalité.

EDITIONS:

Le Printemps. Stances et odes, éd. Fernand Desonay, Genève, 1952.

Le Printemps. L'Hécatombe à Diane, éd. Bernard Gagnebin, Genève, 1948.

Le Printemps, éd. Henri Weber, Montpellier, 1960.

Les Tragiques, éd. A. Garnier et J. Plattard, Paris, 1932-1933, 4 vol.

Œuvres, éd. Henri Weber, Jacques Bailbé, Marguerite Soulié, Bibliothèque de la Pléiade, Paris, 1969.

A CONSULTER:

Imbrie Buffum, *Agrippa d'Aubigné's les Tragiques. A Study of the Baroque Style in Poetry*, Yale University Press, New Haven, 1951.

Jean Raymond Fanlo, *Tracés, ruptures: la composition instable des* Tragiques, Paris, 1990.

Marie-Madeleine Fragonard, *Essai sur l'univers religieux d'Agrippa d'Aubigné*, Mont-de-Marsan, 1991.

Gisèle Mathieu-Castellani, *Agrippa d'Aubigné: le corps de Jézabel*, Paris, 1991.

Jean Plattard, *Une Figure de premier plan dans les lettres de la Renaissance*, Paris, 1931.

LE PRINTEMPS. L'HECATOMBE A DIANE

III

Misericorde, ô cieux, ô dieux impitoyables,
  Espouvantables flots, ô vous palles frayeurs
  Qui mesme avant la mort faites mourir les cœurs,
  En horreur, en pitié voyez ces miserables!   4
Ce navire se perd, desgarny de ses cables,
  Ces cables, ses moyens, de ses espoirs menteurs:
  La voile est mise à bas, les plus fermes rigueurs
  D'une fiere beauté ont les rocs imployables;   8
Les mortels changements sont les sables mouvantz,
  Les sanglots sont esclairs, les souspirs sont les vents,
  Les attentes sans fruict sont escumeuses rives   11
Où, aux bords de la mer, les esplorés amours
  Vogans de petits bras, las et foible secours,
  Aspirent en nageant à faces demivives.   14

IV

Combattu des vents et des flots,
    Voyant tous les jours ma mort preste
    Et abayé d'une tempeste
    D'ennemis, d'aguetz, de complotz,   4
Me resveillant à tous propos,
    Mes pistolles dessoubz ma teste,
    L'amour me fait faire le poete
    Et les vers cerchent le repos.   8
Pardonne moy, chere maitresse,
    Si mes vers sentent la destresse,
    Le soldat, la peine et l'esmoy: 11
Car depuis qu'en aimant je souffre,
    Il faut qu'ils sentent comme moy
    La poudre, la mesche et le souffre.   14

VIII

Ouy, mais ainsi qu'on voit en la guerre civile
    Les debats des plus grands, du foible et du vainqueur
    De leur doubteux combat laisser tout le malheur
    Au corps mort du païs, aux cendres d'une ville,   4
Je suis le champ sanglant où la fureur hostile
    Vomit le meurtre rouge, et la scytique horreur
    Qui saccage le sang, richesse de mon cœur,
    Et en se debattant font leur terre sterile.   8
Amour, fortune, helas! appaisez tant de traicts,
    Et touchez dans la main d'une amiable paix;
    Je suis celuy pour qui vous faictes tant la guerre.   11
Assiste, amour, tousjours à mon cruel tourment!
    Fortune, appaise toy d'un heureux changement,
    Ou vous n'aurez bientost ny dispute, ny terre.   14

XIV

Je vis un jour un soldat terrassé,
    Blessé à mort de la main ennemie,

Avecq' le sang, l'ame rouge ravie
Se debattoit dans le sein transpercé. 4
De mille mortz ce perissant pressé
Grinçoit les dentz en l'extreme agonie,
Nous prioit tous de luy haster la vie:
Mort et non mort, vif non vif fust laissé. 8
"Ha, di-je allors, pareille est ma blesseure,
Ainsi qu'à luy ma mort est toute seure,
Et la beauté qui me contraint mourir 11
Voit bien comment je languy à sa veue,
Ne voulant pas tuer ceux qu'elle tue,
Ny par la mort un mourant secourir." 14

XIX

Je sen bannir ma peur et le mal que j'endure,
Couché au doux abry d'un mirthe et d'un cypres,
Qui de leurs verds rameaux s'accolans pres à pres
Encourtinent la fleur qui mon chevet azure! 4
Oyant viver au fil d'un muzisien murmure
Mille nymphes d'argent, qui de leurs flotz secrets
Bebrouillent en riant les perles dans les prés,
Et font les diamans rouller à l'adventure. 8
Ce bosquet de verbrun qui cest' unde obscurcist,
D'eschos armonieux et de chantz retentist.
O sejour amiable; ô repos pretieux! 11
O giron, doux support au chef qui se tourmente!
O mes yeux bien heureux esclairez de ses yeux!
Heureux qui meurt icy et mourant ne lamante! 14

XXXIV

Guerre ouverte, et non point tant de subtilitez:
C'est au foible de cœur qu'il faut un advantage.
Pourquoy me caches-tu le ciel de ton visage
De ce traistre satin, larron de tes beautez? 4
Tu caches tout, horsmis les deux vives clartez
Qui m'ont percé le cœur, esblouy le courage,
Tu caches tout, hormis ce qui me fait dommage,
Ces deux brigands, tyrans de tant de libertez. 8

Belle, cache les rais de ta divine veue.
 Du reste, si tu veux, chemine toute nue,
  Que je voye ton front, et ta bouche et ta main.   11
Amour! que de beautez, que de lys, que de roses!
 Mais pouquoy retiens-tu tes pommettes encloses?
  Je t'ay monstré mon cœur, au moins monstre ton sein. 14

XLII

Auprès de ce beau teinct, le lys en noir se change,
 Le laict est bazané auprès de ce beau teinct,
  Du signe la blancheur auprès de vous s'esteinct
  Et celle du papier où est vostre louange.   4
Le succre est blanc, et lorsqu'en la bouche on le range
 Le goust plaist, comme fait le lustre qui le peinct.
  Plus blanc est l'arcenic, mais c'est un lustre feinct,
  Car c'est mort, c'est poison à celuy qui le mange.   8
Vostre blanc en plaisir taint ma rouge douleur.
 Soyez douce du goust, comme belle en couleur,
  Que mon espoir ne soit desmenty par l'espreuve,   11
Vostre blanc ne soit point d'aconite noircy,
 Car ce sera ma mort, belle, si je vous trouve
  Aussi blanche que neige, et froide tout ainsi.   14

LXXXII

Je voyoy' que le ciel après tant de chaleurs
 Prodigeoit mille fleurs sur la terre endurcye,
  Puis je voyoy' comment sa rigueur amollie
  Faisoit naistre de là le printemps et les fleurs.   4
J'arrose bien ainsi et trempe de mes pleurs
 Le sein de ma deesse, et ma force affoiblie,
  Mes yeux fondus en eau, ces breches de ma vie,
  M'ont attendry, Madame, et noyé mes ardeurs.   8
Des neiges, des frimatz, et mesmes des orages
 La terre esclost son fruict, et ses riches ouvrages
  Qu'un doux air puis apprès flatte de ses souspirs.   11
Helas! je souffre bien les envieuses guerres
 Des cieux, des ventz, les froids, les pluyes et les
   tonnerres,
  Mais je ne voy' ny fleurs, ny printemps, ny zephirs! 14

LXXXIV

Ores qu'on voit le ciel en cent mille bouchons
    Cracheter sur la terre une blanche dragée,
    Et que du gris hyver la perruque chargée
    Enfarine les champs de neige et de glaçons,   4
Je veux garder la chambre, et en mille façons
    Meurtrir de coups plombez ma poictrine outragée,
    Rendre de moy sans tort ma Diane vengée,
    Crier mercy sans faute en ses tristes chansons.   8
La nue face effort de se crever, si ay-je
    Beaucoup plus de tormentz qu'elle de brins de neige,
    Combien que quelquefois ma peine continue   11
Des yeux de ma beauté sente l'embrasement,
    La neige aux chauds rayons du soleil diminue,
    Aux feux de mes soleils j'empire mon torment.   14

XCV

Sort inique et cruel! le triste laboureur
    Qui s'est arné le dos à suivre sa charrue,
    Qui sans regret semant la semence menue
    Prodigua de son temps l'inutile sueur,   4
Car un hyver trop long estouffa son labeur,
    Luy desrobbant le ciel par l'espais d'une nue,
    Mille corbeaux pillarts saccagent à sa veue
    L'espic demy pourri, demy sec, demy meur.   8
Un esté pluvieux, un automne de glace
    Font les fleurs, et les fruictz joncher l'humide place.
    A! services perdus! A! vous, promesses vaines!   11
A! espoir avorté, inutiles sueurs!
    A! mon temps consommé en glaces et en pleurs,
    Salaire de mon sang, et loyer de mes peines!   14

XCVI

Je brusle avecq' mon ame et mon sang rougissant
    Cent amoureux sonnetz donnez pour mon martire,

Si peu de mes langueurs qu'il m'est permis d'escrire
Souspirant un Hecate, et mon mal gemissant.   4
Pour ces justes raisons, j'ay observé les cent:
A moins de cent taureaux on ne fait cesser l'ire
De Diane en courroux, et Diane retire
Cent ans hors de l'enfer les corps sans monument.   8
Mais quoy? puis-je cognoistre au creux de mes hosties,
A leurs boyaux fumans, à leurs rouges parties
Ou l'ire, ou la pitié de ma divinité?   11
Ma vie est à sa vie, et mon ame à la siene,
Mon cœur souffre en son cœur. La Tauroscytiene[1]
Eust son desir de sang de mon sang contenté.   14

LE PRINTEMPS. STANCES ET ODES

STANCES

I

Tous ceulx qui ont gousté combien de mortz on treuve
Couvertes soubz les fleurs d'une longue amitié,
Ceulx qui en bien aimant ont bien seu faire preuve
De leurs cueurs et non pas d'un regard de pitié,   4

Ceulx qui affriandoient comme moy leurs pensées
D'un poison ensucré, loyer de leur printemps,
Qu'ils lisent mes regretz et mes larmes vercées,
Et mes sanglotz perdus aux pertes de mon temps.   8

Mais ceulx là qui auront d'une rude sagesse
Resisté à l'amour, les sauvages espritz
Qui n'ont ploié le col au joug d'une maitresse,
Je leur deffends mes vers, mes rages et mes cris.   12

Les uns gouteront bien l'ame de mes complaintes
Par les effetz sanglans d'une avare beauté,
Les autres penseroient mes larmes estre feintes,
De l'aigreur de mes maulx doubtans la verité.   16

[1] La Tauroscytiene est la déesse Diane, à qui on sacrifiait des taureaux.

Ha! bien heureux espritz, cessez, je me contente,
　　N'espiés plus avant le sens de mes propos,
　　Fuiez au loin de moy, et que je me tormente
　　Sans troubler importun de pleurs vostre repos!　　　　20

Sus! tristes amoureux, recourons à nos armes
　　Pour n'en blesser aucun que nos seins malheureux,
　　Faisons un dur combat et noïons en nos larmes
　　Le reste de nos jours en ces sauvages lieux.　　　　24

Usons icy le fiel de nos fascheuses vies,
　　Horriblant de nos cris les umbres de ses bois:
　　Ces rochés egarés, ces fontaines suivies
　　Par l'echo des forestz respondront à nos voix.　　　　28

Les vens continuelz, l'espais de ses nuages,
　　Ces estans noirs remplis d'aspiz, non de poissons,
　　Les cerfz craintifz, les ours et lezardes sauvages
　　Trancheront leur repos pour ouïr mes chansons.　　　　32

Comme le feu cruel qui a mis en ruine
　　Un palais, forcenant leger de lieu en lieu,
　　Le malheur me devore, et ainsi m'extermine
　　Le brandon de l'amour, l'impitoïable Dieu.　　　　36

Helas! pans forestiers et vous faunes sauvages,
　　Ne guerissez-vous point la plaie qui me nuit,
　　Ne savez-vous remede aux amoureuses rages,
　　De tant de belles fleurs que la terre produit?　　　　40

Au secours de ma vie ou à ma mort prochaine
　　Acourez, déités qui habités ces lieux,
　　Ou soiez medecins de ma sanglante peine,
　　Ou faites les tesmoins de ma perte vos yeux.　　　　44

Relegué parmy vous, je veux qu'en ma demeure
　　Ne soit marqué le pied d'un delicat plaisir,
　　Sinon lors qu'il faudra que consommé je meurs,
　　Satisfait du plus beau de mon triste desir.　　　　48

Le lieu de mon repos est une chambre peinte
　　De mil os blanchissans et de testes de mortz
　　Où ma joie est plus tost de son object esteinte:
　　Un oubly gratieux ne la poulce dehors.　　　　52

Sortent de là tous ceulx qui ont encore envie
    De semer et chercher quelque contentement:
    Viennent ceux qui vouldront me ressembler de vie,
    Pourveu que l'amour soit cause de leur torment.   56

Je mire en adorant dans une anathomye
    Le portrait de Diane, entre les os, afin
    Que voiant sa beauté ma fortune ennemie
    L'environne partout de ma cruelle fin: 60

Dans le cors de la mort j'ay enfermé ma vie
    Et ma beauté paroist horrible dans les os.
    Voilà commant ma joye est de regret suivie,
    Commant de mon travail la mort seulle a repos.   64

Je veulx punir les yeux qui premier ont congneue
    Celle qui confina mes regretz en ces lieux:
    Jamais vostre beauté n'aprochera ma veue
    Que ces champs ennemis du plaisir de mes yeux.   68

Jamais le pied qui fit les premieres aproches
    Dans le piege d'amour ne marchera aussi
    De carreau plus poly que ses hideuses roches
    Où a mon gré trop tost il s'est reendurcy.   72

Tu n'auras plus de gans, o malheureuse dextre
    Qui promis mon depart et le tins constemment,
    Ung espieu raboteux te fera mescougnoistre
    Si Madame vouloit faire un autre serment.   76

L'estommac aveuglé en qui furent trahies
    Mes vaines, et par qui j'engageay ma raison,
    Ira neü et ouvert aux chaleurs et aux pluies,
    Ne changeant de l'abit comme de la saison: 80

Mais un gris envieux, un tané de tristesse
    Couvriront sans façon mon cors plain de sueurs:
    Mon front batu, lavé des orages ne laisse
    Les trasses et les pas du ruisseau de mes pleurs.   84

Croissez comme mes maulx, hideuse cheveleure,
    Mes larmes, arozés leurs racines, je veulx,
    Puis que l'acier du temps fuit le mal que j'endure,
    L'acier me laisse horrible et laisse mes cheveulx.   88

Tout cela qui sent l'homme à mourir me convie.
    En ce qui est hideux je cherche mon confort:
    Fuiez de moy, plaisirs, heurs, esperance et vie,
    Venez, maulz et malheurs et desespoir et mort!   92

Je cherche les desertz, les roches egairées,
    Les forestz sans chemin, les chesnes perissans,
    Mais je hay les forestz de leurs feuilles parées,
    Les sejours frequentez, les chemins blanchissans.   96

Quel plaisir c'est de voir les vieilles haridelles
    De qui les os mourans percent les vieilles peaux:
    Je meurs des oyseaux gais volans à tire d'ailes,
    Des cources des poulains et des saulx de chevreaux!   100

Heureux quant je rencontre une teste sechée,
    Un massacre de cerf, quand j'oy les cris des fans;
    Mais mon ame se meurt de despit assechée,
    Voians la biche folle aux saulx de ses enfans.   104

J'ayme à voir de beautez la branche deschargée,
    A fouller le feuillage estendu par l'effort
    D'autonne, sans espoir leur couleur orangée
    Me donne pour plaisir l'ymage de la mort.   108

Un eternel horreur, une nuit eternelle
    M'empesche de fuir et de sortir dehors:
    Que de l'air courroucé une guerre cruelle,
    Ainsi comme l'esprit, m'enprisonne le cors!   112

Jamais le cler soleil ne raisonne ma teste,
    Que le ciel impiteux me refuse son œil,
    S'il pleut, qu'avec la pluie il creve de tempeste,
    Avare du beau temps et jaloux du soleil.   116

Mon estre soit yver et les saisons troublées,
    De mes afflictions se sente l'univers,
    Et l'oubly oste encor' à mes pennes doublées
    L'usage de mon lut et celuy de mes vers.   120

Ainsi comme le temps frissonnera sans cesse
    Un printemps de glaçons et tout l'an orageux,
    Ainsi hors de saison une froide vieillesse
    Dès l'esté de mes ans neige sur mes cheveux.   124

Si quelque foi poussé d'une ame impatiente
    Je vois precipitant mes fureurs dans les bois,
    M'eschauffant sur la mort d'une beste inocente,
    Ou effraiant les eaux et les montz de ma voix.   128

Milles oiseaux de nuit, mille chansons mortelles
    M'environnent, vollans par ordre sur mon front:
    Que l'air en contrepoix fasché de mes querelles
    Soit noircy de hiboux et de corbeaux en ront.   132

Les herbes secheront soubz mes pas, à la veue
    Des miserables yeux dont les tristes regars
    Feront tomber les fleurs et cacher dans la nue
    La lune et le soleil et les astres espars.   136

Ma presence fera dessecher les fontaines
    Et les oiseaux passans tomber mortz à mes pieds,
    Estouffez de l'odeur et du vent de mes peines:
    Ma peine estouffe moy, comme ilz sont etouffez!   140

Quant vaincu de travail je finiray par crainte,
    Au repos estendu au pied des arbres vers,
    La terre autour de moy crevera de sang teinte,
    Et les arbres feuilluz seront tost descouvertz.   144

Desjà mon col lassé de suporter ma teste
    Se rend soubz un tel faix et soubz tant de malheurs,
    Chaque membre de moy se deseche et s'apreste
    De chasser mon esprit, hoste de mes douleurs.   148

Je chancelle incertain et mon ame inhumaine
    Pour me vouloir faillir trompe mes voluntez:
    Ainsi que vous voiez en la forest un chesne
    Estant demy couppé bransler des deux costez.   152

Il reste qu'un demon congnoissant ma misere
    Me vienne un jour trouver aux plus sombres forestz;
    M'essayant, me tantant pour que je desespere,
    Que je suive ses ars, que je l'adore après: 156

Moy, je resisteray, fuiant la solitude
    Et des bois et des rochs, mais le cruel suivant
    Mes pas assiegera mon lit et mon estude,
    Comme un air, comme un feu, et leger comme un vent. 160

Il m'offrira de l'or, je n'ayme la richesse,
    Des estatz, des faveurs, je mesprise les courtz,
    Puis me prometera le cors de ma maitresse:
    A ce point Dieu viendra soudain à mon secours.   164

Le menteur empruntant la mesme face belle,
    L'ydée de mon ame et de mon doux tourment,
    Viendra entre mes bras aporter ma cruelle,
    Mais je n'embrasseray pour elle que du vent.   168

Tantost une fumée espaisse, noire, ou bleue
    Passant devant mes yeux me fera tressaillir;
    En bouc et en barbet, en facynant ma veue,
    Au lit de mon repos il viendra m'assaillir.   172

Neuf goutes de pur sang naistront sur ma serviette,
    Ma couppe brisera sans coup entre mes mains,
    J'oiray des coups en l'aer, on verra des bluettes
    De feuz que pousseront les Demons inhumains.   176

Puis il viendra tantost un courrier à la porte
    En courtisan, mais lors il n'y entrera pas;
    En fin me tourmentant, suivant en toute sorte,
    Mes os s'asecheront jusques à mon trepas.   180

Et lors que mes rigueurs auront finy ma vie
    Et que pour le mourir finira mon souffrir,
    Quant de me tormenter la fortune assouvie
    Vouldra mes maulx, ma vie et son ire finir.   184

Nimphes qui avez veu la rage qui m'affole,
    Satires que je fis contrister à ma voix,
    Baptissez en pleurant quelque pauvre mausolle
    Aux fondz plus esgairez et plus sombre des bois;   188

Plus heureux mort que vif, si mon ame eveillée
    Des enfers, pour ravoir mon sepulchre une fois,
    Trouvoit autour de moy la bande eschevelée
    Des Driades compter mes pennes de leurs voix,   192

Que pour eterniser la sanguynere force
    De mes amours ardentz et de mes maulx divers,
    Le chesne plus prochain portast en son escorse
    Le succez de ma mort et ma vie en ces verz.   196

Quant cerf, bruslant, gehenné, trop fidelle, je pense
    Vaincre un cueur sans pitié, sourd, sans yeux et sans loy,
    Il a d'ire, de mort, de rage et d'inconstance
    Païé mon sang, mes feuz, mes peines et ma foy.   200

Que du blond Apollon le rayon doré n'entre
    En ma grotte sans jour, que jamais de son euil
    Nul planete ne jette un rayon dans mon antre,
    Sinon Saturne seuil pour incliner au deuil.   204

III

A longs filetz de sang, ce lamentable cors
    Tire du lieu qu'il fuit le lien de son ame,
    Et separé du cueur qu'il a laissé dehors
    Dedans les fors liens et aux mains de sa dame,
    Il s'enfuit de sa vie et cherche mille morts.   5

Plus les rouges destins arrachent loin du cueur
    Mon estommac pillé, j'espanche mes entrailles
    Par le chemin qui est marqué de ma douleur:
    La beauté de Diane, ainsy que des tenailles,
    Tirent l'un d'un costé, l'autre suit le malheur.   10

Qui me voudra trouver destourné par mes pas,
    Par les buissons rougis, mon cors de place en place:
    Comme un vaneur baissant la teste contre bas
    Suit le sangler blessé aisement à la trasse
    Et le poursuit à l'œil jusqu'au lieu du trepas.   15

Diane, qui vouldra me poursuivre en mourant,
    Qu'on escoute les rochs resonner mes querelles,
    Qu'on suive pour mes pas de larmes un torrent,
    Tant qu'on trouve seché de mes peines cruelles
    Un coffre, ton portrait, et rien au demeurant.   20

Les chans sont abreuvés après moy de douleurs,
    Le soucy, l'encholie et les tristes pensées
    Renaissent de mon sang et vivent de mes pleurs,
    Et des cieux les rigueurs contre moy courroucées
    Font servir mes soupris à esventer ses fleurs.   25

Un bandeau de fureur espais presse mes yeux
    Qui ne dissernent plus le dangier ny la voie,
    Mais ilz vont effraiant de leur regard les lieux
    Où se trame ma mort, et ma presence effroye
    Ce qu'embrassent la terre et la voulte des Cieux.   30

Les piteuses forestz pleurent de mes ennuys,
    Les vignes, des ormeaux les cheres espousées,
    Gemissent avecq' moy et font pleurer leurs fruitz
    Mille larmes, au lieu des tandrettes rosées
    Qui naissoient de l'aurore à la fuitte des nuitz.   35

Les grans arbres hautains au milieu des forestz
    Oyant les arbrisseaux qui mes malheurs degoutent,
    Mettent chef contre chef, et branches près après,
    Murmurent par entre eux et mes peines s'acoutent,
    Et parmy eux fremit le son de mes regretz.   40

Les rochers endurcis où jamais n'avoient beu
    Les troupeaux alterez, avortez de mes pennes
    Sont fonduz en ruisseaux aussi tost qu'ilz m'ont veu.
    Les plus sterilles mons en ont ouvert leurs vaines
    Et ont les durs rochers montré leur sang esmeu.   45

Les chesnes endurcis ont hors de leur saison
    Sué, me ressentant aprocher, de cholere,
    Et de couleur de miel pleurerent à foison,
    Mais cest humeur estoit pareil à ma misere,
    Essence de mon mal aigre plus que poison.   50

Les taureaux indomptez mugirent à ma voix
    Et les serpens esmeuz de leur grottes sifflerent,
    Leurs tortillons grouillans là sentirent les loix
    De l'amour; les lions, tigres et ours pousserent,
    Meuz de pitié de moy, leurs cris dedans les bois.   55

Alors des cleres eaux l'estoumac herissé
    Sentit jusques au fons l'horreur de ma presence,
    Esloignant contre bas flot contre flot pressé;
    Je fuis contre la source et veulx par mon absence
    De moy mesme fuyr, de moy mesme laissé.   60

Mon feu mesme embrasa le sein moite des eaux,
    Les poissons en sautoient, les Nimphes argentines

Tiroient du fons de l'eau des violans flambeaux,
En enflant d'un doux chant contre l'air leurs poitrines,
Par pitié gasouilloient le discours de mes maux.   65

O Saine! di je alors, mais je n'y puis aller,
Tu vas, et si pourtant je ne t'en porte envie,
Pousser tes flotz sacrés, abbreuver et mouiller
Les mains, la bouche et l'œil de ma belle ennemie,
Et jusques à son cueur tes undes devaler.   70

Prens pitié d'un mourant et pour le secourir
Porte de mes ardeurs en tes undes cachées,
Fais ses feuz avecq' toy subtilement courir,
De son cueur alumé toutes les pars touchées,
Luy donnant à gouter ce qui me fait mourir.   75

Mais quoi! desja les Cieux s'acordent à pleurer,
Le soleil s'obscurcist, une amere rosée
Vient de gouttes de fiel la terre ennamourer,
D'un crespe noir la lune en gemist desguisée,
Et tout pour mon amour veult ma mort honorer.   80

Au plus hault du midi, des estoilles les feuz
Voiant que le soleil a perdu sa lumiere
Jectent sur mon trespas leurs pitoiables jeuz
Et d'errines aspectz soulagent ma misere:
L'hymne de mon trespas est chanté par les cieux.   85

Les anges ont senty mes chaudes passions,
Quictent des cieux aymés leur plaisir indissible,
Ilz souffrent, affligez de mes afflictions,
Je les voy de mes yeux bien qu'ilz soient invisibles,
Je ne suis faciné de douces fictions.   90

Tout gemist, tout se plaint, et mon mal est si fort
Qu'il esmeut fleurs, costaux, bois et roches estranges,
Tigres, lions et ours et les eaux et leur port,
Nimphes, les vens, les cieux, les astres et les anges.
Tu es loin de pitié et plus loin de ma mort,   95

Plus dure que les rocs, les costes et la mer,
Plus altiere que l'aer, que les cieux et les anges,
Plus cruelle que tout ce que je puis nommer,
Tigres, ours et lions, serpens, monstres estranges:
Tu ris en me tuant et je meurs pour aimer.   100

ODES

XXVIII

Escris tu quelle arrogance
    A ce Mœcenne des ars,
    Circuy de toutes pars
    Des soleilz de nostre France?   4
    Pence comme il sera beau
    Après la voix doux coulante
    Du signe qui sa mort chante
    Oyr l'enroué corbeau.   8

Ceux qui ont tousjours leur table
    Plaine de vivres plaisans,
    Qui ront de tourdz, de faisans
    Et d'embroisie amiable,   12
    Commant trouveroient ilz bon
    Les viandes du village,
    Les fruitz aigres, le laitage,
    Le bouquet sur le jambon?   16

Pourquoy non? tout ainsi comme
    Les perdris faschent noz Roys
    Qui vont aux chams quelquefois
    Manger les choux du bonhomme.   20
    Tu seras doncq' aisement
    Par là, ma muse, estimée
    Et au moins seras aimée
    Par le simple changement.   24

XXXV

Je vous ay dit que les chaleurs
    Du ciel sont celles de ma vie,
    Et que de la mer de mes pleurs

Naissent les causes de la pluie, 4
De mes feuz, commettes mouvans,
De mes humeurs sont les nuages,
De mes soupirs viennent les rages
Des esclairs, des fouldres, des vans: 8

Il pleut, comme vous pouvez voir,
Des excremens de ma tristesse.
Ce n'est pour couvrir mon devoir,
Ne pour m'excuser de promesse, 12
Qu'il m'est force de demourer
Privé du bien de vostre veue
Tant que j'aye crevé la nue
Et que je sois las de pleurer. 16

En pleurant il me semble mieux
De m'excuser et vous escrire:
Je ne veux vous monstrer les yeux
Que rians pour vous faire rire, 20
Mes pleurs me deplaisent dequoy
Ilz nuisent à vostre mesnage,
Mes larmes vous portent dommaige
Et vous nuisent assez sans moy. 24

LES TRAGIQUES

Miseres

LIVRE PREMIER

Puis qu'il faut s'attaquer aux legions de Rome,
Aux monstres d'Italie, il faudra faire comme
Hannibal, qui par feux d'aigre humeur arrosez
Se fendit un passage aux Alpes embrasez.[2]
Mon courage de feu, mon humeur aigre et fort 5
Au travers des sept monts[3] faict breche au lieu de porte.
Je brise les rochers et le respect d'erreur

[2] D'après Tite-Live, Annibal se serait ouvert un passage dans les Alpes en faisant fondre les rocs à l'aide de vinaigre chaud.
[3] Les sept collines de Rome.

Qui fit douter Cesar d'une vaine terreur.
Il vid Rome tremblante, affreuze, eschevelee,
Qui en pleurs, en sanglots, mi-morte, desolee,   10
Tordant ses doigts, fermoit, defendoit de ses mains
A Cesar le chemin au sang de ses germains.
     Mais dessous les autels des idoles j'advise
Le visage meurtri de la captive Eglise,[4]
Qui à sa delivrance (aux despens des hazards)   15
M'appelle, m'animant de ses trenchans regards.
Mes desirs sont des-ja volez outre la rive
Du Rubicon troublé:[5] que mon reste les suive
Par un chemin tout neuf, car je ne trouve pas
Qu'autre homme l'ait jamais escorché de ses pas.[6]   20
Pour Mercures croisez,[7] au lieu de Pyramides,
J'ai de jour le pilier, de nuict les feux pour guides.[8]
Astres, secourez-moi: ces chemins enlacez
Sont par l'antiquité des siecles effacez,
Si bien que l'herbe verde en ses sentiers acreuë   25
En fait une prairie espaisse, haute et druë:
Là où estoyent les feux des prophetes plus vieux,
Je tends comme je puis le cordeau de mes yeux,[9]
Puis je cours au matin; de ma jambe arrosee,
J'esparpille à costé la premiere rosee,   30
Ne laissant apres moi trace à mes successeurs
Que les reins tous ployez des inutiles fleurs,
Fleurs qui tombent si tost qu'un vrai soleil les touche,
Ou que Dieu fenera par le vent de sa bouche.
     Tout-Puissant, tout-voyant, qui du haut des hauts cieux   35
Fends les cœurs plus serrez par l'esclair de tes yeux,
Qui fis tout, et conneus tout ce que tu fis estre;
Tout parfaict en ouvrant, tout parfaict en connoistre,
De qui l'œil tout courant, et tout voyant aussi,
De qui le soin sans soin prend de tout le souci,   40
De qui la main forma exemplaires et causes,
Qui préveus les effects dès le naistre des choses;
Dieu, qui d'un style vif, comme il te plaist, escris

---

[4] L'Eglise réformée.
[5] Le Rubicon, petite rivière qui séparait l'Italie de la Gaule Cisalpine et que César a franchie malgré la défense du Sénat.
[6] Il est le premier à chanter en vers les luttes de l'Eglise réformée.
[7] Allusion aux hermès qui, placés au croisement des routes, servaient de bornes ou de poteaux indicatuers.
[8] Le *pilier* est la colonne de nuages, et les *feux* la colonne de feu dont il est question dans l'*Exode*.
[9] Visée de l'œil, comme une corde tendue.

Le secret plus obscur en l'obscur des esprits:
Puisque de ton amour mon ame est eschauffee,   45
Jalouze de ton nom, ma poictrine embrazee
De ton feu, repurge aussi de mesmes feux
Le vice naturel de mon cœur vicieux;
De ce zele tres sainct rebrusle-moi encore,
Si que (tout consommé au feu qui me devore,   50
N'estant, serf de ton ire, en ire transporté,
Sans passion) je sois propre à ta verité;
Ailleurs qu'à te louër ne soit abondonnee
La plume que je tiens, puis que tu l'as donnee.

    Je n'escris plus les feux d'un amour inconu,   55
Mais, par l'affliction plus sage devenu,
J'entreprens bien plus haut, car j'apprens à ma plume
Un autre feu, auquel la France se consume.
Ces ruisselets d'argent, que les Grecs nous feignoyent,
Où leurs poëtes vains beuvoyent et se baignoyent,[10]   60
Ne courent plus ici: mais les ondes si claires
Qui eurent les sapphirs et les perles contraires
Sont rouges de nos morts; le doux bruit de leurs flots,
Leur murmure plaisant heurte contre des os.
Telle est en escrivant ma non-commune image: 65
Autre fureur qu'amour reluit en mon visage;
Sous un inique Mars, parmi les durs labeurs
Qui gastent le papier et l'ancre de sueurs,
Au lieu de Thessalie aux mignardes vallees
Nous avortons ces chants au milieu des armees,   70
En delassant nos bras de crasse tous rouillez
Qui n'osent s'esloigner des brassards despouillez.
Le luth que j'accordois avec mes chansonnettes
Est ores estouffé de l'esclat des trompettes;
Ici le sang n'est feint, le meurtre n'y defaut,   75
La mort jouë elle mesme en ce triste eschaffaut,
Le Juge criminel tourne et emplit son urne.
D'ici la botte en jambe, et non pas le cothurne,
J'appelle Melpomene en sa vive fureur,
Au lieu de l'Hippocrene esveillant cette sœur   80
Des tombeaux rafraischis, dont il faut qu'elle sorte
Eschevelée, affreuse, et bramant en la sorte
Que faict la biche apres le fan qu'elle a perdu.
Que la bouche luy saigne, et son front esperdu
Face noircir du ciel les voutes esloignees,   85
Qu'elle esparpille en l'air de son sang deux poignees

---

[10] L'Hippocrène.

Quand espuisant ses flancs de redoublez sanglots
De sa voix enroüee elle bruira ces mots:
    "O France desolee! ô terre, sanguinaire,
Non pas terre, mais cendre! ô mere, si c'est mere   90
Que trahir ses enfans aux douceurs de son sein
Et quand on leur meurtrit les serrer de sa main!
Tu leur donnes la vie, et dessous ta mammelle
S'esmeut des obstinez la sanglante querelle;
Sur ton pis blanchissant ta race se debat,   95
Là le fruict de ton flanc faict le champ du combat."
    Je veux peindre la France une mere affligee,
Qui est entre ses bras de deux enfans chargee.
Le plus fort, orgueilleux, empoigne les deux bouts
Des tetins nourriciers; puis, à force de coups   100
D'ongles, de poings, de pieds, il brise le partage
Dont nature donnoit à son besson l'usage;
Ce volleur acharné, cet Esau malheureux[11]
Faict degast du doux laict qui doit nourrir les deux,
Si que, pour arracher à son frere la vie,   105
Il mesprise la sienne et n'en a plus d'envie.
Mais son Jacob,[12] pressé d'avoir jeusné meshui,
Ayant dompté longtemps en son cœur son ennui,
A la fin se defend, et sa juste colere
Rend à l'autre un combat dont le champ est la mere.   110
Ni les souspirs ardents, les pitoyables cris,
Ni les pleurs rechauffez ne calment leurs esprits;
Mais leur rage les guide et leur poison les trouble,
Si bien que leur courroux par leurs coups se redouble.
Leur conflict se r'allume et fait si furieux   115
Que d'un gauche malheur ils se crevent les yeux.
Cette femme esploree, en sa douleur plus forte,
Succombe à la douleur, mi-vivante, mi morte;
Elle void les mutins tous deschirez, sanglans,
Qui, ainsi que du cœur, des mains se vont cerchans.   120
Quand, pressant à son sein d'un' amour maternelle
Celui qui a le droit et la juste querelle,
Elle veut le sauver, l'autre qui n'est pas las
Viole en poursuivant l'asyle de ses bras.
Adonc se perd le laict, le suc de sa poictrine;   125
Puis, aux derniers abois de sa proche ruine,
Elle dit: "Vous avez, felons, ensanglanté,

[11] Frère aîné de Jacob, auquel il a vendu son droit d'aînesse moyennant un plat de lentilles.
[12] Jacob représente le parti protestant, Esaü le parti catholique.

Le sein qui vous nourrit et qui vous a porté;
Or vivez de venin, sanglante geniture,
Je n'ai plus que du sang pour vostre nourriture."   130
    Quand esperdu je voi les honteuses pitiez
Et d'un corps divisé les funebres moitiez,
Quand je voi s'apprester la tragedie horrible
Du meurtrier de soi-mesme, aux autres invincible,
Je pense encores voir un monstrueux geant,   135
Qui va de braves mots les hauts cieux outrageant,
Superbe, florissant, si brave qu'il ne treuve
Nul qui de sa valeur entreprenne la preuve;
Mais lors qu'il ne peut rien rencontrer au dehors
Qui de ses bras nerveux endure les efforts,   140
Son corps est combatu, à soi-mesme contraire;
Le sang pur ha le moins, le flegme et la colere
Rendent le sang non sang; le peuple abat ses loix,
Tous nobles et tous Rois, sans nobles et sans Rois;
La masse degenere en la melancholie;   145
Ce vieil corps tout infect, plein de sa discrasie,
Hydropique, fait l'eau, si bien que ce geant,
Qui alloit de ses nerfs ses voisins outrageant,
Aussi foible que grand n'enfle plus que son ventre.
Ce ventre dans lequel tout se tire, tout entre,   150
Ce faux dispensateur des communs excremens
N'envoye plus aux bords les justes alimens;
Des jambes et des bras les os sont sans moelle,
Il ne va plus en haut pour nourrir la cervelle
Qu'un chime[13] venimeux dont le cerveau nourri   155
Prend matiere et liqueur d'un champignon pourri.
Ce grand geant changé en une horrible beste
A sur ce vaste corps une petite teste,
Deux bras foibles pendans, des-ja secs, des-ja morts,
Impuissans de nourir et defendre le corps;   160
Les jambes sans pouvoir porter leur masse lourde
Et à gauche et à droit font porter une bourde.
    Financiers, justiciers, qui opprimez de faim
Celui qui vous fait naistre ou qui defend le pain,
Sous qui le laboureur s'abreuve de ses larmes,   165
Qui souffrez mandier la main qui tient les armes,
Vous, ventre de la France, enflez de ses langueurs,
Faisant orgueil de vent vous montrez vos vigueurs;
Voyez la tragedie, abbaissez vos courages,
Vous n'estes spectateurs, vous estes personnages: 170

[13] *Chime*: chyme, sorte de bouillie qui se forme dans l'estomac au cours de la digestion.

Car encor vous pourriez contempler de bien loin
Une nef sans pouvoir lui aider au besoin
Quand la mer l'engloutit, et pourriez de la rive,
En tournant vers le ciel la face demi-vive,
Plaindre sans secourir ce mal oisivement;   175
Mais quand, dedans la mer, la mer pareillement
Vous menace de mort, courez à la tempeste,
Car avec le vaisseau vostre ruine est preste.
     La France donc encor est pareille au vaisseau
Qui outragé des vents, des rochers et de l'eau,   180
Loge deux ennemis: l'un tient avec sa troupe
La prouë, et l'autre a pris sa retraite à la pouppe.
De canons et de feux chacun met en esclats
La moitié qui s'oppose, et font verser en bas,
L'un et l'autre enyvré des eaux et de l'envie,   185
Ensemble le navire et la charge, et la vie:
En cela le vainqueur ne demeurant plus fort,
Que de voir son haineux le premier à la mort,
Qu'il seconde, autochire,[14] aussi tost de la sienne,
Vainqueur, comme l'on peut vaincre à la Cadmeenne.[15]   190
     Barbares en effect, François de nom, François,
Vos fausses loix ont fait des faux et jeunes Rois,
Impuissans sur leurs cœurs, cruels en leur puissance;
Rebelles ils ont veu la desobeissance:
Dieu sur eux et par eux desploya son courroux,   195
N'ayant autres bourreaux de nous mesmes que nous.
     Les Rois, qui sont du peuple et les Rois et les peres,
Du troupeau domesticq sont les loups sanguinaires;
Ils sont l'ire allumee et les verges de Dieu,
La crainte des vivans: ils succedent au lieu   200
Des heritiers des morts; ravisseurs de pucelles,
Adulteres, souillans les couches des plus belles
Des maris assommez ou bannis pour leur bien,
Ils courent sans repos, et quand ils n'ont plus rien
Pour fouler l'avarice, ils cerchent autre sorte   205
Qui contente l'esprit d'une ordure plus forte.
Les vieillards enrichis tremblent le long du jour;
Les femmes, les maris, privez de leur amour,
Par l'espais de la nuict se mettent à la fuite,
Les meurtriers souldoyez s'eschauffent à la suite;   210
L'homme est en proye à l'homme, un loup à son pareil;
Le pere estrangle au lict le fils, et le cercueil

---

[14] *Autochire*: qui se tue de sa propre main.
[15] En s'entretuant, comme les hommes nés des dents du dragon tué par Cadmos.

Preparé par le fils sollicite le pere;
Le frere avant le temps herite de son frere.
On trouve des moyens, des crimes tous nouveaux,   215
Des poisons inconnus; ou les sanglants cousteaux
Travaillent au midi,[16] et le furieux vice
Et le meurtre public ont le nom de justice.
Les belistres armez ont le gouvernement,
Le sac de nos citez: comme anciennement   220
Une crois bourguignonne espouvantoit nos peres,
Le blanc les fait trembler, et les tremblantes mere
Croullent à l'estomac leurs pouppons esperdus
Quand les grondans tambours sont battans entendus.
Les places de repos sont places estrangeres,   225
Les villes du milieu sont les villes frontieres;
Le village se garde, et nos propres maisons
Nous sont le plus souvent garnisons et prisons.
L'honorable bourgeois, l'exemple de sa ville,
Souffre devant ses yeux violer femme et fille   230
Et tomber sans merci dans l'insolente main
Qui s'estendoit n'a-guere à mendier du pain.
Le sage justicier est trainé au supplice,
Le mal-faicteur luy faict son proces; l'injustice
Est principe de droict; comme au monde à l'envers   235
Le vieil pere est fouëtté de son enfant pervers;
Celuy qui en la paix cachoit son brigandage
De peur d'estre puni, estalle son pillage
Au son de la trompette, au plus fort des marchez
Son meurtre et son butin sont à l'ancan preschez;   240
Si qu'au lieu de la rouë, au lieu de la sentence,
La peine du forfaict se change en recompense.
Ceux qui n'ont discerné les quereles des grands
Au lict de leur repos tressaillent, entendans
En paisible minuict que la ville surprise   245
Ne leur permet sauver rien plus que la chemise:
Le soldat trouve encor quelque espece de droict,
De mesme, s'il pouvoit, sa peine il lui vendroit.
L'Espagnol mesuroit les rançons et les tailles
De ceux qu'il retiroit du meurtre des batailles   250
Selon leur revenu: mais les François n'ont rien
Pour loi de la rançon des François que le bien.
Encor' vous bien-heureux qui, aux villes fermees,
D'un mestier inconnu avez les mains armees,
Qui goustez en la peur l'alternatif sommeil,   255

---

[16] *Au midi*: en plein jour.

De qui le repos est à la fievre pareil;
Mais je te plains, rustic, qui, ayant la journee
Ta pantelante vie en rechignant gaignee
Reçois au soir les coups, l'injure et le tourment,
Et la fuite et la faim, injuste payement.   260
Le païsan de cent ans, dont la teste chenüe
Est couverte de neige, en suivant sa charrue
Voit galopper de loin l'argolet outrageux,
Qui d'une rude main arrache les cheveux,
L'honneur du vieillard blanc, piqué de son ouvrage   265
Par qui la seule faim se trouvoit au village.
Ne voit-on pas des-ja, dès trois lustres passez,[17]
Que les peuples fuyards, des villages chassez,
Vivent dans les forests? là chacun d'eux s'asserre
Au ventre de leur mere, aux cavernes de terre;   270
Ils cerchent, quand l'humain leur refuse secours,
Les bauges des sangliers et les roches des ours,
Sans conter les perdus à qui la mort propice
Donne poison, cordeau, le fer, le precipice.
  Ce ne sont pas les grands, mais les simples paisans,   275
Que la terre conoit pour enfans complaisans.
La terre n'aime pas le sang ni les ordures:
Il ne sort des tyrans et de leurs mains impures
Qu'ordures ni que sang; les aimez laboureurs
Ouvragent son beau sein de si belles couleurs,   280
Font courir les ruisseaux dedans les verdes prees
Par les sauvages fleurs en esmail disaprees;
Ou par ordre et compas les jardins azurez
Monstrent au ciel riant leurs carreaux mesurez;
Les parterres tondus et les droites allees   285
Des droicturieres mains au cordeau sont reglees;
Ils sont peintres, brodeurs, et puis leurs grands tappis
Noircissent de raisins et jaunissent d'espics.
Les ombreuses forests leur demeurent plus franches,
Esventent leurs sueurs et les couvrent de branches.   290
La terre semble donc, pleurante de souci,
Consoler les petits en leur disant ainsi:
  "Enfans de ma douleur, du haut ciel l'ire esmüe
Pour me vouloir tuer premierement vous tue;
Vous languissez, et lors le plus doux de mon bien   295
Va saoulant de plaisirs ceux qui ne vallent rien.
Or attendant le temps que le ciel se retire,
Ou que le Dieu du ciel destourne ailleurs son ire

[17] Les guerres civiles ont commencé au massacre de Vassy, en 1562.

Pour vous faire gouster de ses douceurs apres,
Cachez-vous sous ma robbe en mes noires forests,   300
Et, au fond du malheur, que chacun de vous entre,
Par deux fois mes enfans, dans l'obscur de mon ventre.
Les faineants ingrats font brusler vos labeurs,
Vos seins sentent la faim et vos fronts les sueurs:
Je mets de la douceur aux ameres racines,   305
Car elles vous seront viande et medicines;
Et je retirerai mes benedictions
De ceux qui vont sucçans le sang des nations:
Tout pour eux soit amer, qu'ils sortent execrables
Du lict sans reposer, allouvis de leurs tables!"   310
        Car pour monstrer comment en la destruction
L'homme n'est plus un homme, il prend refection
Des herbes, de charongne et viandes non-prestes,
Ravissant les repas apprestez pour les bestes;
La racine douteuse est prise sans danger,   315
Bonne, si on la peut amollir et manger;
Le conseil de la faim apprend aux dents par force
A piller des forests et la robbe et l'escorce.
La terre sans façon a honte de se voir,
Cerche encore des mains et n'en peut plus avoir.   320
Tout logis est exil: les villages champestres,
Sans portes et planchers, sans meubles et fenestres,
Font une mine affreuse, ainsi que le corps mort
Monstre, en monstrant les os, que quelqu'un lui fait tort.
Les loups et les renards et les bestes sauvages   325
Tienent place d'humains, possedent les villages,
Si bien qu'en mesme lieu, où en paix on eut soin
De reserrer le pain, on y cueille le foin.
Si le rusticque peut desrobber à soi-mesme
Quelque grain recelé par une peine extreme,   330
Esperant sans espoir la fin de ses mal-heurs,
Lors on peut voir couppler troupe de laboureurs,
Et d'un soc attaché faire place en la terre
Pour y semer le bled, le soustien de la guerre;
Et puis l'an ensuivant les miserables yeux   335
Qui des sueurs du front trempoyent, laborieux,
Quand, subissans le joug des plus serviles bestes,
Liez comme des bœufs, ils se couployent par testes,
Voyent d'un estranger la ravissante main
Qui leur tire la vie et l'espoir et le grain.   340
Alors baignez en pleurs dans les bois ils retournent,
Aux aveugles rochers les affligez sejournent;

Ils vont souffrans la faim qu'ils portent doucement
Au pris du desplaisir et infernal tourment
Qu'ils sentirent jadis, quand leurs maisons remplies   345
De dæmons encharnez, sepulchres de leurs vies,
Leur servoyent de crottons, ou pendus par les doigts
A des cordons trenchans, ou attachez au bois
Et couchez dans le feu, ou de graisses flambantes
Les corps nuds tenaillez, ou les plaintes pressantes   350
De leurs enfans pendus par les pieds, arrachez
Du sein qu'ils empoignoyent, des tetins assechez.
Ou bien, quand du soldat la diette alouvie
Tiroit au lieu de pain de son hoste la vie,
Vengé mais non saoulé, pere et mere meurtris   355
Laissoyent dans les berceaux des enfans si petis
Qu'enserrez de cimois, prisonniers dans leur couche,
Ils mouroyent par la faim; de l'innocente bouche
L'ame plaintive alloit en un plus heureux lieu
Esclatter sa clameur au grand throne de Dieu;   360
Cependant que les Rois parez de leur substance
En pompes et festins trompoyent leur conscience,
Estoffoyent leur grandeur des ruines d'autrui,
Gras du suc innocent, s'egayants de l'ennuy.
Stupides, sans gouster ni pitiez ni merveilles,   365
Pour les pleurs et les cris n'ayants yeux ni oreilles.
     Ici je veux sortir du general discours
De mon tableau public; je flechirai le cours
De mon fil entrepris, vaincu de la memoire
Qui effraye mes sens d'une tragique histoire: 370
Car mes yeux sont tesmoins du subjet de mes vers.
     J'ai veu le reistre noir foudroyer au travers
Les masures de France, et comme une tempeste,
Emporter ce qu'il peut, ravager tout le reste;
Cet amas affamé nous fit à Mont-moreau[18]   375
Voir la nouvelle horreur d'un spectacle nouveau.
Nous vinsmes sur leurs pas, une trouppe lassee
Que la terre portoit, de nos pas harassee.
Là de mille maisons on ne trouva que feux,
Que charongnes, que morts ou visages affreux.   380
La faim va devant moi, force est que je la suive.
J'oy d'un gosier mourant une voix demi-vive:
Le cri me sert de guide, et fait voir à l'instant
D'un homme demi-mort le chef se debattant,
Qui sur le seuil d'un huis dissipoit sa cervelle.   385

[18] Près d'Angoulême.

Ce demi-vif la mort à son secours appelle
De sa mourante voix, cet esprit demi-mort
Disoit en son patois (langue de Perigort):
      "Si vous estes François, François, je vous adjure,
Donnez secours de mort, c'est l'aide la plus seure   390
Que j'espere de vous, le moyen de guerir;
Faictes-moi d'un bon coup et promptement mourir.
Les reistres m'ont tué par faute de viande,
Ne pouvant ni fournir ni ouïr leur demande;
D'un coup de coutelats l'un d'eux m'a emporté   395
Ce bras que vous voyez pres du lict à costé;
J'ai au travers du corps deux balles de pistolle."
Il suivit, en couppant d'un grand vent sa parolle:
"C'est peu de cas encor et de pitié de nous;
Ma femme en quelque lieu, grosse, est morte de coups.   400
Il y a quatre jours qu'ayans esté en fuitte
Chassez à la minuict, sans qu'il nous fust licite
De sauver nos enfans liez en leurs berceaux
Leurs cris nous appelloyent, et entre ces bourreaux
Pensans les secourir nous perdismes la vie.   405
Helas! si vous avez encore quelque envie
De voir plus de mal-heur, vous verrez là dedans
Le massacre piteux de nos petits enfans."
J'entre, et n'en trouve qu'un, qui lié dans sa couche
Avoit les yeux flestris, qui de sa pasle bouche   410
Poussoit et retiroit cet esprit languissant
Qui, à regret son corps par la faim delaissant,
Avoit lassé sa voix bramant apres sa vie.
Voici apres entrer l'horrible anatomie
De la mere assechee: elle avoit de dehors   415
Sur ses reins dissipez trainé, roulé son corps,
Jambes et bras rompus, une amour maternelle
L'esmouvant pour autrui beaucoup plus que pour elle.
A tant ell' approcha sa teste du berceau,
La releva dessus; il ne sortoit plus d'eau   420
De ses yeux consumez; de ses playes mortelles
Le sang mouilloit l'enfant; point de laict aux mammelles,
Mais des peaux sans humeur: ce corps seché, retraict,
De la France qui meurt fut un autre portraict.
Elle cerchoit des yeux deux de ses fils encor,   425
Nos fronts l'espouventoyent; en fin la mort devore
En mesme temps ces trois. J'eu peur que ces esprits
Protestassent mourans contre nous de leurs cris;
Mes cheveux estonnez herissent en ma teste;

J'appelle Dieu pour juge, et tout haut je deteste   430
Les violeurs de paix, les perfides parfaicts,
Qui d'une salle cause amenent tels effects.
Là je vis estonnez les cœurs impitoyables,
Je vis tomber l'effroi dessus les effroyables.
Quel œil sec eust peu voir les membres mi-mangez   435
De ceux qui par la faim estoient morts enragez?
            Et encore aujourd'hui, sous la loi de la guerre,
Les tygres vont bruslans les thresors de la terre,
Nostre commune mere; et le degast du pain
Au secours des lions ligue la pasle faim.   440
En ce point, lors que Dieu nous espanche une pluye,
Une manne de bleds pour soustenir la vie,
L'homme, crevant de rage et de noire fureur,
Devant les yeux esmeus de ce grand bien-faicteur
Foule aux pieds ses bien-faicts en villenant sa grace,   445
Crache contre le ciel, ce qui tourne en sa face.
La terre ouvre aux humains et son laict et son sein,
Mille et mille douceurs que de sa blanche main
Elle appreste aux ingrats, qui les donnent aux flammes.
Les degats font languir les innocentes ames.   450
En vain le pauvre en l'air esclatte pour du pain:
On embraze la paille, on fait pourrir le grain
Au temps que l'affamé à nos portes sejourne.
Le malade se plaint: cette voix nous adjourne
Au throsne du grand Dieu; ce que l'affligé dit   455
En l'amer de son cœur, quand son cœur nous maudit,
Dieu l'entend, Dieu l'exauce, et ce cri d'amertume
Dans l'air ni dans le feu volant ne se consume;
Dieu seelle de son sceau ce piteux testament,
Nostre mort en la mort qui le va consumant.   460
            La mort en payement n'a receu l'innocence
Du pauvre qui mettoit sa chetive esperance
Aux aumosnes du peuple. Ah! que dirai-je plus?
De ces evenemens n'ont pas esté exclus
Les animaux privez, et hors de leurs villages   465
Les mastins allouvis sont devenus sauvages,
Faicts loups de naturel et non pas de la peau:
Imitans les plus grands, les pasteurs du troupeau
Eux-mesme ont esgorgé ce qu'ils avoyent en garde.
Encor les verrez-vous se vanger, quoy qu'il tarde,   470
De ceux qui ont osté aux pauvres animaux
La pasture ordonnee: ils seront les bourreaux
De l'ire du grand Dieu, et leurs dents affamees

Se creveront des os de nos belles armees.
Ils en ont eu curee en nos sanglants combats,   475
Si bien que des corps morts rassasiez et las,
Aux plaines de nos camps de nos os blanchissantes,
Ils courent forcenés les personnes vivantes.
Vous en voyez l'espreuve au champ de Montcontour:[19]
Hereditairement ils ont depuis ce jour   480
La rage naturelle, et leur race enyvree
Du sang des vrais François se sent de la curee.
        Pourquoy, chiens, auriez-vous en cett' aspre saison
(Nez sans raison) gardé aux hommes la raison,
Quand Nature sans loy, folle, se desnature,   485
Quand Nature mourant despouille sa figure,
Quand les humains privez de tous autres moyens,
Assiegez, ont mangé leurs plus fidelles chiens,
Quand sur les chevaux morts on donne des batailles
A partir le butin des puantes entrailles?   490
Mesme aux chevaux peris de farcin et de faim
On a veu labourer les ongles de l'humain
Pour cercher dans les os et la peau consumee
Ce qu'oublioit la faim et la mort affamee.
        Cet' horreur que tout œil en lisant a douté,[20]   495
Dont nos sens dementoyent la vraye antiquité,
Cette rage s'est veuë, et les meres non-meres
Nous ont de leurs forfaicts pour tesmoins oculaires.
C'est en ces sieges lents, ces sieges sans pitié,
Que des seins plus aimants s'envole l'amitié.   500
La mere du berceau son cher enfant deslie;
L'enfant qu'on desbandoit autres-fois pour sa vie
Se desveloppe ici par les barbares doigts
Qui s'en vont destacher de nature les loix.
La mere deffaisant, pitoyable et farouche,   505
Les liens de pitié avec ceux de sa couche,
Les entrailles d'amour, les filets de son flanc,
Les intestins bruslans par les tressauts du sang,
Le sens, l'humanité, le cœur esmeu qui tremble,
Tout cela se destord et se desmesle ensemble.   510
L'enfant, qui pense encor' aller tirer en vain
Les peaux de la mammelle, a les yeux sur la main
Qui deffaict les cimois: cette bouche affamee,
Triste, soubs-rit aux tours de la main bien-aimee.
Cette main s'employoit pour la vie autres-fois;   515

[19] Les protestants y furent vaincus en 1569 par le duc d'Anjou.
[20] Allusion à une scène du siège de Jérusalem rapportée par Josèphe.

Maintenant à la mort elle employe ses doits,
La mort qui d'un costé se presente, effroyable,
La faim de l'autre bout bourrelle impitoyable.
La mere ayant long-temps combatu dans son cœur
Le feu de la pitié, de la faim la fureur,   520
Convoite dans son sein la creature aimee
Et dict à son enfant (moins mere qu'affamee):
"Rends miserable, rends le corps que je t'ay faict;
Ton sang retournera où tu as pris le laict,
Au sein qui t'allaictoit r'entre contre nature;   525
Ce sein qui t'a nourri sera ta sepulture."
La main tremble en tirant le funeste couteau,
Quand, pour sacrifier de son ventre l'agneau,
Des poulces ell' estreind la gorge, qui gazouille
Quelques mots sans accents, croyant qu'on la chatouille: 530
Sur l'effroyable coup le cœur se refroidit.
Deux fois le fer eschappe à la main qui roidit.
Tout est troublé, confus, en l'ame qui se trouve
N'avoir plus rien de mere, et avoir tout de louve.
De sa levre ternie il sort des feux ardens,   535
Elle n'appreste plus les levres, mais les dents,
Et des baizers changés en avides morsures.
La faim acheve tout de trois rudes blessures,
Elle ouvre le passage au sang et aux esprits;
L'enfant change visage et ses ris en ses cris;   540
Il pousse trois fumeaux, et n'ayant plus de mere,
Mourant, cerche des yeux les yeux de sa meurtriere.
     Qui dit que le manger de Thyeste pareil
Fit noircir et fuir et cacher le soleil.
Suivrons-nous plus avant? voulons-nous voir le reste   545
De ce banquet d'horreur, pire que de Thyeste?
Les membres de ce fils sont conus aux repas,
Et l'autre estant deceu ne les connoissoit pas.
Qui pourra voir le plat où la beste farouche
Prend les petits doigts cuits, les jouëts de sa bouche?   550
Les yeux esteints, ausquels il y a peu de jours
Que de regards mignons embrazoyent ses amours!
Le sein douillet, les bras qui son col plus n'accollent,
Morceaux qui saoulent peu et qui beaucoup desolent?
Le visage pareil encore se fait voir,   555
Un portraict reprochant, miroir de son miroir,
Dont la reflexion de coulpable semblance
Perce à travers les yeux l'ardente conscience.
Les ongles brisent tout, la faim et la raison

Donnent pature au corps et à l'ame poison.   560
Le soleil ne peut voir l'autre table fumante:
Tirons sur cette-ci le rideau de Thimante.[21]
          Jadis nos Rois anciens, vrais peres et vrais Rois,
Nourrissons de la France, en faisant quelquefois
Le tour de leur païs en diverses contrees,   565
Faisoyent par les citez de superbes entrees.
Chacun s'esjouissoit, on sçavoit bien pourquoy;
Les enfans de quatre ans crioyent: vive le Roy!
Les villes employoyent mille et mille artifices
Pour faire comme font les meilleures nourrices,   570
De qui le sein fecond se prodigue à l'ouvrir,
Veut monstrer qu'il en a pour perdre et pour nourrir.
Il semble que le pis, quand il est esmeu, voye;
Il se jette en la main, dont ces meres, de joye,
Font rejaillir aux yeux de leurs mignons enfans   575
Du laict qui leur regorge: à leurs Rois triomphans,
Triomphans par la paix, ces villes nourricieres
Prodiguoyent leur substance, et en toutes manieres
Monstroyent au ciel serein leurs thresors enfermez,
Et leur laict et leur joye à leurs Rois bien-aimez.   580
          Nos tyrans aujourd'hui entrent d'une autre sorte,
La ville qui les void a visage de morte.
Quand son prince la foulle, il la void de tels yeux
Que Neron voyoit Romm' en l'esclat de ses feux;
Quand le tyran s'esgaye en la ville où il entre,   585
La ville est un corps mort, il passe sur son ventre,
Et ce n'est plus du laict qu'elle prodigue en l'air,
C'est du sang, pour parler comme peuvent parler
Les corps qu'on trouve morts: portez à la justice,
On les met en la place, afin que ce corps puisse   590
Rencontrer son meurtrier; le meurtrier inconu
Contre qui le corps saigne est coulpable tenu.
          Henri,[22] qui tous les jours vas prodiguant ta vie,
Pour remettre le regne, oster la tyrannie,
Ennemi des tyrans, ressource des vrais Rois,   595
Quand le sceptre des lis joindra le Navarrois,
Souvien-toi de quel œil, de quelle vigilance,
Tu vois et remedie aux mal-heurs de la France;
Souvien-toy quelque jour combien sont ignorans
Ceux qui pour estre Rois veulent estre tyrans.   600

[21] Peintre qui a pris le parti de voiler la face d'Agamemnon plutôt que de tenter de rendre sa douleur lors du sacrifice d'Iphigénie.
[22] Henri III.

Ces tyrans sont des loups, car le loup, quand il entre
Dans le parc des brebis, ne succe de leur ventre
Que le sang par un trou et quitte tout le corps,
Laissant bien le troupeau, mais un troupeau de morts:
Nos villes sont charongne, et nos plus cheres vies,   605
Et le suc et la force en ont esté ravies;
Les païs ruinez sont membres retranchez
Dont le corps sechera, puis qu'ils sont assechez.
     France, puis que tu perds tes membres en la sorte,
Appreste le suaire et te conte pour morte: 610
Ton poulx foible, inegal, le trouble de ton œil
Ne demande plus rien qu'un funeste cercueil.
     Que si tu vis encor, c'est la mourante vie
Que le malade vit en extreme agonie,
Lors que les sens sont morts, quand il est au rumeau,   615
Et que d'un bout de plume on l'abeche avec l'eau.
     Si en louve tu peu devorer la viande,
Ton chef mange tes bras; c'est une faim trop grande:
Quand le desesperé vient à manger si fort
Apres le goust perdu, c'est indice de mort.   620
     Mais quoi? tu ne fus oncq si fiere en ta puissance,
Si roide en tes efforts, ô furieuse France!
C'est ainsi que les nerfs des jambes et des bras
Roidissent au mourant à l'heure du trespas.
     On resserre d'impost le trafic des rivieres,   625
Le sang des gros vaisseaux et celui des arteres:
C'est faict du corps auquel on trenche tous les jours
Des veines et rameaux les ordinaires cours.
     Tu donnes aux forains ton avoir qui s'esgare,
A celui du dedans rude, seche et avare: 630
Cette main a promis d'aller trouver les morts
Qui, sans humeur dedans, est suante au dehors.
     France, tu es si docte et parles tant de langues!
O monstrueux discours, ô funestes harangues!
Ainsi, mourans les corps, on a veu les esprits   635
Prononcer les jargons qu'ils n'avoyent point apris.
     Tu as plus que jamais de merveilleuses testes,
Des cerveaux transcendans, de vrais et faux prophetes:
Toi, prophete, en mourant du mal de ta grandeur,
Mieux que le medecin tu chantes ton mal-heur.   640
     France, tu as commerce aux nations estranges,
Par tout intelligence et par tout des eschanges:
L'oreille du malade est ainsi claire, alors
Que l'esprit dit à Dieu aux oreilles du corps.

France, bien qu'au milieu tu sens des guerres fieres,   645
Tu as paix et repos à tes villes frontieres:
Le corps tout feu dedans, tout glace par dehors,
Demande la biere et bien tost est faict corps.
    Mais France, on void doubler dedans toi l'avarice;
Sur le seuil du tombeau les vieillards ont ce vice: 650
Quand le malade amasse et couverte et linceux
Et tire tout à soi, c'est un signe piteux.
    On void perir en toi la chaleur naturelle,
Le feu de charité, tout' amour mutuelle;
Les deluges espais achevent de noyer   655
Tous chauds desirs au cœur qui estoit leur fouïer;
Mais ce fouïer du cœur a perdu l'avantage
Du feu et des esprits qui faisoyent le courage.
    Icy marquez honteux, degenerez François,
Que vos armes estoyent legeres autresfois,   660
Et que, quand l'estranger esjamboit vos barrieres,
Vos ayeux desdaignoyent forts et villes frontieres:
L'ennemi, aussi tost comm' entré combattu,
Faisoit à la campagne essai de leur vertu.
Ores, pour tesmoigner la caducque vieillesse   665
Qui nous oste l'ardeur et nous croist la finesse,
Nos cœurs froids ont besoin de se voir emmurez,
Et, comme les vieillards, revestus et fourrez
De rempars, bastions, fossez et contre-mines,
Fosses-brais, parapets, chemises et courtines;   670
Nos excellens desseins ne sont que garnisons,
Que nos peres fuyoyent comm' on fuit les prisons:
Quand le corps gelé veut mettre robbe sur robbe,
Dites que la chaleur s'enfuit et se desrobe.
L'Ange de Dieu vengeur, une fois commandé,   675
Ne se destourne pas pour estre apprehendé:
Car ces symptomes vrais, qui ne sont que presages,
Se sentent en nos cœurs aussi tost qu'aux visages.
    Voila le front hideux de nos calamitez,
La vengeance des cieux justement despitez.   680
Comme par force l'œil se destourne à ces choses,
Retournons les esprits pour en toucher les causes.
    France, tu t'eslevois orgueilleuse au milieu
Des autres nations; et ton pere et ton Dieu
Qui tant et tant de fois par guerres estrangeres   685
T'esprouva, t'advertit des verges, des miseres,
Ce grand Dieu void au ciel du feu de son clair œil
Que des maux estrangers tu doublois ton orgueil.

Tes superstitions et tes coustumes folles
De Dieu qui te frappoit te poussoyent aux idoles.   690
Tu te crevois de graisse en patience, mais
Ta paix estoit la sœur bastarde de la paix.
Rien n'estoit honoré parmi toi que le vice;
Au ciel estoit bannie en pleurant la justice,
L'Eglise au sec desert, la verité apres.   695
L'enfer fut espuisé et visité de pres,
Pour cercher en son fond une verge nouvelle
A punir jusqu'aux os la nation rebelle.

      Cet enfer nourrissoit en ses obscuritez
Deux esprits, que les cieux formerent, despitez,   700
Des pires excremens, des vapeurs inconues
Que l'haleine du bas exhale dans les nues.
L'essence et le subtil de ces infections
S'affina par sept fois en exhalations,
Comme l'on void dans l'air une masse visqueuse   705
Lever premierement l'humeur contagieuse
De l'haleine terrestre; et quand aupres des cieux
Le choix de ce venin est haussé, vicieux,
Comm' un astre il prend vie, et sa force secrette
Espouvante chacun du regard d'un comette.   710
Le peuple, à gros amas aux places ameuté,
Bee douteusement sur la calamité,
Et dit: "Ce feu menace et promet à la terre,
Louche, pasle ou flambant, peste, famine ou guerre."

      A ces trois s'aprestoyent ces deux astres nouveaux.   715
Le peuple voyoit bien ces cramoisis flambeaux,
Mais ne les peut juger d'une pareille sorte.
Ces deux esprits meurtriers de la France mi-morte
Nasquirent en nos temps: les astres mutinez
Les tirerent d'enfer, puis ils furent donnez   720
A deux corps vicieux, et l'amas de ces vices
Trouva l'organe prompt à leurs mauvais offices.

      Voici les deux flambeaux et les deux instruments
Des playes de la France, et de tous ses tourments:
Une fatale femme,[23] un cardinal[24] qui d'elle,   725
Parangon de mal-heur, suivoit l'ame cruelle,

      Mal-heur, ce dit le Sage, au peuple dont les loix
Tournent dans les esprits des fols et jeunes Rois
Et qui mangent matin: que ce mal-heur se treuve
Divinement predict par la certaine espreuve!   730

[23] Catherine de Médicis.
[24] Charles, cardinal de Lorraine.

Mais cela qui faict plus le regne mal-heureux
Que celuy des enfans, c'est quand on void pour eux
Le diademe sainct sur la teste insolente,
Le sacré sceptre au poing d'une femme impuissante,
Aux despens de la loy que prirent les Gaulois   735
Des Saliens François[25] pour loy des autres lois.
Cet esprit impuissant a bien peu, car sa force
S'est convertie en poudre, en feux et en amorce,
Impuissante à bien-faire et puissante à forger
Les cousteaux si trenchans qu'on a veu esgorger   740
Depuis les Rois hautains eschauffez à la guerre
Jusqu'au ver innocent qui se traine sur terre.
Mais pleust à Dieu aussi qu' ell' eust peu surmonter
Sa rage de regner, qu' ell' eust peu s'exempter
Du venin florentin, dont la playe eternelle,   745
Pestifere, a frapé et sur elle et par elle!
    Pleust à Dieu, Jesabel,[26] que, comm' au temps passé
Tels ducs predecesseurs ont tous-jours abaissé
Les grands en eslevant les petits à l'encontre,
Puis encor rabatus par une autre rencontre   750
Ceux qu'ils avoyent haussez, si tost que leur grandeur
Pouvoit donner soupçon ou meffiance au cœur
—Ainsi comm' eux tu sçais te rendre redoutable,
Faisant le grand coquin, haussant le miserable,
Ainsi comm' eux tu sçais par tes subtilitez,   755
En maintenant les deux, perdre les deux costez,
Pour abbreuver de sang la soif de ta puissance—
Pleust à Dieu, Jesabel, que tu euss' à Florence
Laissé tes trahisons, en laissant ton païs,
Que tu n'eusse les grands des deux costez trahis   760
Pour regner au milieu, et que ton entreprise
N'eust ruiné le noble et le peuple et l'Eglise!
Cinq cens mille soldats n'eussent crevé, poudreux,
Sur le champ maternel, et ne fust avec eux
La noblesse faillie et la force faillie   765
De France, que tu as faict gibier d'Italie.
Ton fils eust eschappé ta secrete poison
Si ton sang t'eust esté plus que ta trahison.
En fin, pour assouvir ton esprit et ta veuë,
Tu vois le feu qui brusle et le cousteau qui tuë.   770

[25] La loi des Francs saliens contient une règle excluant les femmes de la succession de la terre, règle dont le souvenir a été évoqué pour la succession à la couronne de France.
[26] Ce surnom se trouve dans les pamphlets huguenots du XVIe siècle pour désigner Catherine de Médicis.

Tu as veu à ton gré deux camps de deux costez,
Tous deux pour toy, tous deux à ton gré tourmentez,
Tous deux François, tous deux ennemis de la France,
Tous deux executeurs de ton impatience,
Tous deux la pasle horreur du peuple ruiné,   775
Et un peuple par toi contre soi mutiné.
Par eux tu vois des-ja la terre yvre, inhumaine,
Du sang noble françois et de l'estranger pleine,
Accablez par le fer que tu as esmoulu;
Mais c'est beaucoup plus tard que tu n'eusses voulu: 780
Tu n'as ta soif de sang qu'à demi arrosee,
Ainsi que d'un peu d'eau la flamme est embrasee.
        C'estoit un beau miroir de ton esprit mouvant
Quand, parmi les nonnains, au florentin convent,[27]
N'ayant pouvoir encor de tourmenter la terre,   785
Tu dressois tous les jours quelque petite guerre:
Tes compagnes pour toi se tiroyent aux cheveux.
Ton esprit dés-lors plein de sanguinaires vœux
Par ceux qui prevoyoyent les effects de ton ame
Ne peut estre enfermé, subtil comme la flamme.   790
Un mal-heur necessaire et le vouloir de Dieu
Ne doit perdre son temps ni l'assiette du lieu:
Comme celle qui vid en songe que de Troye
Elle enfantoit les feux, vid aussi mettre en proye
Son pais par son fils, et, pour sçavoir son mal,   795
Ne peut brider le cours de son mal-heur fatal.
Or ne vueille le ciel avoir jugé la France
A servir septante ans de gibier à Florence!
Ne vueille Dieu tenir pour plus long temps assis
Sur nos lis tant foulez le joug de Medicis!   800
Quoi que l'arrest du ciel dessus nos chefs destine,
Toi, verge de courroux, impure Florentine,
Nos cicatrices sont ton plaisir et ton jeu;
Mais tu iras en fin comme la verge au feu,
Quand au lict de la mort ton fils et tes plus proches   805
Consoleront tes plaints de ris et de reproches,
Quand l'edifice haut des superbes Lorreins
Maugré tes estançons t'accablera les reins,
Et par toy eslevé t'accrasera la teste.
Encor ris tu, sauvage et carnaciere beste,   810
Aux œuvres de tes mains, et n'as qu'un desplaisir,
Que le grand feu n'est pas si grand que ton desir!

---

[27]Quand la révolution de 1527 éclata à Florence contre les Médicis, les rebelles
gardèrent la jeune Catherine comme otage dans un couvent.

Ne plaignant que le peu, tu t'esgaye ainsi comme
Neron l'impitoyable en voyant brusler Romme.

  Neron laissoit en paix quelque petite part,   815
Quelque coin d'Italie esgaré à l'escart
Eschappoit ses fureurs; quelqu'un fuyoit de Sylle
Le glaive et le courroux en la guerre civile;
Quelqu'un de Phalaris[28] evitoit le taureau,
La rage de Cinna, de Cesar le couteau;   820
Et (ce qu'on feint encor' estrange entre les fables)
Quelqu'un de Diomede eschappoit les estables;[29]
Le lion, le sanglier qu'Hercules mit à mort
Plus loin que leur buisson ne faisoyent point de tort,
L'hydre assiegeoit Lerna, du taureau la furie   825
Couroit Candie, Anthee affligeoit la Lybie.[30]

  Mais toy qui au matin de tes cheveux espars
Fais voile à ton faux chef branslant de toutes parts,
Et, desployant en l'air ta perruque grisonne,
Les païs tous esmeus de pestes empoisonne,   830
Tes crins esparpillez, par charmes herissez,
Envoyent leurs esprits où ils sont adressez:
Par neuf fois tu secouë, et hors de chasque poincte
Neuf dæmons conjurez descochent par contraincte.

  Quel antre caverneux, quel sablon, quel desert, 835
Quel bois, au fond duquel le voyageur se perd,
Est exempt de mal-heurs? Quel allié de France
De ton breuvage amer n'a humé l'abondance?
Car diligente à nuire, ardente à recercher,
La loingtaine province et l'esloigné clocher   840
Par toy sont peints de rouge, et chacune personne
A son meurtrier derriere avant qu'elle s'estonne.
O qu'en Lybie Anthee, en Crette le taureau,
Que les testes d'Hydra, du noir sanglier la peau,
Le lion Nemean[31] et ce que cette fable   845
Nous conte d'outrageux fut au pris supportable!
Pharaon fut paisible, Antiochus piteux,
Les Herodes plus doux, Cinna religieux;
On pouvoit supporter l'espreuve de Perille,[32]
Le cousteau de Cesar, et la prison de Sylle;   850

---

[28] Il brûlait ses victimes dans un taureau d'airain.
[29] Diomède était un roi fabuleux de Thrace, célèbre pour sa cruauté. Il nourrissait ses chevaux de chair humaine.
[30] L'Hydre de Lerne était, selon la légende, un serpent monstrueux à sept têtes. Le taureau est le Minotaure de Crète. Antée tuait tous ceux qui entraient en Libye.
[31] C'était dans le vallon de Némée que le lion tué par Héraclès exerçait ses ravages.
[32] Constructeur du taureau de Phalaris dont il fut la première victime.

Et les feux de Neron ne furent point des feux
Pres de ceux que vomit ce serpent monstrueux.
      Ainsi, en embrazant la France miserable,
Cett' Hydra renaissant ne s'abbat, ne s'accable
Par veilles, par labeurs, par chemins, par ennuis;   855
La chaleur des grands jours ni les plus froides nuicts
N'arrestent sa fureur, ne brident le courage
De ce monstre porté des aisles de sa rage;
La peste ne l'arreste, ains la peste la craint,
Pource qu'un moindre mal un pire mal n'esteint.   860
      L'infidelle, croyant les fausses impostures
Des dæmons predisans par songes, par augures
Et par voix de sorciers que son chef perira
Foudroyé d'un plancher qui l'ensevelira,
Perd bien le jugement, n'ayant pas conoissance,   865
Que cette maison n'est que la maison de France,
La maison qu'elle sappe; et c'est aussi pourquoi
Elle fait tresbucher son ouvrage sur soi.
Celui qui d'un canon foudroyant extermine
Le rempar ennemi sans brasser sa ruine   870
Ruine ce qu'il hait, mais un mesme danger
Acravante le chef de l'aveugle estranger
Grattant par le dedans le vengeur edifice,
Qui fait de son meurtrier en mourant sacrifice.
Elle ne l'entend pas, quand de mille posteaux   875
Elle fait appuyer ses logis, ses chasteaux:
Tu ne peux empescher par arc-boutant ni fulcre
Que Dieu de ta maison ne fasse ton sepulchre;
L'architecte mondain n'a rien qui tienne lieu
Contre les coups du ciel et le doigt du grand Dieu.   880
Il falloit contre toi et contre ta machine
Appuyer et munir, ingratte Catherine,
Cette haute maison, la maison de Valois,
Qui s'en va dire à Dieu au monde et aux François.
      Mais, quand l'embrasement de la mi-morte France   885
A souffler tous les coins requiert sa diligence,
La diligente au mal, paresseuse à tout bien,
Pour bien faire craint tout, pour nuire ne craint rien.
C'est la peste de l'air, l'Erynne envenimee,
Elle infecte le ciel par la noire fumee   890
Qui sort de ses nareaux; ell' haleine les fleurs:
Les fleurs perdent d'un coup la vie et les couleurs;
Son toucher est mortel, la pestifere tuë
Les païs tous entiers de basilique veuë;

Elle change en discord l'accord des elements.   895
En paisible minuict on oit ses hurlements,
Ses sifflements, ses cris, alors que l'enragee
Tourne la terre en cendre, et en sang l'eau changee.
Elle s'ameute avec les sorciers enchanteurs,
Compagne des demons compagnons imposteurs,   900
Murmurant l'exorcisme et les noires prieres.
La nuict elle se veautre aux hideux cimetieres,
Elle trouble le ciel, elle arreste les eaux,
Ayant sacrifié tourtres et pigonneaux
Et desrobé le temps que la lune obscurcie   905
Souffre de son murmur'; elle attir' et convie
Les serpens en un rond sur les fosses des morts,
Desterre sans effroi les effroyables corps,
Puis, remplissant les os de la force des diables,
Les fait saillir en pieds, terreux, espouvantables,   910
Oit leur voix enroüee, et des obscurs propos
Des demons imagine un travail sans repos;
Idolatrant Sathan et sa theologie,
Interrogue en tremblant sur le fil de sa vie
Ces organes hideux; lors mesle de leurs tais   915
La poudre avec du laict, pour les conduire en paix.
Les enfans innocens ont presté leurs moëlles,
Leurs graisses et leur suc à fournir des chandelles,
Et, pour faire trotter les esprits aux tombeaux,
On offre à Belzebub leurs innocentes peaux.   920
       En vain, Roine, tu as rempli une boutique
De drogues du mestier et mesnage magique;
En vain fais tu amas dans les tais des deffuns
De poix noire, de canfre à faire tes parfuns;
Tu y brusles en vain cyprés et mandragore,   925
La ciguë, la ruë et le blanc hellebore,
La teste d'un chat roux, d'un ceraste[33] la peau,
D'un chat-huant le fiel, la langue d'un corbeau,
De la chauve souris le sang, et de la louve
Le laict chaudement pris sur le poinct qu'elle trouve 930
Sa tasniere vollee et son fruict emporté,
Le nombril frais-couppé à l'enfant avorté,
Le cœur d'un vieil crapaut, le foye d'un dipsade,[34]
Les yeux d'un basilic, la dent d'un chien malade
Et la bave qu'il rend en contemplant les flots,   935
La queuë du poisson, ancre des matelots,

[33] Serpent né du sang de la Méduse.
[34] Comme *ceraste*, serpent né du sang de la Méduse.

Contre lequel en vain vent et voile s'essaye,[35]
Le vierge parchemin, le palais de fresaye:
Tant d'estranges moyens tu recerches en vain,
Tu en as de plus prompts en ta fatale main.   940
Car quand dans un corps mort un demon tu ingeres,
Tu le vas menaçant d'un fouët de viperes;
Il fait semblant de craindre, et pour jouër son jeu
Il s'approche, il refuse, il entre peu à peu,
Il touche le corps froid et puis il s'en esloigne,   945
Il feint avoir horreur de l'horrible charongne:
Ces feintes sont appas; leur maistre, leur Seigneur
Leur permet d'affronter, d'efficace d'erreur,[36]
Tels esprits que le tien par telles singeries.
    Mais toi qui par sur eux triomphes, seigneuries,   950
Use de ton pouvoir: tu peux bien triompher
Sur eux, puis que tu es vivandiere d'enfer;
Tu as plus de credit, et ta voix est plus forte
Que tout ce qu'en secret de cent lieux on te porte.
Va, commande aux demons d'imperieuse voix,   955
Reproche leur tes coups, conte ce que tu vois,
Monstre leur le succes des ruses florentines,
Tes meurtres, tes poisons, de France les ruines,
Tant d'ames, tant de corps que tu leur fais avoir,
Tant d'esprits abrutis, poussez au desespoir,   960
Qui renoncent leur Dieu; di que par tes menees
Tu as peuplé l'enfer de legions damnees.
De telles voix sans plus tu pourras esmouvoir,
Employer, arrester tout l'infernal pouvoir.
Il ne faut plus de soin, de labeur, de despence   965
A cercher les sçavans en la noire science;
Vous garderez les biens, les estats, les honneurs
Pour d'Italie avoir les fins empoisonneurs,
Pour nourrir, employer cette subtile bande,
Bien mieux entretenuë, et plus riche et plus grande   970
Que celle du conseil; car nous ne voulons point
Que conseillers subtils, qui renversent à point
En discords les accords, que les traistres qui vendent
A peu de prix leur foy, ceux-la qui mieux entendent
A donner aux meschans les purs commandements,   975
En se servant des bons tromper leurs instruments.
    La foi par tant de fois et la paix violee
Couvroit les faux desseins de la France affolee

---

[35] Le rémora. Les Anciens croyaient qu'un seul de ces poissons pouvait suffire à arrêter
un navire.
[36] Par une ruse efficace.

Sous les traittez d'accord; avant le pourparler
De la paix, on sçavoit le moyen de troubler.   980
Cela nous fut depeint par les feux et la cendre
Que le mal-heur venu seul nous a pû apprendre,
Les feux, di-je, celez dessous le pesant corps
D'une souche amortie et qui, n'ayant dehors
Poussé par millions tousjours ses estincelles,   985
Sous la cendre trompeuse a ses flammes nouvelles.
La traistresse Pandore apporta nos mal-heurs,
Peignant sur son champ noir l'enigme de nos pleurs,
Marquant pour se mocquer sur ses tapisseries
Les moyens de ravir et nos biens et nos vies,   990
Mesme escrivant autour du tison de son cœur
Qu'apres la flamme esteinte encore vit l'ardeur.
    Tel fut l'autre moyen de nos rudes miseres,
L'Achitophel[37] bandant les fils contre les peres,
Tel fut cett' autre peste et l'autre mal-heureux,   995
Perpetuel horreur à nos tristes neveux,
Ce cardinal sanglant, couleur à point suivie
Des desirs, des effects, et pareill' à sa vie:
Il fut rouge de sang de ceux qui au cercueil
Furent hors d'aage mis, tuez par son conseil;   1000
Et puis le cramoisi encores nous avise
Qu'il a dedans son sang trempé sa paillardise,
Quand en mesme suject se fit le monstrueux
Adultere, paillard, bougre et incestueux.
Il est exterminé; sa mort espouvantable   1005
Fut des esprits noircis une guerre admirable.
Le haut ciel s'obscurcit, cent mille tremblements
Confondirent la terre et les trois elements;
De celuy qui troubloit, quand il estoit en vie,
La France et l'univers l'ame rouge ravie   1010
En mille tourbillons, mille vents, mille nœuds,
Mille foudres ferrez, mill' esclairs, mille feux,
Le pompeux appareil de cett' ame si saincte
Fit des mocqueurs de Dieu trembler l'ame contrainte.
Or n'estant despouillé de toutes passions,   1015
De ses conseils secrets et de ses actions
Ne pouvant oublier la compagne fidelle,
Vomissant son demon, il eut memoire d'elle,
Et finit d'un à Dieu entre les deux amants[38]

---

[37] Achitophel était le mauvais conseiller de David. Le surnom s'applique ici au cardinal de Lorraine.
[38] Les pamphlets du temps accusent le cardinal de Lorraine d'avoir été l'amant de Catherine.

La moitié du conseil et non de nos tourments.   1020
      Prince choisi de Dieu,[39] qui sous ta belle-mere
Savourois l'aconit et la ciguë amere,
Ta voix a tesmoigné qu'au poinct que cet esprit
S'enfuyoit en son lieu, tu vis saillir du lict
Cette Royne en frayeur qui te monstroit la place   1025
Où le cardinal mort l'acostoit face à face
Pour prendre son congé: elle bouschoit ses yeux,
Et sa frayeur te fit herisser les cheveux.
      Tels mal-heureux cerveaux ont esté les amorces,
Les flambeaux, boute-feux et les fatales torches   1030
Par qui les hauts chasteaux jusqu'en terre rasez,
Les temples, hospitaux pillez et embrazez,
Les colleges destruits par la main ennemie
Des citoyens esmeus monstrent l'anatomie
De nostre honneur ancien (comme l'on juge aux os   1035
La grandeur des geants aux sepulcres enclos).
Par eux on vid les loix sous les pieds trepignees,
Par eux la populace à bandes mutinees
Trempa dedans le sang des vieillards les couteaux,
Estrangla les enfans liez en leurs berceaux,   1040
Et la mort ne conut ni le sexe ni l'aage;
Par eux est perpetré le monstrueux carnage
Qui, de quinze ans entiers, ayant fait les moissons
Des François, glene encor le reste en cent façons.
      Car quand la frenaisie et fievre generalle   1045
A senti quelque paix, dilucide intervalle,
Nos sçavans apprentifs du faux Machiavel
Ont parmi nous semé la peste du duël.
Les grands, ensorcelez par subtiles querelles,
Ont remplis leurs esprits de haines mutuelles;   1050
Leur courage employé à leur dissention
Les fait serfs de mestier, grands de profession.
Les nobles ont chocqué à testes contre testes;
Par eux les princes ont vers eux payé leurs debtes;
Un chacun estourdi a porté au fourreau   1055
De quoy estre de soi et d'autrui le bourreau;
Et de peur qu'en la paix la feconde noblesse
De son nombre s'enflant ne refrene et ne blesse
La tyrannie un jour, qu'ignorante elle suit,
Miserable support du joug qui la destruit,   1060
Le Prince en son repas par loüanges et blasmes
Met la gloire aux duels, en allume les ames,

[39] Henri de Navarre.

Peint sur le front d'autrui et n'establit pour soy
Du rude poinct d'honneur la pestifere loy,
Reduisant d'un bon cœur la valeur prisonniere   1065
A voir devant l'espee, et l'enfer au derriere.

      J'escris ayant senti avant l'autre combat
De l'ame avec son cœur l'inutile debat,
Prié Dieu, mais sans foy comme sans repentance,
Porté à exploiter dessus moy la sentence;   1070
Et ne faut pas ici que je vante en mocqueur
Le despit pour courage et le fiel pour le cœur.
Ne pense pas aussi, mon lecteur, que je conte
A ma gloire ce poinct, je l'escris à ma honte.
Ouy j'ai senti le ver resveillant et piqueur   1075
Qui contre tout mon reste avoit armé le cœur,
Cœur qui à ses despens prononçoit la sentence
En faveur de l'enfer contre la conscience.

      Ces Anciens, vrais soldats, guerriers, grands conquereurs
Qui de simples bourgeois faisoyent des Empereurs,   1080
Des princes leurs vassaux, d'un advocat un prince,
Du monde un regne seul, de France une province,
Ces patrons de l'honneur honoroyent le senat,
Les chevaliers apres, et par le tribunat
Haussoyent le tiers estat aux degrez de leur ville,   1085
Desquels ils repoussoyent toute engeance servile.
Les serfs demi-humains, des hommes excrements,
Se vendoyent, se contoyent au roolle des juments;
Ces mal-heureux avoyent encores entr' eux-mesme
Quelque condition des extremes l'extreme: 1090
C'estoyent ceux qu'on tiroit des pires du troupeau
Pour esbatre le peupl' aux despens de leur peau.
Aux obseques des grands, aux festins, sur l'arene,
Ces glorieux maraux bravoyent la mort certaine,
Avec grace et sang froid mettoyent pourpoint à part,   1095
Sans s'esbranler logeoyent en leur sein le poignart.
Que ceux qui aujourd'hui se vantent d'estocades
Contrefacent l'horreur de ces viles bravades:
Car ceux-la recevoyent et le fer et la mort
Sans cri, sans que le corps se tordist par effort,   1100
Sans posture contrainte, on que la voix ouïe
Mendiast laschement des spectateurs la vie.
Ainsi le plus infect du peuple diffamé
Perissoit tous les jours, par milliers consumé.

      Or tel venin cuida sortir de cette lie   1105
Pour eschauffer le sang de la troupe anoblie;

Puis quelques Empereurs, gladiateurs nouveaux,
De ces corps condamnez se firent les bourreaux;
Joint (comme l'on trouva) que les meres volages
Avoyent admis au lict des pollus mariages   1110
Ces visages felons, ces membres outrageux,
Et convoité le sang des vilains courageux.
On y dressa les nains. Quelques femmes perduës
Furent à ce mestier finalement venduës.
Mais les doctes escrits des sages animez   1115
Rendirent ces bouchers (quoi que grands) diffamez;
Et puis le magistrat couronna d'infamie
Et atterra le reste en la plus basse lie,
Si bien que ce venin en leur siecle abbatu
Pour lors ne pût voler la palme de vertu.   1120
      On appelle aujourd'hui n'avoir rien fait qui vaille
D'avoir percé premier l'espais d'une bataille,
D'avoir premier porté une enseigne au plus haut,
Et franchi devant tous la breche par assaut.
Se jetter contre espoir dans la ville assiegee,   1125
La sauver demi-prise et rendre encouragee,
Fortifier, camper ou se longer parmi
Les gardes, les efforts d'un puissant ennemi,
Employer, sans manquer de cœur ni de cervelle,
L'espee d'une main, de l'autre la truelle,   1130
Bien faire une retraitte, ou d'un scadron battu
R'allier les deffaicts, cela n'est plus vertu.
      La voici pour ce temps: bien prendre une querelle
Pour un oiseau ou chien, pour garce ou maquerelle,
Au plaisir d'un vallet, d'un bouffon gazouïllant   1135
Qui veut, dit-il, sçavoir si son maistre est vaillant.
Si un prince vous hait, s'il lui prend quelque envie
D'employer vostre vie à perdre une autre vie
Pour payer tous les deux, à cela nos mignons
Vont rians et transis, deviennent compagnons   1140
Des valets, des lacquais. Quiconque porte espee
L'espere voir au sang d'un grand prince trempee.
De cette loi sacree ores ne sont exclus
Le malade, l'enfant, le vieillard, le perclus:
On les monte, on les arme, On invente, on devine   1145
Quelque nouveaux outils à remplir Libitine;[40]
On y fend sa chemise, on y monstre sa peau:
Despouillé en coquin, on y meurt en bourreau.
Car les perfections du duel sont de faire

[40] Déesse des obsèques, donc de la mort.

Un appel sans raison, un meurtre sans colere,   1150
Au jugement d'autrui, au rapport d'un menteur;
Somme, sans estre juge, on est l'executeur.
Ainsi faisant vertu d'un execrable vice,
Ainsi faisant mestier de ce qui fut supplice
Aux ennemis vaincus, sont par les enragés   1155
De leurs exploits sur eux les diables soulagés.
Folle race de ceux qui pour quelque vaisselle
Veautrez l'eschine en bas, fermes sur leur rondelle,
Sans regret, sans crier, sans tressauts apparents,
Se faisoyent esgorger au profit des parents!   1160
Tout peril veut avoir la gloire pour salaire,
Tels perils amenoyent l'infamie au contraire;
Entre les valeureux ces cœurs n'ont point de lieu:
Les anciens leur donnoyent pour tutelaire Dieu
Non Mars chef des vaillants: le chef de cette peste   1165
Fut Saturne le triste, infernal, et funeste.
            Le François aveuglé en ce siecle dernier
Est tout gladiateur et n'a rien du guerrier.
On debat dans le pré les contracts, les cedules;
Nos jeunes conseillers y descendent des mules;   1170
J'ai veu les thresoriers du duel se coëffer,
Quitter l'argent et l'or pour manier le fer;
L'avocat desbauché du barreau se desrobe,
Souïlle à bas le bourlet, la cornette et la robe:
Quel heur d'un grand mal-heur, si ce brutal exces   1175
Parvenoit à juger un jour tous nos proces!
Enfin rien n'est exempt: les femmes en colere
Ostent au faux honneur l'honneur de se deffaire;
Ces hommaces, plustost ces demons desguisez,
Ont mis l'espee au poing, les cotillons posez,   1180
Trepigné dans le pré avec bouche embavee,
Bras courbé, les yeux clos, et la jambe levee;
L'une dessus la peur de l'autre s'avançant
Menace de frayeur et crie en offençant.
            Ne contez pas ces traicts pour feinte ni pour songe,   1185
L'histoire est du Poictou et de nostre Xaintonge:
La Boutonne[41] a lavé le sang noble perdu
Que ce sexe ignorant au fer a respandu.
            Des triomphans martyrs la façon n'est pas telle:
Le premier champion de la haute querelle   1190
Prioit pour ses meurtriers et voyoit en priant

---

[41] D'Aubigné naquit près de Pons, en Saintonge. La Boutonne est une rivière du Poitou.

Sa place au ciel ouvert, son Christ l'y conviant.
Celuy qui meurt pour soi, et en mourant machine
De tuer son tueur, void sa double ruine:
Il void sa place preste aux abysmes ouverts,   1195
Satan grinçant les dents le convie aux enfers.
     Depuis que telles loix sur nous sont establies,
A ce jeu ont vollé plus de cent mille vies;
La milice est perdue, et l'escrime en son lieu
Assaut le vrai honneur, escrimant contre Dieu,   1200
     Les quatre nations proches de nostre porte[42]
N'ont humé ce venin, au moins de telle sorte,
Voisins qui par leur ruse, au defaut des vertus,
Nous ont pippez, pillez, effrayez et battus:
Nous n'osons nous armer, les guerres nous fletrissent,   1205
Chacun combat à part et tous en gros perissent.
     Voila l'estat piteux de nos calamitez,
La vengeance des cieux justement irritez.
En ce fascheux estat, France et François, vous estes
Nourris, entretenus par estrangeres bestes,   1210
Bestes de qui le but et le principal soin
Est de mettre à jamais au tyrannique poin
De la beste de Rome[43] un sceptre qui commande
L'Europe, et encor plus que l'Europe n'est grande.
     Aussi l'orgueil de Rome est à ce point levé   1215
Que d'un prestre tout Roi, tout Empereur bravé
Est marchepied fangeux; on void, sans qu'on s'estonne,
La pantoufle crotter les lys de la couronne:
Dont, ainsi que Neron, ce Neron insensé
Rencherit sur l'orgueil que l'autre avoit pensé: 1220
     "Entre tous les mortels, de Dieu la prevoyance
M'a du haut ciel choisi, donné sa lieutenance.
Je suis des nations juge à vivre et mourir;
Ma main fait qui lui plaist et sauver et perir,
Ma langue declarant des edicts de Fortune   1225
Donne aux citez la joye ou la plainte commune;
Rien ne fleurit sans moi; les milliers enfermez
De mes gladiateurs sont d'un mot consumez;
Par mes arrests j'espars, je destruicts, je conserve
Tout païs; toute gent, je la rend libre ou serve;   1230
J'esclave les plus grands: mon plaisir pour tous droicts
Donne aux gueux la couronne et le bissac aux Rois."
     Cet ancien loup romain n'en sçeut pas davantage;

---

[42] L'Allemagne, l'Espagne, l'Italie, la Savoie.
[43] Le pape.

Mais le loup de ce siecle a bien autre langage:
"Je dispense, dit-il, du droict contre le droict;   1235
Celui que j'ai damné, quand le ciel le voudroit,
Ne peut estre sauvé; j'authorise le vice;
Je fai le faict non faict, de justice injustice;
Je sauve les damnez en un petit moment;
J'en loge dans le ciel à coup un regiment;   1240
Je fai de bouë un Roy, je mets les Rois aux fanges;
Je fai les Saincts, sous moy obeïssent les Anges;
Je puis (cause premiere à tout cet univers)
Mettre l'enfer au ciel et le ciel aux enfers."
    Voila vostre evangile, ô vermine espagnolle,[44]   1245
Je dis vostre evangile, engeance de Loyole,
Qui ne portez la paix sous le double manteau,
Mais qui empoisonnez l'homicide couteau:
C'est vostre instruction d'establir la puissance
De Rome, sous couleur de points de conscience,   1250
Et, sous le nom menti de Jesus, esgorger
Les Rois et les Estats où vous pouvez loger.
Allez, preschez, courez, vollez, meurtriere trope,
Semez le feu d'enfer aux quatre coins d'Europe!
Vos succez paroistront quelque jour, en cuidant   1255
Mettre en Septentrion le sceptre d'Occident:
Je voi comme le fer piteusement besongne
En Mosco, en Suede, en Dace et en Polongne;
Insensez, en cuidant vous avancer beaucoup,
Vous eslevez l'Agneau,[45] atterrant vostre loup.   1260
O Prince mal-heureux qui donne au Jesuite
L'accez et le credit que ton peché merite!
    Or laissons-la courir la pierre et le cousteau
Qui nous frappe d'enhaut, voyons d'un œil nouveau
Et la cause et le bras qui justement les pousse;   1265
Foudroyez, regardons qui c'est qui se courrouce,
Faisons paix avec Dieu pour la faire avec nous;
Soyons doux à nous-mesm' et le ciel sera doux;
Ne tyrannisons point d'envie nostre vie,
Lors nul n'exercera dessus nous tyrannie;   1270
Ostons les vains soucis, nostre dernier souci
Soit de parler à Dieu en nous pleignant ainsi:
    "Tu vois, juste vengeur, les fleaux de ton Eglise,
Qui par eux mise en cendre et en masure mise
A contre tout espoir son esperance en toy,   1275

[44] Les Jésuites, ordre fondé par saint Ignace de Loyola (1540).
[45] Le Christ, symbole de la vraie foi.

Pour son retranchement le rempart de la foy.

     "Tes ennemis et nous sommes esgaux en vice
Si, juge, tu te sieds en ton lict de justice;
Tu fais pourtant un choix d'enfans ou d'ennemis,
Et ce choix est celui que ta grace y a mis.   1280

     "Si tu leur fais des biens, ils s'enfient en blasphemes;
Si tu nous fais du mal, il nous vient de nous-mesmes.
Ils maudissent ton nom quand tu leur es plus doux;
Quand tu nous meurtrirois, si te benirons-nous.

     "Cette bande meurtriere à boire nous convie   1285
Le vin de ton courroux: boiront-ils point la lie?
Ces verges, qui sur nous s'esgayent comm' au jeu,
Sales de nostre sang, vont-elles pas au feu?

     "Chastie en ta douceur, punis en ta furie
L'escapade aux aigneaux, des loups la boucherie;   1290
Distingue pour les deux, comme tu l'as promis,
La verge à tes enfans, la barre aux ennemis.

     "Veux-tu long-temps laisser en cette terre ronde
Regner ton ennemi? N'es-tu Seigneur du monde,
Toy, Seigneur, qui abbas, qui blesses, qui gueris,   1295
Qui donnes vie et mort, qui tue et qui nourris?

        "Les princes n'ont point d'yeux pour voir tes grand's mer-
             veilles;
Quand tu voudras tonner, n'auront-ils point d'oreilles?
Leurs mains ne servent plus qu'à nous persecuter;
Ils ont tout pour Satan et rien pour te porter.   1300

     "Sion[46] ne reçoit d'eux que refus et rudesses,
Mais Babel[47] les rançonne et pille leurs richesses:
Tels sont les monts cornus qui, avaricieux,
Monstrent l'or aux enfers et les neiges aux cieux.

     "Les temples du payen, du Turc, de l'idolatre   1305
Haussent au ciel l'orgueil du marbre et de l'albastre;
Et Dieu seul, au desert pauvrement hebergé,
A basti tout le monde et n'y est pas logé!

     "Les moineaux ont leurs nids, leurs nids les hirondelles;
On dresse quelque fuye aux simples colombelles;   1310
Tout est mis à l'abri par le soin des mortels;
Et Dieu seul, immortel, n'a logis ni autels.

     "Tu as tout l'univers où ta gloire on contemple,
Pour marchepied la terre et le ciel pour un temple:
Où te chassera l'homme, ô Dieu victorieux?   1315
Tu possedes le ciel et les cieux des hauts cieux!

---

[46] L'Eglise réformée.
[47] Babel représente l'Eglise romaine.

"Nous faisons des rochers les lieux où on te presche,
Un temple de l'estable, un autel de la creche;
Eux du temple un'estable aux asnes arrogants,
De la saincte maison la caverne aux brigands.   1320
      "Les premiers des chrestiens prioyent aux cimetieres:
Nous avons fait ouïr aux tombeaux nos prieres,
Fait sonner aux tombeaux le nom de Dieu le fort
Et annoncé la vie aux logis de la mort.
      "Tu peux faire conter ta loüange à la pierre;   1325
Mais n'as-tu pas tousjours ton marchepied en terre?
Ne veux-tu plus avoir d'autres temples sacrez
Qu'un blanchissant amas d'os de morts massacrez?
      "Les morts te loueront-ils? Tes faicts grands et terribles
Sortiront-ils du creux de ces bouches horribles?   1330
N'aurons-nous entre nous que visages terreux
Murmurans ta loüange aux secrets de nos creux?
      "En ces lieux caverneux tes cheres assemblees,
Des ombres de la mort incessamment troublees,
Ne feront-elles plus resonner tes saincts lieux   1335
Et ton renom voller des terres dans les cieux?
      Quoi! serons-nous muets, serons-nous sans oreilles?
Sans mouvoir, sans chanter, sans ouïr tes merveilles?
As-tu esteint en nous ton sanctuaire? Non,
De nos temples vivans sortira ton renom.   1340
      "Tel est en cest estat le tableau de l'Eglise:
Elle a les fers aux pieds, sur les geennes assise,
A sa gorge la corde et le fer inhumain,
Un pseaume dans la bouche, et un luth en la main.
      "Tu aimes de ses mains la parfaicte harmonie: 1345
Nostre luth chantera le principe de vie;
Nos doigts ne sont plus doigts que pour trouver tes sons,
Nos voix ne sont plus voix qu'à tes sainctes chansons.
      "Mets à couvert ces voix que les pluyes enrouënt;
Deschaine donc ces doigts, que sur ton luth ils jouënt;   1350
Tire nos yeux ternis des cachots ennuyeux,
Et nous monstre le ciel pour y tourner les yeux.
      "Soyent tes yeux adoucis à guerir nos miseres,
Ton oreille propice ouverte à nos prieres,
Ton sein desboutonné à loger nos souspirs,   1355
Et ta main liberale à nos justes desirs.
      "Que ceux qui ont fermé les yeux à nos miseres,
Que ceux qui n'ont point eu d'oreille à nos prieres,
De cœur pour secourir, mais bien pour tourmenter,
Point de main pour donner, mais bien pour nous oster,   1360
      "Trouvent tes yeux fermez à juger leurs miseres;

Ton oreille soit sourde en oyant leurs prieres;
Ton sein ferré soit clos aux pitiez, aux pardons;
Ta main seche, sterile aux bienfaicts et aux dons.
    "Soyent tes yeux clair-voyans à leurs pechez extremes;
Soit ton oreille ouverte à leurs cris de blasphemes,   1365
Ton sein deboutonné pour s'enfler de courroux,
Et ta main diligente à redoubler tes coups.
    "Ils ont pour un spectacle et pour jeu le martyre;
Le meschant rit plus haut que le bon n'y souspire:
Nos cris mortels n'y font qu'incommoder leurs ris,   1370
Les ris de qui l'esclat oste l'air à nos cris,
    "Ils crachent vers la lune et les voûtes celestes:
N'ont-elles plus de foudre et de feux et de pestes?
Ne partiront jamais du throsne où tu te sieds
Et la mort et l'enfer qui dorment à tes pieds?   1375
    Leve ton bras de fer, haste tes pieds de laine,
Venge ta patience en l'aigreur de la peine,
Frappe du ciel Babel: les cornes de son front
Desfigurent la terre et lui ostent son rond!"

Jugement

LIVRE SEPTIEME

Baisse donc, ETERNEL, tes hauts cieux pour descendre,
Frappe les monts cornus, fay-les fumer et fendre;
Loge le pasle effroy, la damnable terreur
Dans le sein qui te hait et qui loge l'erreur;
Donne aux foibles agneaux la salutaire crainte,   5
La crainte, et non la peur, rende la peur esteinte.
Pour me faire instrument à ces effects divers
Donne force à ma voix, efficace[48] à mes vers;
A celui qui t'avouë, ou bien qui te renonce,
Porte l'heur ou malheur, l'arrest que je prononce.   10
Pour neant nous semons, nous arrosons en vain,
Si l'esprit de vertu ne porte de sa main
L'heureux accroissement. Pour les hautes merveilles
Les Pharaons ferréz[49] n'ont point d'yeux, point d'oreilles,

[48] Efficacité.
[49] *Ferrez*: endurcis. Allusion à l'obstination du Pharaon qui refusait de laisser partir les Hébreux.

Mais Paul et ses pareils à la splendeur d'enhaut   15
Prennent l'estonnement pour changer comme il faut.[50]
Dieu veut que son image en nos cœurs soit empreinte,
Estre craint par amour et non aimé par crainte;
Il hait la pasle peur d'esclaves fugitifs,
Il aime ses enfans amoureux et craintifs.   20
    Qui seront les premiers sur lesquels je desploye
Ce pacquet à malheurs ou de parfaicte joye?
Je viens à vous, des deux fidelle messager,
De la gehenne sans fin à qui ne veut changer,
Et à qui m'entendra, comme Paul Ananie,[51]   25
Ambassadeur portant et la veuë et la vie.
    A vous la vie, à vous qui pour Christ la perdez,
Et qui en la perdant trés-seure la rendez,
La mettez en lieu fort, imprenable, en bonn' ombre,
N'attachans la victoire et le succez ait nombre;   30
A vous, soldats sans peur, qui presque en toutes parts
Voyez vos compagnons par la frayeur espars,
Ou, par l'espoir de l'or, les frequentes revoltes,
Satan qui prend l'yvroye et en fait ses recoltes.
Dieu tient son van trieur pour mettre l'aire en point   35
Et consumer l'esteule au feu qui ne meurt point.
Ceux qui à l'eau d'Oreb feront leur ventre boire[52]
Ne seront point choisis compagnons de victoire.
Le Gedeon dit ciel,[53] que ses freres vouloyent
Mettre aux mains des tyrans, alors qu'ils les fouloyent,   40
Destruisans par sa mort un angeliqu' ouvrage,
Aymans mieux estre serfs que suivre un haut courage,
Le grand Jerubaal n'en tria que trois cens,
Prenant les diligens pour dompter les puissans,
Veinqueur maugré les siens, qui, par poltronnerie,   45
Refusoyent à son heur l'assistance et la vie.
Quand vous verrez encor les asservis mastins
Dire "Nous sommes serfs des princes philistins,"
Vendre à leurs ennemis leurs Sansons et leurs braves,[54]

---

[50] Allusion à la conversion de Saint Paul, éclairé par une force surnaturelle aux portes de Damas.

[51] Comme Paul écouta Ananias, envoyé par Dieu pour lui rendre la vue et la vie, après l'aveuglement et la stupeur dont il avait été frappé sur le chemin de Damas.

[52] L'eau d'Oreb n'est ici qu'une appellation symbolique pour désigner toute eau pure qui confère la grâce spirituelle.

[53] Gédéon, l'élu de Dieu, fut choisi pour délivrer les Israélites du joug des Madianites. Il renversa l'autel de Baal, mais ses concitoyens, effrayés de cette audace, voulaient le faire périr. Son père refusa de le leur livrer et Gédéon prit alors le nom de Jérubaal.

[54] Les gens de Juda, craignant les représailles des Philistins, s'emparèrent par surprise de Samson et le lièrent pour le leur livrer.

Sortez trois cens choisis, et de cœurs non esclaves,   50
Sans conter Israel; lappez en haste l'eau,[55]
Et Madian sera desfait par son couteau.[56]
Les trente mille avoyent osté l'air à vos faces:
A vos fronts triomphans ils vont quitter leurs places.
Vos grands vous estouffoyent, magnanimes guerriers: 55
Vous leverez en haut la cime à vos lauriers.
Du fertil champ d'honneur Dieu cercle ces espines
Pour en faire succer l'humeur à vos racines.
Si mesmes de vos troncs vous voyez assecher
Les rameaux vos germains,[57] c'est qu'ils souloyent cacher   60
Et vos fleurs et vos fruits et vos branches plus vertes,
Qui plus rempliront l'air estant plus descouvertes.
        Telle est du sacré mont la generation
Qui au sein de Jacob met son affection.[58]
Le jour s'approche auquel auront ces debonnaires   65
Fermes prosperités, victoires ordinaires;
Voire dedans leurs licts il faudra qu'on les oye
S'esgayer en chantant de tressaillante joie.
Ils auront tout d'un temps à la bouche leurs chants
Et porteront au poing un glaive à deux tranchans   70
Pour fouler à leurs pieds, pour destruire et desfaire
Des ennemis de Dieu la canaille adversaire,
Voire pour empoigner et mener prisonniers
Les Empereurs, les Rois, et princes les plus fiers,
Les mettre aux ceps, aux fers, punir leur arrogance   75
Par les effects sanglans d'une juste vengeance;
Si que ton pied vainqueur tout entier baignera
Dans le sang qui du meurtre à tas regorgera,
Et dedans le canal de la tuerie extreme
Les chiens se gorgeront du sang de leur chef mesme.   80
        Je retourne à la gauche, ô esclaves tondus,[59]
Aux diables faux marchands et pour neant vendus!
Vous leur avez vendu, livré, donné en proye
Ame, sang, vie, honneur: où en est la monnoye?
Je vous voy là cachés, vous que la peur de mort   85

[55] Il y avait trente-deux mille Israélites dans l'armée de Gédéon, réduits à dix mille par le congédiement de ceux qui avaient peur. Par l'épreuve de l'eau on en tria trois cents seulement sur ces dix mille.
[56] *Par son couteau*: par ses propres armes, car les Madianites, dont le camp avait été surpris la nuit, s'entretuèrent dans les ténèbres.
[57] Vos frères.
[58] Il s'agit des protestants.
[59] Après avoir apostrophé les vrais soldats du Christ, le poète s'adresse aux traîtres et aux déserteurs.

A fait si mal choisir l'abysme pour le port,
Vous dans l'esprit desquels une frivole crainte
A la crainte de Dieu et de l'enfer esteinte,
Que l'or faux, l'honneur vain, les serviles estats
Ont rendu revoltés, parjures, apostats;   90
De qui les genous las, les inconstances molles
Ployent, au gré des vents, aux pieds de leurs idoles;
Les uns qui de souspirs monstrent ouvertement
Que le fourneau du sein est enflé de tourment;
Les autres, devenus stupides par usance,   95
Font dormir, sans tuer, la pasle conscience,
Qui se resveille et met, forte par son repos,
Ses esguillons crochus dans les moëlles des os.
        Maquignons de Satan, qui, par espoirs et craintes,
Par feintes pietés et par charités feintes,   100
Diligens charlatans, pipez et maniez
Nos rebelles fuitifs, nos excommuniés,
Vous vous esjouïssez estans retraits de vices
Et puants excremens: gardez nos immondices,
Nos rongneuses brebis, les pestes du troupeau,   105
Ou galles que l'Eglise arrache de sa peau.
        Je vous en veux à vous, apostats degeneres,
Qui leschez le sang frais tout fumant de vos peres
Sur les pieds des tueurs, serfs qui avez servi
Les bras qui ont la vie à vos peres ravi!   110
Vos peres sortiront des tombeaux effroyables,
Leurs images au moins paroistront venerables
A vos sens abbatus, et vous verrez le sang
Qui mesle sur leur chef les touffes de poil blanc,
Du poil blanc herissé de vos poltronneries: 115
Ces morts reprocheront le present de vos vies.
En lavant pour disner avec ces inhumains,
Ces peres saisiront vos inutiles mains,
En disant: "Vois-tu pas que tes mains fayneantes
Lavent sous celles-là qui, de mon sang gouttantes,   120
Se purgent dessus toy et versent mon courroux
Sur ta vilaine peau, qui se lave dessous?
Ceux qui ont retranché les honteuses parties,
Les oreilles, les nez, en triomphe des vies,
En ont fait les cordons des infames chapeaux,   125
Les enfans de ceux-là caressent tels bourreaux!
O esclave coquin, celui que tu salues
De ce puant chapeau espouvante les rues,
Et te salue en serf: un esclave de cœur

N'acheteroit sa vie à tant de deshonneur!   130
Fai pour ton pere, au moins, ce que fit pour son maistre
Un serf (mais vieux Romain), qui se fit mesconoistre
De coups en son visage, et fit si bel effort
De venger son Posthume et puis si belle mort!" [60]

    Vous armez contre nous, vous aimez mieux la vie   135
Et devenir bourreaux de vostre compagnie,
Vilains marchands de vous qui avez mis à prix
Le libre respirer de vos puants esprits,
Assassins pour du pain, meurtriers pasles et blesmes,
Couppe-jarrests, bourreaux d'autrui et de vous mesmes!   140
Vous cerchez de l'honneur, parricides bastards,
Or courez aux assauts et volez aux hazards.
Vous baverez en vain le vin de vos bravades;
Cerchez, gladiateurs, en vain les estocades.
Vous n'auriez plus d'honneur n'osant vous ressentir   145
Ou d'un soufflet receu ou d'un seul desmentir?
Desmentir ne soufflet ne sont tel vitupere
Que d'estre le valet du bourreau de son pere.
Vos peres ont changé en retraits les hauts lieux,
Ils ont foulé aux pieds l'hostie et les faux dieux: 150
Vous apprendrez, valets, en honteuse vieillesse
A chanter au lestrain[61] et respondre à la messe.
Trois Bourbons, autresfois de Rome la terreur,[62]
Pourroyent-ils voir du ciel, sans ire et sans horreur,
Leur ingrat successeur[63] quitter leur trace et estre   155
A rincer la canette, humble valet d'un prestre,
Luy retordre la queuë,[64] et d'un cierge porté
Faire amende honnorable à Satan redouté?
Bourbon, que dirois-tu de ta race honteuse?
Tu dirois, je le sçai, que ta race est douteuse.   160

    Ils ressusciteront ces peres triomphans,
Vous ressusciterez, detestables enfans:
Et honteux, condamnés sans fuites ni refuges,
Vos peres de ce temps alors seront vos juges.

    Vrai est que les tyrans avec inique soin   165

---

[60] Tibère avait fait mettre à mort Postumus Agrippa. Un de ses esclaves qui voulait le venger fut trahi et mis à mort.
[61] Lestrain: lutrin.
[62] Le connétable Charles de Bourbon qui assiégea et prit Rome en 1527; Louis de Bourbon, prince de Condé, mort à la bataille de Jarnac; Henri de Bourbon, prince de Condé, son fils.
[63] Henri II de Bourbon, qui abjura le protestantisme.
[64] *Canette*: la burette de la messe. *Luy retordre la queuë*: relever le bas de la chasuble quand le prêtre fait une génuflexion.

Vous mirent à leurs pieds, en rejettant au loin
La veritable voix de tous cliens fideles,
Avec art vous privant de leurs seures nouvelles.
Ils vous ont empesché d'apprendre que Louys,
Et comment il mourut pour Christ et son pays;   170
Ils vous ont desrobé de vos ayeuls la gloire,
Imbu vostre berceau de fables pour histoire,
Choisi, pour vous former en moines et cagots,
Ou des galans sans Dieu ou des pedans bigots.
    Princes, qui vomissans la salutaire grace   175
Tournez au ciel le dos et à l'enfer la face,
Qui, pour regner ici, esclaves nous rendez
Sans mesurer le gain à ce que vous perdez,
Vous faittes esclatter aux temples vos musiques:
Vostre cheute fera hurler vos domestiques.   180
Au jour de vostre change on vous pare de blanc:
Au jour de son courroux Dieu vous couvre de sang.
Vous avez pris le pli d'atheistes prophanes,
Aimé pour paradis les pompes courtisanes;
Nourris d'un laict esclave, ainsi assujettis,   185
Le sens vainquit le sang et vous fit abrutis.
    Ainsi de Scanderbeg l'enfance fut ravie[65]
Sous de tels precepteurs, sa nature asservie
En un serrail coquin; de delices friant,
Il huma pour son laict la grandeur d'Orient,   190
Par la voix des muphtis on emplit ses oreilles
Des faits de Mahomet et miracles de vieilles.
Mais le bon sang vainquit l'illusion des sens,
Luy faisant mespriser tant d'arborés croissans,
Les armes qui faisoyent courber toute la terre,   195
Pour un grand Empereur oser faire la guerre
Par un petit troupeau ruïné, mal en poinct;
Se fit chef de ceux qui ne le conoissoyent point.
De là tant de combats, tant de faits, tant de gloire
Que chacun les peut lire et nul ne les peut croire.   200
Le ciel n'est plus si riche à nos nativités,
Il ne nous depart plus de generosités,
Ou bien nous trouverions de ces engeances hautes
Si les meres du siecle y faisoyent moins de fautes:
Ces œufs en un nid ponds, et en l'autre couvés,   205
Se trouvent œufs d'aspic quand ils sont esprouvés;
Plustost ne sont esclos que ces mortels viperes

---

[65] Scanderbeg, prince d'Albanie, avait été élevé à Constantinople. Ayant reçu le titre de despote d'Epire, il abjura l'islamisme et souleva les montagnards contre les Turcs.

Fichent l'ingrat fiçon dans le sein des faux peres.
Ou c'est que le regne est à servir condamné,
Ennemi de vertu et d'elle abandonné.   210
Quand le terme est escheu des divines justices,
Les cœurs abastardis sont infectés de vices;
Dieu frappe le dedans, oste premierement
Et retire le don de leur entendement;
Puis, sur le coup qu'il veut nous livrer en servage,   215
Il fait fondre le cœur et secher le courage.
      Or cependant, voici que promet seurement,
Comme petits portraits du futur jugement,
L'Eternel aux meschans, et sa colere ferme
N'oublie, ains par rigueur se payera du terme.   220
Il n'y a rien du mien ni de l'homme en ce lieu,
Voici les propres mots des organes de Dieu:
      "Vous qui persecutez par fer mon heritage,
Vos flancs ressentiront le prix de vostre ouvrage,
Car je vous frapperay d'espais aveuglemens,   225
Des playes de l'Egypte et de forcenemens.
Princes, qui commettez contre moy felonnie,
Je vous arracheray le sceptre avant la vie;
Vos filles se vendront, à vos yeux impuissans
On les violera: leurs effrois languissans   230
De vos bras enferrés n'auront point d'assistance.
Vos valets vous vendront à la brute puissance
De l'avare achepteur, pour tirer en sueurs
De vos corps, goutte à goutte, autant ou plus de pleurs
Que vos commandemens n'en ont versé par terre.   235
Vermisseaux impuissans, vous m'avez fait la guerre,
Vos mains ont chastié la famille de Dieu,
O verges de mon peuple, et vous irez au feu.
Vous, barbares citez, quittez le nom de France
Attendants les esprits de la haute vengeance,   240
Vous qui de faux parfums enfumastes l'ether,
Qui de si bas avez pu le ciel irriter;
Il faut que ces vengeurs en vous justice rendent,
Que pour les recevoir vos murailles se fendent,
Et, comme en Hiericho, vos bastions soient mis   245
En poudre, aux yeux, aux voix des braves ennemis;
Vous, sanglantes cités, Sodomes aveuglees,
Qui, d'aveugles courroux contre Dieu desreglees,
N'avez transi d'horreur aux visages transis,
Puantes de la chair, du sang de mes occis.   250
"Entre toutes, Paris, Dieu en son cœur imprime

Tes enfans qui crioyent sur la Hierosolime,[66]
A ce funeste jour que l'on la destruisoit.
L'Eternel se souvient que chacun d'eux disoit:
A sac, l'Eglise! à sac! qu'elle soit embrazee   255
Et jusqu'au dernier pied des fondemens rasee!
Mais tu seras un jour labouree en seillons,
Babel, où l'on verra les os et les charbons,
Restes de ton palais et de ton marbre en cendre.
Bien-heureux l'estranger qui te sçaura bien rendre   260
La rouge cruauté que tu as sçeu cercher;
Juste le reistre noir, volant pour arracher
Tes enfans acharnés à ta mamelle impure,
Pour les froisser brisés contre la pierre dure;
Maudit sera le fruict que tu tiens en tes bras,   265
Dieu maudira du ciel ce que tu beniras;
Puante jusqu'au ciel, l'œil de Dieu te deteste,
Il attache à ton dos la devorante peste,
Et le glaive et la faim, dont il fera mourir
Ta jeunesse et ton nom pour tout jamais perir   270
Sous toy, Hierusalem meurtriere, revoltee,
Hierusalem qui es Babel ensanglantee.
    "Comme en Hierusalem diverses factions
Doubleront par les tiens tes persecutions,
Comme en Hierusalem de tes portes rebelles   275
Tes mutins te feront prisons et citadelles;
Ainsi qu'en elle encor tes bourgeois affolés,
Tes bouttefeux prendront le faux nom de zelés.
Tu mangeras comme elle un jour la chair humaine,
Tu subiras le joug pour la fin de ta peine,   280
Puis tu auras repos: ce repos sera tel
Que reçoit le mourant avant l'accez mortel.
Juifs parisiens, tres-justement vous estes
Comme eux traistres, comme eux massacreurs des prophetes:
Je voy courir ces maux, approcher je les voy   285
Au siege languissant, par la main de ton Roy.
    "Cités yvres de sang, et encor alterees,
Qui avec soif de sang et de sang enyvree,
Vous sentirez de Dieu l'espouvantable main:
Vos terres seront fer, et vostre ciel d'airain,   290
Ciel qui au lieu de pluye envoye sang et poudre,
Terre de qui les bleds n'attendent que le foudre.
Vous ne semez que vent en steriles sillons,
Vous n'y moissonnerez que volans tourbillons,

[66] Jérusalem.

Qui à vos yeux pleurans, folle et vaine canaille,   295
Feront piroüetter les espics et la paille.
Ce qui en restera et deviendra du grain
D'une bouche estrangere estanchera la faim.
Dieu suscite de loin, comme une espaisse nue,
Un peuple tout sauvage, une gent inconnue,   300
Impudente du front, qui n'aura, triomphant,
Ni respect du vieillard ni pitié de l'enfant,
A qui ne servira la piteuse harangue:
Tes passions n'auront l'usage de la langue.
De tes faux citoyens les detestables corps   305
Et les chefs traineront, exposez au dehors:
Les corbeaux esjouïs, tous gorgez de charongne,
Ne verront à l'entour aucun qui les esloigne.
Tes ennemis feront, au milieu de leur camp,
Foire de tes plus forts, qui vendus à l'ancan   310
Ne seront encheris. Aux villes assiegees
L'œil have et affamé des femmes enragees
Regardera la chair de leurs maris aimés;
Les maris forcenés lanceront affamés
Les regards allouvis sur les femmes aimées,   315
Et les deschireront de leurs dents affamees,
Quoi plus? celles qui lors en dueil enfanteront
Les enfans demi-nez du ventre arracheront,
Et du ventre à la bouche, afin qu'elles survivent,
Porteront l'avorton et les peaux qui le suyvent."   320
        Ce sont du jugement à venir quelques traicts,
De l'enfer preparé les debiles portraicts;
Ce ne sont que miroirs des peines eternelles:
O quels seront les corps dont les ombres sont telles!
        Atheistes vaincus, vostre infidelité   325
N'amusera le cours de la Divinité;
L'Eternel jugera et les corps et les ames,
Les benis à la gloire et les autres aux flammes.
Le corps cause du mal, complice du peché,
Des verges de l'esprit est justement touché.   330
Il est cause du mal: du juste la justice
Ne versera sur l'un de tous deux le supplice.
De ce corps les cinq sens ont esmeu les desirs;
Les membres, leurs valets, ont servi aux plaisirs:
Encor plus criminels sont ceux là qui incitent.   335
Or, s'il les faut punir, il faut qu'ils ressuscitent.
Je dis plus, que la chair par contagion rend
Violence à l'esprit qui long temps se deffend:

Elle, qui de raison son ame pille et prive,
Il faut que pour sentir la peine elle revive.   340
          N'apportez point ici, Sadduciens pervers,[67]
Les corps mangés des loups: qui les tire des vers
Des loups les tirera. Si on demande comme
Un homme sortira hors de la chair de l'homme
Qui l'aura devoré, quand l'homme par la faim   345
Aux hommes a servi de viande et de pain,
En vain vous avez peur que la chair devoree
Soit en dispute à deux: la nature ne cree
Nulle confusion parmi les elemens,
Elle sçait distinguer d'entre les excremens   350
L'ordre qu'elle se garde; ainsi elle demande
A l'estomac entiere et pure la viande,
La nourriture impropre est sans corruption
Au feu de l'estomac par l'indigestion.
Et Nature, qui est grand principe de vie,   355
N'a-elle le pouvoir qu'aura la maladie?
Elle, qui du confus de tout temperament
Fait un germe parfait tiré subtilement,
Ne peut-elle choisir de la grande matiere
La naissance seconde ainsi que la premiere?   360
          Enfans de vanité, qui voulez tout poli,
A qui le stile sainct ne semble assez joli,
Qui voulez tout coulant, et coulez perissables
Dans l'éternel oubli, endurez mes vocables
Longs et rudes; et, puis que les oracles saints   365
Ne vous esmeuvent pas, aux philosophes vains
Vous trouverez encor, en doctrine cachee,
La resurrection par leurs escrits preschee.[68]
          Ils ont chanté que quand les esprits bien-heureux
Par la voye de laict auront fait nouveaux feux,   370
Le grand moteur fera, par ses metamorphoses,
Retourner mesmes corps au retour de leurs causes.
L'air, qui prend de nouveau tousjours de nouveaux corps,
Pour loger les derniers met les premiers dehors;
Le feu, la terre et l'eau en font de mesme sorte.   375
Le despart esloigné de la matiere morte
Fait son rond et retourne encor en mesme lieu,
Et ce tour sent tousjours la presence de Dieu.
Ainsi le changement ne sera la fin nostre,

---

[67] Les Saducéens niaient l'immortalité de l'âme et la résurrection.
[68] Les philosophes dont le poète va exposer les idées sur la résurrection sont: Anaximandre, Héraclite, Empédocle, les Pythagoriciens, Platon, les Stoïciens.

Il nous change en nous mesme et non point en un autre.   380
Il cerche son estait, fin de son action:
C'est au second repos qu'est la perfection.
Les elemens, muans en leurs regles et sortes,
Rappellent sans cesser les creatures mortes
En nouveaux changemens: le but et le plaisir   385
N'est pas là, car changer est signe de desir.
Mais quand le ciel aura achevé la mesure,
Le rond de tous ses ronds, la parfaicte figure,
Lors que son encyclie aura parfait son cours
Et ses membres unis pour la fin de ses tours,   390
Rien ne s'engendrera: le temps, qui tout consomme,
En l'homme amenera ce qui fut fait pour l'homme;
Lors la matiere aura son repos, son plaisir,
La fin du mouvement et la fin du desir.
      Quant à tous autres corps qui ne pourront renaistre,   395
Leur estre et leur estat estoit de ne plus estre.
L'homme, seul raisonnable, eut l'ame de raison;
Cet ame unit à soy, d'entiere liaison,
Ce corps essentié du pur de la nature
Qui doit durer autant que la nature dure.   400
Les corps des bestes sont de nature excrement,
Desquels elle se purge et dispose autrement,
Comme materielle estant leur forme, et pource
Que de matiere elle a sa puissance et sa source,
Cette puissance mise en acte par le corps.   405
Mais l'ame des humains toute vient du dehors;
Et l'homme, qui raisonne une gloire eternelle,
Hoste d'eternité, se fera tel comme elle.
L'ame, toute divine, eut inclination
A son corps, et cette ame, à sa perfection,   410
Pourra-elle manquer de ce qu'elle souhaite,
Oublier ou changer sans se faire imparfaite?
Ce principe est trés vray que l'instinct naturel
Ne souffre manquement qui soit perpetuel.
Quand nous considerons l'airain qui s'achemine   415
De la terre bien cuitte en metal, de la mine
Au fourneau; du fourneau on l'affine; l'ouvrier
Le mene à son dessein pour fondre un chandelier:
Nul de tous ces estats n'est la fin, sinon celle
Qu'avoit l'entrepreneur pour but en sa cervelle.   420
Nostre efformation,[69] nostre dernier repos
Est selon l'exemplaire et le but et propos

---

[69] Notre forme définitive.

De la cause premiere: ame qui n'est guidee
De prototype, estant soy-mesme son idee.
L'homme à sa gloire est fait: telle creation   425
Du but de l'Eternel prend efformation
Ce qui est surceleste et sur nos cognoissances,
Partage du trés pur et des intelligences,
(Si lieu se peut nommer) sera le sacré lieu
Annobli du changer, habitacle de Dieu;   430
Mais ce qui a servi au monde sousceleste,
Quoy que trés excellent, suivra l'estat du reste.
L'homme, de qui l'esprit et penser est porté
Dessus les cieux des cieux, vers la Divinité,
A servir, adorer, contempler et cognoistre,   435
Puis qu'il n'y a mortel que l'abject du bas estre,
Est exempt de la loy qui sous la mort le rend
Et de ce privilege a le ciel pour garant.
            Si aurez vous, payens, pour juges vos pensees,
Sans y penser au vent par vous mesmes poussees   440
En vos laborieux et si doctes escrits
Où entiers vous voulez, compagnons des esprits,
Avoir droit quelque jour: de vos sens le service,
Et vos doigts auroyent-ils fait un si haut office
Pour n'y participer? Nenni, vos nobles cœurs,   445
Pour des esprits ingrats n'ont semé leurs labeurs.
Si vos sens eussent creu s'en aller en fumee
Ils n'eussent tant sué pour la grand renommee.
Les poinctes de Memphis, ses grands arcs triomphaux,
Obelisques logeants les cendres aux lieux hauts,   450
Les travaux sans utile eslevés pour la gloire
Promettoyent à vos sens part en cette memoire.
            Qu'ai-je dict de la cendre eslevee en haut lieu?
Ajoustons que le corps n'estoit mis au milieu
Des bustes ou buchers, mais en cime à la pointe,   455
Et, pour monstrer n'avoir toute esperance esteinte,
La face descouverte, ouverte vers les cieux,
Vuide d'esprit, pour soy esperoit quelque mieux.
Mais à quoy pour les corps ces despenses estranges,
Si ces corps n'estoyent plus que cendre et que fanges?   460
A quoy tant pour un rien? à quoy les rudes loix
Qui arment les tombeaux de franchises et droicts
Dont vous aviez orné les corps morts de vos peres?
Appelez-vous en vain sacrés vos cimetieres!
            Ces portraits excellens, gardés de pere en fils,   465
De bronze pour durer, de marbre, d'or exquis,

Ont-ils portrait les corps, ou l'ame qui s'envole?
La Royne de Carie a mis pour son Mausole
Tant de marbre et d'yvoire, et, qui plus est encor
Que l'yvoire et le marbre, ell' a pour son thresor   470
En garde à son cher cœur cette cendre commise:
Son sein fut un sepulchre; et la brave Artemise[70]
A de l'antiquité les proses et les vers.
Elle a fait exalter par tout cet univers
Son ouvrage construit d'estoffe nom-pareille,   475
Vous en avez dressé la seconde merveille:
Vos sages auroyent-ils tant escrit et si bien
A chanter un erreur, à exalter un rien?
        Vous appelez divins les deux où je veux prendre
Ces axiomes vrais, oyez chanter Pymandre,[71]   480
Apprenez dessous lui[72] les secrets qu'il apprend
De Mercure, par vous nommé trois fois trés grand.
        De tout la gloire est Dieu; cette essence divine
Est de l'universel principe et origine;
Dieu, Nature et pensee, est en soy seulement   485
Acte, necessité, fin, renouvellement.
A son poinct il conduict astres et influences
En cercles moindres, grands sous leurs intelligences,
Ou anges par qui sont les esprits arrestés
Dés la huictiesme sphere à leur corps apprestés,   490
Demons distributeurs des renaissantes vies
Et des arrests qu'avoyent escrit les encyclies.
Ces officiers du ciel, diligens et discrets,
Administrent du ciel les mysteres secrets,
Et insensiblement mesnagent en ce monde   495
De naistre et de finir toute cause seconde.
Tout arbre, graine, fleur, et beste tient dequoy
Se resemer soi-mesme et revivre par soy.
Mais la race de l'homme a la teste levee,
Pour commander à tout cherement reservee: 500
Un tesmoin de Nature à discerner le mieux,
Augmenter, se mesler dans les discours des dieux,
A cognoistre leur estre et nature et puissance,
A prononcer des bons et mauvais la sentence.
Cela se doit resoudre et finir hautement   505
En ce qui produira un ample enseignement.

---

[70] Artémise absorba dans une infusion les cendres de son mari.
[71] Allusion au livre d'Hermès Trismégiste, célèbre au XVIᵉ, siècle sous le titre de
Divinus Pœmander ou *Pymander*.
[72] A son école.

Quand des divinités le cercle renouvelle,
Le monde a conspiré que Nature eternelle
Se maintienne par soi, puisse pour ne perir
Revivre de sa mort et seche refleurir.   510
Voyez dedans l'ouvroir du curieux chimicque:
Quand des plantes l'esprit et le sel il praticque;
Il reduit tout en cendre, en faict lessive, et faict
De cette mort revivre un ouvrage parfaict.
L'exemplaire secret des idees encloses   515
Au sepulchre ranime et les lis et les roses,
Racines et rameaux, tiges, fueilles et fleurs
Qui font briller aux yeux les plus vives couleurs,
Ayant le feu pour pere, et pour mere la cendre.
Leur resurrection doibt aux craintifs apprendre   520
Que les bruslez, desquels on met la cendre au vent,
Se relevent plus vifs et plus beaux que devant.
Que si Nature faict tels miracles aux plantes
Qui meurent tous les ans, tous les ans renaissantes,
Elle a d'autres secrets et thresors de grand prix   525
Pour le prince estably au terrestre pourpris.
Le monde est animant, immortel; il n'endure
Qu'un de ses membres chers autant que lui ne dure:
Ce membre de haut prix, c'est l'homme raisonnant,
Du premier animal le chef d'œuvre eminent;   530
Et quand la mort dissout son corps, elle ne tue
Le germe non mortel qui le tout restitue.
La dissolution qu'ont soufferte les morts
Les prive de leurs sens, mais ne destruit les corps;
Son office n'est pas que ce qui est perisse,   535
Bien, que tout le caduc renaisse et rajeunisse.
Nul esprit ne peut naistre, il paroist de nouveau;
L'esprit n'oublie point ce qui reste au tombeau.
      Soit l'image de Dieu l'eternité profonde,
De cette eternité soit l'image le monde,   540
Du monde le soleil sera l'image et l'œil,
Et l'homme est en ce monde image du soleil.
      Payens, qui adorez l'image de Nature,
En qui la vive voix, l'exemple et l'Escriture
N'authorise le vrai, qui dites: "Je ne croi   545
Si du doigt et de l'œil je ne touche et ne voi,"
Croyez comme Thomas, au moins aprés la veuë.
Il ne faut point voler au dessus de la nuë,
La terre offre à vos sens dequoy le vray sentir,
Pour vous convaincre assez, sinon vous convertir.   550

La terre en plusieurs lieux conserve sans dommage
Les corps, si que les fils marquent de leur lignage,
Jusques à cent degrés, les organes parés
A loger les esprits qui furent separés;
Nature ne les veut frustrer de leur attente.   555
Tel spectacle en Aran à qui veut se presente.
Mais qui veut voir le Caire, et en un lieu prefix
Le miracle plus grand de l'antique Memphis,
Justement curieux et pour s'instruire prenne
Autant, ou un peu moins de peril et de peine   560
Que le bigot seduit, qui de femme et d'enfans
Oublie l'amitié, pour abreger ses ans
Au labeur trop ingrat d'un sot et long voyage.
Si de Syrte et Charibde[73] il ne tombe au naufrage,
Si de peste il ne meurt, du mal de mer, du chaut,   565
Si le corsaire turc le navire n'assaut,
Ne le met à la chiorme, et puis ne l'endoctrine
A coups d'un roide nerf à ployer sur l'eschine,
Il void Jerusalem et le lieu supposé
Où le Turc menteur dit que Christ a reposé,   570
Rid et vend cher son ris: les sottes compagnies
Des pelerins s'en vont, affrontés de vanies.
Ce voyage est fascheux, mais plus rude est celuy
Que les faux mussulmans font encore aujourd'huy,
Soit des deux bords voisins de l'Europe et d'Asie,   575
Soit de l'Archipelage ou de la Natolie,[74]
Ceux qui boivent d'Euphrate ou du Tygre les eaux,
Ausquels il faut passer les perilleux monceaux
Et percer les brigands d'Arabie deserte,
Ou ceux de Tripoli, de Panorme, Biserte,   580
Le riche Aegyptien et les voisins du Nil,
Ceux là vont mesprisans tout labeur, tout peril
De la soif sans liqueur, des tourmentes de sables
Qui enterrent dans soy tous vifs les miserables;
Qui à pied, qui sur l'asne, ou lié comme un veau   585
A ondes va pelant des bosses d'un chameau,
Pour voir le Meque, ou bien Talnaby de Medine.
Là cette caravanne et bigote et badine
Adore Mahomet dans le fer estendu,
Que la voute d'aimant tient en l'air suspendu;[75]   590

---

[73] Charybde et Scylla étaient des écueils du détroit de Messine. D'Aubigné remplace Scylla par les Syrtes, bas-fond dangereux près de la côte de Libye.
[74] L'Archipel et l'Anatolie ou Asie Mineure.
[75] Le cercueil de fer de Mahomet était, disait-on, suspendu à une voûte par la force d'un aimant.

Là se creve les yeux la bande musulmane
Pour, aprés lieu si sainct, ne voir chose prophane.
    Je donne moins de peine aux curieux payens,
Des chemins plus aisez, plus faciles moyens.
Tous les puissans marchands de ce nostre hemisphere   595
Content pour pourmenoir le chemin du grand Caire:
Là prez est la coline où vont de toutes parts
Au point de l'equinoxe, au vingte-cinq de Mars,
La gent qui comme un camp loge dessous la tente,
Quand la terre paroist verte, ressuscitante,   600
Pour voir le grand tableau qu'Ezechiel depeint,
Merveille bien visible et miracle non feint,
La resurrection; car de ce nom l'appelle
Toute gent qui court là, l'un pour chose nouvelle,
L'autre pour y cercher avec la nouveauté   605
Un bain miraculeux, ministre de santé.
L'œil se plait en ce lieu, et puis des mains l'usage
Redonne aux yeux troublez un ferme tesmoignage.
On void les os couverts de nerfs, les nerfs de peau,
La teste de cheveux; on void, à ce tombeau,   610
Percer en mille endroits les arenes bouillantes
De jambes et de bras et de testes grouillantes.
D'un coup d'œil on peut voir vingt mille spectateurs
Soupçonner ce qu'on void, muets admirateurs;
Peu ou point, eslevans ces œuvres nompareilles,   615
Levant le doigt en haut vers le Dieu des merveilles.
Quelqu'un, d'un jeune enfant, en ce troupeau, voyant
Les cheveux crespelus, le teint frais, l'œil riant,
L'empoigne, mais, oyant crier un barbe grise
Ante matharafde kali, quitte la prise.[76]   620
    De pere en fils, l'Eglise a dit qu'au temps passé
Un troupeau de chrestiens, pour prier amassé,
Fut en pieces taillé par les mains infideles
Et rendit en ce lieu les ames immortelles,
Qui, pour donner au corps gage de leurs amours,   625
Leur donnent tous les ans leur presence trois jours.
Ainsi, le ciel d'accord uni à vostre mere,
Ces deux, fils de la terre, en ce lieu veulent faire
Vostre leçon, daignans en ce point s'approcher
Pour un jour leur miracle à vos yeux reprocher.   630

---

[76] On trouve dans le *Trésor d'histoires admirables* de Simon Goulart ce récit de résurrections annuelles près du Caire. On y lit qu'un orfèvre, appelé Estienne Duplais, ayant voulu saisir la chevelure d'un enfant qui sortait de terre, fut arrêté par un indigène qui s'écria: *Kali, kali ante matarofde*, c'est-à-dire *laisse, laisse, tu ne sais ce que c'est*.

Doncques chacun de vous, pauvres payens, contemple,
Par l'effort des raisons ou celui de l'exemple,
Ce que jadis sentit le troupeau tant prisé
Des escrits où Nature avoit thesaurisé,
Bien que du sens la taye eust occupé leur veuë,   635
Qu'il y ait tousjours eu le voile de la nuë
Entr'eux et le soleil: leur manque, leur defaut
Vous face desirer de vous lever plus haut.
Haussez vous sur les monts que le soleil redore,
Et vous prendrez plaisir de voir plus haut encore.   640
Ces hauts monts que je di sont prophetes, qui font
Demeure sur les lieux où les nuages sont;
C'est le cayer sacré, le palais des lumieres.
Les sciences, les arts ne sont que chambrieres.[77]
Suyvez, aimez Sara,[78] Si vous avez dessein   645
D'estre fils d'Abraham, retirés en son sein:
Là les corps des humains et les ames humaines,
Unis aux grands triomphes aussi bien comme aux peines,
Se rejoindront ensemble, et prendront en ce lieu
Dans leurs fronts honorés l'image du grand Dieu.   650
        Resjouïssez-vous donc, ô vous ames celestes;
Car vous vous referez de vos piteuses restes;
Resjouïssez-vous donc, corps gueris du mespris,
Heureux vous reprendrez vos plus heureux esprits.
Vous voulustes, esprits, et le ciel et l'air fendre   655
Pour aux corps preparés du haut du ciel descendre,
Vous les cerchastes lors: ore ils vous cercheront,
Ces corps par vous aimez encor vous aimeront.
Vous vous fistes mortels pour vos pauvres femelles,
Elles s'en vont pour vous et par vous immortelles.   660
        Mais quoy! c'est trop chanté, il faut tourner les yeux
Esblouis de rayons dans le chemin des cieux.
C'est fait, Dieu vient regner; de toute prophetie
Se void la periode à ce poinct accomplie.
La terre ouvre son sein, du ventre des tombeaux   665
Naissent des enterrés les visages nouveaux:
Du pré, du bois, du champ, presque de toutes places
Sortent les corps nouveaux et les nouvelles faces.
Ici les fondemens des chasteaux rehaussés
Par les ressuscitans promptement sont percés;   670
Ici un arbre sent des bras de sa racine

---

[77] *Cahier sacré*: la Bible. *Chambriere*: servante.
[78] Sara était la femme légitime d'Abraham; Agar était sa chambrière. Agar représente
les enfants selon la chair, Sara les enfants de Dieu.

Grouïller un chef vivant, sortir une poictrine;
Là l'eau trouble bouillonne, et puis s'esparpillant
Sent en soy des cheveux et un chef s'esveillant.
Comme un nageur venant du profond de son plonge,   675
Tous sortent de la mort comme l'on sort d'un songe.
Les corps par les tyrans autresfois deschirés
Se sont en un moment en leurs corps asserrés,
Bien qu'un bras ait vogué par la mer escumeuse
De l'Afrique bruslee en Tyle froiduleuse.   680
Les cendres des bruslés volent de toutes parts;
Les brins plustost unis qu'ils ne furent espars
Viennent à leur posteau, en cette heureuse place,
Rians au ciel riant d'une agreable audace.

    Le curieux s'enquiert si le vieux et l'enfant   685
Tels qu'ils sont jouïront de l'estat triomphant,
Leurs corps n'estant parfaicts, ou desfaicts en vieillesse?
Sur quoi la plus hardie ou plus haute sagesse
Ose presupposer que la perfection
Veut en l'aage parfait son eslevation,   690
Et la marquent au poinct des trente trois annees
Qui estoyent en Jesus clauses et terminees
Quand il quitta la terre et changea, glorieux,
La croix et le sepulchre au tribunal des cieux.

    Venons de cette douce et pieuse pensee   695
A celle qui nous est aux saincts escrits laissee.

    Voici le Fils de l'homme et du grand Dieu le Fils,
Le voici arrivé à son terme prefix.
Des-jà l'air retentit et la trompette sonne,
Le bon prend asseurance et le meschant s'estonne.   700
Les vivans sont saisis d'un feu de mouvement,
Ils sentent mort et vie en un prompt changement,
En une periode ils sentent leurs extremes;
Ils ne se trouvent plus eux mesmes comme eux mesmes,
Une autre volonté et un autre sçavoir   705
Leur arrache des yeux le plaisir de se voir,
Le ciel ravit leurs yeux: des yeux premiers l'usage
N'eust peu du nouveau ciel porter le beau visage.
L'autre ciel, l'autre terre ont cependant fuï,
Tout ce qui fut mortel se perd esvanouï.   710
Les fleuves sort sechés, la grand mer se desrobe,
Il faloit que la terre allast changer de robe.
Montagnes, vous sentez douleurs d'enfantemens;
Vous fuyez comme agneaux, ô simples elemens!
Cachez vous, changez vous; rien mortel ne supporte   715

Le front de l'Eternel ni sa voix rude et forte.
Dieu paroist: le nuage entre luy et nos yeux
S'est tiré à l'escart, il s'est armé de feux;
Le ciel neuf retentit du son de ses louanges;
L'air n'est plus que rayons tant il est semé d'Anges,   720
Tout l'air n'est qu'un soleil; le soleil radieux
N'est qu'une noire nuict au regard de ses yeux,
Car il brusle le feu, au soleil il esclaire,
Le centre n'a plus d'ombre et ne fuit sa lumiere.
      Un grand Ange s'escrie à toutes nations: 725
"Venez respondre ici de toutes actions,
L'Eternel veut juger." Toutes ames venuës
Font leurs sieges en rond en la voute des nuës,
Et là les Cherubins ont au milieu planté
Un throne rayonnant de saincte majesté.   730
Il n'en sort que merveille et qu'ardente lumiere,
Le soleil n'est pas fait d'une estoffe si claire;
L'amas de tous vivans en attend justement
La desolation ou le contentement.
Les bons du Sainct Esprit sentent le tesmoignage,   735
L'aise leur saute au cœur et s'espand au visage:
Car s'ils doivent beaucoup, Dieu leur en a fait don;
Ils sont vestus de blanc et lavés de pardon.
O tribus de Juda! vous estes à la dextre;
Edom, Moab, Agar[79] tremblent à la senestre.   740
Les tyrans abatus, pasles et criminels,
Changent leurs vains honneurs aux tourmens eternels;
Ils n'ont plus dans le front la furieuse audace,
Ils souffrent en tremblant l'imperieuse face,
Face qu'ils ont frappee, et remarquent assez   745
Le chef, les membres saincts qu'ils avoyent transpercés:
Ils le virent lié, le voici les mains hautes,
Ses severes sourcils viennent conter leurs fautes;
L'innocence a changé sa crainte en majestés,
Son roseau en acier trenchant des deux costés,   750
Sa croix au tribunal de presence divine;
Le ciel l'a couronné, mais ce n'est plus d'espine.
Ores viennent trembler à cet acte dernier
Les condamneurs aux pieds du juste prisonnier.
      Voici le grand heraut d'une estrange nouvelle,   755
Le messager de mort, mais de mort eternelle.
Qui se cache, qui fuit devant les yeux de Dieu?

---

[79] Edom, Moab, ennemis d'Israël. Agar, la servante, représente la postérité non-élue d'Abraham.

Vous, Caïns fugitifs, où trouverez-vous lieu?
Quand vous auriez les vents collés sous vos aisselles,
Ou quand l'aube du jour vous presteroit ses aisles,   760
Les monts vous ouvriroyent le plus profond rocher,
Quand la nuict tascheroit en sa nuict vous cacher,
Vous enceindre la mer, vous enlever la nuë,
Vous ne fuirez de Dieu ni le doigt ni la veuë.
Or voici les lions de torches aculés,   765
Les ours à nez percé, les loups emmuzelés.
Tout s'esleve contr'eux; les beautés de Nature,
Que leur rage troubla de venin et d'ordure,
Se confrontent en mire et se levent contr' eux:
"Pourquoy, dira le feu, avez-vous de mes feux   770
Qui n'estoyent ordonnez qu'à l'usage de vie
Fait des bourreaux, valets de vostre tyrannie?"
L'air encor une fois contr' eux se troublera,
Justice au Juge sainct, trouble, demandera,
Disant: "Pourquoi, tyrans et furieuses bestes,   775
M'empoisonnastes-vous de charongnes, de pestes,
Des corps de vos meurtris?"—"Pourquoi, diront les eaux,
Changeastes-vous en sang l'argent de nos ruisseaux?"
Les monts qui ont ridé le front à vos supplices:
"Pourquoi nous avez-vous rendus vos precipices?"   780
"Pourquoi nous avez-vous, diront les arbres, faits
D'arbres delicieux execrables gibets?"
Nature blanche, vive et belle de soy-mesme,
Presentera son front ridé, fascheux et blesme
Aux peuples d'Italie, et puis aux nations   785
Qui les ont enviés en leurs inventions
Pour, de poison meslé au milieu des viandes,
Tromper l'amere mort en ses liqueurs friandes,
Donner au meurtre faux le mestier de nourrir,
Et sous les fleurs de vie embuscher le mourir.   790
　　　La terre, avant changer de lustre, se vient plaindre
Qu'en son ventre l'on fit ses chers enfans esteindre
En les enterrans vifs, l'ingenieux bourreau
Leur dressant leur supplice en leur premier berceau.
La mort tesmoignera comment ils l'ont servie,   795
La vie preschera comment ils l'ont ravie,
L'enfer s'esveillera, les calomniateurs
Cette fois ne seront faux prevaricateurs:
Les livres sont ouverts, là paroissent les roolles
De nos sales pechés, de nos vaines paroles,   800
Pour faire voir du Pere aux uns l'affection

Aux autres la justice et l'execution.

    Condui, trés sainct Esprit, en cet endroict ma bouche,
Que par la passion plus exprés je ne touche
Que ne permet ta regle, et que, juge leger,   805
Je n'attire sur moi jugement pour juger.
Je n'annoncerai donc que ce que tu annonce,
Mais je prononce autant comme ta loy prononce;
Je ne marque de tous que l'homme condamné
A qui mieux il vaudroit n'avoir pas esté né.   810
    Voici donc, Antechrist,[80] l'extraict des faits et gestes:
Tes fornications, adulteres, incestes,
Les pechés où nature est tournee à l'envers,
La bestialité, les grands bourdeaux ouvers,
Le tribut exigé, la bulle demandee   815
Qui a la sodomie en esté concedée;
La place de tyran conquise par le fer,
Les fraudes qu'exerça ce grand tison d'enfer,
Les empoisonnemens, assassins, calomnies,
Les degats des païs, des hommes et des vies   820
Pour attraper les clefs; les contracts, les marchés
Des diables stipulans subtilement couchés;
Tous ceux-là que Satan empoigna dans ce piege,
Jusques à la putain qui monta sur le siege.[81]
    L'aisné fils de Satan se souviendra, maudit,   825
De son throsne eslevé d'avoir autrefois dit:
"La gent qui ne me sert, ains contre moy conteste,
Perira de famine et de guerre et de peste.
Rois et Roines viendront au siege où je me sieds,
Le front embas, lescher la poudre sous mes pieds.   830
Mon regne est à jamais, ma puissance eternelle,
Pour monarque me sert l'Eglise universelle;
Je maintiens le Papat tout-puissant en ce lieu
Où, si Dieu je ne suis, pour le moins vice-Dieu."
    Fils de perdition, il faut qu'il te souvienne   835
Quand le serf commandeur de la gent rhodienne,
Veautré, baisa tes pieds, infame serviteur,
Puis chanta se levant: "Or laisse, createur."
    Apollyon,[82] tu as en ton impure table
Prononcé, blasphemant, que Christ est une fable;   840
Tu as renvoyé Dieu comme assez empesché

[80] Le pape.
[81] Allusion à la prétendue papesse Jeanne.
[82] L'exterminateur, en grec. Le poète joue ici sur le nom du pape Léon X à qui était attribué ce propos.

Aux affaires du ciel, faux homme de peché.
    Or faut-il à ses pieds ces blasphemes et titres
Poser, et avec eux les tiares, les mitres,
La banniere d'orgueil, fausses clefs, fausses croix,"   845
Et la pantoufle aussi qu'ont baisé tant de Rois.
Il se void à la gauche un monceau qui esclatte
De chappes d'or, d'argent, de bonnets d'escarlate:
Prelats et cardinaux là se vont despoüiller
Et d'inutiles pleurs leurs despoüilles moüiller.   850
Là faut representer la mitre hereditaire,
D'où Jules tiers ravit le grand nom de mystere[83]
Pour, mentant, et cachant ces titres blasphemans,
Y subroger le sien escrit en diamans.
    A droicte, l'or y est une despoüille rare: 855
On y void un monceau des haillons du Lazare.[84]
Enfans du siecle vain, fils de la vanité,
C'est à vous à trainer la honte et nudité,
A crier enroüez, d'une gorge embrasee,
Pour une goutte d'eau l'aumosne refusee: 860
Tous vos refus seront payés en un refus.
    Les criminels adonc par ce procés confus,
La gueule de l'enfer s'ouvre en impatience,
Et n'attend que de Dieu la derniere sentence,
Qui, à ce point, tournant son œil benin et doux,   865
Son œil tel que le monstre à l'espouse l'espoux,
Se tourne à la main droicte, où les heureuses veuës
Sont au throsne de Dieu sans mouvement tenduës,
Extatiques de joye et franches de souci.
Leur Roy donc les appelle et les fait rois ainsi: 870
    "Vous qui m'avez vestu au temps de la froidure,
Vous qui avez pour moy souffert peine et injure,
Qui à ma seche soif et à mon aspre faim
Donnastes de bon cœur vostre eau et vostre pain,
Venez, race du ciel, venez esleus du Pere;   875
Vos pechés sont esteints, le Juge est vostre frere;
Venez donc, bien-heureux, triompher pour jamais
Au royaume eternel de victoire et de paix."
    A ce mot tout se change en beautés eternelles.
Ce changement de tout est si doux aux fidelles!   880
Que de parfaicts plaisirs! O Dieu, qu'ils trouvent beau
Cette terre nouvelle et ce grand ciel nouveau!
    Mais d'autre part, si tost que l'Eternel fait bruire

---

[83] Pape (1550-1555).
[84] C'est le pauvre de la parabole du mauvais riche. (*Luc*, XVI, 19 et sq.).

A sa gauche ces mots, les foudres de son ire,
Quand ce Juge, et non Pere, au front de tant de Rois   885
Irrevocable pousse et tonne cette voix:
"Vous qui avez laissé mes membres aux froidures,
Qui leur avez versé injures sur injures,
Qui à ma seche soif et à mon aspre faim
Donnastes fiel pour eau et pierre au lieu de pain,   890
Allez, maudits, allez grincer vos dents rebelles
Au gouffre tenebreux des peines eternelles!"
Lors, ce front qui ailleurs portoit contentement
Porte à ceux-ci la mort et l'espouvantement.
Il sort un glaive aigu de la bouche divine,   895
L'enfer glouton, bruyant, devant ses pieds chemine.
D'une laide terreur les damnables transis,
Mesmes dés le sortir des tombeaux obscurcis
Virent bien d'autres yeux le ciel suant de peine,
Lors qu'il se preparoit à leur peine prochaine;   900
Et voici de quels yeux virent les condamnés
Les beaux jours de leur regne en douleurs terminés.

     Ce que le monde a veu d'effroyables orages,
De gouffres caverneux et de monts de nuages
De double obscurité, dont, au profond milieu,   905
Le plus creux vomissoit des aiguillons de feu,
Tout ce qu'au front du ciel on vid onc de coleres
Estoit serenité. Nulles douleurs ameres
Ne troublent le visage et ne changent si fort,
La peur, l'ire et le mal, que l'heure de la mort: 910
Ainsi les passions du ciel autrefois veuës
N'ont peint que son courroux dans les rides des nues;
Voici la mori du ciel en l'effort douloureux
Qui lui noircit la bouche et fait saigner les yeux.
Le ciel gemit d'ahan, tous ses nerfs se retirent,   915
Ses poulmons prés à prés sans relasche respirent.
Le soleil vest de noir le bel or de ses feux,
Le bel œil de ce monde est privé de ses yeux;
L'ame de tant de fleurs n'est plus espanouïe,
Il n'y a plus de vue au principe de vie: 920
Et, comme un corps humain est tout mort terracé
Dés que du moindre coup au cœur il est blessé,
Ainsi faut que le monde et meure et se confonde
Dés la moindre blessure au soleil, cœur du monde.
La lune perd l'argent de son teint clair et blanc,   925
La lune tourne en haut son visage de sang;
Toute estoile se meurt: les prophetes fideles

Du destin vont souffrir eclipses eternelles.
Tout se cache de peur: le feu s'enfuit dans l'air,
L'air en l'eau, l'eau en terre; au funebre mesler   930
Tout beau perd sa couleur. Et voici tout de mesmes
A la pasleur d'enhaut tant de visages blesmes
Prennent l'impression de ces feux obscurcis,
Tels qu'on void aux fourneaux paroistre les transis.
Mais plus, comme les fils du ciel ont au visage   935
La forme de leur chef, de Christ la vive image,
Les autres de leur pere ont le teint et les traits,
Du prince Belzebub veritables portraits.
A la premiere mort ils furent effroyables,
La seconde redouble, où les abominables   940
Crient aux monts cornus: "O monts, que faites-vous?
Esbranlez vos rochers et vous crevez sur nous;
Cachez nous, et cachez l'opprobre et l'infamie
Qui, comme chiens, nous met hors la cité de vie;
Cachez nous pour ne voir la haute majesté   945
De l'Aigneau triomphant sur le throsne monté."
Ce jour les a pris nuds, les estouffe de craintes
Et de pires douleurs que les femmes enceintes.
Voici le vin fumeux, le courroux mesprisé
Duquel ces fils de terre avoyent thesaurizé.   950
De la terre, leur mere, ils regardent le centre:
Cette mere en douleur sent mi-partir son ventre
Où les serfs de Satan regardent fremissans
De l'enfer abayant les tourmens renaissans,
L'estang de souffre vif qui rebrusle sans cesse,   955
Les tenebres espais plus que la nuict espaisse.
Ce ne sont des tourmens inventés des cagots
Et presentés aux yeux des infirmes bigots;
La terre ne produict nul crayon qui nous trace
Ni du haut paradis ni de l'enfer la face.   960
      Vous avez dit, perdus: "Nostre nativité
N'est qu'un sort; nostre mort, quand nous aurons esté,
Changera nostre haleine en vent et en fumee.
Le parler est du cœur l'estincelle allumee:
Ce feu esteint, le corps en cendre deviendra,   965
L'esprit comme air coulant parmi l'air s'espandra.
Le temps avalera de nos faicts la memoire,
Comme un nuage espais estend sa masse noire,
L'esclaircit, la despart, la desrobe à notre œil;
C'est un brouillard chassé des rayons du soleil: 970
Nostre temps n'est rien plus qu'un ombrage qui passe."

Le seau de tel arrest n'est point suject à grace.
     Vous avez dit, brutaux: "Qu'y a-il en ce lieu
Pis que d'estre privé de la face de Dieu?"
Ha! vous regretterez bien plus que vostre vie   975
La perte de vos sens, juges de telle envie;
Car, si vos sens estoyent tous tels qu'ils ont esté,
Ils n'auroyent un tel goust, ni l'immortalité:
Lors vous sçaurez que c'est de voir de Dieu la face,
Lors vous aurez au mal le goust de la menace.   980
     O enfans de ce siecle, ô abusez mocqueurs,
Imployables esprits, incorrigibles cœurs,
Vos esprits trouveront en la fosse profonde
Vrai ce qu'ils ont pensé une fable en ce monde.
Ils languiront en vain de regret sans merci,   985
Vostre ame à sa mesure enflera de souci.
Qui vous consolera? l'ami qui se desole
Vous grincera les dents au lieu de la parole.
Les Saincts vous aimoyent-ils? un abysme est entr' eux;
Leur chair ne s'esmeut plus, vous estes odieux.   990
Mais n'esperez-vous point fin à vostre souffrance?
Point n'esclaire aux enfers l'aube de l'esperance.
Dieu auroit-il sans fin esloigné sa merci?
Qui a peché sans fin souffre sans fin aussi;
La clemence de Dieu fait au ciel son office,   995
Il desploye aux enfers son ire et sa justice.
Mais le feu ensouffré, si grand, si violent,
Ne destruira-il pas les corps en les bruslant?
Non: Dieu les gardera entiers à sa vengeance,
Conservant à cela et l'estofe et l'essence;   1000
Et le feu qui sera si puissant d'operer
N'aura de faculté d'esteindre et d'alterer,
Et servira par loy à l'eternelle peine.
L'air corrupteur n'a plus sa corrompante haleine,
Et ne fait aux enfers office d'element;   1005
Celui qui le mouvoit, qui est le firmament,
Ayant quitté son bransle et motives cadances
Sera sans mouvement, et de là sans muances.
Transis, desesperés, il n'y a plus de mort
Qui soit pour vostre mer des orages le port.   1010
Que si vos yeux de feu jettent l'ardente veuë
A l'espoir du poignard, le poignard plus ne tue.
Que la mort, direz-vous, estoit un doux plaisir!
La mort morte ne peut vous tuer, vous saisir.
Voulez-vous du poison? en vain cet artifice.   1015

Vous vous precipitez? en vain le precipice.
Courez au feu brusler: le feu vous gelera;
Noyez vous: l'eau est feu, l'eau vous embrasera,
La peste n'aura plus de vous misericorde.
Estranglez vous: en vain vous tordez une corde.   1020
Criez après l'enfer: de l'enfer il ne sort
Que l'eternelle soif de l'impossible mort.
Vous vous peigniez des feux: combien de fois vostre ame
Desirera n'avoir affaire qu'à la flamme!
Dieu s'irrite en vos cris, et au faux repentir   1025
Qui n'a peu commencer que dedans le sentir.
Vos yeux sont des charbons qui embrasent et fument,
Vos dents sont des cailloux qui en grinçant s'allument.
Ce feu, par vos costés ravageant et courant,
Fera revivre encor ce qu'il va devorant.   1030
Le chariot de Dieu, son torrent et sa gresle
Meslent la dure vie et la mort pesle mesle.
Abbayez comme chiens, hurlez en vos tourmens!
L'abysme ne respond que d'autres hurlemens.
Les Satans decouplés d'ongles et dents tranchantes,   1035
Sans mort, deschireront leurs proyes renaissantes;
Ces demons tourmentans hurleront tourmentés,
Leurs fronts seillonneront ferrés de cruautés;
Leurs yeux estincelans auront la mesme image
Que vous aviez baignans dans le sang du carnage;   1040
Leurs visages transis, tyrans, vous transiront,
Ils vengeront sur vous ce qu'ils endureront.
O malheur des malheurs, quand tels bourreaux mesurent
La force de leurs coups aux grands coups qu'ils endurent!
     Mais de ce dur estat le poinct plus ennuyeux   1045
C'est sçavoir aux enfers ce que l'on faict aux cieux,
Où le camp triomphant gouste l'aise indicible,
Connoissable aux meschans mais non pas accessible,
Où l'accord trés parfaict des douces unissons
A l'univers entier accorde ses chansons,   1050
Où tant d'esprits ravis esclattent de loüanges.
La voix des Saincts unis avec celle des Anges,
Les orbes des neuf cieux, des trompettes le bruit
Tiennent tous leur partie à l'hymne qui s'ensuit:
     "Sainct, sainct, sainct le Seigneur! O grand Dieu des
          armees,   1055
De ces beaux cieux nouveaux les voutes enflammees,
Et la nouvelle terre, et la neufve cité,
Jerusalem la saincte, annoncent ta bonté!
Tout est plein de ton nom. Sion la bien-heureuse

N'a pierre dans ses murs qui ne soit precieuse,   1060
Ni citoyen que Sainct, et n'aura pour jamais
Que victoire, qu'honneur, que plaisir et que paix.
    "Là nous n'avons besoin de parure nouvelle,
Car nous sommes vestus de splendeur eternelle.
Nul de nous ne craint plus ni la soif ni la faim,   1065
Nous avons l'eau de grace et des Anges le pain;
La pasle mort ne peut accourcir cette vie,
Plus n'y a d'ignorance et plus de maladie.
Plus ne faut de soleil, car la face de Dieu
Est le soleil unique et l'astre de ce lieu: 1070
Le moins luisant de nous est un astre de grace,
Le moindre a pour deux yeux deux soleils à la face.
L'Eternel nous prononce et cree de sa voix
Rois, nous donnant encor plus haut nom que de Rois:
D'estrangers il nous fait ses bourgeois, sa famille,   1075
Nous donne un nom plus doux que de fils et de fille."
    Mais aurons-nous le cœur touché de passions
Sur la diversité ou choix des mansions?
Ne doit-on point briguer la faveur demandee
Pour la droicte ou la gauche aux fils de Zebedee?   1080
Non, car l'heur d'un chacun en chacun accompli
Rend et tous le desir et le comple rempli;
Nul ne monte trop haut, nul trop bas ne devale,
Pareille imparité en difference esgale.
Ici bruit la Sorbonne, où les docteurs subtils   1085
Demandent: "Les esleus en leur gloire auront-ils,
Au contempler de Dieu, parfaite cognoissance
De ce qui est de lui et toute son essence?"
Ouy de toute, et en tout, mais non totalement.
Ces termes sont obscurs pour nostre enseignement;   1090
Mais disons simplement que cette essence pure
Comblera de chascun la parfaicte mesure.
    Les honneurs de ce monde estoyent hontes au prix
Des grades eslevez au celeste pourpris;
Les thresors de là haut sont bien d'autre matiere   1095
Que l'or, qui n'estoit rien qu'une terre estrangere.
Les jeux, les passetemps, et les esbats d'ici
N'estoyent qu'amers chagrins, que colere et soucis,
Et que geinnes au prix de la joye eternelle
Qui, sans trouble, sans fin, sans change renouvelle.   1100
Là sans tache on verra les amitiez fleurir:
Les amours d'ici bas n'estoyent rien que haïr
Au prix des hauts amours dont la saincte harmonie

Rend une ame de tous en un vouloir unie,
Tous nos partaicts amours reduits en un amour   1105
Comme nos plus beaux jours reduits en un beau jour.
    On s'enquiert si le frere y connoistra le frere,
La mere son enfant et la fille son pere,
La femme le mari: l'oubliance en effect
Ne diminuera point un estat si parfaict.   1110
Quand le Sauveur du monde en sa vive parole
Tire d'un vrai subject l'utile parabole,
Nous presente le riche, en bas precipité,
Mendiant du Lazare aux plus hauts lieux monté,
L'abysme d'entre deux ne les fit mesconoistre,   1115
Quoi que l'un fust hideux, enluminé pour estre
Seché de feu, de soif, de peines et d'ahan,
Et l'autre rajeuni dans le sein d'Abraham.
Mais plus ce qui nous fait un ce royaume croire
Un sçavoir tout divin surpassant la memoire,   1120
D'un lieu si excellent il parut un rayon,
Un portrait raccourci, un exemple, un crayon
En Christ transfiguré: sa chere compagnie[85]
Conut Moyse non veu et sçeut nommer Elie;
L'extase les avoit dans le ciel transportés,   1125
Leurs sens estoyent changés, mais en felicités.
    Adam, ayant encor sa condition pure,
Conut des animaux les noms et la nature,
Des plantes le vray suc, des metaux la valeur,
Et les esleus seront en un estre meilleur.   1130
Il faut une aide en qui cet homme se repose:
Les Saincts n'auront besoin d'aide ni d'autre chose.
Il eut un corps terrestre et un corp sensuel:
Le leur sera celeste et corps spirituel.
L'ame du premier homme estoit ame vivante: 1135
Celle des triomphans sera vivifiante.
Adam pouvoit pecher et du peché perir:
Les Saincts ne sont sujets à pecher ni mourir.
Les Saincts ont tout; Adam receut quelque deffense,
Satan put le tenter, il sera sans puissance.   1140
Les esleus sçauront tout, puis que celui qui n'eut
Un estre si parfait toutes choses conut.
    Diray-je plus? A l'heur de cette souvenance
Rien n'ostera l'acier des ciseau de l'absence;
Ce triomphant estat sera franc annobli   1145

---

[85] Pierre, Jacques et son frère Jean, que le Christ avait emmenés sur une haute montagne.

Des larrecins du temps, des ongles de l'oubli:
Si que la conoissance et parfaite et seconde
Passera de beaucoup celle qui fut au monde.
Là sont frais et presens les bienfaits, les discours,
Et les plus chauds pensers, fusils de nos amours.   1150
Mais ceux qui en la vie et parfaite et seconde
Cerchent les passions et les storges du monde
Sont esprits amateurs d'espaisse obscurité,
Qui regrettent la nuict en la vive clarté;
Ceux là, dans le banquet où l'espoux nous invite   1155
Redemandent les auls et les oignons d'Egypte,[86]
Disans comme bergers: "Si j'estois Roy, j'aurois
Un aiguillon d'argent plus que les autres Rois."
    Les apostres ravis en l'esclair de la nuë
Ne jettoyent plus ça bas ni rnemoire ni veuë;   1160
Femmes, parens, amis n'estoyent pas en oubli,
Mais n'estoyent rien au prix de l'estat annobli
Où leur chef rayonnant de nouvelle figure
Avoit haut enlevé leur cœur et leur nature,
Ne pouvant regretter aucun plaisir passé   1165
Quand d'un plus grand bon-heur tout heur fut effacé.
Nul secret ne leur peut estre lors secret, pource
Qu'ils puisoyent la lumiere à sa premiere source:
Ils avoyent pour miroir l'œil qui fait voir tout œil,
Ils avoyent pour flambeau le soleil du soleil.   1170
Il faut qu'en Dieu si beau toute beauté finisse,
Et comme on feint jadis les compagnons d'Ulisse
Avoir perdu le goust de tous frians appas
Ayant fait une fois de lothos un repas,
Ainsi nulle douceur, nul pain ne fait envie   1175
Après le Man,[87] le fruict du doux arbre de vie.
L'ame ne souffrira les doutes pour choisir,
Ni l'imperfection que marque le desir.
Le corps fut vicieux qui renaistra sans vices,
Sans tache, sans porreaux, rides et cicatrices.   1180
    En mieux il tournera l'usage des cinq sens.
Veut-il souëfve odeur? il respire l'encens
Qu'offrit Jesus en croix, qui en donnant sa vie
Fut le prestre, l'autel et le temple et l'hostie.
Faut-il des sons? le Grec qui jadis s'est vanté   1185

---

[86] C'est ce que faisaient les Israëlites dans le désert, en se plaignant à Moïse de n'avoir
que de la manne à manger.
[87] La manne.

D'avoir ouï les cieux, sur l'Olympe monté,[88]
Seroit ravi plus haut quand cieux, orbes et poles
Servent aux voix des Saincts de luths et de violes.
Pour le plaisir de voir les yeux n'ont point ailleurs
Veu pareilles beautés ni si vives couleurs.   1190
Le goust, qui fit cercher des viandes estranges,
Aux nopces de l'Agneau trouve le goust des Anges,
Nos mets delicieux tousjours prests sans apprets,
L'eau du rocher d'Oreb, et le Man tousjours frais:
Nostre goust, qui à soy est si souvent contraire,   1195
Ne goustra l'amer doux ni la douceur amere.
Et quel toucher peut estre en ce monde estimé
Aux prix des doux baisers de ce Fils bien aimé?
Ainsi dedans la vie immortelle et seconde
Nous aurons bien les sens que nous eusmes au monde,   1200
Mais, estans d'actes purs, ils seront d'action
Et ne pourront souffrir infirme passion:
Purs en subjects trés purs, en Dieu ils iront prendre
Le voir, l'odeur, le goust, le toucher et l'entendre.
Au visage de Dieu seront nos saincts plaisirs,   1205
Dans le sein d'Abraham fleuriront nos desirs,
Desirs, parfaits amours, hauts desirs sans absence,
Car les fruicts et les fleurs n'y font qu'une naissance.
        Chetif, je ne puis plus approcher de mon œil
L'œil du ciel; je ne puis supporter le soleil.   1210
Encor tout esblouï, en raisons je me fonde
Pour de mon ame voir la grand' ame du monde,
Sçavoir ce qu'on ne sçait et qu'on ne peut sçavoir,
Ce que n'a ouï l'oreille et que l'œil n'a peu voir;
Mes sens n'ont plus de sens, l'esprit de moy s'envole,   1215
Le cœur ravi se taist, ma bouche est sans parole:
Tout meurt, l'ame s'enfuit, et reprenant son lieu
Exstatique se pasme au giron de son Dieu.

L'Hiver du sieur d'Aubigné

Mes volages humeurs plus steriles que belles
S'en vont, et je leur dis: vous sentez, Irondelles,
S'esloigner la chaleur et le froid arriver,   3
Allez nicher ailleurs, pour ne fascher impures

---

[88] Platon.

Ma couche de babil, et ma table d'ordures:
Laissez dormir en paix la nuict de mon hyver.   6

D'un seul poinct le Soleil n'esloigne l'hemisphere,
Il jette moins d'ardeur, mais autant de lumière.
Je change sans regrets, lors que je me repens   9
Des frivoles amours et de leur artifice.
J'aime l'hyver, qui vient purger mon cœur du vice,
Comme de peste l'air, la terre de serpens.   12

Mon chef blanchit dessous les neiges entassées,
Le Soleil qui me luit les eschauffe glacées,
Mais ne les peut dissoudre au plus court de ces mois.   15
Fondez, neiges, venez dessus mon cœur descendre,
Qu'encores il ne puisse allumer de ma cendre
Du brazier, comme il fit des flammes autrefois.   18

Mais quoi, serai-je esteint devant ma vie esteinte?
Ne luira plus en moy la flamme vive et saincte?
Le zele flamboyant de la saincte maison?   21
Je fai aux saincts autels holocaustes des restes
De glace aux feux impurs, et de naphte aux celestes:
Clair et sacré flambeau, non funebre tizon.   24

Voici moins de plaisirs, mais voici moins de peines:
Le rossignol se tait, se taisent les Syrenes:
Nous ne voyons cueillir ni les fruicts ni les fleurs: 27
L'esperance n'est plus bien souvent tromperesse,
L'hyver jouyt de tout, bien heureuse vieillesse,
La saison de l'usage, et non plus des labeurs.   30

Mais la mort n'est pas loin: cette mort est suivie
D'un vivre sans mourir, fin d'une fausse vie:
Vie de nostre vie, et mort de nostre mort.   33
Qui hait la seureté pour aimer le naufrage,
Qui a jamais esté si friand de voyage,
Que la longueur en soit plus douce que le port?   36

Jean de Sponde
(1557-1595)

> *Par la noblesse de son accent, par l'originalité d'un rythme qui
> se fonde avant tout sur le sens, comme par ses heurts et par son
> goût du concetto et de l'antithèse, il est l'un des meilleurs
> représentants de la période de transition qui va de la Pléiade aux
> poètes du XVIIe siècle, et l'un des maîtres du baroque français.*

Marcel Arland

C'est à Alan Boase que nous devons de connaître ce poète, né à
Mauléon, capitale de la vicomté de Sole, et mort à Bordeaux à l'âge de trente-huit ans.
Vie brève, mais mouvementée et passionnée. Protestant de naissance et pourvu d'une
bourse par la générosité d'Henri de Navarre, il se rend à Bâle (1580) où il s'adonne à
l'alchimie et prépare une édition des œuvres d'Homère. En 1588 il dédie au roi Henri
ses *Méditations sur les Pseaumes* (dont le texte nous a été livré, en 1954, par Alan
Boase) et se fait nommer Lieutenant Général de la sénéchaussée de La Rochelle en
1589 ou 1590. Henri IV s'est converti au catholicisme en juillet 1593 et Sponde en
septembre de la même année. Les Calvinistes, ses anciens amis, l'accusèrent d'avoir
changé de foi par intérêt politique plutôt que par conviction religieuse, mais on ne
peut pas penser, en lisant ses œuvres, que sa conversion ait été superficiellement
motivée. Il vécut personnellement et intensément le drame religieux de l'époque et en
a senti tout le tragique. Comme Chassignet, il accorde à la mort une attention
constante. Mais sa poésie exprime davantage la tension entre les plaisirs de cette vie
et les exigences de la vie éternelle.

Nous ne savons rien de précis sur les dates de sa poésie. Elle fut
publiée en 1597 dans le *Recueil de diverses poésies tant du feu Sieur de Sponde que
d'autres non encore imprimées* de Raphaël du Petit Val, éditeur de Rouen et réimprimée
seulement de nos jours.

EDITIONS:

Poésies, éd. Alan Boase, Genève, 1949.
Méditations avec un Essai de poèmes chrétiens, éd. Alan Boase, Paris, 1954.

A CONSULTER:

A. M. Boase et François Ruchon, *Essai sur la vie et l'oeuvre*, Genève, 1949.
Josiane Rieu, *Jean de Sponde ou la cohérence intérieure*, Paris, 1988.
Colette Winn, *Jean de Sponde: Les Sonnets de la mort ou la poétique de
l'accoutumance*, Scripta Humanistica, 1984.

SONNETS D'AMOUR

I

Si c'est dessus les eaux que la terre est pressée,
    Comment se soustient-elle encor si fermement?
    Et si c'est sur les vents qu'elle a son fondement,
    Qui la peut conserver sans estre renversée?   4
Ces justes contrepoids qui nous l'ont balancée,
    Ne panchent-ils jamais d'un divers branslement?
    Et qui nous fait solide ainsi cet Element,
    Qui trouve autour de luy l'inconstance amassée?   8
Il est ainsi: ce corps se va tout souslevant
    Sans jamais s'esbranler parmi l'onde et le vent.
    Miracle nompareil! si mon amour extresme,   11
Voyant ces maux coulans, soufflans de tous costez,
    Ne trouvoit tous les jours par exemple de mesme
    Sa constance au milieu de ces legeretez.   14

VI

Mon Dieu, que je voudrois que ma main fust oisive,
    Que ma bouche et mes yeux reprissent leur devoir!
    Escrire est peu: c'est plus de parler et de voir,
    De ces deux œuvres l'une est morte et l'autre vive.   4
Quelque beau trait d'amour que nostre main escrive,
    Ce sont tesmoins muets qui n'ont pas le pouvoir
    Ni le semblable poix, que l'œil pourroit avoir
    Et de nos vives voix la vertu plus naïve.   8

Mais quoy? n'estoyent encor ces foibles estançons
    Et ces fruits mi-rongez dont nous le nourrissons
    L'Amour mourroit de faim et cherroit en ruine: 11
Escrivons, attendant de plus fermes plaisirs,
    Et si le temps domine encor sur nos desirs,
    Faisons que sur le temps la constance domine.   14

XII

Mon cœur, ne te rends point à ces ennuis d'absence,
    Et quelques forts qu'ils soyent, sois encore plus fort;
    Quand mesme tu serois sur le poinct de la mort,
    Mon cœur, ne te rends point et reprens ta puissance.   4
Que si tant de combats te donnent cognoissance
    Que tu n'es pas tousjours pour rompre leur effort,
    Garde toy de tomber en un tel desconfort
    Que ton amour jamais y perde son essence.   8
Puis que tous tes soupirs sont ainsi retardez,
    Laisse, laisse courir ces torrens desbordez,
    Et monte sur les rocs de ce mont de constance: 11
Ainsi dessus les monts ce sage chef Romain[1]
    Differa ses combats du jour au lendemain,
    Se mocqua d'Hannibal, rompant sa violence.   14

XVII

Je sens dedans mon ame une guerre civile,
    D'un parti ma raison, mes sens d'autre parti,
    Dont le bruslant discord ne peut estre amorti,
    Tant chacun son tranchant l'un contre l'autre affile.   4
Mais mes sens sont armez d'un verre si fragile
    Que si le cœur bien tost ne s'en est departi,
    Tout l'heur vers ma raison se verra converti,
    Comme au parti plus fort, plus juste et plus utile.   8
Mes sens veulent ployer sous ce pesant fardeau
    Des ardeurs que me donne un esloigné flambeau;
    Au rebours, la raison me renforce au martyre.   11

[1] Fabius Cunctator ou le Temporiseur.

Faisons comme dans Rome, à ce peuple mutin
  De mes sens inconstans, arrachons-les en fin!
  Et que nostre raison y plante son Empire.   14

XXIII

Il est vray, mon amour estoit sujet au change,
  Avant que j'eusse appris d'aimer solidement,
  Mais si je n'eusse veu cest astre consumant,
  Je n'aurois point encor acquis ceste loüange.   4
Ore je voy combien c'est une humeur estrange
  De vivre, mais mourir, parmy le changement,
  Et que l'amour luy mesme en gronde tellement
  Qu'il est certain qu'en fin, quoy qu'il tarde, il s'en vange.8
Si tu prens un chemin apres tant de destours,
  Un bord apres l'orage, et puis reprens ton cours,
  En l'orage, aux destours, s'il survient le naufrage   11
Ou l'erreur, on dira que tu l'as merité.
  Si l'amour n'est point feint, il aura le courage
  De ne changer non plus que fait la verité.   14

XXVI

Les vents grondoyent en l'air, les plus sombres nuages
  Nous desroboyent le jour pesle mesle entassez,
  Les abismes d'enfer estoyent au ciel poussez,
  La mer s'enfloit de monts, et le monde d'orages: 4
Quand je vy qu'un oyseau delaissant nos rivages
  S'envole au beau milieu de ses flots courroucez,
  Y pose de son nid les festus ramassez
  Et rappaise soudain ses escumeuses rages.   8
L'amour m'en fit autant, et comme un Alcion,[2]
  L'autre jour se logea dedans ma passion
  Et combla de bon-heur mon ame infortunée.   11
Apres le trouble, en fin, il me donna la paix:
  Mais le calme de mer n'est qu'une fois l'année,
  Et celuy de mon ame y sera pour jamais.   14

[2] Les Anciens prétendaient que la mer demeure calme pendant que les alcyons font leurs nids.

Stances de la Cene

Mon ame, esveille-toy de ta couche mortelle,
Ce jourd'hui ton Sauveur à son banquet t'appelle,
Où luy-mesme doit estre et ton vin et ton pain,   3
Ce pere nourricier sera ta nourriture,
Pren son sang pour breuvage, et sa chair pour pasture,
Tu n'auras jamais soif, tu n'auras jamais faim.   6

Mais despouille plustost ces vieux haillons de vices,
Pren ton habit entier, ta robe de delices,
Et pour un jour si sainct, ceins-toy de saincteté.   9
Cest innocent Agneau[3] te demande innocence:
Si pour la luy donner tu n'as point de puissance,
Mon Ame, il te demande au moins la volonté.   12

C'est ceste volonté, mon Ame, qu'il faut prendre,
D'où soudain le desir de bien faire s'engendre,
Et le desir conçoit les desseings plus parfaicts,   15
Les desseings à la fin aux effects se conduisent.
Toutefois rien de toy: c'est les Cieux qui produisent
Ce vouloir, ce desir, ces desseins, ces effaicts.   18

Esleve donc aux Cieux, mon Ame, ta pensée,
Trop long temps au bourbier de ce monde enfoncée:
Celeste, dans les Cieux leve-toy, guinde-toy: 21
Acquiers-toy ce beau jour un si bel advantage,
Et monstre que tu sçais nourrir dans ton courage
D'une humble repentance une sublime foy.   24

Sublime foy de qui le pied la poudre frappe,
Et brisant les cordeaux de ce Monde, s'eschappe
Dans l'azyle des Cieux, où gist sa seureté,   27
Tandis que ceste chair n'agueres indomptable,
Craignant le doux abord de ceste Saincte Table,
Et se dompte et s'asseure en son humilité.   30

Hé, qu'estoit-ce de toy devant ceste journée!
Ame pleine d'ordure, Ame desordonnée,
Où le mal sans le bien s'est tousjours attaché?   33
Mais ce jourd'huy, mon Ame, où Dieu mesme s'avance

---

[3] L'Agneau symbolise le Christ.

D'entrer dedans toy-mesme, entre en ta conscience,
Tu verras ton salut si tu vois ton peché.   36

    Mon Ame, couvre-toi du sac et de la cendre,
Fay l'orgueil relevé de tes sourcilz descendre,
Pleure sur tes forfaictz, source de tes malheurs.   39
Ta foy s'allumera dans ces cendres estainctes,
Et produira bien tost la joye dans tes plainctes,
La gloire en ton rabbaiz, et le ris en tes pleurs.   42

    Joye d'aller au Ciel, gloire de s'y voir estre,
Ris de voir les rayons esclatans de son Maistre,
Et les vivans thresors qu'il garde pour les siens.   45
Pren donc, mon Ame, pren de la foy la saincte aile,
Et volant aujourd'huy vers l'Essence eternelle,
Vuyde-toy de tes maux et t'emply de ses biens.   48

    Embrasse estroictement ce Corps brillant de gloire,
Embrasse-le, mon Ame, et à force de croire
Mange-le tout entier, comme tu doibs manger,   51
Hume ce sang vermeil respandu de ses veines,
Et remporte du Ciel des espreuves certaines
Que j'en suis domestique et non pas estranger.   54

    Or cependant qu'au Ciel ceste double substance
Saoule l'avidité de ta ferme asseurance,
Avec le fruict entier de ce sainct Sacrement: 57
Icy mon foible corps beaucoup moins que toy digne,
N'en prend visiblement que le visible signe,
Mais il prend tout par toy comme invisiblement.   60

    Mais, helas! mon Sauveur; Mais quoy? faut-il encore
Que je mange ce corps, ce Sainct corps que j'adore?
Seray-je son meurtrier, seray-je son tombeau?   63
Ou bien ce corps mangé retiendra-t-il sa vie?
Esprit de verité, pour brider mon envie,
Sille mes yeux ouverts d'un modeste bandeau.   66

    Tu veux, et je le sçay, que ta simple parolle
Soit toute la raison qu'on cerche en ton eschole,
Cest immobile appuy soustient ta verité.   69
Pardonne-moy pourtant, si je l'ose entreprendre;
Le regret d'ignorer et le desir d'apprendre
Donneront couverture à ma temerité.   72

Il me suffit, ô Dieu, que mon insuffisance
N'arreste point le cours de ta beneficence,
Tu sçais comme tu donnes, et moy comme je prens: 75
C'est jusques où s'estend l'effort de ma foiblesse,
Mais, Seigneur, pour ne perdre en moy ceste largesse
Fay-la-moy prendre mieux que je ne la comprens.   78

Ha! que je suis heureux de sentir en mon Ame
Les savoureux effects du zele qui l'enflamme,
Je sens, mon Dieu, je sens ces effects savoureux.   81
Je te prens, Homme-Dieu, Homme-Dieu je te mange,
Et te mangeant je sens que je fais un eschange
Du fiel amer du monde au miel des bienheureux.   84

Prophane, esloigne-toy d'un si sacré mystere.
Mais, ô vous, qui des saincts portez le charactere,
Venez avecques moy, Mignons, dans ce sainct lieu,   87
Vous, espoints du desir d'une eternelle vie,
Beuvez tous ce Nectar, mangez ceste Ambrosie,
Nul ne vit qui ne vit en la table de Dieu.   90

C'est ores, mon Sauveur, qu'il me vient en memoire,
A quel prix tu gaignas ceste belle victoire,
Qui des torrents d'Enfer nous tira dans le port: 93
Il te fallut helas! mon Dieu, chercher toy-mesme
A noz extremes maux ce seul remede extreme,
Et toy-mesme mourir pour meurtrir nostre mort.   96

Le Ciel fermé pour nous s'enflammoit de cholere
Pour le premier peché de nostre premier pere,
Elle croissoit en luy comme le vice en nous: 99
De ces feux s'allumoient les feux de la vengeance:
Si tu n'eusses esteint des eaux de ta clemence
Les feux de la vengeance et les feux du courroux.   102

Sainct ouvrier, tu ne peux voir perir ton ouvrage,
Noz forfaicts, qui du Pere animoient le courage,
Animerent le Fils d'un doux vent d'amitié: 105
Vous sentistes tous deux deux passions contraires,
Le Pere en noz pechez, le Fils en noz miseres,
Le Pere la rigueur, et le Fils la pitié.   108

Tu prins nostre party, et te rendis en somme,
Pour ravir au danger tous les hommes, un homme,

Et chargeas leurs pechez toy-mesme sans peché;
Alors pour nous aimer, Dieu, te prit comme en haine
Alors pour nous soulager, te donnant nostre peine,
Le vaisseau de son ire en toy fut espanché.   114

Tu sentis les effrois de son aspre disgrace,
Quand les grumeaux de sang ondoyoient sur ta face,
Quand l'ange serenoit ton courage troublé,   117
Quand t'efforçant encor de prendre un subterfuge,
Qui te fist eschapper les rigueurs de ton Juge,
Tu fus, sinon vaincu, pour le moins esbranlé.   120

Mais esbranlé deslors, et vaincu davantage,
Quand les clous en la croix blemissoient ton visage,
Quand le fer de ton flanc tiroit le sang et l'eau: 123
Tu fus, dy-je, pour lors vaincu de ton martyre,
Dieu te quitta luy-mesme en l'ardeur de son ire,
Et tu t'allas cacher jusques dans le tombeau.   126

Tu fus jusqu'aux Enfers. Merveilleuses justices!
Nous avions par nos maux merité ces supplices,
Et tu les eus, Seigneur, sans l'avoir merité.   129
Mais helas! il falloit pour trouver la clemence
Dedans l'ire de Dieu, qu'il trouvast l'innocence
Où son ire devoit punir l'iniquité.   132

Ainsi pour avoir pris le fardeau de nos crimes,
La Mort pour t'engloutir entr'ouvrit ses abysmes,
Mais puis ton innocence engloutit ceste Mort.   135
Deux jours tu fus plus foible, et la mort fut plus forte,
Mais le tiers tu reprins tes esprits de la sorte
Qu'elle fut la plus foible, et tu fus le plus fort.   138

Tu despouillas ta honte, et revestis ta gloire,
Tu t'en allas vaincu, tu revins en victoire,
Les maux qui t'oppressoient te tournerent le dos.   141
Des Enfers, de la Mort, la puissance estouffee,
Après tous tes combats te servit de trophée,
Et le Ciel à la fin leur servit de repos.   144

Dans ce Ciel, mon Sauveur, où t'emporta la nue,
Et d'où nous attendons ta seconde venue,
Tu te sieds glorieux à la dextre de Dieu.   147
Homme-Dieu tu fais là ta demeure certaine,

Mais ta Divinité en tous lieux se demeine,
Et ton Humanité ne se tient qu'en un lieu. 150

Mais, pourtant tu ne veux qu'elle s'y tienne oisive,
Ains qu'un chascun de nous, pour vivre avec toy, vive
De ceste Humanité qui ne peut plus perir; 153
Ta mort fust nostre mort, ta vie est nostre vie,
Puisqu'elle est de ta chair et de ton sang nourrie:
Vivant ainsi, Seigneur, craindrons-nous de mourir? 156

Stances de la mort

Mes yeux, ne lancez plus vostre pointe esblouye
    Sur les brillans rayons de la flammeuse vie,
Sillez-vous, couvrez-vous de tenebres, mes yeux: 3
    Non pas pour estouffer vos vigueurs coustumieres,
Car je vous feray voir de plus vives lumieres,
Mais sortant de la nuit vous n'en verrez que mieux. 6

    Je m'ennuye de vivre, et mes tendres années,
Gemissant sous le faix de bien peu de journées,
Me trouvent au milieu de ma course cassé: 9
    Si n'est-ce pas du tout par defaut de courage,
Mais je prens, comme un port à la fin de l'orage,
Desdain de l'advenir pour l'horreur du passé. 12

    J'ay veu comme le Monde embrasse ses delices,
Et je n'embrasse rien au Monde que supplices,
Ses gays Printemps me font des funestes Hyvers, 15
    Le gracieux Zephir de son repos me semble
Un Aquilon de peine; il s'asseure, et je tremble.
O! que nous avons donc de desseins bien divers. 18

    Ce Monde, qui croupist ainsi dedans soy-mesme,
N'esloigne point jamais son cœur de ce qu'il aime,
Et ne peut rien aimer que sa difformité. 21
    Mon esprit, au contraire, hors du Monde m'emporte,
Et me fait approcher des Cieux en telle sorte
Que j'en fay desormais l'amour à leur beauté. 24

    Mais je sens dedans moy quelque chose qui gronde,
Qui fait contre le Ciel le partisan du Monde,

Qui noircist ses clartez d'un ombrage touffu.   27

      L'Esprit, qui n'est que feu, de ces desirs m'enflamme,
Et la Chair, qui n'est qu'eau, pleut des eaux sur ma flamme,
Mais ces eaux là pourtant n'esteignent point ce feu.   30

      La Chair, des vanitez de ce Monde pipée,
Veut estre dans sa vie encor envelopée,
Et l'Esprit pour mieux vivre en souhaite la mort.   33

      Ces partis m'ont reduit en un peril extresme:
Mais, mon Dieu, prens parti dans ces partis toy-mesme,
Et je me rengeray du parti le plus fort.   36

      Sans ton aide, mon Dieu, ceste Chair orgueilleuse
Rendra de ce combat l'issuë perilleuse,
Car elle est en son regne, et l'autre est estranger.   29

      La Chair sent le doux fruit des voluptez presentes,
L'Esprit ne semble avoir qu'un espoir des absentes.
Et le fruit pour l'espoir ne se doit point changer.   42

      Et puis si c'est ta main qui façonna le Monde,
Dont la riche Beauté à ta Beauté responde,
La Chair croit que le Tout pour elle fust parfait.   45

      Tout fust parfait pour elle, et elle d'avantage
Se vante d'estre, ô Dieu, de tes mains un ouvrage,
Hé! defairois-tu donc ce que tes mains ont fait?   48

      Voila comme l'effort de la charnelle ruse
De son bien pour son mal ouvertement abuse,
En danger que l'Esprit ne ploye en fin sous luy.   51

      Viens donc, et mets la main, mon Dieu, dedans ce trouble,
Et la force à l'Esprit par ta force redouble:
Un bon droit a souvent besoin d'un bon appuy.   54

      Ne crains point, mon Esprit, d'entrer en ceste lice,
Car la chair ne combat ta puissante justice
Que d'un bouclier de verre, et d'un bras de roseau.   57

      Dieu t'armera de fer pour piler ce beau verre,
Pour casser ce roseau: et la fin de la guerre
Sera pour toy la Vie, et pour elle un Tombeau.   60

      C'est assez enduré que de ceste vermine
La superbe insolence à ta grandeur domine,
Tu luy dois commander, cependant tu luy sers: 63

      Tu dois purger la chair, et ceste chair te souille,

Voire, de te garder un désir te chatouille,
Mais cuidant te garder, mon Esprit, tu te perds.66

Je te sens bien esmeu de quelque inquietude,
Quand tu viens à songer à ceste servitude,
Mais ce songe s'estouffe au sommeil de ce corps:69
Que si la voix de Dieu te frappe les oreilles,
De ce profond sommeil soudain tu te resveilles:
Mais quand elle a passé, soudain tu te r'endors.72

Tu surmontes tantost, mais tantost tu succombes,
Tu vas tantost au Ciel, mais tantost tu retombes,
Et le monde t'enlace encore en ses destours:75
C'est bien plus, car tu crains ce que plus tu desires,
Ton esperance mesme a pour toy des martyres,
Et bref, tu vois ton Bien, mais tu suis le rebours.78

Encor ce peu de temps que tu mets à resoudre
Ton depart de la Terre, un nuage de poudre
Que tu pousses en l'air enveloppe tes pas:81
J'ay bien veu sauteler les bouillons de ton zele,
J'ay veu fendre le vent aux cerceaux de ton aisle,
Mais tu t'es refroidi pour revoler en bas.84

Helas! que cherches-tu dans ces relans abismes
Que tu noircis sans fin des horreurs de tes crimes?
He! que tastonnes-tu dans cette obscurité87
Où ta clarté, du vent de Dieu mesme allumée,
Ne pousse que les flots d'une espaisse fumée,
Et contraint à la mort son immortalité?90

Quelle plaine en l'Enfer de ces pointus encombres?
Quel beau jour en la nuict de ces affreuses ombres?
Quel doux largue au destroit de tant de vents battu?93
Reprens cœur, mon Esprit, reprens nouvelle force,
Toy, moüelle d'un festu, perce à travers l'escorce,
Et, vivant, fay mourir l'escorce et le festu.96

Apprens mesme du Temps, que tu cherches d'estendre,
Qui coule, qui se perd, et ne te peut attendre.
Tout se haste, et se perd, et coule avec ce Temps:99
Où trouveras-tu donc quelque longue durée?
Ailleurs! mais tu ne peux, sans la fin mesurée
De ton Mal, commencer le Bien que tu pretens.102

Ton Mal, c'est ta prison, et ta prison encore
Ce corps dont le souci jour et nuit te devore:
Il faut rompre, il faut rompre enfin ceste prison.   105
     Tu seras lors au calme, au beau jour, à la plaine!
Au lieu de tant de vents, tant de nuit, tant de geine,
Qui battent, qui noircist, qui presse ta raison.   108

     O la plaisante Mort qui nous pousse à la Vie,
Vie qui ne craint plus d'estre encore ravie!
O le vivre cruel qui craint encor la Mort!   111
     Ce vivre est une Mer où le bruyant orage
Nous menace à tous coups d'un asseuré naufrage:
Faisons, faisons naufrage, et jettons nous au Port.   114

     Je sçay bien, mon Esprit, que cest air, et ceste onde,
Ceste Terre, et ce Feu, ce Ciel qui ceint le Monde,
Enfle, abisme, retient, brusle, esteint tes desirs: 117
     Tu voys je ne sçay quoy de plaisant et aimable,
Mais le dessus du Ciel est bien plus estimable,
Et de plaisans amours, et d'aimables plaisirs.   120

     Ces Amours, ces Plaisirs, dont les troupes des Anges
Carressent du grand Dieu les merveilles estranges
Aux accords rapportez de leurs diverses voix,   123
     Sont bien d'autres plaisirs, amours d'autre Nature.
Ce que tu vois ici n'en est pas la peinture,
Ne fust-ce rien sinon pour ce que tu le vois.   126

     Invisibles Beautez, Delices invisibles!
Ravissez-moi du creux de ces manoirs horribles,
Fondez-moy ceste chair et rompez-moy ces os: 129
     Il faut passer vers vous à travers mon martyre,
Mon martyre en mourant: car helas! je desire
Commencer au travail et finir au repos.   132

     Mais dispose, mon Dieu, ma tremblante impuissance
A ces pesans fardeaux de ton obéissance:
Si tu veux que je vive encore, je le veux.   135
     Et quoy? m'envies-tu ton bien que je souhaite?
Car ce ne m'est que mal que la vie imparfaite,
Qui languit sur la terre, et qui vivroit aux Cieux.   138

     Non, ce ne m'est que mal, mais mal plein d'esperance
Qu'apres les durs ennuis de ma longue souffrance,

Tu m'estendras ta main, mon Dieu, pour me guerir.   141
    Mais tandis que je couve une si belle envie
Puis qu'un bien est le but, et le bout de ma vie,
Apprens moy de bien vivre, afin de bien mourir.   144

SONNETS SUR LA MORT

II

Mais si faut-il mourir! et la vie orgueilleuse,
    Qui brave de la mort, sentira ses fureurs;
    Les Soleils haleront ces journalieres fleurs,
    Et le temps crevera ceste ampoule venteuse.   4
Ce beau flambeau qui lance une flamme fumeuse,
    Sur le verd de la cire esteindra ses ardeurs;
    L'huile de ce Tableau ternira ses couleurs,
    Et ses flots se rompront à la rive escumeuse.   8
J'ay veu ces clairs esclairs passer devant mes yeux,
    Et le tonnerre encor qui gronde dans les Cieux.
    Ou d'une ou d'autre part esclatera l'orage.   11
J'ay veu fondre la neige, et ces torrens tarir,
    Ces lyons rugissans, je les ay veus sans rage.
    Vivez, hommes, vivez, mais si faut-il mourir.   14

V

Helas! contez vos jours: les jours qui sont passez
    Sont desja morts pour vous, ceux qui viennent encore
    Mourront tous sur le point de leur naissante Aurore
    Et moitié de la vie est moitié du decez.   4
Ces desirs orgueilleux pesle mesle entassez,
    Ce cœur outrecuidé que vostre bras implore,
    Cest indomptable bras que vostre cœur adore,
    La Mort les met en geine, et leur fait le procez.   8
Mille flots, mille escueils, font teste à vostre route,
    Vous rompez à travers, mais à la fin, sans doute,
    Vous serez le butin des escueils, et des flots.   11

Une heure vous attend, un moment vous espie.
    Bourreaux desnaturez de vostre propre vie,
    Qui vit avec la peine, et meurt sans le repos.   14

IX

Qui sont, qui sont ceux là, dont le cœur idolatre
    Se jette aux pieds du Monde, et flatte ses honneurs?
    Et qui sont ces Valets, et qui sont ces Seigneurs?
    Et ces ames d'Ebene, et ces faces d'Albastre?   4
Ces masques desguisez, dont la troupe folastre
    S'amuse à carresser je ne sçay quels donneurs
    De fumees de Court, et ces entrepreneurs
    De vaincre encor le Ciel qu'ils ne peuvent combatre?   8
Qui sont ces louvoyeurs qui s'esloignent du Port?
    Hommagers à la Vie, et felons à la Mort,
    Dont l'estoille est leur Bien, le vent leur Fantasie?   11
Je vogue en mesme mer, et craindrois de perir
    Si ce n'est que je sçay que ceste mesme vie
    N'est rien que le fanal qui me guide au mourir.   14

XII

Tout s'enfle contre moy, tout m'assaut, tout me tente,
    Et le Monde et la Chair, et l'Ange revolté,
    Dont l'onde, dont l'effort, dont le charme inventé
    Et m'abisme, Seigneur, et m'esbranle, et m'enchante.   4
Quelle nef, quel appuy, quelle oreille dormante,
    Sans peril, sans tomber, et sans estre enchanté,
    Me donras tu? Ton Temple où vit ta Sainteté,
    Ton invincible main, et ta voix si constante?   8
Et quoy? mon Dieu, je sens combattre maintesfois
    Encor avec ton Temple, et ta main, et ta voix,
    Cest Ange revolté, ceste Chair, et ce monde.   11
Mais ton Temple pourtant, ta main, ta voix sera
    La nef, l'appuy, l'oreille, où ce charme perdra,
    Où mourra cest effort, où se perdra ceste onde.   14

JEAN-BAPTISTE CHASSIGNET
(1571?-1646)

*Je choisis un sujet conforme au malheur de
nostre siecle, où les meurdres, assassins, par-
juremens, rebellions, felonnies, violemens,
et seditions (coustumiere escorte des guerres
civiles) semblent avoir planté l'empire...*

Chassignet

Chassignet, né à Besançon, fait ses études au
collège de cette ville et obtient un doctorat en droit de l'Université de Dôle. Peu après
il publie son *Mespris de la vie et consolation contre la mort* (1594). Il exerce la
charge de conseiller et avocat fiscal au baillage de Gray où il mène une vie peu
mouvementée. Sa poésie est pleine de résignation philosophique; on y reconnaît non
seulement l'influence des guerres civiles mais aussi celle des *Essais* de Montaigne. Le
spectacle de la misère humaine inspire à Chassignet une méditation sur les délices du
paradis, lesquels ne seront toutefois pas opposées aux plaisirs de l'amour terrestre
comme chez Sponde.

EDITION:

Armand Müller, *Le Mespris de la vie et consolation contre la mort,* Genève, 1953.

A CONSULTER:

Armand Müller, *Un Poète religieux du XVIe siècle: Jean-Baptiste Chassignet,* Paris,
    1951.
Raymond Ortali, *Un poète de la mort: Jean-Baptiste Chassignet,* Genève, 1968.

LE MESPRIS DE LA VIE ET
CONSOLATION CONTRE LA MORT

I

Favorable Lecteur, lors que tu viendras lire,
    Pensant te resjouir, ces Sonnets douloureus,
    Enfans spirituels du remord langoureus,
    Qui sans aucun respit me bourelle et martire,   4
Souriant à part toy, ne te mets point à dire:
    Est-ce ce Chassignet jadis tant amoureus,
    Jadis tant adonné au monde mal-heureus,
    Qui ces funebres vers si tristement souspire?   8
Ouy, c'est ce Chassignet tant amoureus jadis,
    Jadis si pres du monde, et loing de Paradis,
    Qui vit encore au monde, et du monde se fache.   11
Il n'est pas deffendu au pecheur de sentir
    Sous un visage gay un juste repentir:
    Le vray remord du cœur, au cœur mesme se cache.   14

II

Celuy quiconque apprend à mourir constamment
    Des-aprent à servir, et n'y a violence,
    Torture, ny prison dont l'extreme souffrance
    Rompe de ses desseins le stable fondement.   4
Mediter à la mort, c'est le commencement
    De vivre en liberté; douteusement balance
    Sans resolution, jouet de l'inconstance,
    Celuy qui du trespas redoute le torment.   8
L'amour de ceste vie est la vapeur funeste
    Qui, troublant de l'esprit la nature celeste,
    Le fait impudemment à tout vice courir: 11
Jettons la en arriere, et nous verrons à l'heure
    Sortir des beaus effets d'une cause meilleure:
    On ne vit jamais bien quant on craint de mourir.   14

V

Assies toy sur le bort d'une ondante riviere,
    Tu la verras fluer d'un perpetuel cours,
    Et flots sur flots roulant en mille et mille tours
    Descharger par les prez son humide carriere;   4
Mais tu ne verras rien de ceste onde premiere
    Qui n'aguiere couloit, l'eau change tous les jours,
    Tous les jours elle passe, et la nommons tousjours
    Mesme fleuve et mesme eau, d'une mesme maniere.   8
Ainsi l'homme varie, et ne sera demain
    Telle comme aujour-d'huy du pauvre cors humain
    La force que le tems abbrevie, et consomme: 11
Le nom sans varier nous suit jusqu'au trepas,
    Et combien qu'aujour-d'huy celuy ne sois pas
    Qui vivois hier passé, tousjours mesme on me nomme.   14

IX

Nous allons à la mort, mais nous n'y courons pas,
    Et mourons tous les jours, car tous les jours s'avance
    Quelque part de nostre àge, et voyons que l'enfance
    Devant l'adolescence incontinant chet bas.   4
La debile viellesse arrive pas à pas,
    Et tout ce qui fust fait avant nostre naissance,
    Tout ce qui se fera apres la decadence
    De nos cors endormis, est aus mains du trespas.   8
Plus nous allons en avant, tant plus nous decroissons.
    Mesme ce jour icy lequel nous franchissons,
    La mort avecque nous justement le partage;   11
Et si ne savons pas quant elle nous attend.
    Il faut donc en tous lieus attendre son outrage:
    Le penser à la mort rend l'homme plus constant.   14

XV

Sçais tu que c'est de vivre? autant comme passer
    Un chemin tortueus; ore le pié te casse,

Le genou s'afoiblist, le mouvement se lasse,
Et la soif vient le teint de ta levre effacer.   4
Tantost il t'y convient un tien amis laisser,
Tantost enterrer l'autre; ore il faut que tu passe
Un torrent de douleur, et franchisses l'audace
D'un rocher de souspirs, fascheus à traverser.   8
Parmy tant de destours il faut prendre carriere
Jusqu'au Fort de la mort, et fuyant en arriere
Nous ne fuyons pourtant le trespas qui nous suit.   11
Allons y à regret: l'ETERNEL nous y traine;
Allons y de bon cueur: son vouloir nous y meine;
Plustost qu'estre trainé mieus vaut estre conduit.   14

XVIII

Tantost la crampe aus piés, tantost la goute aus mains,
Le muscle, le tendon, et le nerf te travaille:
Tantost un pleuresis te livre la bataille,
Et la fiebvre te poingt de ses trais inhumains;   4
Tantost l'aspre gravelle espaissie en tes reins
Te pince les boyaus de trenchante tenaille:
Tantost un apostume aus deus poumons t'assaille,
Et l'esbat de Venus trouble tes yeus serains.   8
Ainsi en advient il à quiconque demeure
En la maison d'autruy, mais s'il faut que tu meure
Tu deviens aussi tost pensif et soucieus: 11
Helas, aimes tu mieus mourir tousjours en doute
Que vivre par la mort? celuy qui la redoute
Ne fera jamais rien digne d'un homme preus.   14

XXIII

Tout le cour de nos jours au service est semblable
Et faut s'accoustumer à sa complexion,
Ou bien si tu te plains de ta condition,
Tu rendras de tes jours le pois insupportable.   4
Tout ce que ceste vie a de plus convenable
Embrasse le, et le gouste; il n'est affliction
Qui n'ait au mesme instant sa consolation,
Ainsi des ronces sort la rose delectable.   8

Tu sçais que le logis où nature t'a mis
    A mille changemens à toute heure est soubmis,
    Hautain, sedicieus, impudent et rebelle: 11
Par ainsi prends exemple aus forçats prisonniers,
    Qui chantent maintefois sur les bancs mariniers
    Bien que leur mal soit grand, et leur prison cruelle.   14

XXXVIII

Si tu meurs en jeunesse, autant as tu gousté
    D'amour, et de douceur durant ce peu d'espace,
    Que si de deus cens ans tu par-faisois la trace,
    Nul plaisir est nouveau sous le ciel revouté: 4
Pour boire plusieurs-fois le ventre degousté
    N'en est de rien plus soul, la corruptible masse
    De ce cors que tu traine, est semblable à la tasse
    Qui ne retient pas l'eau que l'on luy a jetté.   8
Partant soit tost ou tard que le trait de la Parque
    Du nombre des vivans au tombeau te demarque,
    N'abandonne à regret le monde despourveu: 11
Tu vois tout en un an et ce que l'influence
    Des saisons, et des tems en plusieurs siecles avance,
    N'est rien que le retour de ce que tu as veu.   14

XLIV

Nous n'entrons point d'un pas plus avant en la vie
    Que nous n'entrions d'un pas plus avant en la mort,
    Nostre vivre n'est rien qu'une eternelle mort,
    Et plus croissent nos jours, plus decroit nostre vie: 4
Quiconque aura vescu la moitié de sa vie,
    Aura pareillement la moitié de sa mort,
    Comme non usitee on deteste la mort
    Et la mort est commune autant comme la vie: 8
Le tems passé est mort et le futur n'est pas,
    Le present vit et chet de la vie au trespas
    Et le futur aura une fin tout semblable.   11
Le tems passé n'est plus, l'autre encore n'est pas,
    Et le present languit entre vie et trepas,
    Bref la mort et la vie en tout tems est semblable.   14

XLIX

Comme petis enfans, d'une larve outrageuse,
    D'un fantosme, ou d'un masque, ainsi nous avons peur,
    Et redoutons la mort, la concevant au cœur
    Telle comme on la fait, have, triste, et affreuse.   4
Comme il plait à la main, ou loyale, ou trompeuse,
    Du graveur, du tailleur, ou du peintre flatteur,
    La nous representer sur un tableau menteur,
    Nous l'imaginons telle, agreable ou hideuse.   8
Ces apprehensions, torturant nos cerveaus
    Nous chassent devant elle, ainsi comme bouveaus
    Courent devant le loup, et n'avons pas l'espace   11
De la bien remarquer. Ostons le masque feint,
    Lors nous la treuverons autre qu'on ne la peint,
    Gracieuse à toucher, et plaisante de face.   14

LIII

L'enfance n'est sinon qu'une sterile fleur,
    La jeunesse qu'ardeur d'une fumiere vaine,
    Virilité qu'ennuy, que labeur et que peine,
    Viellesse que chagrin, repentance, et douleur,   4
Nos jeus que desplaisirs, nos bon-heurs que mal-heur,
    Nos thresors et nos biens que tourment et que geine,
    Nos libertez que laqs, que prisons et que chaine,
    Nostre aise que mal-aise et nostre ris que pleur.   8
Passer d'un âge à l'autre, est s'en aller au change
    D'un bien plus petit mal, en un mal plus estrange
    Qui nous pousse en un lieu d'où personne ne sort.   11
Nostre vie est semblable à la mer vagabonde,
    Où le flot suit le flot, et l'onde pousse l'onde
    Surgissant à la fin au havre de la mort.   14

LIX

Cest Ocean battu de tempeste et d'orage
    Me venant à dedain, et le desvoyement

De mon foible estomach prompt au vomissement,
Me faisoit desja perdre et couleur, et courage, 4
Quant pour me deslivrer des perils du naufrage,
D'un plus petit batteau, je passay vistement
Dans un vaisseau plus grand, tenant asseurement
Que plus seur, et gaillard, je viendrois au rivage: 8
Mais las! ce sont tousjours les mesmes cours des vens,
Tousjours les mesmes flos, qui se vont elevans,
Tousjours la mesme mer qui me trouble, et moleste. 11
O mort! si tu ne prens ma requeste à dedain,
Tire moy des hasars de tant d'ecueil mondain,
Repoussant mon esquif dedans le port celeste. 14

LXXIX

Nos cors aggravantez sous le poids des tombeaus,
Quant du clairon bruyant la clameur resonnante
Eslancera le feu sur la terre flambante,
Purifiant du ciel les estonnez flambeaus, 4
Du cercueil oublieus ressortiront plus beaus,
Comme on voit par les chams la palme verdoyante,
Malgré le fais pesant plus belle et fleurissante,
Contre le ciel ouvert relever ses rameaus. 8
Lors nous serons ravis, autant que le pilotte
Qui, dormant en la nef quant douteuse elle flotte,
Se voit au resveiller dans le mole arrivé. 11
Et joüissant là haut d'une paix eternelle,
Le cors ne sera plus à son ame rebelle,
Ny l'esprit de son cors si longuement privé. 14

XCVIII

Qu'est-ce de vostre vie? une bouteille molle,
Qui s'enfle dessus l'eau, quant le ciel fait plouvoir
Et se perd aussi tost comme elle se fait voir,
S'entre-brisant à l'heurt d'une moindre bricole. 4
Qu'est-ce de vostre vie? un mensonge frivole,
Qui, sous ombre du vray, nous vient à decevoir.
Un songe qui n'a plus ny force, ny pouvoir,
Lors que l'œil au resveil sa paupiere decole. 8

Qu'est-ce de vostre vie? un tourbillon roüant
    De fumiere a flos gris, parmi l'air se joüant.
       Qui passe plus soudain que la foudre meurdriere.   11
Puis vous negligerez dorenavant le bien
    Durable, et permanent, pour un point qui n'est rien
       Qu'une confle, un mensonge, un songe, une fumiere.   14

CXX

Les fleurs ne meurent point, ainçois elles flaitrissent
    Pour un cinq ou six mois, et quant le beau Soleil
       Rameine le Printems de roses tout vermeil
       Boutant hors de leur chasse, elles se reverdissent: 4
Cependant nous voyons que les hommes vieillissent
    En moins de cinquante ans, et dormant un sommeil
       Tardif et paresseus, sans espoir de resveil
       Hors du tombeau poudreus, jamais n'espanouissent.   8
Dès qu'une fois la mort nous a sillé les yeus,
    N'esperons de revoir la lumiere des cyeus,
       L'esprit fuit hors du cors et jamais n'y retourne.   11
Cependant que tu vis, travaille en bien faisant,
    Le tourment sans remede est triste et deplaisant,
       Trop tard on se repend quand la mort nous ajourne.   14

CXXV

Mortel, pense quel est dessous la couverture
    D'un charnier mortuaire un cors mangé de vers,
       Descharné, desnervé, où les os descouvers,
       Depoulpez, desnouez, delaissent leur jointure: 4
Icy l'une des mains tombe de pourriture,
    Les yeus d'autre costé destournez à l'envers
       Se distillent en glaire, et les muscles divers
       Servent aux vers goulus d'ordinaire pasture: 8
Le ventre deschiré cornant de puanteur
    Infecte l'air voisin de mauvaise senteur,
       Et le né my-rongé difforme le visage;   11
Puis connoissant l'estat de ta fragilité,
    Fonde en DIEU seulement, estimant vanité
       Tout ce qui ne te rend plus scavant et plus sage.   14

CCVII

Quant je viens à penser à quelle vanité
    Par sa presumption l'homme se precipite,
    Je ne sçay si je dois feindre le Democrite,
    Riant des actions de nostre humanité: 4
Mais las! quand j'apperçoy de quelle infirmité
    Nature a composé nostre cors desrepite,
    J'ay bien plus de sujet d'imiter Heraclite,
    Pleurant incessamment nostre infelicité.   8
Doncque je pleureray et riray tout ensemble
    De voir l'homme embrasser une feuille qui tremble
    Mettant du ciel promis le thresor à mespris.   11
Et riant et plorant, lors j'oseray bien dire
    Que ces deux grans docteurs de pleurer et de rire
    Ont esté sans raison mesprisez et repris.   14

CCXVIII

Nostre vie est un jeu où si le Dé soudain
    Sur le tablier ne roule en favorable chance,
    Et le discret joueur les tablettes n'agence
    Selon l'ordre des poins, il se travaille en vain.   4
Or ny l'evenement, ny le sort incertain
    Du Dé avantureus, n'est en nostre puissance,
    Mais user de la chance, et par meure prudence,
    Obvier à sa perte, et confirmer le gain.   8
Disposant chacque chose au lieu où elle puisse
    Porter plus de proffit et peu de prejudice
    Soit utile ou mauvaise, est en nostre pouvoir.   11
Il nous est bien donné de tenir en la sorte
    Nos desirs refrenez que rien ne nous transporte
    Mais ce que la mort donne il le faut recevoir.   14

CCLXIII

Est il rien de plus vain qu'un songe mensonger,
    Un songe passager, vagabond, et muable?

La vie est toutefois au songe comparable
    Au songe vagabond muable et passager: 4
Est il rien de plus vain que l'ombrage leger
    L'ombrage remuant, inconstant, et peu stable?
    La vie est toutefois à l'ombrage semblable,
    A l'ombrage tremblant sous l'arbre d'un verger: 8
Aussi pour nous laisser une preuve asseuree
    Que ceste vie estoit seulement une entree
    Et depart de ce lieu, entra soudainement   11
Le sage Pythagore en sa chambre secrette
    Et ny fust point si tost, ô preuve bien tost faite!
    Comme il en ressortist encor plus vistement.   14

CCLXVI

A beaucoup de danger est sujette la fleur,
    Ou l'on la foule aus piez, ou les vens la ternissent;
    Les rayons du soleil la brulent et rotissent,
    La beste la devore, et s'efeuille en verdeur: 4
Nos jours entremeslez de regret et de pleur
    A la fleur comparez comme la fleur fleurissent,
    Tombent comme la fleur, comme la fleur perissent,
    Autant comme du froid tourmentez de l'ardeur.   8
Non de fer ny de plomb, mais d'odorantes pommes
    Le vaisseau va chargé; ainsi les jours des hommes,
    Sont legers, non pesans, variables et vains,   11
Qui, laissant apres eux d'un peu de renommee
    L'odeur en moins de rien comme fruit consommee
    Passent legerement hors du cœur des humains.   14

CCCXIII

Regarde quel tu es et tu verras en somme
    Que ce corps charougneus que tu vas cherissant,
    Sous le palle tombeau doit aller pourrissant
    Sujet au chastiment du morceau de la pomme.   4
Il n'y a rien, Bouquet, si mal-heureus que l'homme,
    Ny tant horrible à voir quant le ver rougissant
    Ses gloutons intestins de sa chair nourrissant
    Jusqu'aus os descharné le devore et consomme.   8

Combien qu'il ait esté extremement aymé
  Des amis et voisins grandement estimé,
  Si ne trouveroit on homme tant miserable 11
Qui puisse supporter l'infame puanteur
  De son cors infecté de mauvaise senteur,
  Qui de soy-mesme n'eust une horreur effroyable. 14

CCCLXIV

L'ESPERANCE du monde est un glas à l'ardeur
  Du Soleil chaleureus, son tourment et sa peine
  De l'Automne souillart une fiebvre quartaine,
  Ses esbas sont d'Avril une caduque fleur, 4
Ses ris du mois de Mars ressemblent la splendeur
  Qui tost s'esvanouit, ses chans sont de Syreine,
  Ses desirs esventez sont semence en l'areine,
  Ses pensers sont de vent evaporez en pleur, 8
D'un ferme diamant il compose sa guerre,
  La tresve qu'il impetre est un fragile verre,
  Ses dedains sont un feu en la paille attisé, 11
L'hydre nait de sa peur, son amour desloyale
  Est celle de Phebus dans les chams de Thessale,[1]
  Son service d'araigné un travail mesprisé. 14

CCCLXXVIII

Estrange vanité de voir de toutes pars
  Gros d'orage et de vent les enfans de la terre
  Enfanter le carreau,[2] l'esclair et le tonnerre
  Punisseurs des delis dessus leur teste epars. 4
Pris à l'haim frauduleus des lubriques regars
  Ils servent en querelle et se payent en guerre,
  Ils batissent en l'air et labourent la pierre
  Decochant de leurs yeus mille impudiques dars. 8
Enfants d'ire conceus, ils sement l'avarice,
  Moissonnent le desir, cultivent l'injustice
  Germant l'impieté, l'orgueil et le dedain: 11

---

[1] Apollon poursuivit Daphné dans les champs de Thessalie.
[2] *Carreau*: trait de la foudre.

Voila pas un bon fruit d'une mauvaise plante!
    Ainsi le mareschal sur l'enclume sonante
    Forge le fer meurdrier qui luy perce le sein.   14

CCCLXXXIX

Quand le fruit est cueilli, la feuille ternissante
    Est de nulle valeur; quant les raisins contrains
    Ont passez par deus fois sous les pressoirs estrains,
    On jette à l'abandon la pressure fumante;   4
Le moulin s'allentit, quant la meule tournante
    Pour exercer son tour n'a farines ny grains:
    Je dis que les viellars de leur fin sont prochains
    Quant l'amendier fleurit sur leur teste branlante;   8
Encor en y a t il qui, pignant leurs cheveus
    De viellesse chenus, voyent de leurs neveus
    Et des filz de leurs filz la maison toute pleine   11
Et ne s'estiment vieus, ne considerant pas,
    Lors que le chaud esté sur les arbres ameine
    Les fruits delicieus, que les fleurs tombent bas.   14

CDII

Comme l'eau qui premiere au foyer est bouillante
    Par la froide liqueur se domte et se tient coy,
    Ainsi l'ardent desir d'obeir à ta loy
    Rende l'amour du monde en mon ame mourante.   4
Toute rare vertu est manque et deffaillante
    Quant un coup lui deffaut le pilier de la foy;
    Personne aussi ne peut, Seigneur, si ce n'est toy,
    Rendre à nos sens troublez telle grace abondante.   8
Renouvelle moy donc comme le couleuvreau,
    De l'hyver opprimé, despouille au renouveau
    Sa peau vielle et ridee et prend robbe nouvelle.   11
Et par l'obscurité du tenebreus tombeau
    De ce monde aveuglé donne moy le flambeau
    Qui luisoit au desert à la trouppe fidelle.[3]   14

[3] La colonne de feu dont il est question dans l'*Exode*.

JEAN DE LA CEPPÈDE
(1548-1623)

J'estime La Ceppède, et l'honore, et l'admire
Comm' un des ornemens les premiers de nos jours:
Mais qu'à sa plume seule on doive ces discours,
Certes, sans le flatter, je ne l'oserais dire.

L'Esprit de ce grand Dieu, qui ses grâces inspire
A celui qui sans feinte en attend le secours,
Pour eslever nostre âme aux celestes amours
Sur un si beau sujet l'a fait si bien escrire.

Malherbe

C'est à l'abbé Bremond que nous devons la redécouverte de Jean de La Ceppède. Né vers 1548 à Marseille, il fit de très bonnes études et fut reçu en la charge de Conseiller au Parlement d'Aix en 1578. Protégé de Marie de Médicis, La Ceppède resta fidèle à la cause royale pendant les troubles de la Ligue et se montra dévoué à Henri de Navarre. Comme d'autres écrivains de cette époque, il s'adonna à la poésie pour oublier les troubles des guerres civiles. Magistrat pendant quarante-quatre ans, il mourut à Avignon en juillet 1623. Son chef-d'œuvre, les *Théorèmes*, fut publié en deux parties à Toulouse en 1613 et en 1621. Le poète y retrace la Passion, la Mort et la Rédemption du Christ dans des vers riches en symboles et en paradoxes. Le lyrisme du poète est un lyrisme de propagande, mais cette propagande de flamme et d'angoisse fait corps avec le mystère divin qu'elle déchiffre pas à pas.

EDITIONS:

Les Théorèmes sur le sacré mystère de notre Rédemption, reproduction de l'édition de
    Toulouse, préface de Jean Rousset, Genève, 1966.
Sélections, éd. François Ruchon, Genève, 1953.
Les Theoremes sur le sacré mystere de nostre redemption, éd. Yvette Quenot, Paris, I,
    1988; II, 1989.

A CONSULTER:

Imbrie Buffum, *Studies in the Baroque from Montaigne to Rotrou*, Yale University Press, 1957.

Lance K. Donaldson-Evans, *Poésie et méditation chez Jean de la Ceppède*, Genève, 1969.

Yvette Quenot, *Les Lectures de la Ceppède*, Genève, 1986.

François Ruchon, *Essai sur la vie et l'œuvre de Jean de la Ceppède*, Genève, 1953.

LE PREMIER LIVRE DES *THEOREMES*

I

Je chante les amours, les armes, la victoire
    Du Ciel, qui pour la Terre a la Mort combatu:
    Qui pour la relever sur le bleu promontoire
    A l'Avernal Colosse[1] à ses pieds abatu.   4
J'ay long temps, ô mon Christ, cet ozer debatu
    Enfin je me resous d'entonner cette histoire:
    Espure donc cet air de mes poulmons batu,
    Et m'aprens à chanter ce Propiciatoire.[2]   8
Pour fournir dignement cet ouvrage entrepris,
    Remply moy de l'Esprit qui remplit les espris
    Des antiques ouvriers du Tabernacle antique.   11
Purifie ma bouche au feu de ce Charbon,
    Qui jadis repurgea la bouche Prophetique:[3]
    Et je te chanteray tout-puissant et tout-bon.   14

V

Vers la plage rosine où le Soleil s'esleve,
    Loin d'Acre et de Sion le chemin d'un Sabbath,
    Vis à vis du Calvaire un autre mont s'esleve
    Tousjours vert des honneurs du Minervé combat.[4]   4
Ces fueilleux arbrisseaux ennemis du debat,

[1] Satan. *Averne*: lac de Campagnie, censé être l'entrée des enfers.
[2] C'est-à-dire cette chanson ou offrande propitiatoire.
[3] Il s'agit du charbon de feu qui purifia les lèvres du prophète Isaïe.
[4] C'est-à-dire le mont des Oliviers. *Minervé combat*: allusion au combat contre Neptune pour le nom d'Athènes, remporté par Pallas (Minerve) pour avoir produit l'olivier.

Ce mont qui dans Cedron ses racines abreve,
Où l'humble solitude aux soucis donne treve,
Estoient de nostre Amant[5] le coustumier esbat. 8
Il y avoit au pied de ce mont une terre
Ditte Gethsemani, et dedans un parterre
Où le Sauveur s'en va loin du peuple et du bruit 11
O voyage, ô village, ô jardin, ô montaigne
Si devot maintenant le Sauveur j'accompaigne
Permetés qu'à ce coup je gouste votre fruit. 14

VI

Prophanes Amphions qui n'employés la Muse
Qu'à chanter d'Helicon les honneurs mensongers;[6]
Faites la despartir de ces tons estrangers,
Afin qu'à ce beau mont[7] plus sage elle s'amuse. 4
Tymanthes[8] malheureux, dont le pinceau s'abuse
A peindre d'Amatonte,[9] et d'Adon[10] les vergers,
Quittez ces Meurtes feints, et ces feints Orangers,
Peignez ces Oliviers la gloire de Jebuse.[11] 8
Chantons, peignons ensemble en ces Christiques[12] vers
Ces arbres tousjours beaux, tousjours vifs, tousjours verts,
Et le mystere grand dont l'amour me transporte. 11
Redisons aux croyans, que ce parfait amant
Parmy les oliviers commence son torment,
Pour nous marquer la grace, et la paix qu'il aporte. 14

VIII

Mais qui vous meut, Seigneur, de sortir à cette heure?
De passer ce torrent? de gravir sur ce mont?
De revoir ce jardin où l'Apostre parjure[13]

---

[5] Le Christ. Le Cédron coule au pied du mont des Oliviers.
[6] Exhortation aux poètes profanes.
[7] Le mont des Oliviers.
[8] Timante, peintre grec du IVe s. av. J.-C. Il paraît avoir excellé dans l'art de traduire les passions.
[9] Ville célèbre pour le culte d'Aphrodite.
[10] Adonis, aimé d'Aphrodite.
[11] Les *myrtes feints* de l'amour; les *orangers* consacrés à Vénus; les *oliviers* du mont des Oliviers.
[12] Mot forgé par la Ceppède.
[13] Judas.

Conduit mille assassins pour vous faire un affront?   4
Vous fuites l'autre jour pour ne voir vostre front,
     Ceint du bandeau Royal:[14] maintenant on conjure
     De vous assassiner, et vous estes si prompt
     D'aler pour recevoir une mortele injure.   8
O doux-forçant amour, que ton pouvoir est fort!
     Ny l'effroy des tormens, ny l'horreur de la mort
     Ne peuvent arrester cet amoureux courage.   11
Mon Roy, puis que pour moy vous courez au trepas
     Faites que vostre grace à ce coup m'encourage,
     Et me donne pouvoir de talonner vos pas.   14

XVIII

Il s'en alloit prier, quand la Parque complice
     Des Hebrieux, pour desja le traicter rudement,
     Porte devant les yeux de son entendement,
     Les outils rigoreux de son prochain supplice.   4
Il voit tout ce que doit employer leur malice:
     Les cordes, les crachats, le rouge habillement,
     Les verges, les halliers, l'honny despoüillement,
     La Croix, et tout le pis qu'il faut qu'il accomplisse.   8
Lors son cœur donne entrée à la grosse vapeur
     De la noire tristesse, et de la froide peur:
     (Et cette infirmité provient de sa puissance.)   11
Lors découvrant aux siens la douleur qui le mord,
     Leur dict, ô chers tesmoins de ma divine essence,
     Mon ame est desormais triste jusqu'à la mort.   14

LXXIX

Des peureux oiselets la troupe gazoüillarde
     Au simple mouvement, au moindre petit bruit,
     D'un caillou, qu'un passant dans le taillis hazarde,
     Part, s'envole en desordre, et s'escarte, et s'enfuit.   4
Cependant qu'ils s'en vont où la peur les conduit,
     Ils trouvent le peril de leur fuite coüarde,
     L'un donne dans la glu qui sa fuite retarde,
     L'autre dans le filet qu'on a tendu la nuict.   8

---

[14] Allusion à l'entrée du Christ dans Jérusalem le dimanche des Rameaux.

Christ ainsi prisonnier fut la pierre jettée
  Au milieu de sa troupe aussi tost escartée,
  Chacun des siens se lasche à sa fragilité.   11
Et fuyant leur salut, pour fuïr la potence,
  L'un donne variable au ret de l'inconstance,
  L'autre se jette au glu de l'infidelité.   14

XCI

Or sus donc, serrez fort, liez fort, ô canaille,
  Celuy qui vient à vous pour dénoüer vos nœuds,
  Tiraillez, travaillez, cestui-cy qui travaille,
  Pour soulager les griefs de vos travaux peineux.   4
Resserrez, captivez dans un roc caverneux
  Cil, qui sa liberté pour vos libertez baille:
  Combatez, abatez cétui-cy qui bataille
  Pour abatre (abatu) vos antiques haineux.   8
O liens, ô travaux, ô mystiques estreintes,
  O combats, si les Juifs, de vos fortes espreintes
  Ne font bien leur profit, profitez-les sur nous.   11
Déliez nos liens, soulagez nos miseres,
  Délivrez-nous des fers de l'eternel courroux,
  Et combatez l'effort de nos forts adversaires.   14

LE SECOND LIVRE DES *THEOREMES*

IV

La plus constante foy, dont le mortel se vante,
  N'est qu'un mouvant sablon. Pierre, enquis doucement
  Au fouyer, s'il n'est pas de la troupe suivante
  De cet homme, s'ebranle, et nie impudemment.   4
Ce brave, qui tantost deffioit le torment,
  Au moindre petit bruit maintenant s'espouvante.
  Ce n'est point un Prevost qui l'enquiert rudement,
  C'est l'affetté caquet d'une vile servante.   8

Ainsi par les foiblets Dieu terrasse les forts.
    Ainsi le ciel destruict nos superbes efforts,
    Par l'infime pouvoir d'une chose tres-vile.   11
Ainsi fut Goliat par un enfant batu,[15]
    Ainsi courba Judith l'ennemy de sa ville,[16]
    Ainsi fut Pharao des mouches combatu.[17]   14

XXV

Le beau Printemps n'a point tant de fueillages verds,
    L'Hyver tant de glaçons, l'Esté tant de javelles,
    Que durant cette nuict le Roy de l'univers
    Souffre d'indignitez et de peines nouvelles.   4
Constant observateur de ses loix eterneles,
    Il patit sans jamais rabroüer ces pervers.
    Tandis les tons secrets des trompes paterneles
    (Non encor entendus) sont ores découvers.   8
Il rend ores certains les celestes augures:
    Il remplit le crayon des antiques figures:
    Et pourtant ces affronts ne le ravallent pas.   11
Sa grandeur n'est pas moins brillante en ces tenebres,
    Que lors, qu'apres l'honneur de ses larmes funebres,
    Puissant il r'appella son amy du trépas.   14

LXIII

Aux monarques vaincueurs la rouge cotte d'armes
    Appartient justement. Ce Roy victorieux
    Est justement vestu par ces mocqueurs gens d'armes
    D'un manteau, qui le marque et Prince, et glorieux.   4
O pourpre, emplis mon test de ton jus précieux
    Et luy fay distiller mille pourprines larmes,
    A tant que méditant ton sens mystérieux,
    Du sang trait de mes yeux j'ensanglante ces Carmes.   8

[15] David.
[16] Elle séduisit Holopherne, le général ennemi, et profitant de son sommeil, lui coupa la tête.
[17] Allusion à l'invasion des mouches, une des plaies d'Egypte qui frappèrent le peuple égyptien parce que le Pharaon s'opposait à la demande de Moïse de laisser sortir les Hébreux d'Egypte.

Ta sanglante couleur figure nos pechez
    Au dos de cet Agneau par le Pere attachez:
    Et ce Christ t'endossant se charge de nos crimes.   11
O Christ, ô sainct Agneau, daigne-toy de cacher
    Tous mes rouges pechez (brindelles des abymes[18])
    Dans les sanglans replis du manteau de ta chair.   14

LXVII

O Royauté tragique! ô vestement infame!
    O poignant Diademe! ô Sceptre rigoureux!
    O belle, et chere teste! ô l'amour de mon ame!
    O mon Christ seul fidele, et parfait amoureux.   4
On vous frappe, ô sainct chef, et ces coups douleureux
    Font que vostre Couronne en cent lieux vous r'entame.
    Bourreaux assenez-le d'une tranchante lame,
    Et versez tout à coup ce pourpre genereux.   8
Faut-il pour une mort qu'il en souffre dix mille?
    He! voyez que le sang, qui de son chef distille
    Ses pruneles détrempe, et rend leur jour affreux.   11
Ce pur sang, ce Nectar, prophané se mélange
    A vos sales crachats, dont la sanglante fange
    Change ce beau visage en celuy d'un lepreux.   14

LE TROISIEME LIVRE DES *THEOREMES*

X

Debout, parmi l'horreur des charognes relantes
    En cette orde voirie, il voit de tous costez
    De ses durs ennemis les troupes insolentes,
    Et de sa dure mort les outils apprestez.   4
Puis, las! si tant soit peu ses yeux sont arrestez
    Sur les yeux maternels, leurs pruneles parlantes
    S'entredisant Adieu, vont perdant leurs clartez
    Par l'effort redoublé des larmes ruisselantes.   8

[18] Brindilles, qui alimentent le feu de l'Enfer.

Tandis on le despouille à fin de le coucher
    Sur la Croix, mais helas; c'est tout vif l'escorcher:
    Car le sang a colé sa tunique à ses playes.   11
Ces tormens sont cruels: Mais beaucoup plus l'affront.
    Voicy, mon Redempteur, vos paroles bien vrayes
    Que la honte, et l'opprobre ont couvert vostre front.   14

XX

L'Amour l'a de l'Olympe icy bas fait descendre:
    L'amour l'a fait de l'homme endosser le peché:
    L'amour luy a des-ja tout son sang fait espandre:
    L'amour l'a fait souffrir qu'on ait sur luy craché: 4
L'amour a ces haliers à son chef attaché:
    L'amour fait que sa Mere à ce bois le void pendre:
    L'amour a dans ses mains ces rudes cloux fiché:
    L'amour le va tantost dans le sepulchre estendre.   8
Son amour est si grand, son amour est si fort
    Qu'il attaque l'Enfer, qu'il terrasse la mort,
    Qu'il arrache à Pluton sa fidele Euridice.[19]   11
Belle pour qui ce beau meurt en vous bien-aimant,
    Voyez s'il fut jamais un si cruel supplice,
    Voyez s'il fut jamais un si parfait Amant.   14

XXIII

L'Autel des vieux parfums dans Solyme[20] encensé,
    Fait or' d'une voirie un Temple venerable,
    Où du Verbe incarné l'Hypostase[21] adorable
    S'offre tres-odorante à son Pere offensé.   4
Le vieux Pal, sur lequel jadis fut ageancé
    Et Edom le Serpent aux mordus secourable,[22]
    Esleve ores celuy qui piteux a pensé
    Du vieux Serpent d'Edem[23] la morsure incurable.   8

---

[19] Orphée descendit aux Enfers pour retrouver sa femme Eurydice.
[20] Jérusalem.
[21] *Hypostase*: Substance. Il y a en Dieu trois hypostases.
[22] Allusion au serpent d'airain fabriqué par Moïse et dont la vue guérissait les Israélites qui, pour avoir murmuré contre Dieu, avaient été mordus par des serpents envoyés par le Seigneur.
[23] *Edem*: Eden; jeu de mots sur Eden et Edom.

Le pressoir de la Vigne en Calvaire est dressé,
   Où ce fameux raisin ce pressoir a pressé,
   Pour noyer dans son vin nos lethales Viperes.   11
L'eschele Israëlite est posée en ce lieu,[24]
   Sur laquele aujourd'huy s'appuyant l'homme-Dieu,
   Nous fait jouïr des biens qu'il promit à nos Peres.   14

XXV

O Croix n'aguere infame, horrible, espouvantable,
   Ton antique scandale est ores aboly,
   Christ a de l'Eternel par son sang ramoly
   Le courroux, qui te fit jadis si redoutable.   4
Ce Nectar, par qui seul le monde est rachetable,
   T'arrosant, a changé ton Absynthe, en Moly:
   Et ton bois raboteux si doucement poly
   Qu'il est or' des esleus le sejour delectable.   8
Belle Tour de David, forte de deux remparts,
   Où pendent mille escus: à toy de toutes parts[25]
   Accourent les mortels. Hé! soy donq ma retraite.   11
Tu brises aujourd'huy les portes des Enfers,
   Fay que ta sainte Image en mon ame pourtraite
   Brise ainsi quelque jour, ma prison, et mes fers.   14

XXVIII

Pardonne, ô saint Prophete, à ma temerité,
   Tout autrement que toy j'interprete le songe
   Du Roy de Babylon.[26] Tu dis la vérité:
   Et ce que je diray ne sera point mensonge.   4
Ce songe matineux dont le soucy te ronge,
   O Monarque jaloux de ton authorité
   Ne peut trouver lumiere en son obscurité
   Qu'au bois, qui dans le sang de mon Sauveur se plonge.   8
Comme le tien, cet arbre au bleu du Firmament
   S'esleve du milieu de ce bas Element,
   L'un et l'autre foisonne en fruit, comme en fueillage.   11

[24] L'échelle de Jacob, préfiguration de la Croix du Christ.
[25] *Tour de David*: le Christ; *deux remparts*: la croix; *mille escus*: voir *Cantiques des Cantiques*, 4.4.
[26] En songe Nabuchondonosor avait vu un grand arbre; chez le poète cet arbre devient la Croix.

A leurs pieds sous leur ombre ont leurs plus doux hameaux
　　Les hostes de Cybele:[27] et le peuple volage
　　Qui sillonne les airs, niche dans leurs rameaux.　　　　　　14

LE PREMIER LIVRE DE LA
SECONDE PARTIE DES *THEOREMES*

I

J'ay chanté le Combat, la Mort, la sepulture
　　Du Christ qu'on a comblé de torts injurieux;
　　Je chante sa descente aux antres stygieux [28]
　　Pour tirer noz ayeulx de leur noire closture.　　　　　　4
Je chante (émerveillé) comme sans ouverture
　　De sa Tombe, il en sort vivant, victorieux.
　　Je chante son Triomphe: et l'effort glorieux
　　Dont il guinda là haut l'une et l'autre Nature.[29]　　　　8
Clair Esprit, dont ma Muse a cy-devant apris
　　Ses douleurs, ses tourmens, sa honte, et son mespris,
　　Faites qu'or' de sa gloire elle soit étofée.　　　　　　11
Sus, Vierge, il faut tarir les torrens de vos pleurs.
　　Je veux (si vous m'aidez) élever son Trophée,
　　Et guirlander son chef de mille et mille fleurs.　　　　　14

II

Tandis que du Sauveur le Corps sacré repose
　　Dans le cercueil, son Ame amoureuse entreprend
　　D'aller voir ses Amours au lieu qui les comprend,
　　Où jamais le Soleil à la nuict ne s'oppose.[30]　　　　　4
Dés que céte belle Ame à cela se dispose,
　　Que vers le Limbe obscur sa descente elle prend,
　　Afin de retirer ceux qu'elle se propose,
　　Une pasle frayeur tout l'Erebe[31] surprend.　　　　　　8

[27] Les animaux.
[28] Aux antres de l'Enfer.
[29] Sa nature humaine et sa nature divine.
[30] Aux Limbes.
[31] L'Enfer. Erèbe est fils de Chaos et frère de la Nuit.

Le Prince du Tartare[32] alarme sa milice,
    Craignant qu'apres les bons encor' on luy tollisse,
    Judas, Cain, Choré, Abiron, et Dathan.[33]   11
Mais Christ ne descend point aux Enfers à céte heure
    Pour ces durs reprouvez (seul gibier de Satan)
    Ains pour ceux qu'engageoit la coulpe de nature.   14

XVI

Voicy le calme, apres tant de flots orageux,
    Voicy les fleurs, apres la rigueur des gelées,
    Le Ciel qui fut n'aguere et triste, et nuageux,
    Eclot rasserené ses clartez recelées.   4
La mort qui sur le Christ avoit amoncelées
    Ses forces, est destruicte. Et l'Enfer outrageux
    Cede au Prince Eternel des plaines estoilées,
    Qui revivant r'avive et nos ris, et nos jeux.   8
Ne te resjouys point (dit-il) mon ennemie,
    (Parlant à céte mort), tu n'es point affermie
    Sur moy (bien qu'avant hier ta faux m'ait abbatu).   11
Je me releveray du milieu des tenebres,
    M'en voila relevé, par ma propre vertu.
    Chante donc (malgré toy) mes victoires celebres.   14

XLIX

Le vase d'or (remply de la vapeur liquide
    Qui distille du Ciel) dans la terre caché
    Est par les seuls rayons du Soleil arraché
    De sa fosse, et revient sur le plancher solide.   4
Ce corps plus precieux que tout l'or Pactolide[34]
    (Plein des graces du Ciel) dans le tombeau couché.
    S'en releve, et s'en tire (or' que bien fort bouché)
    Par la force des rais du Soleil qui le guide.[35]   8

[32] Satan, prince de l'Enfer.
[33] Abiron était un lévite qui fut englouti dans la terre avec Coré et Dathan, tous trois révoltés contre Moïse et Aaron.
[34] Crésus devait ses immenses richesses au Pactole, petite rivière de Lydie qui roulait des paillettes d'or.
[35] Le corps du Christ, retiré du tombeau par les rayons du soleil, comme la rosée à l'aube.

Quel Esculape[36] eut onc un secret si parfaict?
    Quel Docteur nous aprend comme cela se fait?
    Comme souffre cecy la loy philosophique?   11
Il n'est point, ô mon Christ, de si profond sçavoir
    Qui sçache déchifrer ce grand hieroglyphique,
    Pource je me rétranche au fort de ton pouvoir.   14

LE SECOND LIVRE DE LA
SECONDE PARTIE DES *THEOREMES*

I

Bel Astre radieux qu'une mort déplorable
    Fit vendredy dernier disparoistre à nos yeux,
    Remontez flamboyant l'horizon de nos cieux,
    Dont Christ revoit desja la clarté desirable.   4
Rendez vous, ô ma Vierge,[37] à mes vœux favorable,
    Afin qu'ores je puisse (en depit des Hebrieux)
    Graver sur cét airain, et le temps, et les lieux
    Où vostre fils se monstre en estat adorable.   8
Donnez moy la vertu, non de pindarizer
    Mais d'élever ma voix pour evangelizer
    A qui, quand, et comment il a voulu paroistre.   11
Ainsi puissent tousjours ses palmes réfleurir,
    La Synagogue ainsi vienne le recognoistre,
    Et Chrestienne adorer cil qu'elle a fait mourir.   14

XXII

Mais pourquoy mon Sauveur, céte femme affligée[38]
    Qui dés le grand matin vous cerche, ne sçauroit
    Vous treuver? Vous avez la parole engagée
    De vous laisser treuver à qui vous chercheroit.   4

---

[36] Esculape, fils d'Apollon, dieu de la Médecine.
[37] La Vierge Marie.
[38] Marie-Madeleine.

Vous avez dit aussi qu'onques on n'osteroit
    Son chois à céte Amante à vos talons rangée,
    Las! voicy sa fortune étrangement changée,
    Vous perdant elle perd ce chois qu'elle adoroit.   8
Vous estes bien present en son cœur; mais sa veüe
    Ne peut de son objet demeurer dépourveüe.
    Aprochez la bon maistre, ayez d'elle pitié.   11
Vous la fuyez un peu pour r'allumer sa braise:
    Car comme un peu d'eau froide allume la fornaise,
    Une petite absence embraze l'amitié.   14

LE TROISIEME LIVRE DE LA
SECONDE PARTIE DES *THEOREMES*

I

Ce fort qui descendit en la basse contrée
    Du monde, ore affeublé d'un nuage de chair,
    Tenant sur terre un pied, l'autre sur l'Erytrée[39]
    Œillade son Olympe, et s'en veut r'approcher.   4
Quelle aile peut-on, Muse, à ton dos attacher
    Pour le suivre là haut, et sur la plaine astrée
    Contempler les grandeurs de son auguste entrée[40]
    Afin de les pouvoir en tes vers ébaucher?   8
Prince victorieux, guindez mon Uranie[41]
    Quant et vous dans le Ciel, et la rendez fournie
    Des concepts pour chanter vostre couronnement.   11
Seigneur, si vostre souffle à ce coup la seconde,
    Elle fera cognoistre avec estonement,
    Vostre puissante dextre en merveilles feconde.   14

[39] La mer. *Erytrée*: nom donné par les Anciens à la mer Rouge.
[40] L'Ascension du Christ.
[41] La Muse chrétienne.

FRANÇOIS DE MALHERBE
(1555-1628)

Lisez successivement du Ronsard et du Malherbe. Ces denses et long vers des Sonnets, *vivants, frais, filés jusqu'à leur fleur dans une souplesse ferme de tige verte ou de bras nu, jamais vous ne les trouverez chez Malherbe, sinon dans les* Larmes de Saint Pierre, *un chef-d'œuvre que sa vieillesse, y reconnaissant l'exemple de Desportes, désavoua.*

Albert Thibaudet

Critique de Desportes, poète d'une nouvelle génération, précurseur du classicisme, Malherbe, surtout par ses *Larmes de Saint Pierre*, reste lié au courant baroque de la poésie française de la fin du seizième siècle. En reniant ce poème et en essayant de dompter son inclination pour le baroque, il crée une poésie plus ferme, plus ordonnée, plus composée. Né à Caen, ou aux environs de cette ville, Malherbe était le fils aîné d'un conseiller au présidial, de noblesse authentique et qui avait adhéré à la Réforme. Il étudie aux universités de Bâle (1571) et d'Heidelberg (1573). Revenu à Caen, il y fréquente les cercles poétiques et commence à versifier dans le goût de la Pléiade. Il entre en 1577 au service d'Henri d'Angoulême et prend part à quelques affaires militaires. A la mort de son protecteur, il séjourne neuf ans à Caen (1586-1595) dans une retraite besogneuse. Enfin, en 1605, Malherbe est à Paris et c'est à partir de cette date que ses idées sur la poésie commencent à s'imposer.

EDITIONS:

Les Poésies de M. de Malherbe, éd. Jacques Lavaud, Paris, 1936, 2 vol.
Œuvres poétiques, éd. René Fromilhague et Raymond Lebègue, Paris, 1968.

A CONSULTER:

René Fromilhague, *Malherbe, technique et création poétique*, Paris, 1954.
Francis Ponge, *Pour un Malherbe*, Paris, 1977.
Renée Winegarten, *French Lyric Poetry in the Age of Malherbe*, Manchester University Press, 1954.

Les Larmes de Sainct-Pierre, Imitee du Tansille[1]

AU ROY[2]

Ce n'est pas en mes vers qu'une amante[3] abusée
Des appas enchanteurs d'un parjure Thesée,
Apres l'honneur ravy de sa pudicité   3
Laissée ingratement en un bord solitaire
Fait de tous les assauts que la rage peut faire
Une fidele preuve à l'infidelité.   6

Les ondes que j'espands d'une eternelle veine
Dans un courage sainct ont leur saincte fontaine,
Où l'Amour de la terre, et le soin de la chair   9
Aux fragiles pensers ayant ouvert la porte,
Une plus belle amour se rendit la plus forte,
Et le fit repentir aussi tost que pecher.   12

Henry, de qui les yeux et l'image sacrée
Font un visage d'or à ceste âge ferrée,
Ne refuse à mes voeux un favorable appuy: 15
Et si pour ton autel ce n'est chose assez grande,
Pense qu'il est si grand, qu'il n'auroit point d'offrande,
S'il n'en recevoit point que d'esgalles à luy.   18

La foy qui fut au cœur d'où sortirent ses larmes
Est le premier essay de tes premieres armes,
Pour qui tant d'ennemis à tes pieds abatus,   21
Palles ombres d'enfer, poussiere de la terre,
Ont cogneu ta fortune, et que l'art de la guerre
A moins d'enseignemens que tu n'as de vertus.[4]   24

De son nom de rocher,[5] comme d'un bon augure,
Un eternel estat l'Eglise se figure,
Et croit par le destin de tes justes combats,   27
Que ta main relevant son espaule courbée,

---

[1] Ces stances sont imitées du poème de Luigi Tansillo, *Le Lagrime di San Pietro*, 1585.
[2] Henri III.
[3] Ariane, abandonnée par Thésée dans l'île de Naxos.
[4] Allusion aux victoires de Jarnac et de Moncontour (1569) reportées par Henri III, alors duc d'Anjou.
[5] Pierre (*Matthieu*, XVI, 18).

Un jour, qui n'est pas loing, elle verra tombée
La troupe[6] qui l'assaut et la veut mettre bas.　　　　　　　30

　　　Mais le coq a chanté, pendant que je m'arreste
A l'ombre des lauriers qui t'embrassent la teste,
Et la source desjà commençant à s'ouvrir,　　　　　　　　33
A lasché les ruisseaux, qui font bruire leur trace,
Entre tant de malheurs estimant une grace
Qu'un monarque si grand les regarde courir.　　　　　　　36

　　　Ce miracle d'amour, ce courage invincible,
Qui n'esperoit jamais une chose possible,
Que rien finist sa foy que le mesme[7] trepas,　　　　　　　39
De vaillant fait couard, de fidele fait traistre,
Aux portes de la peur abandonne son maistre,
Et jure impudemment qu'il ne le cognoit pas.　　　　　　　42

　　　A peine la parole avoit quitté sa bouche,
Qu'un regret aussi prompt en son ame le touche:
Et mesurant sa faute à la peine d'autruy,　　　　　　　　45
Voulant faire beaucoup, il ne peut d'avantage
Que souspirer tout bas, et se mettre au visage,
Sur le feu de sa honte, une cendre d'ennuy.　　　　　　　48

　　　Les arcs qui de plus pres sa poitrine joignirent,
Les traits qui plus avant dans le sein l'atteignirent,
Ce fut quand du Sauveur il se veid regardé:　　　　　　　51
Les yeux furent les arcs, les œillades les fleches
Qui percerent son ame, et remplirent de bresches
Le rampart qu'il avoit si laschement gardé.　　　　　　　54

　　　Cet assaut comparable à l'esclat d'une foudre,
Pousse et jette d'un coup ses defenses en poudre,
Ne laissant rien chez luy, que le mesme penser　　　　　　57
D'un homme qui, tout nud de glaive et de courage,
Void de ses ennemis la menace et la rage
Qui, le fer en la main, le viennent offenser.　　　　　　　60

　　　Ces beaux yeux souverains qui traversent la terre,
Mieux que les yeux mortels ne traversent le verre,
Et qui n'ont rien de clos à leur juste courroux,　　　　　　63
Entrent victorieux en son ame estonnée,

---

[6] Les Huguenots.
[7] C'est-à-dire le seul.

Comme dans une place au pillage donnée,
Et luy font recevoir plus de morts que de coups. 66

La mer a dans le sein moins de vagues courantes,
Qu'il n'a dans le cerveau de formes differentes;
Et n'a rien toutesfois qui le mette en repos: 69
Car aux flots de la peur sa navire qui tremble
Ne trouve point de port, et tousjours il luy semble
Que des yeux de son maistre il entend ce propos: 72

"Et bien, où maintenant est ce brave langage?
Ceste roche de foy? cet acier de courage?
Qu'est le feu de ton zele au besoin devenu? 75
Où sont tant de sermens qui juroyent une fable?
Comme tu fus menteur, suis-je pas veritable?
Et que t'ay-je promis qui ne soit advenu? 78

"Toutes les cruautez de ces mains qui m'attachent,
Le mespris effronté que ces bouches me crachent,
Les preuves que je fay de leur impieté, 81
Pleines esgallement de fureur et d'ordure,
Ne me sont une pointe aux entrailles si dure
Comme le souvenir de ta desloiauté. 84

"Je sçay bien qu'au danger les autres de ma suitte
Ont eu peur de la mort, et se sont mis en fuite:
Mais toy, que plus que tous j'aimay parfaictement, 87
Pour rendre en me niant ton offense plus grande,
Tu suis mes ennemis, t'assembles à leur bande,
Et des maux qu'ils me font prens ton esbatement!" 90

Le nombre est infiny des paroles empraintes
Que regarde l'Apostre en ces lumieres saintes,
Et celuy seulement que sous une beauté 93
Les feux d'un œil humain ont rendu tributaire,
Jugera sans mentir quel effet a peu faire
Des rayons immortels l'immortelle clarté. 96

Il est bien asseuré que l'angoisse qu'il porte
Ne s'emprisonne pas sous les clefs d'une porte,
Et que de tous costez elle suivra ses pas; 99
Mais pource qu'il la void dans les yeux de son maistre,
Il se veut absenter, esperant que peut estre
Il la sentira moins en ne le voyant pas. 102

La place luy desplaist, où la trouppe maudite
Son Seigneur attaché par outrages despite,
Et craint tant de tomber en un autre forfait,   105
Qu'il estime dejà ses oreilles coulpables
D'entendre ce qui sort de leurs bouches damnables,
Et ses yeux d'assister aux tourmens qu'on luy fait.   108

Il part, et la douleur qui d'un morne silence
Entre les ennemis couvroit sa violence,
Comm'il se voit dehors a si peu de compas,   111
Qu'il demande tout haut que le sort favorable
Luy face rencontrer un amy secourable,
Qui touché de pitié luy donne le trespas.   114

En ce piteux estat il n'a rien de fidele,
Que sa main qui le guide où l'orage l'appelle,
Ses pieds comme ses yeux ont perdu la vigueur,   117
Il a de tout conseil son ame despourveuë,
Et dit en souspirant que la nuict de sa veuë
Ne l'empesche pas tant que la nuict de son cœur.   120

Sa vie auparavant si cherement gardée,
Luy semble trop long-temps icy bas retardée:
C'est elle qui le fasche, et le faict consumer: 123
Il la nomme parjure, il la nomme cruelle,
Et tousjours se plaignant que sa faute vient d'elle,
Il n'en veut faire conte, et ne la peut aimer.   126

"Va, laisse-moy, dit-il, va, desloyale vie,
Si de te retenir autresfois j'eus envie,
Et si j'ay desiré que tu fusses chez moy,   129
Puis que tu m'as esté si mauvaise compagne,
Ton infidèle foy maintenant je desdaigne;
Quitte moy, je te quitte, et ne veux plus de toy.   132

"Sont-ce tes beaux desseins, mensongere et meschante,
Qu'une seconde fois ta malice m'enchante?
Et que pour retarder d'une heure seulement   135
La nuict desjà prochaine à ta courte journée,
Je demeure en danger que l'ame qui est née
Pour ne mourir jamais, meure eternellement?   138

"Non, ne m'abuse plus d'une lasche pensée.
Le coup encores frais de ma cheute passée

Me doit avoir apprins à me tenir debout,   141
Et sçavoir discerner de la tresve la guerre,
Des richesses du Ciel les fanges de la terre,
Et d'un bien qui s'envole, un qui n'a point de bout.   144

    "Si quelqu'un d'aventure en delices abonde,
Il te perd aussi-tost et desloge du monde;
Qui te porte amitié, c'est à luy que tu nuis;   147
Ceux qui te veulent mal sont ceux que tu conserves:
Tu vas à qui te fuit, et tousjours le reserves
A souffrir en vivant davantage d'ennuis.   150

    "On void par ta rigueur tant de blondes jeunesses,
Tant de riches grandeurs, tant d'heureuses vieillesses
En fuyant le trespas au trespas arriver;   153
Et celuy qui chetif aux miseres succombe,
Sans vouloir autre bien, que le bien de la tombe,
N'ayant qu'un jour à vivre, il ne peut l'achever!   156

    "Que d'hommes fortunez en leur âge premiere,
Trompez de l'inconstance à nos ans coustumiere,
Du depuis se sont veus en estrange langueur!   159
Qui fussent morts contents, si le ciel amiable
Ne les abusant pas en ton sein variable,
Au temps de leur repos eust couppé ta longueur!   162

    "Quiconque de plaisir a son ame assouvie,
Plein d'honneur et de bien, non sujet à l'envie,
Sans jamais à son aise un malaise esprouver,   165
S'il demande à ses jours d'avantage de terme,
Que fait-il ignorant, qu'attendre de pied ferme
De voir à son beau temps un orage arriver?   168

    "Et moy, si de mes jours l'importune durée
Ne m'eust en vieillissant la cervelle empirée,
Ne devois-je estre sage, et me ressouvenir   171
D'avoir veu la lumiere aux aveugles renduë,
Rebailler aux muets la parole perduë,
Et faire dans les corps les ames revenir?   174

    "De ces faits non communs la merveille profonde,
Qui par la main d'un seul estonnoit tout le monde,
Et tant d'autres encor me devoyent advertir   177
Que si pour leur autheur j'endurois de l'outrage,

Le mesme qui les fit, en faisant davantage,
Quand on m'offenceroit me pourroit garantir.   180

"Mais, troublé par les ans, j'ay souffert que la crainte,
Loing encore du mal, ait descouvert ma fainte,
Et sortant promptement de mon sens et de moy,   183
Ne me suis apperçeu qu'un destin favorable
M'offroit en ce danger un subjet honorable
D'acquerir par ma perte un triomphe à ma foy.   186

"Que je porte d'envie à la trouppe innocente[8]
De ceux qui, massacrez d'une main violente,
Veirent dès le matin leur beau jour accourcy!   189
Le fer qui les tua leur donna ceste grace,
Que si de faire bien ils n'eurent pas l'espace,
Ils n'eurent pas le temps de faire mal aussi.   192

"De ces jeunes guerriers la flotte vagabonde
Alloit courre fortune aux orages du monde,
Et desjà pour voguer abandonnoit le bort,   195
Quand l'aguet d'un Pirate arresta le voyage;
Mais leur sort fut si bon, que d'un mesme naufrage,
Ils se veirent sous l'onde et se veirent au port.   198

"Ce furent de beaux lis, qui mieux que la nature,
Meslans à leur blancheur l'incarnate peinture
Que tira de leur sein le cousteau criminel,   201
Devant que d'un hyver la tempeste et l'orage
A leur teint delicat peussent faire dommage,
S'en allerent fleurir au printemps eternel.   204

"Ces enfants bien-heureux (creatures parfaites,
Sans l'imperfection de leurs bouches muetes)
Ayans Dieu dans le cœur ne le peurent louër;   207
Mais leur sang leur en fut un tesmoin veritable,
Et moy pouvant parler, j'ay parlé miserable
Pour luy faire vergongne, et le desadvouër.   210

"Le peu qu'ils ont vescu leur fut grand avantage,
Et le trop que je vei ne me fait que dommage,
Cruelle occasion du soucy qui me nuit!   213
Quand j'avois de ma foy l'innocence premiere,

---

[8] Allusion au massacre des enfants de moins de deux ans ordonné par Hérode qui
voulait se débarrasser de Jésus.

Si la nuict de la mort m'eust privé de lumiere,
Je n'aurois pas la peur d'une immortelle nuit. 216

"Ce fut en ce troupeau que venant à la guerre,
Pour combattre l'Enfer et defendre la terre,
Le Sauveur incognu sa grandeur abaissa; 219
Par eux il commença la première meslée,
Et furent eux aussi, que la rage aveuglée
Du contraire party les premiers offença. 222

"Qui voudra se vanter, avec eux se compare,
D'avoir reçeu la mort par un glaive barbare,
Et d'estre allé soy-mesme au martyre s'offrir: 225
L'honneur leur appartient d'avoir ouvert la porte
A quiconque osera d'une ame belle et forte,
Pour vivre dans le Ciel, en la terre mourir. 228

"O desirable fin de leurs peines passées!
Leurs pieds qui n'ont jamais les ordures pressées,
Un superbe planché des estoilles se font; 231
Leur salaire payé les services precede;
Premier que d'avoir mal ils trouvent le remede,
Et devant le combat ont les palmes au front. 234

"Que d'applaudissemens, de rumeurs et de presse;
Que de feux, que de jeux, que de traits de caresse,
Quand là haut en ce poinct on les veid arriver: 237
Et quel plaisir encor' à leur courage tendre,
Voyant Dieu devant eux en ses bras les attendre,
Et pour leur faire honneur les Anges se lever! 240

"Et vous, femmes, trois fois, quatre fois bienheureuses,
De ces jeunes Amours les meres amoureuses,
Que faictes-vous pour eux, si vous les regrettez? 243
Vous faschez leur repos, et vous rendez coupables,
Ou de n'estimer pas leurs trespas honorables,
Ou de porter envie à leurs felicitez. 246

"Le soir fut avancé de leurs belles journées,
Mais qu'eussent-ils gaigné par un siecle d'années?
Ou que leur advint-il en ce viste depart, 249
Que laisser promptement une basse demeure,
Qui n'a rien que du mal, pour avoir de bonne heure
Aux plaisirs eternels une eternelle part? 252

"Si vos yeux penetrans jusqu'aux choses futures
Vous pouvoient enseigner leurs belles adventures,
Vous auriez tant de bien en si peu de malheurs,   255
Que vous ne voudriez pas pour l'Empire du monde,
N'avoir eu dans le sein la racine feconde
D'où nasquit entre nous ce miracle de fleurs.   258

"Mais moy, puis que les loix me defendent l'outrage
Qu'entre tant de langueurs me commande la rage,
Et qu'il ne faut soy-mesme esteindre son flambeau,   261
Que m'est-il demeuré pour conseil et pour armes,
Que d'escouler ma vie en un fleuve de larmes,
Et la chassant de moy l'envoyer au tombeau.   264

"Je sçais bien que ma langue ayant commis l'offense,
Mon cœur incontinent en a faict penitence;
Mais quoy? si peu de cas ne me rend satisfaict: 267
Mon regret est si grand, et ma faute si grande,
Qu'une mer eternelle à mes yeux je demande,
Pour pleurer à jamais le peché que j'ay faict."   270

Pendant que le chetif en ce poinct se lamente,
S'arrache les cheveux, se bat et se tourmente,
En tant d'extremitez cruellement reduit,   273
Il chemine tousjours, mais resvant à sa peine,
Sans donner à ses pas une regle certaine,
Il erre vagabond où le pied le conduit.   276

A la fin esgaré (car la nuict qui le trouble
Par les eaux de ses pleurs son ombrage redouble)
Soit un cas d'aventure, ou que Dieu l'ait permis,   279
Il arrive au jardin où la bouche du traistre,
Profanant d'un baiser la bouche de son maistre,
Pour en priver les bons aux meschans l'a remis.   282

Comme un homme dolent, que le glaive contraire
A privé de son fils, et du tiltre de pere,
Plaignant deçà delà son mal-heur advenu,   285
S'il arrive à la place où s'est faict le dommage,
L'ennui renouvelé plus rudement l'outrage,
En voyant le sujet à ses yeux revenu.   288

Le vieillard qui n'attend une telle rencontre,
Si tost qu'au despourveu sa fortune luy monstre

Le lieu qui fut tesmoin d'un si lasche meffaict,   291
De nouvelles fureurs se deschire et s'entame,
Et de tous les pensers qui travaillent son ame
L'extresme cruauté plus cruelle se faict.   294

Toutesfois il n'a rien qu'une tristesse peinte;
Ses ennuis sont des jeux, son angoisse une feinte,
Son mal-heur un bon-heur, et ses larmes un ris,   297
Au pris de ce qu'il sent, quand sa veuë abaissée
Remarque les endroits où la terre pressée
A des pieds du Sauveur les vestiges escris.   300

C'est alors que ses cris en tonnerre s'esclatent,
Ses souspirs se font vents, qui les chesnes combattent,
Et ses pleurs qui tantost descendoyent mollement,   303
Ressemblent un torrent qui des hautes montagnes,
Ravageant et noyant les voisines campagnes,
Veut que tout l'univers ne soit qu'un élement.   306

Il y fiche ses yeux, il les baigne, il les baise,
Il se couche dessus, et seroit à son aise
S'il pouvoit avec eux à jamais s'attacher;   309
Il demeure muet du respect qu'il leur porte,
Mais en fin la douleur se rendant la plus forte,
Luy fait encor un coup une plaincte arracher: 312

"Pas adorez de moy, quand par accoustumance
Je n'aurois comme j'ay de vous la cognoissance,
Tant de perfections vous descouvrent assez: 315
Vous avez un' odeur des parfums d'Assyrie;
Les autres ne l'ont pas, et la terre flestrie
Est belle seulement où vous estes passez.   318

"Beaux pas de ces beaux pieds, que les astres cognoissent,
Comme ores à mes yeux nos marques apparoissent!
Telle autrefois de vous la merveille me prit,   321
Quand desjà demy-clos sous la vague profonde,
Vous ayant appelez, vous affermites l'onde,
Et m'asseurant les pieds m'estonnastes l'esprit.   324

"Mais ô de tant de biens indigne recompense!
O dessus les sablons inutile semence!
Une peur, ô Seigneur, m'a separé de toy: 327
Et d'une ame semblable à la mienne parjure,

Tous ceux qui furent tiens, s'ils ne t'ont faict injure,
Ont laissé ta presence et t'ont manqué de foy.   330

    "De douze deux fois cinq, estonnez de courage,
Par une lasche fuite eviterent l'orage,
Et tournerent le dos quand tu fus assailly;   335
L'autre, qui fut gaigné d'une salle avarice,
Fit un prix de ta vie à l'injuste supplice,
L'autre en te niant plus que tous a failly.   336

    "C'est chose à mon esprit impossible à comprendre,
Et nul autre que toy ne me la peut apprendre,
Comme a peu ta bonté nos outrages souffrir;   339
Et qu'attend plus de nous ta longue patience,
Sinon qu'à l'homme ingrat, la seule conscience
Doive estre le cousteau qui le face mourir?   342

    "Toutesfois tu sçais tout, tu cognois qui nous sommes,
Tu vois quelle inconstance accompagne les hommes,
Faciles à flechir quand il faut endurer;   345
Si j'ay fait comme un homme en faisant une offense,
Tu feras comme Dieu d'en laisser la vengeance,
Et m'oster un subjet de me desesperer.   348

    "Au moins si les regrets de ma faute advenuë
M'ont de ton amitié quelque part retenuë,
Pendant que je me trouve au milieu de tes pas,   351
Desireux de l'honneur d'une si belle tombe,
Afin qu'en autre part ma despoüille ne tombe,
Puisque ma fin est près, ne la recule pas,"   354

    En ces propos mourans ses complainctes se meurent,
Mais vivantes sans fin ses angoisses demeurent,
Pour le faire en langueur à jamais consumer;   357
Tandis la nuict s'en va, ses chandelles s'esteignent,
Et desjà devant luy les campagnes se peignent
Du saffran que le jour apporte de la mer.   360

    L'Aurore d'une main en sortant de ses portes,
Tient un vase de fleurs languissantes et mortes;
Elle verse de l'autre une cruche de pleurs,   363
Et d'un voile tissu de vapeur et d'orage
Couvrant ses cheveux d'or, descouvre en son visage,
Tout ce qu'une ame sent de cruelles douleurs.   366

Le Soleil qui desdaigne une telle carriere,
Puis qu'il faut qu'il desloge, esloigne sa barriere;
Mais comme un criminel qui chemine au trespas,   369
Monstrant que dans le cœur ce voyage le fasche,
Il marche lentement, et desire qu'on sçache
Que si ce n'estoit force il ne le feroit pas.   372

Ses yeux par un despit en ce monde regardent,
Ses chevaux tantost vont, et tantost se retardent,
Eux-mesmes ignorans de la course qu'ils font;   375
Sa lumiere palit, sa couronne se cache;
Aussi n'en veut-il pas, cependant qu'on attache,
A celuy qui l'a faict, des espines au front.   378

Au point accoustumé les oyseaux qui sommeillent,
Apprestez à chanter, dans les bois se resveillent;
Mais voyans ce matin des autres different,   381
Remplis d'estonnement ils ne daignent paroistre,
Et font à qui les voit, ouvertement cognoistre
De leur peine secrette un regret apparent.   384

Le jour est desjà grand, et la honte plus claire
De l'Apostre ennuyé l'advertit de se taire;
Sa parole se lasse, et le quitte au besoin;   387
Il void de tous costez qu'il n'est veu de personne;
Toutesfois le remors que son ame luy donne
Tesmoigne assez le mal qui n'a point de tesmoin.   390

Aussi l'homme qui porte une ame belle et haute,
Quand seul en une part il a faict une faute,
S'il n'a de jugement son esprit despourveu,   393
Il rougist de luy-mesme, et combien qu'il ne sente
Rien que le Ciel present et la terre presente,
Pense qu'en se voyant tout le monde l'a veu.   396

GLOSSAIRE

Ce glossaire contient les mots vieillis depuis le XVIe siècle et les explications des allusions mythologiques, bibliques, géographiques, surtout quand elles paraissent plusieurs fois dans les poèmes; quand elles sont plus particulières, l'explication est donnée dans les notes en bas de la page. De même, certaines explications lexicologiques sont données uniquement dans les notes, quand il s'agit de mots employés exceptionnellement et dans un sens restreint.

Le lecteur pourra compléter ce glossaire en se rapportant aux ouvrages suivants:

Randle Cotgrave, *A Dictionarie of the French and English Tongues*, London, 1611. Reproduced, South Carolina University Press, 1950.

Frédéric Godefroy, *Dictionnaire de l'ancienne langue française*, Paris, 1881-1902, 10 vol.

Edmond Huguet, *Dictionnaire de la langue française du seizième siècle*, Paris, 1925-1967.

—, *Le Langage figuré au seizième siècle*, Paris, 1933.

Jean Nicot, *Thresor de la langue françoyse*, Paris, 1606.

Charles Thurot, *De la Prononciation française depuis le commencement du XVIe siècle, d'après les témoignages des grammairiens*, Paris, 1881-1883, 2 Vol.

Abayer: poursuivre; aboyer.

Abecher: abecquer, donner la becquée.

Abitacle: maison, demeure.

Abusion: abus, erreur, tromperie.

Accoeul: accueil.

Accointance: liaison, connaissance, fréquentation.

Accoursir: abréger.

Achéron: un des fleuves des Enfers.

Achoison: occasion.

Acomparer (s'): se comparer, s'égaler.

Acop: sur-le-champ.

Acteon: chasseur qui surprit Artémis au bain et que la déesse, irritée, changea en cerf; il fut dévoré aussitôt par ses propres chiens.

Acteur: auteur (résultat d'une confusion entre deux mots latins: *actor* (acteur) et *auctor* (auteur).

Adextre: habile.

Adonc: alors.

Adresse: direction.

Afferir: convenir.

Afferrer: aborder.

Affetté: habile, éloquent, gracieux, trompeur.

Afficque: bijou, parure.

Affiner: purifier.

Affluer: couler abondamment.

Affriander: allécher.

Aggravanter: écraser.

Aguë: aiguë.

Ahan: peine, travail.

Ahanner: se fatiguer, se donner de la peine.

Ahontir: faire honte à.

Ains: mais, plutôt.

Aiser: rendre heureux, apaiser.

Allegeance: soulagement.

Alleguer: citer.

Allenter: calmer, apaiser.

Allouvi: affamé comme un loup.

Alme: bienfaisant, nourricier.

Altitonant: qui tonne d'en haut.

Alumelle: lame.

Amadouer: caresser, flatter.

Amaritude: âpreté, amertume.

Amphion: fils de Zeus et d'Antiope, poète et musicien.

Anathomye: squelette

Ancan: encan, vente publique aux enchères.

Ancelle: servante.

Anchise: prince troyen, époux d'Aphrodite, dont il eut Enée.

Androgyne: être que les Grecs imaginaient pourvu de deux corps, l'un masculin, l'autre féminin. Ces êtres bizarres résolurent d'escalader l'Olympe pour en chasser les dieux; ils furent punis de leur audace par Zeus, qui les coupa en deux afin de les affaiblir. Ce mythe, traduction symbolique de l'attraction réciproque des sexes, servit à Platon, dans *le Banquet*, pour illustrer ses propres théories sur l'amour.

Antée: géant, fils de Gaïa et de Poséidon. Il luttait contre tous ceux qui s'aventuraient dans ses domaines et les tuait. Héraclès le terrassa trois fois sans succès, car il reprenait force en touchant la terre. Enfin, il le souleva et l'étouffa.

Anter: planter, enter.

Aparsoy: à part soi, en particulier.

Apourir: faire pourrir.

Appareiller: préparer.

Apostume: apostème, tumeur.

Apparoir: apparaître.

Appaster: gagner, séduire, tromper.

Appeau: appel judiciaire.

Appendre: pendre, suspendre à; consacrer, dédier.

Appert: ouvert.

Appoint: moment favorable.

Aran: Syrie.

Arapper (s'): s'accrocher.

Arcas: fils de Zeus et de Calisto; il donna son nom à l'Arcadie. Métamorphosé en ours pour avoir pénétré dans le temple de Zeus, il forma avec sa mère les constellations de la Grande et de la Petite Ourse.

Archerot: archer, l'Amour.

Ardentement: ardemment.

Ardre: brûler.

Arene: sable.

Arer: labourer.

Argolet: arquebusier à cheval qui sert à faire les découvertes et escaramouches.

Argüer: discuter, prouver, accuser.

Arné: brisé, éreinté.

Aronde: hirondelle.

Artifice: art, habileté.

Arundelle: hirondelle.

Ascrean: le poète Hésiode, né à Ascra, village près du mont Hélicon.

Ascrire: attribuer.

Assener: frapper.

Asserrer (s'): s'assembler, se réunir, se presser.

Assouffir: assouvir.

Astorge: dur, insensible.

Astriferent: volant jusqu'aux astres.

Atalante: célèbre pour son agilité et sa rapidité. Hippomène la vainquit à la course, grâce aux pommes d'or qu'il laissa successivement tomber pour la tenter et la retarder.

Athos: montagne de la Grèce. Il y a là un cap difficile à doubler.

Atlas: ayant pris le parti des géants contre les dieux, il a été condamné par Zeus à soutenir sur ses épaules la voûte du ciel.

Atrament: couleur noire; encre.

Atropos: celle des trois Parques qui coupait le fil de la vie.

Attine: querelle.

Attraire: attirer.

Attraictable: gracieux.

Attremper: modérer, tempérer.

Aulcunefoys: quelquefois.

Averne: considéré dans l'Antiquité comme l'entrée des Enfers.

Avette: abeille.

Aviron: cercle, environs; *à l'*... tout autour; (pl.) alentours.

Avolé: envolé.

Ayement: pierre d'aimant.

Bacchus: dieu du vin.

Badin: sot, niais.

Baller: danser.

Barbarin: habitant de la Barbarie (Afrique du Nord).

Barbet: chien à poil long et frisé.

Barboter: marmotter.

Basilic: serpent fabuleux dont le seul regard tuait.

Bassement: à voix basse.

Basteleur: acteur.

Baster: suffire.

Bebans: luxe, pompe.

Belistre: mendiant.

Bersabée: Bethsabé, femme de David, mère de Salomon.

Besson: jumeau.

Blandice: caresse, parole caressante.

Blandissant: caressant, séducteur.

Blondoyant: blond, devenant jaune.

Bombance: vanité, ostentation, luxe, plaisir.

Borée: dieu des Vents du Nord.

Bouchons: petites nuées.

Bougre: sodomite.

Bourde: béquille.

Bourdeau: bordel.

Bourrelle: fém. de bourreau.

Boureller: torturer.

Bouter: mettre, jeter, pousser.

Bouttefeu: celui qui enflamme; ce qui excite au mal, à la guerre.

Bouveau: jeune taureau.

Branc: épée.

Brandon: torche, brûlure.

Brassard: partie de l'armure qui couvrait le bras.

Braver de: parler dédaigneusement.

Bebrouiller: onomatopée créée par d'Aubigné sur brouiller.

Bricole: accident, mésaventure.

Bruyneux: brumeux.

Bruyt: renom.

Buse: flûte, tuyau d'une flûte.

Caligineux: brumeux, obscur.

Caliston: Callisto, fille de Lycaon, roi d'Arcadie. Aimée de Zeus, elle fut changée en ourse par Héra et tuée à la chasse par Artémis; Zeus la plaça au ciel, où elle devint la constellation de la Grande Ourse.

Callendre: sorte d'alouette.

Caller: abaisser.

Calliope: muse de la poésie épique et de l'éloquence.

Cancionnaire: livre de chant.

Carene: navire.

Carme: chanson, vers.

Carole: ronde chantée.

Carquan: collier.

Carreau: coussin.

Cassine: petite maison des champs.

Castalie: fontaine sur le mont Parnasse, consacrée aux Muses.

Cault: prudent.

Cautelle: ruse.

Caver: creuser.

Celidone: sorte de pierre précieuse.

Cephale: mari de Procris, princesse athénienne. L'ayant tuée par accident, il se précipita du haut du rocher de Leucade.

Cerberus: Cerbère, chien à trois têtes, gardien de l'Enfer.

Cérès: déesse de l'Agriculture.

Cerne: trajet circulaire.

Cerner: briser, éreinter.

Change: changement.

Chapellet: petite couronne de fleurs ou de feuillage.

Charon: nocher des Enfers.

Chef: tête.

Chemise: murs soutenant les terres du rampart.

Chenu: qui a les cheveux blancs; couvert de neige.
Chetif: malheureux, débile.
Chiere: visage.
Choison: choix.
Chucre: sucre.
Cimois: lisières pour attacher les enfants dans leurs berceaux.
Cinna: arrière-petit-fils de Pompée; il fut traité avec clémence par Auguste, contre qui
   il avait conspiré.
Cistre: cithare.
Clairgesse: savante, instruite.
Claux: clous.
Cliquette: sorte de castagnette.
Cocyte: fleuve des Enfers.
Coignet: dim. de coin.
Coint: gentil, aimable.
Colee: coup.
Collerement: avec colère.
Columbelle: dim. de colombe.
Commande: câble, amarre.
Compasser: imaginer, mesurer.
Complaire: plaire, satisfaire.
Completz: complaintes, chansons populaires, racontant les malheurs d'un person-
   nage.
Compter: conter, raconter.
Conche: conque, coquille marine.
Conclave: chambre.
Confle: vessie enflée
Conspect: vue.
Contesture: contexture.
Controuver: trouver, inventer, imaginer.
Convoyer: conduire; convier, inviter, appeler.
Cordeau: corde.
Cordeler: lier, tresser.
Corner: exhaler une mauvaise odeur.
Cotonner: prendre l'aspect d'un duvet, d'un léger coton.
Coulon: colombe.
Coulpe: faute.
Cous: coup.
Coupeau: sommet.
Courage: cœur.
Coural: corail.
Coutre: fer de la charrue.
Couvaige: couvée.
Couvert: dissimulé.
Crespe: frisé, bouclé.
Crespelu: frisotté.
Cresper: flétrir, friser; se cresper: se rider.
Crocheter: déboucher, ouvrir.
Croistre: accroître.
Crotton: prison.
Cure: soin.

Curer: soigner.

Custodes: courtines, rideaux de lit.

Cuyder: penser; outrecuidance, orgueil.

Cybèle: déesse de la Terre, épouse de Saturne et la mère des dieux.

Cye: scie.

Cytherée: surnom d'Aphrodite, honorée à Cythère.

Decours: écoulement, déclin, décroissance.

Deduire: réjouir.

Deduit: plaisir, joie.

Defaire: tuer, faire mourir.

Deffermer: ouvrir.

Degoiser (*se*): gazouiller, chanter.

Delien: surnom d'Apollon.

Delos: la plus petite des Cyclades, où se trouvait le grand sanctuaire d'Apollon, et où la mythologie faisait naître Apollon et Artémis (Diane).

Demener: faire entendre.

Denuer: dénuder.

Departir: envoyer; departir (se): s'éloigner de; se diviser, se fendre.

Depiter: mépriser.

Depoulpé: décharné.

Derrain: dernier.

Desastre: action nuisible des astres.

Deschiffrer: décrier, dénigrer.

Desplaisir: profonde douleur.

Despouille: vêtement, récolte.

Desroi: désarroi, désordre.

Desservir: mériter.

Dessirer: déchirer.

Destourber: troubler, empêcher, éloigner.

Desvier: mourir.

Desvoyer: dérouter.

Devaller: faire descendre.

Devis: dessein.

Dextre: droit, qui vient du côté droit. Subst., main droite.

Diane: divinité de la lumière, déesse des bois et de la chasse.

Dicter: rimer, composer, écrire.

Dictier: poésie, poème.

Dilucide: clair, lumineux.

Diomede: roi d'Argos et l'un des héros de la guerre de Troie.

Discrasie: mauvais mélange des humeurs.

Disert: clair.

Dismage: dîme.

Distiller: s'écouler goutte à goutte.

Douloir: souffrir.

Droicturier: qui observe la droiture.

Dru: gaillard.

Duire (duit): instruire, conduire, convenir, être utile.

Duisant: agréable.

É: eh.

Echever: empêcher.

Elle: aile.

Elucent: brillant.

Embler: voler, ôter.

Emeril: émeri.

Emmieller: enduire de miel, attirer, séduire, charmer.

Emmielleur: séducteur.

Emmoussé: couvert de mousse.

Emmuseler: museler.

Empané ou *empenné*: garni d'ailes ou de plumes.

Emperice: impératrice.

Empietter: prendre dans ses serres, s'emparer de, obtenir.

Emprendre: entreprendre.

Emprés: près de.

Encelade: un des géants qui assaillirent l'Olympe. Foudroyé par Jupiter, il fut enseveli sous l'Etna.

Enchainter: enceindre.

Encholie: ancolie, fleur, symbole de la tristesse et de la mélancolie.

Encombreux: gênant, douleureux.

Encontre: rencontre.

Encontremont: en remontant.

Encroire: croire.

Encyclie: cercle.

Endymion: berger, aimé de Diane; il conserve sa beauté dans un sommeil éternel.

Enferré: enchaîné.

Engin: esprit, sens, intelligence.

Englentier: églantier.

Enixe: ayant enfanté.

Ennuy: douleur, affliction.

Enretter: prendre dans un filet.

Enrimer: enrhumer.

Entacher: tacher.

Envoy: don, magnificence.

Epanir: épanouir.

Epeindre: serrer, presser.

Errine: furieux, vengeur.

Erynnes: les Furies.

Es: dans les, en les, aux.

Esbas: ébats.

Eschafaut: estrade, scène de théâtre.

Eschauguette: embûche, piège, ruse.

Eschets: jeu d'échecs.

Eschielle: escalier.

Eschoir: tomber, arriver.

Escoller: instruire, enseigner.

Esconser (s'): se cacher.

Escrin: coffre ou partie secrète d'un coffre.

Eslut: élu.

Esmaier (s'): s'étonner.

Espantement: épouvante.

Esparvier: épervier.

Esperides: Hespérides, filles d'Atlas, au nombre de trois. Elles, possédaient un jardin dont les arbres produisaient des pommes d'or placées sous la garde d'un dragon à cent têtes.

Esperis: esprit.

Espeuse: épouse.

Espoindre: exciter, piquer, émouvoir, tourmenter.

Espreinte: pression, serrement.

Esse: être.

Essentié: ayant trouvé son essence.

Esselle: aisselle.

Essorer (s'): s'envoler.

Estançonner: étayer.

Estat: fête.

Esteule: chaume.

Estoeuf: petite balle pour jouer à la paume.

Estomac: poitrine.

Estoupé: bouché.

Estour: bataille.

Estranger (s'): séjourner à l'étranger, devenir étrange, changer complètement.

Etrecir: resserrer.

Estrener: faire un présent à quelqu'un.

Estriver: combattre, lutter, s'efforcer.

Ethicque: maigre.

Eul: œil.

Eumenides: les Furies.

Eureuse: heureuse.

Euripe: petite passe entre l'île d'Eubée et la Boétie, aux courants violents.

Euterpe: Muse de la musique et de la poésie lyrique.

Exelse: élevé.

Exerciter: exercer.

Facteur: créateur.

Facture: œuvre, créature.

Faillir: se tromper, manquer, être absent.

Fain: foin.

Fallace: rouerie, ruse.

Fame: renommée.

Fatal: marqué par le destin.

Fein: foin.

Fener: faner.

Fes: peine, chagrin.

Feste: faîte.

Fiance: confiance.

Fiçon: dard.

Fiertre: châsse.

Filace: action de filer, travail de la fileuse.

Finement: par ruse.

Finer: s'acquitter, payer, mourir.

Fisher: fixer.

Flagrant: parfumé.

Flairer: exhaler un parfum, embaumer.

Fleurer: exhaler une bonne odeur.

Floc: flot; *à grands flocs*: à grands flots, largement.

Flore: déesse des fleurs et des jardins, aimée de Zéphire et mère du Printemps.

Fluant: coulant.

Fomenter: échauffer, réchauffer.

Fonder (*se*): se mettre à.

Forcener: devenir furieux, perdre la raison.

Fortemps: temps rude, mauvais temps.

Foüer: chauffer.

Fracture: terme musical, rupture.

Fraichin: vent frais.

Franchois: français.

Fresaye: sorte de chouette.

Frisquement: élégamment, gracieusement.

Froiduleux: très froid.

Froysser: briser.

Fruition: jouissance.

Frustré: privé de.

Fuitif: fugitif.

Fulcre: soutien.

Fumeau: haleine, dernier soupir.

Fumière: fumée.

Fuse: flûte.

Fuye: refuge.

Fuzil: pièce d'acier avec laquelle on fait jaillir l'étincelle du silex; au figuré, ce qui excite les passions; amorce.

Ganimede: Ganymède, prince troyen; aimé de Zeus qui l'enleva et en fit l'échanson des dieux.

Gaudir: se moquer de.

Gaudisseur: joyeux luron.

Ge(he)nne: torture, supplice.

Ge(he)nner: torturer.

Geniture: descendance, lignée, fils.

Gentement: gracieusement.

Glasser (*se*): glisser.

Glout: avide.

Glu: piège fait de glu.

Gorgias: élégant.

Gorrace: femme richement habillée.

Gorrier: homme richement habillé.

Gravois: gravier, sable.

Grief: grave, pénible.

Grever: charger lourdement, accabler.

Groizelle: groseille.

Grouler: agiter.

Grue: sot.

Gruer: faire le pied de grue, attendre.

Guarir: guérir.

Guerdon: récompense.

Guimple: guimpe, voile, ornement de tête.

Hain ou *haim*: hameçon.

Haller: chauffer excessivement, brûler.

Hallier: buissons touffus.

Haridelle: mauvais cheval maigre.

Hart: corde avec laquelle on pendait les criminels.

Haussebec: action de lever la tête en signe de dédain.

Have: terne, sombre, avide, ardent.

Havement: affreusement, horriblement, avidement, ardemment.

Helicon: montagne consacrée aux Muses.

Hecube: épouse de Priam, roi de Troie.

Hemonie: Thessalie.

Heurer: gratifier d'un sort favorable.

Hillot: garçon.

Hippocrène: nom signifiant Fontaine du cheval. Fontaine célèbre du mont Hélicon, qui était consacrée aux Muses. Le cheval Pégase, suivant les poètes, l'avait fait jaillir d'un coup de sabot. Symbole de l'inspiration poétique.

Horsboutée: l'élargissement d'un prisonnier.

Huchier: appeler.

Huis: porte.

Huller: hurler.

Hurter: heurter.

Hutiner: maltraiter.

Hydraule: horloge à eau.

Hymette: montagne de l'Attique, célèbre pour son miel.

Icare: fils de Dédale, avec qui il s'enfuit du labyrinthe de l'île de Crète, au moyen d'ailes attachées avec de la cire. Mais, s'étant trop approché du soleil, la cire fondit et Icare tomba dans la mer.

Ida: chaîne de montagnes de l'Asie Mineure, voisine de la plaine de Troie, et où la légende plaçait l'enlèvement de Ganymède, le jugement de Paris, etc.

Impetrer: demander.

Importable: insupportable.

Impourveue (*à l'*): à l'improviste.

Incomprenable: que rien ne peut comprendre.

Indissible: indicible.

Infer: enfer.

Infime: bas.

Inspirable: capable d'inspirer.

Invocable: qu'on doit invoquer.

Ipocras: Hippocrate, le plus grand médecin de l'Antiquité.

Ire: colère.

Iris: messagère ailée des dieux, symbole de l'arc-en-ciel.

Issir: sortir.

Iterer: répéter.

Ivoyrin: d'ivoire.

Ixion: roi des Lapithes, auquel Jupiter avait accordé asile dans l'Olympe. Ayant manqué de respect à Junon, il fut condamné à être attaché à une roue enflammée tournant éternellement.

Ja: déjà.

Jargonner: gazouiller, chanter.

Jason: chef des Argonautes à la conquête de la Toison d'or. Mari de Médée qu'il répudia pour épouser Créuse.

Jaspre: jaspe.

Joiel: joyau.

Jonchetz: jeu qu'on fait avec des fiches longues et fines qu'on jette pêle-mêle sur une table pour s'amuser à les enlever une à une avec un crochet sans remuer les autres.

Jovencelle: jeune fille.

Julet: julep.

Junon: épouse de Jupiter.

Juppeau: casaque étroite et courte commune aux deux sexes.

Lambrunche: sorte de vigne.

Lame: pierre tombale.

Languart: bavard.

Largue: se dit d'un vent oblique.

Larve: monstre nocturne.

Latrateur: aboyeur.

Lechon: leçon.

Lethal: mortel.

Lethe: un des fleuves des Enfers, dont le nom signifie oubli.

Lezard: qui a les mouvements vifs d'un lézard.

Liesse: allégresse.

Loer: louer.

Loquence: éloquence.

Los: louange.

Lyepart: léopard.

Macrobius: écrivain latin de la fin du IVe siècle, auteur des *Saturnales*.

Maculeux: déshonorant.

Maignie: suite, cortège.

Mains (adv.): moins.

Mal: mauvais, méchant.

Malvoysie: un vin doux et liquoreux.

Mansine: le manche de la charrue.

Mansion: demeure.

Maquignon: marchand de chevaux; vendeur qui cherche à tromper l'acheteur; entremetteur.

Marastre: mère dénaturée.

Marbrin: de marbre.

Marguerite: perle.

Marine: marraine.

Marre: sorte de houe.

Marrisser: déplaire, dégoûter.

Marrisson: chagrin.

Marry: triste.

Matter: accabler.

Maulre: moudre.

Mauvaistié: méchanceté.

Mécène: ministre et ami d'Auguste, protecteur des arts et des lettres.

Meduze: Méduse, une des trois Gorgones. Elle fut d'abord d'une rare beauté, et eut une chevelure magnifique, mais Athéna qu'elle avait offensée, changea ses cheveux en serpents et donna à ses yeux le pouvoir de transformer en pierre tous ceux qu'elle regardait.

Melpomène: muse de la tragédie.

Mercier: remercier.

Merir: mériter.

Mesaise: malaise.

Mesfait: crime.

Mesgre: maigre.

Meshuy: dès aujourd'hui.

Mesmarcher: faire un faux pas.

Mire: médecin.

Mirable: admirable.

Mirer: regarder.

Mirifier: glorifier.

Molosse: espèce de chien que les Anciens employaient à la chasse et à la garde des troupeaux.

Moly: plante qu'Hermès a donnée à Ulysse pour le délivrer des charmes de Circé (Odyssée, X, 305).

Monocorde: instrument de musique, ancêtre du clavicorde.

Monstre: aspect, apparence; merveille.

Montgibel: Etna, volcan de la Sicile. La mythologie en faisait la demeure des géants Encelade et Typhée; elle y plaçait aussi les forges d'Héphaïstos et des Cyclopes.

More: de l'ancienne Mauritanie, en Afrique du Nord.

Morelle: plante toxique.

Morion: casque.

Mortifere: qui apporte la mort.

Muer: changer.

Muphti: mufti, interprète de la loi musulmane.

Muguet: prétendant, galant.

Munde: pur.

Mundifier: purifier.

Musart: qui perd son temps à des bagatelles.

Muser: jouer.

Musser: cacher.

Mye: pas, point, nullement.

Myrrhe: fille du roi de Chypre; elle eut pour son père une passion incestueuse.

Naïf: natif, naturel.

Naqueter: être le second dans une partie de paume.

Narcisse: célèbre par sa beauté physique. Echo, méprisée par lui, fut changée en rocher. Etant arrivé un jour au bord d'une fontaine, il y aperçut sa propre image et tomba en extase. Désespéré de ne pouvoir saisir cet autre lui-même, il languit et mourut.

Nareau: narine.

Neant: rien.

Nect: net.

Nepenthe: boisson magique contre la tristesse et la douleur; remède fabuleux; (adj.) qui dissipe le chagrin.

Nepveu: descendant, fils.

Neree: dieu marin.

Nestor: le plus âgé des princes au siège de Troie. Réputé pour la sagesse de ses conseils.

Nettyer: nettoyer.

Nice: simple, naïf, sot.

Nie (ne...): pas du tout, nullement.

Nocher: batelier.

Noise: bruit.

Noncer: annoncer.

None: la neuvième heure.

Noud: nœud.

Nouer: nager.

Nubileus: nuageux, nébuleux.

O: avec.

Obombrer: cacher, couvrir de son ombre.

Obtenebrer: enténébrer.

Occire: tuer.

Ocieux: oisif, inactif, paresseux.

Œnone: nymphe, aimée par Apollon, puis par Pâris.

Oisle: oiseau.

Oiseleur: pipeur, trompeur.

Ombroyer: faire de l'ombre, se mettre à l'ombre.

Onc, oncques: jamais.

Onder: onduler.

Or, ore, ores: aujourd'hui, maintenant.

Ord: sale.

Orin: d'or.

Orphée: musicien légendaire. Ses accords étaient si mélodieux que même les bêtes sauvages en étaient charmées. A la suite de la mort de son épouse, Eurydice, il alla la réclamer aux Enfers. Symbole du poète. Il fut foudroyé par Zeus ou mis en pièces par les Ménades. Sa tête aurait été portée par les flots jusqu'à Lesbos, où elle donnait des oracles.

Otieux: oisif, paresseux.

Ourdir: tresser, entrelacer.

Outreplus: en outre, au surplus.

Ozer: oser; (subst.) audace.

Paladin: chevalier errant, héros chevalresque.

Pallas: autre nom de la déesse Athéna, Fille de Zeus, de la tête duquel elle sortit tout armée.

Pan: fils d'Hermès et de la fille du roi Dryops. L'enfant était né avec les jambes, les cornes et le poil d'un bouc. Il figurait volontiers dans le cortège de Dionysos, allant par monts et vaux, chassant ou réglant la danse des nymphes et s'accompagnant de la flûte pastorale qu'il avait inventée.

Pandore: femme créée par Héphaïstos. Elle fut douée de tous les dons par les dieux, et reçut de Zeus une boîte contenant tous les maux. Elle épousa Epiméthée, frère de Prométhée. Zeus, pour se venger de Prométhée et de l'humanité qu'il voulait détruire, incita Epiméthée à ouvrir la boîte de Pandore. Les maux se répandirent alors sur la terre, l'espérance seule resta au fond de la boîte.

Papegay: perroquet.

Paphos: ville de Chypre, renommée pour son culte de Vénus.

Parangonner: comparer.

Parement: ornement.

Parestre: paraître, apparaître.

Parfaire: accomplir.

Parfin (*à la*): à la fin.

Paris: parrain.

Pâris: fils de Priam et d'Hécube, mari d'Œnone et ravisseur d'Hélène. C'est lui qui, sommé de donner le prix à la plus belle des trois déesses—Héra, Athéna et Aphrodite— décerna la pomme à cette dernière, choix qui suscita contre Troie la haine d'Héra et d'Athéna.

Parquer (*se*): se placer, s'enfermer.

Parques: trois divinités des Enfers, maîtresses de la vie des hommes, dont elles filaient la trame. Clotho, qui présidait à la naissance, tenait la quenouille; Lachésis tournait le fuseau et Atropos coupait le fil.

Parquoy: c'est pourquoi.

Partir (*de partir de*): loin de.

Pascience: patience.

Passer: dépasser, surmonter.

Passible: susceptible de souffrir.

Patent: largement déployé, étalé.

Patir: souffrir.

Pecune: monnaie.

Pégase: cheval ailé, né du sang de Méduse tuée par Persée. D'un coup de sabot, il fit sortir de la montagne de l'Hélicon la fontaine de l'Hippocrène. Symbole de l'inspiration poétique.

Pellifier: orner, parer.

Penelope: femme d'Ulysse qui a su déjouer les demandes des prétendants pendant les vingt ans d'absence de son mari.

Penthois: pantois, haletant.

Perleux: couvert de perles.

Peronnelle: femme ou fille sotte et babillarde.

Perruque: chevelure.

Pers: couleur entre le vert et le bleu.

Persee: fils de Zeus et de Danaé. Il tua Méduse, l'une des Gorgones. Monté sur Pégase, il alla délivrer Andromède exposée à la fureur d'un monstre marin.

Pertuis: trou.

Phébé: un des noms de la Lune.

Phébus: Apollon, dieu de la lumière, des arts et de la divination.

Phorcis: Phorcys, dieu marin. Il épousa sa sœur Céto dont il eut les Grées et les Gorgones.

Pigner: peigner.

Pignoter: tirailler et arranger des mèches de cheveux.

Pipée: imitation par l'oiseleur du cri de l'oiseau; tromperie.

Piper: tromper.

Piqueron: pointe, épine.

Pithon: déesse de la persuasion.

Plasmateur: créateur.

Plastron: partie de la cuirasse protégeant le devant de la poitrine.

Plein: plainte.

Pleger: cautionner.

Plet: parole, langage.

Pluton: roi des Enfers et dieu des morts.

Poitrir: pétrir.

Pollu: souillé, profané.

Pooir: pouvoir.

Pose: fin, terme.

Poster: courir, aller très vite.

Poulastre: billet doux.

Poulpitre: pupitre.

Poupe: pompe.

Pource: c'est pourquoi.

Pourchasser: procurer, se procurer.

Pourpris: domaine.

Pourtraict: portrait.

Pourtraire: dessiner, peindre.

Predicant: terme de mépris sous lequel on désigne les ministres de la religion réformée.

Prescrit: proscrit.

Presse: pression, embarras, précipitation; la foule.

Pressurer: presser.

Prochasser: procurer, se procurer.

Promethee: déroba le feu du ciel; Zeus, pour le punir, le fit clouer sur le Caucase, où un vautour lui dévorait le foie.

Propret: d'une extrême propreté.

Protee: dieu marin qui pouvait changer de forme à volonté.

Prou: beaucoup.

Prurison: démangeaison.

Purain: pur.

Quantefois: combien de fois.

Quant et quant: à la fois, en même temps, ensemble.

Quelquement: en quelque sorte.

Querir (quis): chercher.

Quin: singe.

Rabi: enragé.

Rachine: racine.

Raccoustrer: réparer.

Raier: rayonner, briller.

Raiseau: filet.

Raisneau: rameau.

Ramaige: sauvage.

Ramentevoir: remémorer.

Rapasser: repasser.

Rapteur: ravisseur.

Ravir: emporter, captiver par un charme.

Rebout: refus.

Rebouter: refuser, repousser.

Receptable: refuge.

Rechef (*de*): de nouveau.

Reclos: renfermé.

Recors: récit, relation.

Recourser: retrousser.

Recreer: réjouir, faire plaisir.

Recreu: excédé de fatigue.

Rediger: réduire, ramener.

Redonder: être en abondance.

Reduire: ramener.

Refrigere: rafraîchissement.

Relans: à l'odeur fade de moisi.

Reliques: restes.

Remirer: regarder avec attention, refléter.

R'empaistrer: empêcher une seconde fois.

Rene: grenouille.

Renfondre: replonger; obscurcir.

Repparer: réparer.

Repucer: repousser.

Requoy (*à*): à rebours.

Revoltes: voltes-face, abjurations intéressées.

Riantement: plaisamment.

Rigle: règle.

Rondelle: bouclier.

Rorable: couvert de rosée.

Rosin: de couleur rose.

Rotiller: griller.

Rouer: tourner.

Rousee: rosée.

Rousoyant: couvert de rosée.

Rumeau (*estre au*): être à l'agonie.

Sabee: Arabie Heureuse, contrée de l'or et de l'encens.

Sablon: sable fin ou lieu sablonneux.

Sagette: flèche.

Saturne: chassé du ciel par Jupiter, il se réfugia dans le Latium, où il fit fleurir la paix et l'abondance. C'est son règne que les poètes appelèrent l'âge d'or. Symbole aussi de la mélancolie.

Saye: justaucorps, vêtement d'homme.

Sçavoir: savoir; *Sça' vous*: savez-vous.

Scipion: surnom d'une illustre famille romaine, dans laquelle on remarque Scipion l'Africain qui se distingua en Espagne pendant la deuxième guerre punique et fut vainqueur d'Annibal à Zama.

Scylle: fille du roi de Mégare. Elle ravit de la tête de son père le cheveu de pourpre d'où dépendait le sort de sa ville.

Scyte: individu barbare.

Scytique: barbare, peu civilisé.

Se: si, ainsi, alors, pourtant.

Séeller: sceller.

Sejour: retard, repos. *A sejour*: à loisir.

Sémiramis: personnage mythique, reine d'Assyrie et de Babylone, à qui la tradition attribue la fondation de Babylone et de ses jardins suspendus.

Si est-ce que: toujours est-il que.

Sieuvyr: suivre.

Siller: fermer les yeux.

Simoente: Simoïs, fleuve près de Troie.

Sing: signe, marque.

Sisyphe: fils d'Eole et roi de Corinthe, redoutable par ses brigandages et ses cruautés, et condamné, après sa mort, à rouler dans les Enfers une grosse pierre au sommet d'une montagne d'où elle retombe sans cesse.

Soin: souci.

Souef: doux, suave, agréable.

Somme: sommeil.

Sommus: dieu du Sommeil.

Soulacieux: consolant.

Soulas: consolation.

Souloir: avoir l'habitude.

Sous: saoul.

Souventesfoys: bien des fois, souvent.

Specieux: beau.

Spirer: souffler.

Squadron: escadron.

Storge: affection.

Styx: fleuve des Enfers. Sur ses bords erraient ceux qui n'avaient pas été ensevelis. Les serments par le Styx avaient une gravité toute particulière.

Subplier: supplier.

Subtil: insinuant, pénétrant.

Sucq: épine dorsale.

Summité: sommité.

Supernel: céleste.

Supplir: satisfaire.

Surgeon: source, fontaine, ce qui jaillit.

Sylle: Sylla ou Sulla, dictateur romain, vainqueur de Mithridate.

Sylvain: Silvain, dieu des forêts et des champs.

Syndereze: syndérèse, remords de conscience.

Table: jeu de trictrac ou de dames.

Tailler: calculer.

Tainct: pâle, pâli, teint.

Tais: crânes.

Tané: brun, de couleur brunâtre.

Tanseulement: seulement.

Tanson: dispute, complainte.

Tant (à tant que): jusqu'à ce que.

Tantale: condamné par les dieux à être sans cesse en proie à une soif et à une faim dévorantes.

Tas (à): en quantité.

Taye: membre enveloppant le blanc de l'œuf.

Tempé: vallée de la Grèce dont Virgile chanta la beauté.

Temples: tempes.

Test: crâne, tête.

Tethys: déesse de la mer, grand-mère de Thétis.

Thalie: muse de la comédie et de l'idylle.

Thulé, Tyle: extrême limite nord du monde connu pour les Romains.

Thyeste: frère d'Atrée dont il séduisit l'épouse Aéropé. Atrée, pour se venger d'elle, fit massacrer ses enfants, et servir leurs membres, dans un festin, à leur père Thyeste.

Tistre: tisser, machiner.

Tolir: enlever, ôter.

Tort: tordu.

Tortis: tortueux, entortillé.

Toudis: toujours.

Tourbe: troupe, foule, multitude.

Tourtre: tourterelle.

Tout (à): avec.

Trace: recherche, train, route.

Trachier: suivre à la trace.

Transir: trépasser, mourir; engourdir, paralyser.

Travailler: tourmenter, souffrir.

Traverse: écart, détour.

Treluire: briller d'un éclat vif mais intermittent.

Trepiller: sautiller, danser.

Trestous: tous, tous ensemble.

Tripot: lieu où l'on jouait au jeu de paume; mauvaise situation.

Tristeur: tristesse.

Troube: trouble.

Trithon: un des dieux de la mer.

Tumbel: tombeau.

Umbroyer: obscurcir.

Vague: vagabond, errant.

Vain: vide.

Vanie: avanie.

Véla: voilà.

Venuste: charmant, gracieux.

Ver: printemps.

Verboyer: parler, bavarder.

Verbrun: vert foncé.

Vergier: verger.

Vesper: étoile du soir.

Vespre: soir.

Veuf: solitaire, privé de.

Villener: insulter.

Virer: tourner.

Virgine: vierge.

Vivandier: celui qui vend des vivres aux soldats.

Voirra: fut. de voir.

Voirroit: condit. de voir.

Vois (voys): 1re pers. prés. ind. d'aller.

Voise (voyse): 1re pers. subj. d'aller.

Volee (à la): sans réfléchir.

Vueil: vouloir, volonté.
Vueil: 1re pers. prés. de vouloir.
Vulcan: Vulcain, dieu du feu et du métal, époux de Vénus.

Yraigne: araignée.
Yvroie: ivraie.

Zephire: nom du vent d'ouest.

INDEX

Les titres des poèmes sont écrits en *italiques*; les incipit en romains; les titres des recueils des poèmes en PETITE CAPITALES; les noms des poètes en *CAPITALES ITALIQUES*.